烏克蘭
從帝國邊疆到獨立民族，追尋自我的荊棘之路

The Gates of Europe:
A History of Ukraine

謝爾希・浦洛基 Serhii Plokhy——著
曾毅、蔡耀緯——譯

各界推薦

「對於歐洲最少為人知的大國，（一部）堪稱典範的記述……閱讀《烏克蘭》的樂趣之一在於，關於久遠事件的敘述看似緻密，又涉及陌生地點與人民，卻因其中的軼事與精準陳述而生色。」

——《華爾街日報》（*Wall Street Journal*）

「文筆精煉。」

——《紐約書評》（*New York Review of Books*）

「確鑿而可靠的一部概述，從古希臘時代一直講到今天。」

——《金融時報》（*Financial Times*）

「（一部）令人讚賞的新歷史著作……對於烏克蘭的包容歷史以及法制史所抱持的信心，使得希望能夠長存，而包容與法制則皆根植於歐洲基督宗教文明。在對烏克蘭過往簡練而認真的闡述之中，浦洛基先生也為未來提供了一些預示。」

——《經濟學人》（*Economist*）

「若不先對千年來形塑東歐的複雜交錯影響有些認識，就無法理解今日烏克蘭悲傷又糾結的衝突。關於那段歷史，讀者的最佳參考莫過於浦洛基的新書……浦洛基優雅又沉著地駕馭這個主題。」

——《外交事務》(***Foreign Affairs***)

「浦洛基和他之前的作者有個重大區別，那就是他運用國族認同這個現代概念詮釋烏克蘭歷史，這一概念在後蘇聯共和國中尚未廣泛使用。」

——《新聞週刊》(***Newsweek***)

「一部簡明扼要、可讀性高的烏克蘭史……生動的敘事有著多采多姿的角色，包括北歐和蒙古盜匪、任意劫掠的哥薩克人、君王、征服者和獨裁者，還有矛盾的十九世紀知識分子：他們熱烈信奉烏克蘭文化認同，卻在文化認同如何演變為國族認同的問題上致命地分裂。」

——《華盛頓時報》(***Washington Times***)

「去買這本書……送給子女和孫子女，人手一本。買來送給朋友們。要確定他們真的讀過。」

——《烏克蘭人週報》(***Ukrainian Weekly***)

「清晰簡練……一個歐洲大國悲慘歷史不可或缺的指南。」

——(英國)《週日電訊報》(***Sunday Telegraph***)

「一部步調緊湊的歷史著作，充滿了精練的描述和提點……有力駁斥了普丁及其朝臣的狂妄臆斷，以為烏克蘭是大俄羅斯民族不可分割的一部分，文化也低人一等，弱小疲弊。」

——（英國）《泰晤士報》（*Times*）

「《烏克蘭》將我們帶回希羅多德的時代，述說……（烏克蘭）長年奮鬥，贏得自身命運掌控權的糾結故事。」

——（英國）《週日泰晤士報》（*Sunday Times*）

「浦洛基是烏克蘭歷史的精妙測繪者，他並不過分強調他所描述的諸多恐怖；他也不需要，嚴酷的事實不言自明。」

——（英國）《獨立報》（*Independent*）

「浦洛基細心又迷人的歷史，是關於一個幽靈般的國家一連串的故事，這個國家自古至今一再出現又消失……要是理智真能獲勝，浦洛基的這部佳作應當設法呈上普丁案頭，但願能讓這個帝國主義者看清楚：烏克蘭絕未完蛋，更不會滅亡。」

——（英國）《蘇格蘭前鋒報》（*Herald Scotland*）

「浦洛基對烏克蘭哥薩克人的描述最是精彩，這些自由人來自不馴大草原的僅存部分。」

——（英國）《旁觀者》（*Spectator*）

「最為翔實。」

——（英國）《文學評論》（*Literary Review*）

「（一部）令人敬畏的烏克蘭歷史記載。」

——（英國）《今日歷史》（*History Today*）

「《烏克蘭》詳述俄國與烏克蘭之間爭奪領土和認同的持久衝突……（並）解構了兩千多年的歷史及其何以致此。」

——（加拿大）《多倫多星報》（*Toronto Star*）

「一部不偏不倚的詳盡歷史。」

——（加拿大）《溫尼伯自由報》（*Winnipeg Free Press*）

「可讀性極強，為一個注定成為民族、軍隊、文化和文明交會之處的國家，說出了扣人心弦的故事。」

——《俄羅斯評論》（*Russian Review*）

「一個迷人又複雜的故事，說得簡明扼要。」

——《俄羅斯生活》（*Russian Life*）

「浦洛基的這本書不盡然是學術著作，它試圖應對當前地緣政治爭論中提出的某些問題，包括烏克蘭是否屬於……俄羅斯世界。」

——（波蘭）《新東歐》（*New Eastern Europe*）

「《烏克蘭》是一本平衡的書，作者的聲音與意見，並未隨著在爭議課題與周知事實之間維持中道的困境而消解。」

——美國人文社科線上（外交及國際史專欄）（*H-Diplo*）

「在一本烏克蘭兩千年歷史的概述中，注入適切的細微差異與複雜性並非易事，但浦洛基靈巧嫻熟地善盡這份責任……對於烏克蘭的族群和國家歷史，浦洛基的著作是令人歡迎的入門書。」

——《出版者週刊》（*Publishers Weekly*）

「本書涵蓋的時間範圍與主題不同凡響……對烏克蘭具有基本知識的學生、學者和讀者都能心領神會。或者，本書各章也可各自獨立閱讀，對相關主題興趣強烈的人們，得以聚焦於烏克蘭歷史的特定時代。」

——《圖書館雜誌》（*Library Journal*）

「沿著東西分裂的脈絡，從肯定的角度出發，記述烏克蘭的歷史，從古代的分裂說到現今的動盪……一部淺顯易懂的有用著作，坦誠地思索面對俄國這個貪得無饜的動盪之源，烏克蘭所持續付出的『自由之代價』。」

——《科克斯書評》（*Kirkus Reviews*）

「詳實、迷人、資訊最新的烏克蘭歷史，莫過於浦洛基這本書名貼切的《烏克蘭》（原文直譯：歐洲之門）。浦洛基的這部權威著作，對學者、學生、決策者和要有足夠知識的大眾都價值非凡，能讓他們理解當前烏克蘭的困境。」

——諾曼・奈馬克（Norman Naimark），史丹佛大學

「這是著眼於當下、最切合現時所需的歷史。想理解俄羅斯與西方何以為了烏克蘭前途而彼此對峙的人們，都會想要一讀浦洛基對於烏克蘭處於歐洲門戶的歷史作用，合理、慎重卻又熱情的敘述。」

——葉禮廷（Michael Ignatieff），哈佛大學甘迺迪政府學院

「終於：一個引領新聞走向、太多人對其所知卻少得令人難堪的國家，有了一部扣人心弦的精要史書。再也沒有無知的藉口了。」

——彼得・波莫蘭契夫（Peter Pomerantsev），《俄羅斯・實境秀》（*Nothing Is True and Everything Is Possible*）作者

「在這個艱難的時代，謝爾希・浦洛基為烏克蘭寫出了一本完美的新歷史。本書兼具權威性與創新性，同時又保持了一貫的明晰和易讀，令人難以釋卷。」

——安德魯・威爾遜（Andrew Wilson），倫敦大學學院烏克蘭研究教授

「謝爾希・浦洛基為我們寫出了一本簡潔而全面的烏克蘭史。本書提供讀者脈絡，呈現普丁先生的現行政策何以既違背了烏克蘭人民意願的侵略行為，同時也破壞了冷戰後建立起來的秩序。這本書不但好讀，而且對熟稔莫斯科敘事的人們而言，更能拓寬思考，踏上一段關於烏克蘭歷史的旅程。」

——約翰・赫布斯特（John Herbst），美國駐烏克蘭前大使

「本書複雜又精微，修正過去對歷史的觀點，令人耳目一新，而且清楚明白，是這片一再淪為戰場，又是歐洲糧倉的染血之地扣人心弦的短篇歷史。《烏克蘭》結合了學術權威與敘事天賦——今天想要理解俄國和烏克蘭的人們必不可少的讀物。」

——賽門・蒙提費歐里（Simon Sebag Montefiore），《史達林：紅色沙皇的宮廷》（*Stalin: The Court of Red Tsar*）作者

獻給烏克蘭人民

目次

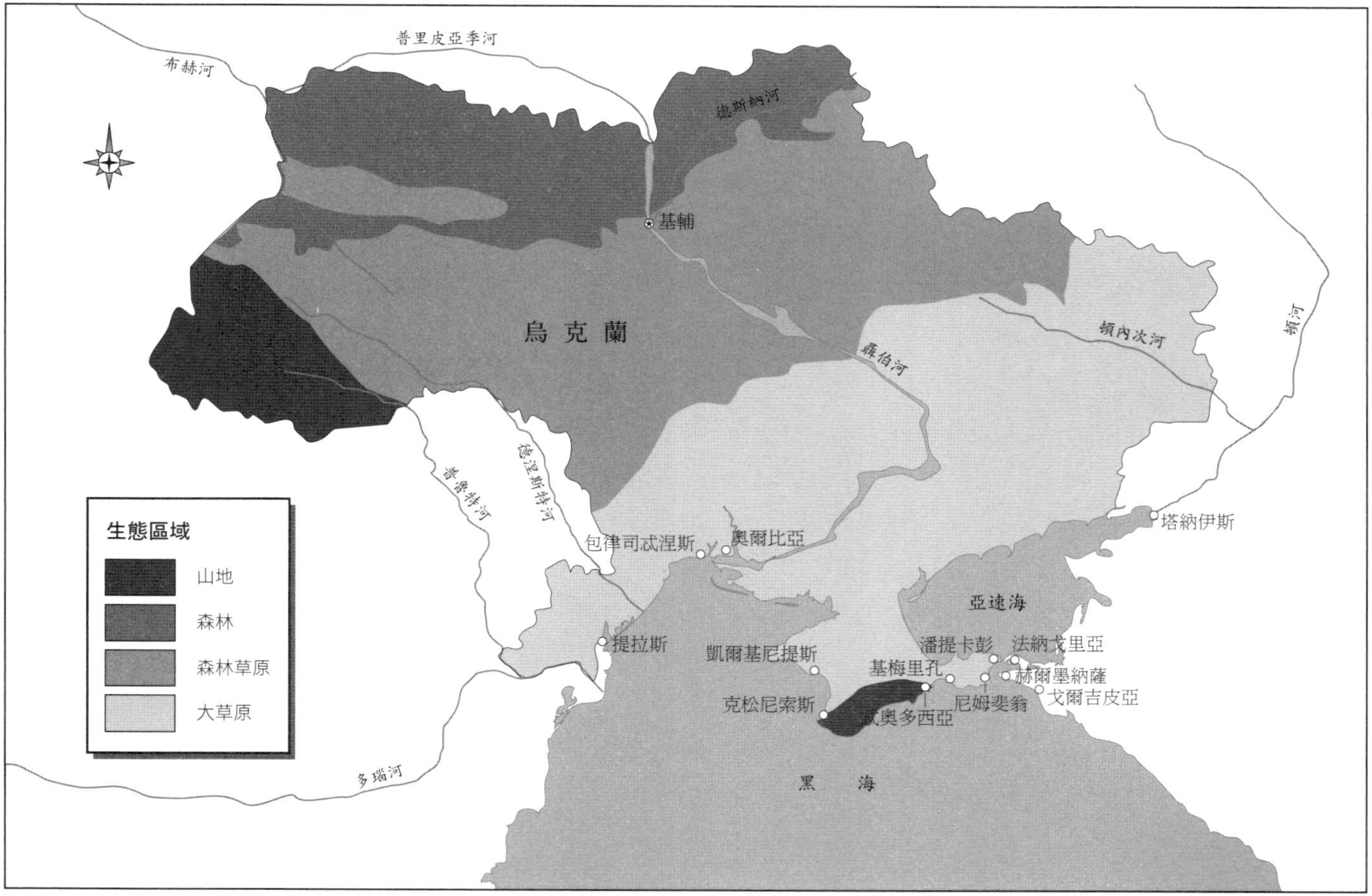

圖1：西元前770年至西元前100年的希臘定居點

圖2：西元980年至1054年的基輔羅斯

來源：Zenon E. Kohut, Bohdan Y. Nebesio, and Myroslav Yurkevich, *Historical Dictionary of Ukraine* (Lanham, Maryland; Toronto; Oxford: Scarecrow Press, 2005).

圖3：西元1100年左右的羅斯諸公國

來源：*The Cambridge Encyclopedia of Russia and the Former Soviet Union* (Cambridge: Cambridge University Press, 1994).

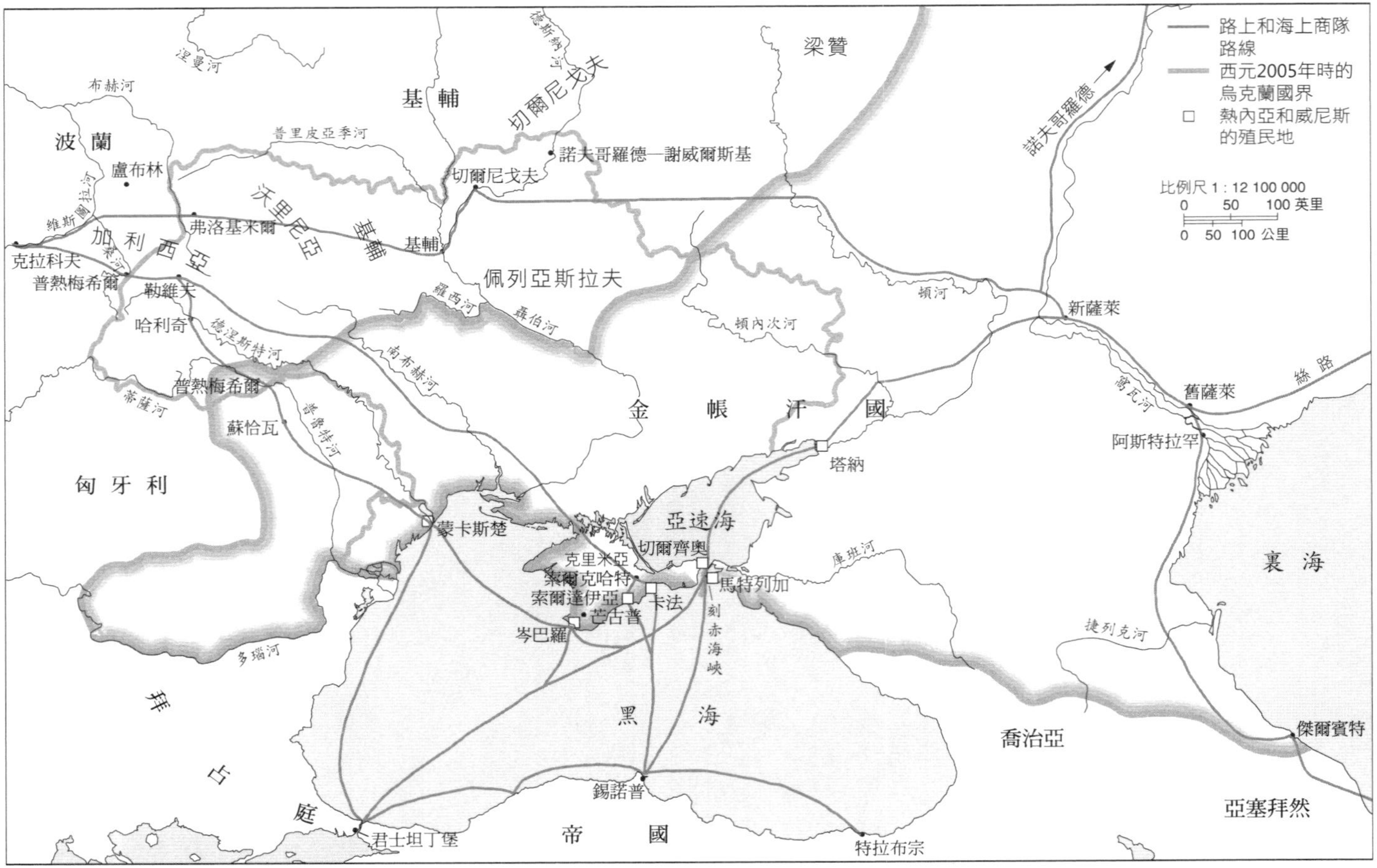

圖4：西元1300年左右的金帳汗國

來源：Paul Robert Magocsi, *A History of Ukraine: The land and Its People* (Toronto: University of Toronto Press, 2010), p. 117, map 10.

圖5：16-18世紀間波蘭—立陶宛聯邦的疆界

來源：*Encyclopedia of Ukraine*, ed. Volodymyr Kubijovych and Danylo Husar Struk, vol. IV (Toronto: University of Toronto Press, 1993).

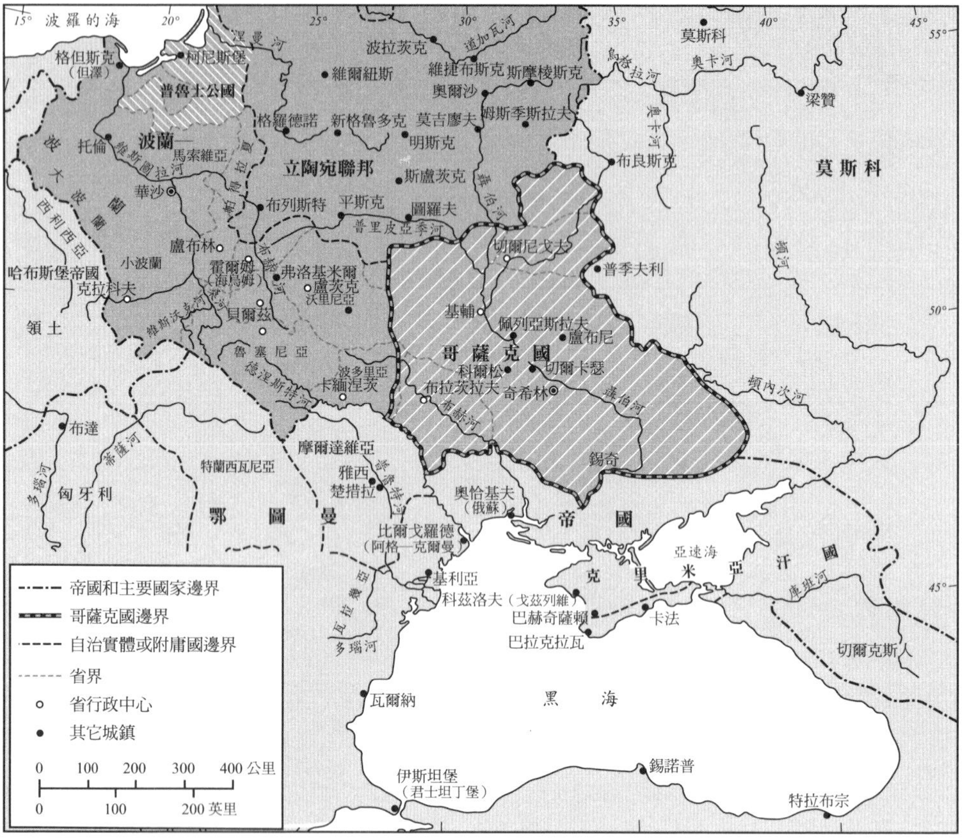

圖6：1650年左右的哥薩克烏克蘭

來源：Mykhailo Hrushevsky，*History of Ukraine-Rus'*, ed. Frank E. Sysyn et al., vol. IX, bk. 1 (Edmonton and Toronto: Institute of Ukrainian Studies Press, 2005).

圖7：18世紀50年代的哥薩克國及其周邊地區

來源：Zenon E. Kohut, *Russian Centralism and Ukrainian Autonomy: Imperial Absorption of the Hetmanate, 1760s-1830s* (Cambridge, MA: Harvard University Press, 1988) , p. xiv.

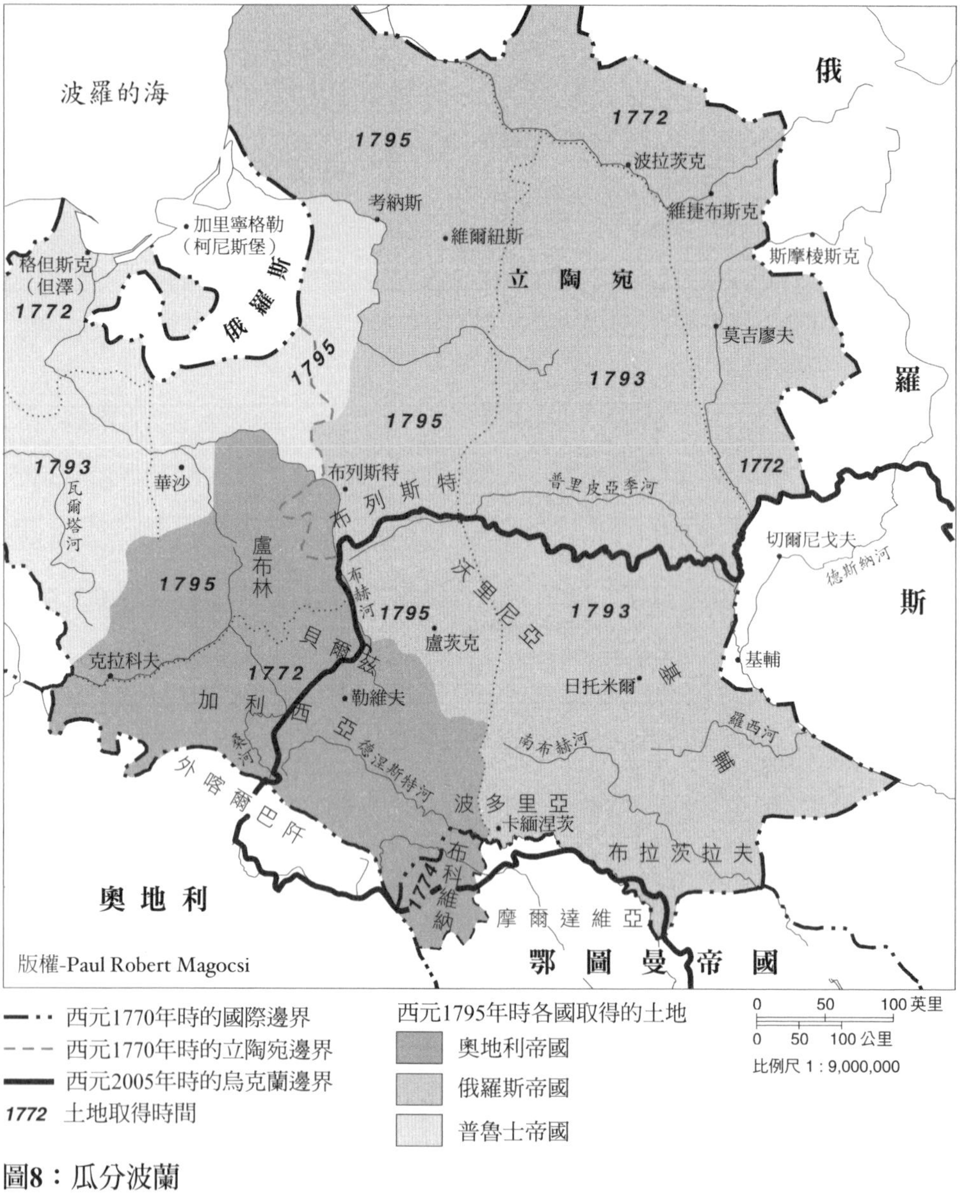

圖8：瓜分波蘭

來源：Paul Robert Magocsi, A History of Ukraine: The Land and Its People (Toronto: University of Toronto Press, 2010), no. 25, p. 319.

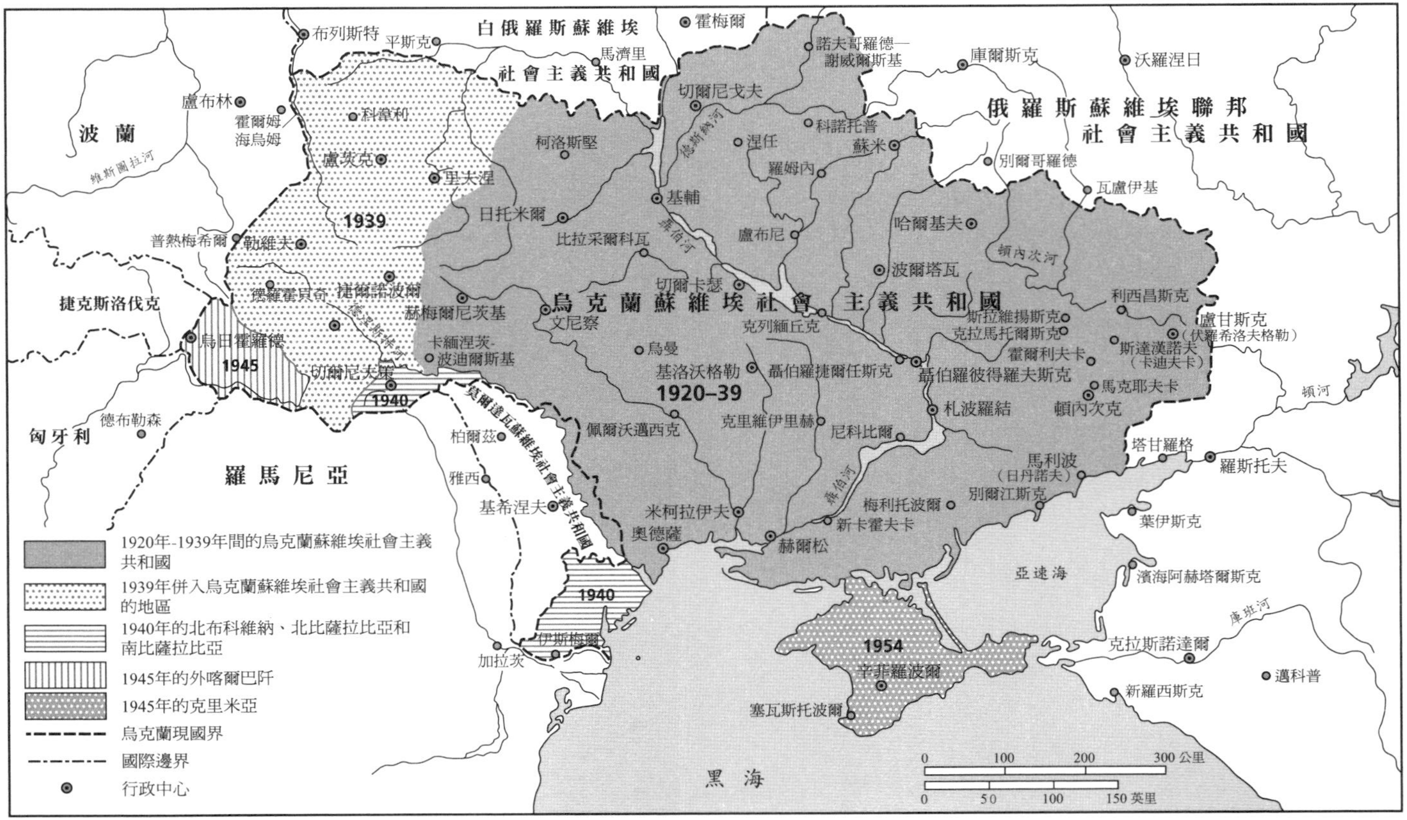

圖9：蘇維埃烏克蘭

來源：Volodymyr Kubijovyc and Danylo Husar Struk, eds. Encyclopedia of Ukraine, vol. 5 (Toronto: University of Toronto Press, 1993), p. 441.

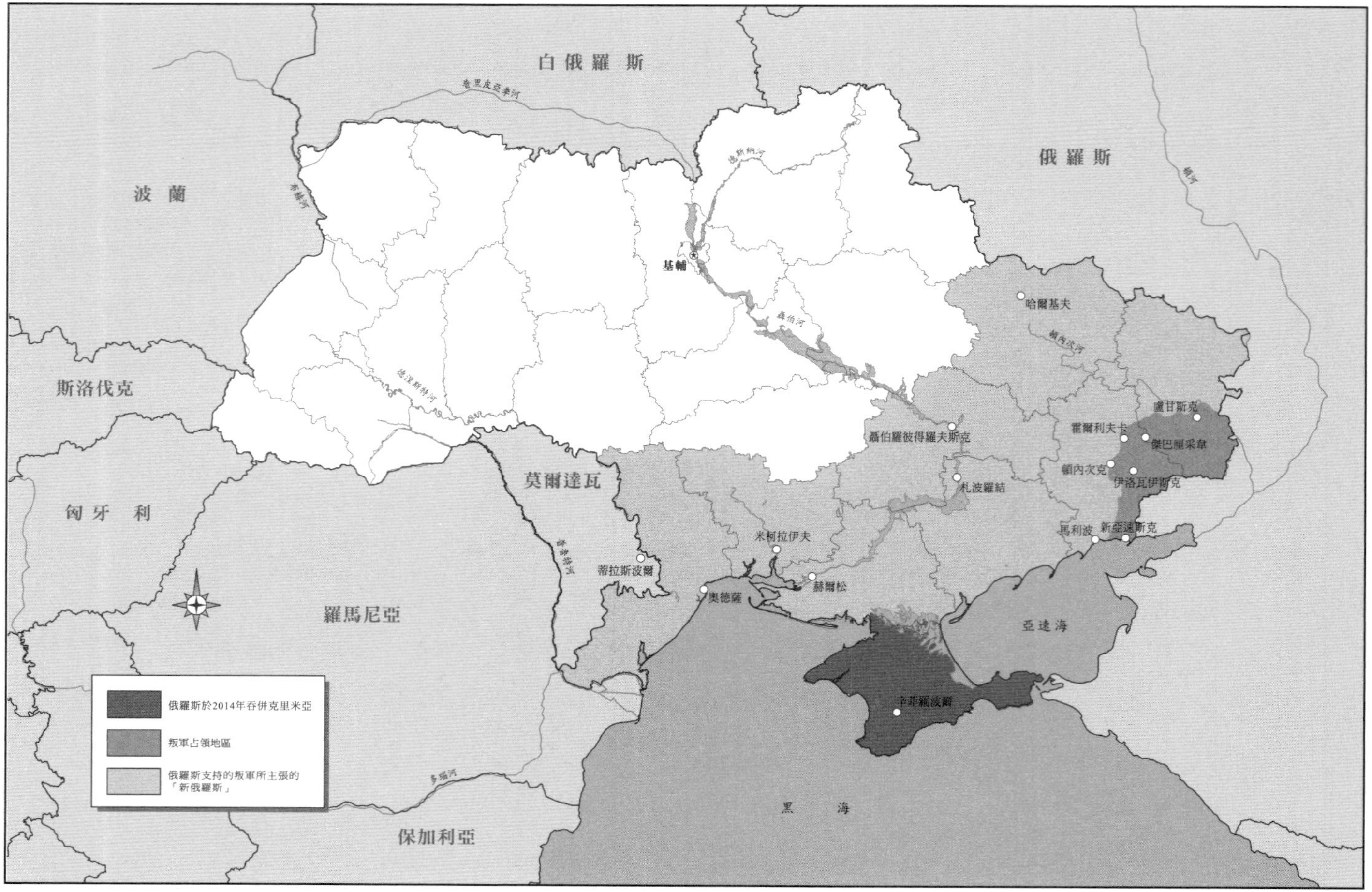
白俄羅斯
俄羅斯
波蘭
斯洛伐克
匈牙利
羅馬尼亞
莫爾達瓦
保加利亞
基輔
哈爾基夫
聶伯羅彼得羅夫斯克
札波羅結
盧甘斯克
霍爾利夫卡
傑巴厘采韋
頓內次克
伊洛瓦伊斯克
馬利波
新亞速斯克
米柯拉伊夫
赫爾松
奧德薩
蒂拉斯波爾
辛菲羅波爾
亞速海
黑海
俄羅斯於2014年吞併克里米亞
叛軍占領地區
俄羅斯支持的叛軍所主張的「新俄羅斯」

圖10：俄烏衝突

導讀

交界、混合與衝突所定義的千年歷史

吳玉山（中央研究院院士、政治學研究所特聘研究員）

謝爾希・浦洛基在《烏克蘭：從帝國邊疆到獨立民族，追尋自我的荊棘之路》的結尾寫到，「作為一個國家，烏克蘭正位於東西方分界線上」，「在這裡持不同信念的烏克蘭人可以學會共存」，然而作者又問道「一個民族在保持統一的前提下到底能承受多大程度的混合性？」交界、混合與衝突定義了烏克蘭一千多年的歷史，《烏克蘭》引領著我們走過一遭。

烏克蘭有著多元的歷史文化傳統，又處於東歐的戰略斷層線之上，並因此飽受從大陸強權與海洋集團所施加的雙重壓力，現在更置身於將決定國家存亡絕續的戰爭當中。在東方八千公里之外，臺灣也處於類似的東亞戰略斷層線上，嘗受著海陸強權的交叉壓力，並且經驗著來自中國大陸的戰爭威脅。烏克蘭的歷史，自然值得臺灣深思。

《烏克蘭》並不只是就史論史，作者是以一個烏克蘭民族主義者的角度，細膩地敘說著這個國家的千年過往。除了深厚紮實的歷史論述之外，本書的民族立場是極為清晰明確的。要瞭解烏克蘭這個民族與國家如何發展，第一個要解答的問題就是烏克蘭與俄羅斯之間的關係。俄烏兩個民族在歷史上糾結纏繞，一直到今天。在二〇二二年二月發動侵烏戰爭的俄羅斯總統普丁曾經發表他對兩國歷史的看法，顯示他對烏克蘭國家的存在持保留的態度。在侵烏戰爭中，俄羅斯佔領了大片的烏克蘭東南部領土，在這裡俄羅斯正在進行種種規劃，盡皆指向有可能重新恢復歷史上俄羅斯帝國在這塊領土（那時稱為「新俄羅斯」）的行政安排與文化政策。此類規劃是基於許多俄羅斯人對歷史的看法，而那正是作者所要全力對抗的俄羅斯史觀。在本書當中不斷地把這兩種對立的史觀提出來，並揭示俄羅斯立場的謬誤。藉由閱讀《烏克蘭》可以讓我們了解烏俄史觀之爭，並進而理解兩國今日所進行的戰爭。

問題的核心是，「烏克蘭人究竟是一個獨特的民族，還是與俄羅斯人一樣，是屬於東斯拉夫的『羅斯』民族，因而與俄羅斯人同一族群？」這個問題並不如想像中一樣容易回答。

本書從希臘著名史學家希羅多德開場，他是第一位關注烏克蘭的歷史學家、地理學家，與民族誌學者，他記載了當時居住在今日烏克蘭土地上的斯基泰人如何生活，又如何與希臘世界交往。隨著物換星移，烏克蘭草原上的遊牧部落來來去去，斯基泰人被薩爾馬提亞人所取代，南方的文明世界也換由羅馬人做主。哥德人與匈人在往後歲月中也經過烏克蘭大草原，對羅馬帝國構成致命的威脅，但他們並沒有長久停留。西元六世紀初開始出現的斯拉夫人卻不相同，他們起源於維斯圖拉河與聶伯河之間，其中的一支分布於今日的俄羅斯西部、白俄羅斯，與烏克蘭。他們是東斯拉夫人。

在九世紀之時，東斯拉夫人接受了來自斯堪地那維亞半島的維京人統治，建立起以基輔為中心的「羅斯」國（Kievan Rus'），以及留里克王朝。一個世紀之後，羅斯人接受了基督教，正式進入歐洲文明的範疇，而維京貴族也逐漸斯拉夫化。基輔羅斯在當時是從波羅的海一直延展到黑海的大國，代表東斯拉夫文明的黃金時期。基輔是依照君士坦丁堡的規格來建設，那是羅斯人所見過最美麗也最強大的城市。一直到今日，東斯拉夫各族都接受基輔羅斯是他們共同的起源與文化的驕傲。在那個時候，並沒有烏克蘭人與俄羅斯人的區別。

基輔羅斯後來逐漸衰落，基輔甚至被北部的弗拉基米爾公國所洗劫，而這個公國就是日後莫斯科大公國的雛形，與近代俄羅斯的前身。弗拉基米爾在當時就希望獨立於羅斯之外，建一個新國家，造一個像基輔一樣的新都城。本書作者在這裡告訴讀者，俄羅斯的祖先自己砍斷了與基輔羅斯的連繫，不忠於羅斯的傳統。接下來蒙古的統治又彰顯了弗拉基米爾王公的不堪，他是第一個向蒙古人宣誓效忠的王公，並因而獲得羅斯大公的頭銜。延續弗拉基米爾傳統的莫斯科，後來也獲得了替蒙古大汗徵稅的特權。至於代表烏克蘭的加利西亞—沃里尼亞公國則以智慧應對蒙古的統治，甚至外聯羅馬教宗以抗拒蒙古大汗，而不像弗拉基米爾一樣為虎作倀。至此，莫斯科與烏克蘭展現了兩條發展的路徑，從羅斯的傳統中分道揚鑣。

蒙古的統治在烏克蘭結束得早，在莫斯科結束得晚，中間相差了一個世紀。烏克蘭逐漸成為立陶宛公國與波蘭王國的屬地，而莫斯科大公仍然是蒙古大汗手下的頭號王公。烏克蘭進入了西方，而莫斯科仍然在東方，二者漸行漸遠。然而這樣的情況在十七世紀中葉發生了極大的改變。當時在烏克蘭聶伯河的左、右岸出現了試圖掙脫波蘭與立陶宛（當時已經形成了波立聯合王國，而以波蘭為主）的宰制、追求獨立地位的哥薩克國。這個國家顯然需要藉助外力才能夠擊敗波蘭。在本書中，描繪了一六五四年哥薩克首領赫梅爾尼茨基，如何以極為現實的態度，決定向莫斯科沙皇阿列克謝宣誓效忠，以換取建立聯盟共抗波蘭。這個發生在佩列亞斯拉夫的歷史事件，對於持俄羅斯史觀的人來說，是烏克蘭與俄羅斯（當時稱莫斯科沙皇國）的重新結合，兩個兄弟民族的再次攜手。但是本書論證指出，當時沒有人會從族群的角度來考慮或是談論問題，充其量是雙方都信仰東正教，而這有助於結盟。赫梅爾尼茨基與其後的烏克蘭首領為了爭取獨立地位找過俄羅斯沙皇，但也找過瑞典國王、土耳其蘇丹，甚至與波蘭國王談判，試圖以立陶宛那樣的地位再重新加入波蘭。對俄羅斯史觀而言，佩列亞斯拉夫協議是血濃於水的兄弟回家，對烏克蘭史觀而言，那只是再現實不過的舉措，沒有什麼特殊的意義。兩種史觀的對立在這裡鮮明地展現出來。

佩列亞斯拉夫協議影響深遠，在協議簽署三百年後，蘇聯共黨的第一書記赫魯雪夫把原本屬於俄羅斯的克里米亞半島送給了烏克蘭。俄烏當時都是蘇聯的加盟共和國，因此這樣的領土轉移實質意義並不大，但卻反映了赫魯雪夫這種成長於烏克蘭的俄羅斯人對俄烏關係所懷有的看法，也是俄羅斯史觀的一種表現：俄烏是兄弟，同是羅斯民族；贈送克里米亞表示不分內外，更顯示兄長的大度，希望更鞏固兄弟情誼。烏克蘭收了這塊土地，但並沒有收下領土轉移背後的俄羅斯史觀。

回到十七、八世紀之交，那時莫斯科沙皇國的力量逐漸伸展，到了彼得大帝的時候更成為帝國，並且溯源到基輔羅斯的歷史，開始稱自己為俄羅斯。這讓烏克蘭人處於一個矛盾的境地。若是要強調自己與基輔羅斯的光榮傳統相連繫，則不應該否認本身「羅斯人」的身分；然而這樣做會使得自己被納入俄羅斯的範疇之內，或是被迫接受「小俄羅斯人」的稱呼。在掙扎了一段時間之後，十九世紀的烏克蘭民族締造者決定放棄羅斯的名字，而以烏克蘭來定義自己的土地與族群。我們看到類似的情況發生在臺灣：由於對岸已經在國際上壟斷了「中國」的名義，因此許多臺灣人開始擁抱臺灣的新身分，而不再堅持固有的中國認同。總體被大的成員定義，小的成員乃選擇退出。

雖然一開始是哥薩克人邀請莫斯科沙皇介入烏克蘭與波蘭的戰爭，但是沙皇是可以請來、卻請不走的。在戰勝波蘭後，沙皇獲得了聶伯河東岸的哥薩克土地，與仍處於波蘭統治下的西哥薩克以河為界，這樣延續了百餘年。十八世紀中葉的俄土戰爭，又為沙皇帶來原屬於奧圖曼帝國的黑海北岸領土。最後在十八世紀之末的第二與第三次瓜分波蘭中，沙皇攫奪了聶伯河西岸原屬波蘭的土地。這些領土乃構成了今日烏克蘭的基礎。往後添加上去的，還有最西邊被奧地利所分走的加里西亞，以及一些屬於羅馬尼亞的外喀爾巴阡土地。對於烏克蘭史觀而言，這些都是烏克蘭人的土地；對於俄羅斯史觀而言，不只烏克蘭人本身就是羅斯人，許多烏克蘭的土地是俄羅斯沙皇征服後才添加到烏克蘭的領域範圍之內的，因此有大批俄羅斯的移民，他們才是這裡的主人。烏克蘭東南從盧漢斯克到敖得薩的黑海北濱就是這樣的土地，所以如果烏克蘭選擇與俄羅斯分家，則俄羅斯有權拿回它。

在長久被俄羅斯帝國所統治的時期，烏克蘭人所受到的官式教育教導自己是「小俄羅斯人」。此種稱呼最開始來自教會，後來被俄羅斯的官方所接受，成為盛行於波蘭、奧地利與海外的烏克蘭民族主義的天然大敵。在彼得大帝進行西化革命的過程當中，大肆宣傳新俄羅斯祖國乃至新俄羅斯民族的理念，要將俄國改造成一個近代政治體，而烏克蘭人／小俄羅斯人則被視為這個民族必不可少的一部分。這就是俄羅斯史觀的濫觴。因為有基輔羅斯的共同歷史傳統，俄羅斯官方的全力宣導，以及生活中的現實需求，小俄羅斯主義經常處於優勢地位，特別是在俄羅斯帝國新征服的領土當中（例如黑海北濱的新俄羅斯）。作者在多處記載了小俄羅斯主義與烏克蘭民族主義這兩種思潮的對抗，成為本書重要的敘事主軸。

第一次世界大戰造成了俄羅斯帝國的瓦解，而烏克蘭也繼十七世紀的哥薩克國後首次有了建立獨立國家的機會。然而就跟哥薩克國一樣，烏克蘭需要在強鄰間驚險地選擇策略聯盟，運氣在此也扮演了重要的角色。也如哥薩克國一樣，獨立的烏克蘭最後無法支撐自己的地位，而被取代俄羅斯帝國的蘇聯所征服，成為一個蘇維埃社會主義加盟共和國。當然，烏克蘭民族主義與烏克蘭史觀無法在蘇聯公開傳布，但是由於蘇聯名義上所實行的是種族聯邦主義，因此烏克蘭人作為烏克蘭共和國的主體民族，其地位有了一定程度的提升，也被官方所承認。烏克蘭人不再是小俄羅斯人。在蘇聯時期的烏克蘭，反映著各地區接受俄羅斯統治時間的長短、以及俄羅斯移民人數的多寡與佔比，出現了東南較為親俄、西北則烏克蘭民族意識較為興盛的局面。這就保證了當一九九一年蘇聯解體時，是西烏克蘭扮演了關鍵性的角色。

獨立後的烏克蘭還是不能免於兩種認同、兩個史觀的交戰。反映在投票行為上，可以發現東南部總是支持想要與俄羅斯保持良好關係的政黨，而西北部則強烈地反俄。烏克蘭的政局就在這樣的框架中東西擺盪，一時選出較為反俄的總統（克拉夫丘克、尤先科），一時又選出較為親俄的總統（庫奇馬、亞努科維奇）。作者對烏克蘭獨立後的這兩股主要的政治勢力表現了明顯的偏好取捨，自然是以親西方的烏克蘭民族主義居先。在東西相爭的情況之下，二〇〇四年出現了橙色革命，十年後則是歐洲獨立廣場運動與「尊嚴革命」，兩次顛覆了親俄的政權，而代以親西方的政府。此時俄羅斯出手了，在二〇一四年奪取了克里米亞，又在最東部的盧漢斯克與頓內茨克支持建立了親俄的分離主義政權。二〇二二年普丁又發動對烏克蘭的全面侵略，在戰爭進行半年後佔據了烏克蘭東南領土的一半，基本上就是黑海北濱的俄裔與俄語人口集中的地方。

烏克蘭史觀與俄羅斯史觀是相互對立的看法，在烏克蘭不同地區與不同族裔也有不同的政治主張，以及認為合理的對俄政策。這樣的現象在作為東西交界的烏克蘭出現，毋寧是極為自然的。烏克蘭長期是俄羅斯的一部分，如以聶伯河東岸而言這樣同為一國的歷史經驗超過三百年。在此種情況之下，烏克蘭民族主義與小俄羅斯主義自然各有理據，認同的分歧也是可以想像的。其他國家也不乏這樣的例子，如蘇格蘭與英格蘭、捷克與斯洛伐克，或西班牙與加泰隆尼亞。處理分歧的方法應該是多元與寬容，民主與對話，否則認同之爭終會導向戰爭。烏克蘭在獨立後建立新民族與去俄羅斯化的政策說不上是包容，而普丁在二〇一四年的動作則製造了悲劇，二〇二二年更全面性地帶來了慘不堪言的戰禍。烏克蘭是處於東西交界的國家，有著分歧的認同，背負著對立的史觀，展現著高度的區域差距。以民主之名來強求均質化是一種多數暴力，而對鄰國發動戰爭來主張本族群的利益更是侵犯了他國的主權、摧毀了和平，更製造了仇恨。《烏克蘭》為我們訴說了烏克蘭的千年歷史，也讓我們看到烏俄之間對立的史觀與認同如何無法在寬容的環境中獲得調和與妥協，而終於走向戰爭。今日的烏俄戰爭對二者都帶來極大的損失，特別是對普丁所聲稱要保護的烏克蘭東南部居民，因為他們的家園正是戰場。

看著烏克蘭的例子，讓我們憂心持續惡化的兩岸關係，並思索著如何能讓遠方的悲劇不要在自己的家園發生。以烏為鑑，《烏克蘭》真是我們該認真閱讀的一本好書。

新版序言

本書寫作的時間，是在二〇一四年俄烏戰爭開始後沒多久；在這場戰爭中，俄國非法併吞克里米亞，在頓內次盆地發動混合戰爭，並建立了頓內次克、盧甘斯克這兩個傀儡國。在本書二〇二一年的新版中，我新增了一個章節；當時我相當確定，本書應該有一段時間不會需要更新，事實證明我是錯的。

我原本以為本書會有一段時間不需更新，但新版才剛發行沒多久，我的信心就受到新事態的挑戰。二〇二一年七月，弗拉基米爾．普丁（Vladimir Putin）發表長文〈論俄羅斯人和烏克蘭人的歷史統一〉（On the Historical Unity of the Russians and Ukrainians，據稱是俄國總統本人所寫）。普丁在這篇文章中，再度重申他的陳腔濫調，宣稱根本沒有所謂的烏克蘭國族，而俄羅斯人與烏克蘭人實則同屬一個民族。

二〇二二年二月，俄羅斯總統再度訴諸歷史。在一場電視轉播的長篇演說中，他堅稱烏克蘭這個國家只是布爾什維克（特別是弗拉基米爾．列寧）所創造出來的。這場演說也不只是談談歷史而已，還被用於正當化俄國官方所謂的「特別軍事行動」——這場「特別軍事行動」，事實上無非是一場大型的侵略，未經挑釁就發動，並對烏克蘭無止無境、不分青紅皂白地長程轟炸。

二〇二二年二月二十四日清晨，俄方展開全面攻擊；他們進攻的前提，正是基於認為俄羅斯人和烏克蘭人同屬一個民族，也是基於誤解烏克蘭的起源與歷史，誤讀烏克蘭長久以來自有獨立身分認同的傳統，並扭曲烏克蘭長期以來抵抗外國侵占的歷史。而這場侵略，犧牲了大量人命，也毀壞了諸多財產。

普丁的「特別軍事行動」很快就崩潰了，這令這場軍事行動的籌畫者感到訝異，也震驚了世界各地的觀察家。基輔並沒有在七十二小時後就陷落，這違背了外界的預測；烏克蘭總統也並未逃跑，儘管外界願意協助他逃跑；而外界了解甚少的烏克蘭軍隊更是表現優異，迫使俄羅斯方從基輔和北烏克蘭撤退。在南烏克蘭被暫時占領的城市和村落，手無寸鐵仍出來遊行、並揮著烏克蘭旗幟對抗坦克車的，不只有烏克蘭裔的人們，更有俄羅斯裔和說俄羅斯語的人們。烏克蘭的人民，跨越族群、語言和文化的界線，團結捍衛屬於他們的民主國家，同時，烏克蘭的猶太裔總統，在世界舞台上，更象徵烏克蘭的韌性與勇氣。

歷史是否能解釋烏克蘭現在發生的事？歷史絕對可以指出現今事態的根源，而我希望歷史也能幫助我們辨認未來可能的發展軌跡。儘管烏克蘭是最近才獲得全世界的注意，但烏克蘭的歷史不僅悠久，而且充滿戲劇性，相當引人入勝；只不過，烏克蘭的領土，曾經被許多帝國統治，長達多個世紀，而烏克蘭的歷史，也就經常被這些帝國的大敘事掩蓋。帝國的破壞侵奪與扭曲誤解如同一堆瓦礫，而從這堆瓦礫中把烏克蘭的歷史挖掘出來，能夠幫助我們看見現代烏克蘭社會，面向的其實是民主以及歐洲。

在蘇聯解體後，烏克蘭是俄羅斯以外最大的前蘇聯共和國，而現在，烏克蘭又成為俄羅斯侵略的對象；但是，烏克蘭早在現在這場戰爭之前就已經是戰場。俄羅斯和白俄羅斯這兩個國家，是烏克蘭的東斯拉夫鄰國，現在更是仇敵；與這兩國不同，烏克蘭在獨立之後，建立了民主的政治文化，並且能夠予以維持；這樣的政治文化，則又是烏克蘭活躍的公民社會所要求的成果。現在，這樣的民主政治文化，受到獨裁且抱持極端民族主義的俄羅斯所威脅；今日的俄羅斯，執意要重建當年的帝國，不只要消滅烏克蘭的國家地位、國民、經濟、建設、歷史和文化，甚至要消滅烏克蘭這個概念本身。

世界上有些國家支持民主，並支持「以規則為基礎的國際秩序」，在此同時，又有一股反民主勢力試圖破壞這個秩序；而俄國對於烏克蘭的侵略，之所以受到全球的矚目，就是因為這場戰爭清楚顯現兩者之間的鬥爭。這個「以規則為基礎的國際秩序」，其立基的基礎原則，正是民族國家的主權和領土完整性。普丁政權的意圖，是要吞併那些有大量俄羅斯裔人口的領土，以及有大量說俄羅斯語人口的地區，強迫這些地方進入「俄羅斯世界」，這令人回想起納粹的大日耳曼野心。整體而言，這場對烏克蘭的攻擊，也代表著過去帝國戰爭的復歸。

這些與過去的相似之處，在在告訴我們，若要了解當代世界，尤其如果若要了解烏克蘭的事態發展，那麼，了解烏克蘭的歷史就十分重要。對烏克蘭歷史的討論，讓我們能夠探索烏克蘭身分認同的起源何在，並且讓我們可以理解，烏克蘭在被多個帝國統治長達數個世紀（而非只有幾十年）之後，面對這些帝國所強加的各種分歧，烏克蘭人是如何能夠團結起來成為一個民族。此外，兩場世界大戰中，烏克蘭的領土都成為大規模戰爭的發生地，這些戰爭背後的目的，則是為了要奪取烏克蘭；而二十世紀的烏克蘭史，特別是兩場世界大戰中的歷史，更能幫助我們了解現在這場戰事中許多的現實條件。最後，烏克蘭獨立後的歷史，則能幫助我們了解面對俄羅斯在二〇二二年侵略時，烏克蘭人的韌性從何而來。

若要解釋在面對俄羅斯二〇二二年的侵略時，烏克蘭人何以能發起如此強大的抵抗，最重要的因素，是烏克蘭社會在二〇一四年尊嚴革命之後發生的變化，以及在此之後俄國對克里米亞和頓巴斯的侵略。過去曾有人說，籌畫著怎麼打一場新戰爭的將軍們，結果打的其實是上一場戰役，這個說法在今年應驗了：侵略烏克蘭的俄方，原先預期他們進入的國家，會是他們在二〇一四年就進攻過的那個烏克蘭；但是，他們卻遭遇了一個已經非常不同的烏克蘭。這個新烏克蘭社會如何誕生、又為何誕生，是這本書最後一章的主題，而這一章當然無法出現在本書的上一個版本。

當我和新版的編輯合作，準備出版本書時，我們認為最後幾章和本書結語只需要小幅編輯、修改。我在書中主張，若要了解二〇一四至一五年的戰爭第一階段，理解歷史就相當重要；對此，時間已經證明，我的相關主要主張都是正確的；而我所做的這些主張，現在也提供了一個視角，能幫助我們了解二〇二二年的事態發展。烏克蘭長期以來的發展，背後的基本因素依然未變：拒絕帝國控制，民族構建，建立以自由民主價值為基礎的社會，以及與歐洲整合。

謝爾希・浦洛基　寫於奧地利維也納

二〇二二年六月七日

前言

就美國總統彈劾案來說，美國眾議院在二〇一九年十二月對唐納・約翰・川普（Donald John Trump）提出的彈劾案是獨一無二的。在美國歷史至今為止的四次總統彈劾案之中，只有這次特別關注總統涉及某一外國的行動，這個國家就是烏克蘭。

近幾年來，我多次被人問起同一個問題：「為什麼烏克蘭在世界政治上變得這麼重要？」我第一次遇到這個問題，是在二〇一三和二〇一四年廣場（Maidan）抗爭的背景下，俄國隨即併吞了克里米亞，並侵略烏克蘭其他地區，美俄關係與歐盟對俄關係也隨之急遽惡化。而同樣這個問題之後又再度被提起，先是針對烏克蘭在彈劾過程中的角色，接著是在二〇二〇年美國總統大選期間。

我的答案從那時到現在都不變。烏克蘭在歐洲的舞台中心現身，隨後又在美國政界現身，絕非偶然。烏克蘭是蘇聯解體後，僅次於俄羅斯的最大前蘇聯加盟共和國，如今則是俄國侵略的目標，近幾年來成了戰場。烏克蘭不同於俄國和白俄羅斯這兩個東斯拉夫（East Slavic）鄰國，在後蘇聯轉型的動盪年代裡，仍維持著民主機制與政治，地緣政治上的取向與社會文化價值觀也都面向西方。

俄國在烏克蘭頓巴斯地區未經宣告的混合戰爭，過去七年來已造成超過一萬四千人喪生，成為民主與專制全球鬥爭最顯著的表現之一，為此引起了美國與西方的關注。烏克蘭境內持續進行的軍事衝突，不只是政治價值觀的競逐而已。俄國力圖阻止其帝國衰落而奪取克里米亞、占領頓巴斯部分地區，對國際秩序及其基礎所在的主權和領土完整原則構成了重大威脅，程度為第二次世界大戰結束至今所僅見。

儘管烏克蘭不久前才引起舉世注目，它卻擁有漫長、驚心動魄又迷人的歷史，而它的歷史往往被統治其領土數世紀的帝國大敘事遮蔽。從帝國的層層歪曲之下，發掘這段直到最近數十年來在西方仍鮮為人知的歷史，不僅有助於更深入理解這個舉世關注焦點所在的國家，更有助於深入理解整個歐洲，東歐與西歐皆然。我把握了出版社為本書發行更新版的機會，為烏克蘭最近的歷史增補一章——也就是本書二〇一五年初版發行後的這些年，為這個國家和這一區域的故事提供了新見解。

謝爾希・浦洛基

二〇二一年三月二十一日

導言

蘇格蘭人和其他一些民族，常常誇耀一些書籍肯定了他們對改變人類歷史作出的貢獻，烏克蘭人也許同樣有理由為自己在改造世界中的作用而自豪。一九九一年十二月，烏克蘭公民紛紛湧向投票站，選擇了獨立，同時也將強大的蘇聯送進了歷史的垃圾堆。那時在烏克蘭發生的事件，在世界上造成了巨大的迴響，也確實改變了歷史的走向：烏克蘭公投之後一個星期，蘇聯就解體了，美國總統喬治·H·W·布希（George H. W. Bush）更宣布，西方在漫長而艱難的冷戰中取得了最後勝利。

烏克蘭下一次出現在全世界的電視螢幕上是二〇〇四年。這一年，身著橙衫、情緒高昂的群眾擠滿了基輔的廣場與街道，要求舉行公平的選舉，他們最終達到了目的。由於這次橙色革命，從塞爾維亞到黎巴嫩，從喬治亞到吉爾吉斯，搖撼威權統治的革命都被稱為「顏色革命」。顏色革命並未改變後蘇聯時代的世界，但它們留下了遺產，也留下了「改變終將到來」的希望。接下來，烏克蘭人又在二〇一三年的十一月到十二月間成為世界關注的焦點——人們再次走上基輔的大街，支持國家與歐盟建立更緊密的聯繫，此時正值歐盟各成員國對聯盟的熱情降至低點，烏克蘭人卻不顧零度以下的氣溫，日復一日、月復一月地在街上遊行、堅守，令西歐和中歐國家的公民們感到震驚、也深受鼓舞。

二〇一四年初，烏克蘭國內形勢出現了意外而悲劇性的轉折，抗議者與政府部隊之間發生衝突，將先前抗議中那種熱烈得近乎街頭派對的氣氛一掃而空。二〇一四年二月，就在電視臺攝影機鏡頭的全程記錄下，鎮暴警察和當局的狙擊手向抗議者實彈開槍，導致數十名親歐盟抗議者死傷，這樣的畫面震驚了世界。同樣令人震驚的還有二〇一四年三月俄羅斯對克里米亞的吞併，以及同年春末莫斯科在烏克蘭東部頓巴斯地區策動的混合戰。這一年七月，親俄的分離主義者擊落了載有將近三百人的馬來西亞航班，更是將這場俄烏衝突變成了一場真正的國際衝突。烏克蘭局勢的發展對歐洲和國際事務產生了巨大的衝擊，以致政治人物們開始談論「為歐洲的未來而戰」，以及冷戰再臨，而在一九九一年，這裡正是冷戰宣告落幕之地。

烏克蘭危機的起因是什麼？歷史在這一系列事件中扮演了何種角色？是什麼讓烏克蘭人不同於俄羅斯人？克里米亞和烏克蘭東部到底應該屬於誰？為何烏克蘭採取的行動會造成巨大的國際影響？近年來，這些問題被一再提出，理應得到全面的解答。對於當今烏克蘭局勢及其對世界的衝擊，若要了解背後的各種趨勢，我們需要對其根源進行考察。粗略地說，這就是這本書的主要任務。我寫作這本書，正是希望歷史能為我們提供對當下的洞見，進而影響未來。無論是預測當今烏克蘭危機的結局及其長遠影響，還是預測烏克蘭這個國家的將來，即便不是完全不可能，也十分困難。然而，踏上探索歷史的旅程，仍有助於我們從每日新聞的密集轟炸中理出頭緒，並能讓我們在面對事件時思考更深，從而改變事件的後果。

本書在「長時段」（longue durée）尺度上呈現烏克蘭歷史，內容起自希羅多德時代，終於蘇聯的崩潰和當下的俄烏衝突。烏克蘭和法國差不多大小，現擁有接近四千六百萬人口，歷史上在此生活的人們更是數以億計。如何才能將它超過千年的歷史濃縮到短短數百頁的篇幅之內？要做到這一點，我們必須有所取捨，這也是歷史學家的一貫做法，然而歷史學家們採用的方法卻各不相同。現代烏克蘭史學的奠基者米哈伊洛·赫魯舍夫斯基（Mykhailo Hrushevsky）是本書中將會出現的一個人物，哈佛大學的烏克蘭歷史教席也以他的名字命名；赫魯舍夫斯基將他的研究主題視為一個起自渺茫遠古，歷經繁榮、衰落和復興的民族的歷史，其復興的頂點，則是烏克蘭國家在第一次世界大戰期間及之後的創生。

烏克蘭歷史在赫魯舍夫斯基的手中成為一個獨特的研究領域，然而他的許多批評者和繼承者對他的方法提出了疑問。赫魯舍夫斯基的學生們側重烏克蘭國家地位的歷史；蘇聯歷史學家將烏克蘭歷史描述為一部階級鬥爭史；一些西方作者強調烏克蘭的多族群特徵；而到了今天，愈來愈多的學者則轉向了跨國研究。這些後起寫作潮流，對烏克蘭和其他民族歷史的處理方式，也影響了我的歷史敘事，晚近史學中的文化轉向以及身分認同史研究也為我提供了養分。我所提出的問題都是從當代出發的，對此我並不避諱，但我也盡力不用現代的身分認同、歸屬、觀念、動機和情感來曲解過去的歷史。

本書的原文書名「歐洲之門」當然是一個隱喻，但這樣的比喻並不能輕率以待，也不應被視為一種行銷的花招。歐洲在烏克蘭歷史中有著重要的地位，而烏克蘭在歐洲歷史上同樣如此。烏克蘭地處歐亞大草原的西緣，許多個世紀以來都是通往歐洲的門戶。在某些時代，戰爭和衝突會導致「門戶」的關閉，此時烏克蘭就是阻擋東來或西來侵略者的一道屏障。而在烏克蘭歷史上的大部分時間裡，門戶是開放的，此時的烏克蘭就成為歐洲和歐亞之間的橋梁，使得人群、商品和思想的交流得以發生。在漫長的歲月中，烏克蘭也充當了各大帝國的交會點（以及戰場）——從羅馬帝國到鄂圖曼帝國，從哈布斯堡王朝到羅曼諾夫王朝。在十八世紀中，烏克蘭被聖彼德堡、維也納、華沙和伊斯坦堡輪流統治，到了十九世紀，烏克蘭的統治者就只剩下了前兩個。二十世紀下半葉，莫斯科成為大部分烏克蘭土地上唯一的最高統治者。每個帝國都曾占有烏克蘭的土地和財富，在這片土地和這裡的人群特徵上留下自己的印記，同時也幫助塑造了烏克蘭獨特的邊疆身分和民族氣質。

民族概念是本書的重要分析範疇和故事要素，卻並非全部。「民族」與「歐洲」這兩個不斷變動的概念，一起界定了這一敘事的性質。本書講述的烏克蘭歷史，地理邊界是由十九世紀晚期和二十世紀早期的民族誌學者和地圖繪製者確定，大致與當今烏克蘭國家的邊界重合，但並非全然如此。從中世紀基輔人國家（在史學界被稱為基輔羅斯）直到現代民族主義興起，各種觀念和身分認同，讓這些土地互相產生關聯。本書考察這些觀念和身分認同的發展，並解釋現代烏克蘭國家及民族的起源。在這一過程中，本書將烏克蘭族視為烏克蘭人口構成中最大的民族，也將之視為現代烏克蘭民族和國家創生的主要驅動力，但也沒有忽視烏克蘭的少數族群，尤其是波蘭人、猶太人和俄羅斯人，並認為多族群、多文化的現代烏克蘭民族尚在持續演進。烏克蘭文化向來都與其它文化共用生存空間，從早期就必須在不同「他者」之間遊走。烏克蘭社會能夠跨越各種內外的邊界，並在這些邊界的塑造下，產生自己的各種身分認同，這種形成認同的能力，構成了本書所呈現的烏克蘭歷史的主要特徵。

國際和國內政治雖然可以為歷史敘述提供一個很方便的框架，然而，在本書的寫作中，我發現地理、生態和文化是更為持久的元素，因此長期而言有更大的影響。從「長時段」文化趨勢的角度來看，當代烏克蘭是兩條變動中的邊界相互作用的產物：一條邊界是歐亞大草原和東歐稀樹草原的分界線，另一條則是東方基督教和西方基督教的分界線。第一條邊界同時是定居人口與遊牧人口之間的分界線，最終將基督教世界與伊斯蘭世界分隔開來；第二條則要回溯到羅馬和君士坦丁堡對羅馬帝國的分裂，標誌著存續至今的東西歐政治文化差異。許多世紀以來，一系列獨特的文化特徵在這兩條邊界的移動中產生，並成為當代烏克蘭身分認同的基礎。

不講述烏克蘭各地區的故事，就無法講述整個烏克蘭的歷史。邊界移動造就的文化與社會空間從來不是同質化的，烏克蘭族群所居住的土地上，國家和帝國的疆界不斷變動，在這個過程中，各不相同的文化空間在這樣的移動中被創造出來，成為烏克蘭各地區的基礎。這些地區包括被匈牙利人統治過的外喀爾巴阡、歷史上曾屬於奧地利的加利西亞、曾被波蘭統治的波多里亞和沃里尼亞、聶伯河的哥薩克左岸及下游、斯洛博達（Sloboda）烏克蘭，以及俄羅斯帝國時期開拓的殖民地——黑海沿岸地區和頓內次盆地。與之前的大部分學者不同，我不會嘗試將烏克蘭各個地區（如曾經的俄羅斯統治區和奧地利統治區）的歷史在不同的章節各自講述，而是會將它們視為一體，為它們在特定時期的變化提供一個比較視角。

最後，我要就術語的使用說上幾句。現代烏克蘭人的先輩曾在數十個前現代的或現代的公國、王國和帝國治下生活。在時間的長河中他們採用了各種各樣的名稱和身分。他們用以界定自己這片土地的兩個關鍵字是「羅斯」（Rus）和「烏克蘭」（「羅斯」的西瑞爾字母拼寫是Русь，其中最後一個符號是軟音符號，表示對其之前的輔音進行顎音化。）在九世紀至十世紀間，基輔羅斯人招攬維京王公和戰士們，將他們斯拉夫化；「羅斯」一詞即由維京人傳播到這片地區，並被基輔羅斯人吸收。今天的烏克蘭人、俄羅斯人和白俄羅斯人的祖先使用的「羅斯」，包括斯堪地納維亞／斯拉夫化的「Rus'」和希臘化的「Rossiia」等不同形式。到了十八世紀，莫斯科沙皇國❶採用了後者，將其作為國家和帝國的官方名稱。

根據他們所處的地區和時代的不同，烏克蘭人有過各種不同的稱呼：他們在波蘭被稱為盧森人（Rusyns），在哈布斯堡王朝被稱為魯塞尼亞人（Ruthenians），在俄羅斯帝國則被稱為小俄羅斯人（Little Russians）。到了十九世紀，烏克蘭民族的締造者們決定放棄「羅斯」這個名字，以終結這種混亂，並將他們與其他東斯拉夫世界居民、尤其是俄羅斯人區別開來。在俄羅斯帝國和奧匈帝國，他們都選擇採用「烏克蘭」和「烏克蘭人」這兩個詞來定義他們的土地和族群。「烏克蘭」一詞起源於中世紀，在早期現代時期被用來表示聶伯烏克蘭地區的哥薩克國。這些十九世紀運動者集體認為，大部分哥薩克人都起源於本地，是最純粹的烏克蘭人。為了將「羅斯的」過去與「烏克蘭的」將來連接起來，米哈伊洛・赫魯舍夫斯基把自己的十卷巨著命名為《烏克蘭—羅斯史》。時至今日，任何講述烏克蘭歷史的作者，都必須使用兩個或更多的名詞來定義現代烏克蘭人的祖先。

在本書中，部分「羅斯人」一詞主要用於中世紀晚期（但並非全部如此）；在涉及早期現代時，我會使用「魯塞尼亞人」；在涉及現代時，我則會使用「烏克蘭人」。從一九九一年獨立烏克蘭國家的建立開始，這個國家的公民，無論其族群背景，都被稱為「烏克蘭人」。這一用法反映了當下歷史學界的慣例。雖然這會造成一些麻煩，但我希望它還不至於讓人誤解。

「來吧，你會看見。」現代烏克蘭史學奠基文本之一《羅斯史》（*History of the Rus'*）的佚名作者在其作品的前言結尾寫道。我無法想出比這句話更好的邀請，來作為本書前言的結語。

❶ 譯註：Muscovy，即The Grand Duchy of Moscow，多譯作莫斯科公國或莫斯科大公國。莫斯科大公伊凡四世在一五四七年後自稱沙皇，並將國號改為俄羅斯沙皇國（Tsardom of Russia，亦作沙俄、莫斯科沙皇國），直至一七二一年彼得一世改國號為俄羅斯帝國，但本書原作者仍將這段時期的俄羅斯稱之為Muscovy。考慮到與原文的一致性，本書中凡出現於一五四七年至一七二一年之間的Muscovy一詞均譯作莫斯科沙皇國。

卷一

黑海邊疆

01

The Edge of the World

第一章　世界的邊緣

第一位記錄烏克蘭的歷史學家正是歷史之父希羅多德，通常，只有地中海世界的國家和民族才有資格得到這位「歷史之父」的書寫。烏克蘭是一片由草原、山地和森林組成的地區，位於被古希臘人稱為好客之海（Pontos euxeinos，羅馬人用拉丁文寫作 Pontus euxinus）的黑海之北，正是當時地中海世界的重要組成部分，然而它的重要性又與眾不同。希羅多德的世界以古希臘的各城邦為中心，向南延伸到埃及，向北延伸到克里米亞和黑海大草原。如果說埃及是上古文化和哲學的王國，值得希臘文明研究和模仿，那麼今日烏克蘭所在的這片土地則是典型的邊疆地帶，是希臘文明與其野蠻對立面的碰撞之地。這裡是後來被稱為西方世界的政治文化圈的第一道邊疆，是西方藉以定義自身和他者的起始界線。

希羅多德在希臘語中被稱為 Herodotus，他來自位於今日土耳其境內的希臘城市哈利卡納索斯（Halicarnassus）。在西元前五世紀，也就是希羅多德生活、寫作和朗誦他的《歷史》的年代，他的出生地還是波斯帝國的一部分。他生命中很長一段時間在雅典度過，曾經在義大利南部居住，也曾在地中海世界和中東世界穿梭往來，到訪過的地方包括埃及和巴比倫；他是希臘式民主的崇拜者，用希臘語的愛奧尼亞方言寫作；然而，就他身處的年代而言，他的關注已經包羅了當時已知的世界。他的《歷史》後來分為九卷，討論了希波戰爭的起源問題，希波戰爭開始於西元前四九九年，延續到西元前五世紀中葉，希羅多德生活的年代有很長一段與這段時期重合。戰爭於西元前四四九年結束後，他又花了三十年時間研究這個主題。他將這一系列衝突描述為自由與奴役之間史詩般的鬥爭——希臘代表自由，而波斯代表奴役。雖然他的寫作不免摻入了他自己的政治和思想立場，他仍然希望從雙方的角度來呈現這段歷史。用他自己的話說，他的目的在於「將希臘人和野蠻人雙方的偉大成就都記錄下來，以保存過去的記憶。」

正是由於對「野蠻人」一方視角的興趣，讓希羅多德把目光投向了黑海大草原。西元前五一二年，希波戰爭開始前十三年，波斯帝國最強大的統治者大流士大帝（Darius the Great）為了報復曾經用計騙他的斯基泰人（Scythians），入侵了這片地區。斯基泰王統治著黑海以北的廣大地區，這些遊牧首領的軍隊十分機動靈活，曾經讓大流士從多瑙河追擊到頓河，卻找不到任何交戰的機會。這對這位十多年後將成為希臘世界最大威脅的君主而言，無疑是可恥的失敗。在他的《歷史》中，希羅多德不遺餘力，就他所知道和聽說過的內容，講述了關於斯基泰人、他們的土地、風俗和社會的一切。他雖然周遊列國，卻從未親身踏上這片地區，因此似乎不得不依賴別人講述的故事，然而，他對斯基泰人統治下的土地和人民的描述備極詳盡，讓他不僅成為第一位關注烏克蘭的歷史學家，也成為第一位關注烏克蘭的地理學家和民族誌學者。

西元前四萬五千年左右，對住所遺跡進行的考古發掘，證實捕獵猛獁的尼安德塔人是黑海以北地區最早的人類定居者，在西元前五千年左右，所謂庫庫特尼—特立皮利安（Cucuteni-Trypilian）文化的先民們在多瑙河和聶伯河之間的森林草原定居，飼養家畜，耕種農田，修建了大規模的定居點，用粘土製造塑像，並燒制彩陶。西元前三千五百年左右，住在黑海大草原的人們馴化了馬，並在一千年後將各種印歐語言傳入中歐。

希羅多德開始在雅典的公共節日上朗誦他的作品段落以前，大多數希臘人對黑海以北地區一無所知；這之前，他們把那片土地想像成蠻族的領地和諸神的遊戲場。一些人相信，特洛伊戰爭的英雄、荷馬的《伊利亞德》的主角阿基里斯，就長眠在多瑙河或是聶伯河河口的某個島嶼上；而亞馬遜人（希臘神話中那些為了讓張弓更穩而切掉右乳的女戰士）也生活在那片地區，就在頓河附近。他們還相信那裡的克里米亞半島（即希臘人稱之為陶里卡的半島）上生活著兇殘的陶里安人（Taurians），如果有不幸的旅人為躲避黑海的風浪來到群山林立的克里米亞海岸，便會遭到陶里安女王伊菲革涅亞（Iphigenia）的毒手，被她獻祭給女神阿提米絲（Artemis），因為伊菲革涅亞的父親阿伽門農要將她獻祭，是阿提米絲將她從祭臺上救走。很少有人願意涉足如「好客之海」周邊那樣危險的地區。黑海名雖「好客」，航行起來卻十分艱難，以常常毫無預兆地出現巨大的風暴而聞名。

希臘人從辛梅里亞人（Cimmerians）口中首次聽說黑海以北的土地和人民。辛梅里亞人是一個由戰士組成的部族，在西元前八世紀被斯基泰人從黑海大草原驅逐，來到安納托利亞。遊牧的辛梅里亞人首先遷移到高加索地區，隨後又轉移到小亞細亞，在這裡遭遇了地中海諸文化，接觸到他們悠久的定居生活和文化成就。辛梅里亞人在地中海地區被視為典型的蠻族，其聲名在《聖經》中也有記錄；先知耶利米這樣描述他們：「他們拿弓和槍，性情殘忍，不施憐憫。他們的聲音，像海浪匉訇。他們騎馬，都擺隊伍，如上戰場的人要攻擊你。」辛梅里亞人的野蠻戰士形象甚至進入了現代流行文化。在一九八二年的熱門好萊塢電影《野蠻人柯南》（*Conan the Barbarian*）中，阿諾・施瓦辛格就曾扮演辛梅里亞國王柯南，那是作家羅伯特・E・霍華德（Robert Ervin Howard）於一九三二年創造的一個虛構人物。

在西元前七世紀到前六世紀，辛梅里亞人被迫離開故土之後，克里米亞和黑海北岸海濱地區就進入了希臘人的視野。希臘殖民地開始在這一地區出現。建立這些殖民地的遷居者大部分來自米利都（Miletus），當時最強大的希臘城邦之一，米利都人建於黑海南岸的錫諾普（Sinope）也成為向外拓殖的基地。建於黑海北岸的殖民地則有潘提卡彭（Panticapaeum），距離今天的刻赤（Kerch）不遠，有位於今天的費奧多西亞（Feodosiia）的忒奧多西亞（Theodosiia），還有位於現代城市塞瓦斯托波爾（Sevastopol）附近的克森尼索斯（Chersonesus），這三個殖民地都位於克里米亞。然而最有名的米利都殖民地，莫過於位於南布赫（Buh，或波赫〔Boh〕）河口的奧爾比亞（Olbia），南布赫河在此地匯入比它更大的聶伯河的入海口，然後共同注入黑海。奧爾比亞擁有石砌的城牆，有一座衛城，還有一座德爾斐的阿波羅的神廟。根據考古發現，奧爾比亞在其全盛時期占地超過一百二十英畝，約有一萬居民。奧爾比亞人實行民主政治，並以條約方式處理與其母城米利都之間的關係。

與其它希臘城市和恩波里亞（即市集）的繁榮一樣，奧爾比亞的繁榮有賴於與黑海大草原當地居民的良好關係。從這座城市初建，直到其整個鼎盛時期，即西元前五世紀到四世紀，當地的居民正是斯基泰人——一個起源於伊朗人的部落混合體。奧爾比亞的希臘人不僅與他們的鄰居一起生活，來往貿易，還相互通婚，大量擁有希臘和「蠻族」雙重血統的混血人口隨之出現，他們同時沿襲希臘的和當地的風俗。奧爾比亞的商人和水手們把穀物、魚乾和奴隸運往米利都和其它希臘地區，並帶回酒、橄欖油，和包括織物與金屬製品在內的希臘手工製品，在當地市場出售。從對斯基泰首領墓葬的考古發掘中更可以發現，當地也有用黃金製成的奢侈品。這些墳墓遍布烏克蘭南部草原，如今大部分都風化成小丘，在烏克蘭語中被稱為庫爾巴尼（kurbany）。

在斯基泰金器文物中，有一件三層胸飾尤為令人驚嘆，這件金器於一九七一年出土於烏克蘭南部，如今藏於基輔烏克蘭歷史珍寶博物館。這件胸飾的年代約在西元前四世紀，曾為某位斯基泰王所佩戴，為我們提供了一個了解斯基泰人社會和經濟結構的視角。它的中央部分刻畫了兩個下跪的蓄鬚斯基泰男子，手中捧著一件羊皮外套。考慮到整件胸飾由黃金製成，這個場景讓人聯想到阿耳戈英雄奪取金羊毛的故事，而這象徵著權威和君主。在中央場景的左右是一些家畜的圖案，有馬、母牛、綿羊和山羊。金飾上還有斯基泰奴隸的形象，其中一人為一頭母牛擠奶，另一人則為一頭母羊擠奶。這件胸飾清楚地顯示，斯基泰社會的主體由草原戰士構成，男性在其中占統治地位，其經濟則有賴於畜牧業。

如果說這些人物和家畜的形象讓我們得以一窺斯基泰世界的內部，胸飾上的野生動物形象則表現了希臘人對他們眼中的世界邊緣的想像，而非反映黑海大草原上真實情況。獅子和豹子追逐野豬和鹿，長著翅膀的獅鷲（希臘神話中最強大的怪獸，鷹首獅身）獵殺馬匹，而馬是斯基泰人生活中最重要的動物。這件胸飾不僅是希臘文化傳播的最好證明，也是黑海大草原上希臘世界和斯基泰世界互動的最好證明。

正是因為有這樣的文化交織，讓希羅多德得以收集考古挖掘無法得到的、有關斯基泰人的資訊。斯基泰人的起源神話就是一例。希羅多德在他的《歷史》中寫道：「根據斯基泰人自己的講述，他們是所有民族中最年輕的。」據稱塔爾吉陶斯有三個兒子，斯基泰人就是他的後裔。「在他們還統治這片土地的時候，天空中落下了四樣器具，一把犁、一副軛、一把戰斧，還有一只酒杯，全都是黃金製成。」希羅多德斯基泰人這樣重述斯基泰人的起源神話。兩個哥哥伸手去拿這天降的寶物時，寶物就開始燃燒，只有最年輕的弟弟能夠拿到寶物，成為寶物的主人；弟弟立刻被尊為這片土地的最高統治者，一個斯基泰部落由此興起。他們保有從天而降的神器，並統治著黑海大草原，被稱為「斯基泰王族」。斯基泰人顯然自視為黑海大草原上的原生種族，否則不會聲稱他們的始祖塔爾吉陶斯是一位天神和包律司忒涅斯河神之女的血脈——包律司忒涅斯即今天我們所知的聶伯河，是這片土地上的主要河流。這個神話還表明，儘管斯基泰人的統治階層是遊牧者，他們同時也自視為農耕種族，因為天降的神器中不僅有軛，還有犁，都是明顯的農耕文化符號。

事實上，在希羅多德的描述中，斯基泰人也分為牧馬人和農夫兩個群體，在黑海北岸，這兩個群體各自從事與環境相符的產業。如果我們在聶伯河上向南航行，我們在右岸會看到希臘殖民地奧爾比亞，希羅多德關於這一地區的主要知識都從奧爾比亞的公民和旅人那裡得來。根據希羅多德，奧爾比亞北面的鄰居是卡里皮達伊（Callipedae）部落，他們可能是希臘人和當地斯基泰人通婚的後裔。再往北，在德涅斯特河（Dniester）旁，住在斯基泰王族所控制的草原北面，則是阿拉佐尼安人（Alazonians），他們「在其它事情上與斯基泰人有相似的風俗，卻播種和食用穀物、洋蔥、大蒜、扁豆和小米。」在阿拉佐尼安人以北，生活在聶伯河右岸的人們，根據希羅多德的說法，住有犁田的斯基泰人，他們生產穀物用來出售；而居住在聶伯河左岸的，則是務農的斯基泰人，也就是包律司忒尼人（Borysthenites）。希羅多德認為這些部落與居住在南方黑海大草原上的斯基泰人有很大的不同。

希羅多德發現，聶伯河兩岸是全世界最豐饒的土地之一：

> 包律司忒涅斯河是斯泰基諸河中的第二大河，就我看來，不僅是在此地諸河流中最有價值、最為富饒，在全世界任何河流相比也是如此，僅次於那獨一無二的尼羅河。它帶來了最豐美的草地、無論數量和品質都遠超其它河流的魚群，還有最甘美的飲水——它的河水清澈晶亮，而此地其它河流的水卻甚是汙濁。包律司忒涅斯河兩岸種植的作物別處無可比擬，而在這裡還沒有開墾的地方，則生長著全世界最好的青草。

這的確是恰切的描述。聶伯河盆地的黑土至今仍被視為全球最肥沃的土地之一，為現代烏克蘭贏得了「歐洲麵包籃」的外號。

農耕族群定居的聶伯河中游地區還不是希羅多德眼中的世界盡頭。此地往北，仍有人類的蹤跡，但希臘殖民者或是各行各業的斯基泰人都對其所知甚少。這些人的居住地區才是最遠的邊疆。在聶伯河右岸，這些人被稱為涅烏里人（Neuri），在其左岸更往東和往北的地方，則被直接稱為「食人族」。希羅多德對這些人沒有太多了解，然而涅烏里人所居住的普里皮亞季沼澤位於今天烏克蘭和白俄羅斯的邊界地區，恰與古斯拉夫人的一個可能起源地重合，在此地尚能發現烏克蘭方言中最古老的一些變種。

如果希羅多德和他的資料來源可信，那麼斯基泰王國應該是一個多族群多文化的集團，集團內部各族群在政體和勞動分工上的位置由地理和生態決定。希臘人和希臘化斯基泰人占據了海濱地區，成為地中海希臘世界與內陸地區的貿易和文化橋梁。主要的貿易商品（穀物、魚乾，還有奴隸）來自稀樹草原或草原森林混合帶。這些商品，尤其是穀物和奴隸，要抵達黑海港口，必須取道斯基泰王族所在的草原地區。斯基泰王族控制著貿易，將大部分收入收歸己有，並將他們的部分黃金寶藏留在了這一地區的許多小丘裡。希羅多德描述的海岸、草原和森林地帶之間的區分，將是數百年乃至上千年以降，烏克蘭歷史中的一組重要區別。

《歷史》所刻畫的層次豐富的斯基泰世界在西元前三世紀終結，當羅馬人在西元前一世紀奪取黑海北岸的希臘殖民地，將之置於自己的保護之下時，他們需要面對的草原之主已經不再是斯基泰人。

薩爾馬提亞人（Sarmatians）是來自東方的新一波遊牧民族，他們擊敗了控制著農耕地區與希臘殖民地之間商路的斯基泰牧人，將他們趕走，並取代其位置。新來者與斯基泰人一樣，也是伊朗人。希羅多德認為薩爾馬提亞人居住在頓河以東，並記述了一個傳說：薩爾馬提亞人是逃脫希臘囚籠的斯基泰人和亞馬遜女子的後裔。與斯基泰人相似，薩爾馬提亞人也由不同的部落組成，並統治著許多族群，比如洛克索拉人（Roxolani）、阿蘭人（Alani）和雅濟格人（Iazyges）。薩爾馬提亞人統治黑海大草原長達五百年之久，直至西元四世紀為止。在其鼎盛時期，薩爾馬提亞人控制著東至窩瓦河、西至多瑙河的全部地區，並滲入了中歐，直至維斯圖拉河（Vistula）。

較之斯基泰人，薩爾馬提亞人的強大有過之而無不及，但我們對他們的了解卻遠遠少於對斯基泰人的了解。這主要是因為，希臘殖民地與烏克蘭內陸之間的貿易（以及隨之而來的資訊交流）在斯基泰人統治時期繁盛一時，在薩爾馬提亞人到來之後卻幾乎完全中斷。這片土地曾經的主人斯基泰人，被薩爾瑪提亞人驅趕到克里米亞，並在那裡建立起一個新的王國——小斯基泰（Scythia Minor），控制著克里米亞半島，以及半島以北緊鄰的草原，以及各希臘殖民地。薩爾馬提亞人擁有黑海大草原剩下的全部土地，卻與希臘殖民地隔絕開來；斯基泰人則失去了對整個草原和內陸地區的掌握。大草原新舊統治者之間的衝突損害了當地的貿易，並逐漸威脅到各希臘殖民地的安全。（斯基泰人和其他遊牧者，會向殖民者索取金錢和貨物，無論貿易狀況好壞。）此外，另一個因素同樣有力地削弱了當地貿易——地中海市場有了新的農業產品供應者，隨著亞歷山大大帝的征服和羅馬帝國的興起，從埃及和中東通往愛琴海和愛奧尼亞海岸的商路得到了保護，穀物隨之源源而來。

西元前一世紀，羅馬人的勢力延伸到了黑海北岸，為此時處於羅馬監護下的希臘殖民地提供了一定程度的保護，讓從前的貿易得以復活，然而這次復興至多也必須說是一場苦戰。奧維德（Ovid，普布利烏斯．奧維修斯．納索〔Publius Ovidius Naso〕）在西元八年被奧古斯都大帝放逐到黑海岸邊的托米斯（Tomis，今屬羅馬尼亞），十年後在那裡去世。他為我們留下一份記錄，鮮活地描述了西元初年左右一個希臘沿海殖民地日常面臨的重重危險：

數不清的部落環布四周，以殘酷的戰爭相脅，認為不靠掠奪的生存是一種恥辱。城外沒有一寸地方安全：山丘的防護全靠薄弱的圍牆，以及巧妙的選址……要塞對我們提供的保護極為有限：甚至連城內與希臘人混處的野蠻大眾也令人心生恐懼，因為這些野蠻人就生活在我們中間，毫無分隔，還占據了超過一半的房舍。

這種與「野蠻」鄰居之間的敵對關係，以及安全備受威脅的狀態，讓這一度繁榮的殖民地，情況顯得越發糟糕。希臘演說家和哲學家狄奧．赫里索斯托姆（Dio Chrysostom）自稱曾在西元一世紀末期拜訪過奧爾比亞（在他的年代，這座城市被外人稱作包律司忒涅斯），並留下了一份關於這個衰落中的殖民地的生動記錄：

包律司忒涅斯城的規模與其古代的聲名並不相稱，這是因為它曾多次遭遇戰爭，並多次陷落。長久以來這座城市都身處蠻族的圍困之中，而且這些蠻族差不多還是最愛打仗的一群，因此一直處於戰爭狀態……正因如此，此地希臘人的境況事實上已經萎縮到極低的水準；他們中有一部分不再結合成城市，而其他人也僅僅能勉強結成群落生存。加入到他們群落中的大多數也都是蠻族。

以上就是羅馬人來到這裡一百多年之後這些希臘殖民地的狀況。這片地區再也沒能恢復其在希羅多德年代的繁榮、貿易以及與內陸地區的聯繫。殖民者或者與當地部族處於戰爭狀態，或者是處於對戰爭的擔憂之中，因此對他們的鄰居也知之甚少。「遠方是博斯普魯斯（Bosphorus）、頓河，還有斯基泰澤地，」從流放地托米斯向東方和北方遠望的奧維德寫道，「只是幾乎無人踏足的土地上的幾個名字。比那裡更遠的，只有人類無法居住的嚴寒。啊，我與世界盡頭已近在咫尺。」

與奧維德同時代的斯特拉波（Strabo），著有受人稱道的《地理學》（*Geographies*），比那位鼎鼎大名的羅馬流放者對黑海大草原有更多的了解，讓我們得以知道薩爾馬提亞人各部落以及他們所控制的各地區的名稱。根據斯特拉波的說法，雅濟格人和洛克索拉人是「住在大車上的人」，也就是遊牧部落。不過，關於聶伯河地區森林草原的定居民族的狀況，這位知名的地理學家沒有提供一點資訊，更不用說更北方森林地帶的情況。然而，與奧維德不同，斯特拉波並沒有在這裡的居民中生活，他的資訊提供者也不如希羅多德的——他們對「北方人」的情況一無所知。斯特拉波對此表達了不滿：「我既不了解巴斯塔奈人（Bastarnae），也不了解薩爾馬提亞人（Sauromatae），簡而言之，對居住在本都（Pontus）以北的所有居民都毫無認識。我既不知道他們到大西洋的距離，也不知道他們的國土是否瀕臨著大西洋。」

斯特拉波的資訊提供者來自這片地區的一個殖民地。希羅多德曾多次提到聶伯河，而相對地，斯特拉波則似乎對頓河更加熟悉。斯特拉波的資訊，很可能來自位於頓河河口、屬於博斯普魯斯王國（Bosporan Kingdom）的的希臘殖民地塔納伊斯（Tanais）。博斯普魯斯王國是隨著羅馬人到來而復興的希臘殖民地聯盟中的最強大者。對斯特拉波而言，頓河有著特別的意義：它是「歐羅巴」（Europe）最東部的邊界（歐羅巴這個詞，是愛琴海本土的希臘人用以描述希臘在外部世界的可及之處）。頓河以西是歐羅巴，從頓河以東開始則是亞細亞。

因此，在西元後第一個千年的開端，當羅馬人來到黑海沿岸殖民地時，烏克蘭大地再次變成後世所謂西方文明的邊緣，希臘化世界的北部邊疆如今成為歐洲的東部界限。烏克蘭在接下來近二千年的時間裡都處於這個邊緣地位，直到十八世紀俄羅斯帝國的興起——俄國將重新繪製歐洲地圖，把它的東部邊界一直推進到烏拉山。

在羅馬人的年代，黑海大草原被分成歐洲部分和亞洲部分這件事並沒有太多意義。斯特拉波曾記述了散布在頓河左岸和右岸的薩爾馬提亞人，而他的後繼者之一托勒密（Ptolemy），在西元二世紀更提到過兩個薩爾馬提亞，一個位於歐洲，另一個位於亞洲，而這種劃分，在接下來約一千五百年內，在歐洲地理學家的著作中頻繁出現。比這種想像性的歐洲東部邊界更重要的，則是「黑海北岸地中海殖民地」與「黑海大草原遊牧部落」之間，那個真正的文明邊疆。與那些用高牆堅壘包圍起來的希臘殖民地不同，這個邊疆從來不是固定不動的，並且為殖民者和當地居民創造了一片寬廣的交流地帶。語言、宗教和文化在這裡得以交融，產生新的文化和社會現實。

那條位於「草原遊牧部落」與「森林草原定居者」之間的邊界至關重要。希羅多德對之有所了解，斯特拉波卻未曾提及；我們很難斷言它是真的消失了，還是僅僅不為地中海的作者們所知。地理和生態環境沒有發生變化，然而人口構成很可能已與從前不同。我們將在西元後第一個千年的中期，在希臘學者的作品中，再次見到關於這一邊界地帶的描述，而在這段期間，這條邊界又曾多次變動。

02

The Advent of the Slavs

第二章　斯拉夫人的到來

在西元前的最後幾個世紀裡，古希臘人與烏克蘭草原居民之間的關係，主要是貿易和文化交流；然而西元一世紀的羅馬人除了貿易與戰爭雙管齊下之外別無選擇。到了西元四世紀，隨著在舊史學中被稱為「蠻族入侵」、在現代被稱為遷徙時期的時代到來，羅馬人與草原居民之間的關係大體上更接近於戰爭狀態。這個時代裡，來自歐亞和東歐地區的人口和部族大規模流向中歐和西歐，最終在五世紀下半葉讓羅馬帝國在「蠻族」的壓力下崩潰。史稱拜占庭的羅馬帝國東方部分雖然受到削弱，仍在草原遊牧部落和隨之而來的北方農耕民族的攻擊下得以倖存，直到十五世紀中葉。

烏克蘭在戲劇性的遷徙浪潮中扮演了重要的角色，那場導致羅馬帝國衰亡的入侵的一些關鍵參與者曾在這裡生活，或從這裡經過，其中有哥德人和匈人，後者由他們的君主匈人阿提拉（Attila the Hun）率領。遷徙浪潮終結了伊朗遊牧部族（包括斯基泰人和薩爾馬提亞人）長久以來對黑海大草原的控制。哥德人擁有日爾曼血統，而大多數學者認為匈人發源於蒙古大草原。隨著匈人一起來到這片地區的，還有許多中亞部落。到了六世紀中葉，匈人離開，被一些說突厥方言的部落取代。

以上提到的遷徙浪潮的參與者都到過烏克蘭，一度停留下來統治這裡的草原，最終也都離開了。然而另一個被遷徙浪潮推到前臺的族群卻並未離開，他們是斯拉夫人，是基於語言和文化特性而定義出來的部落集團，各部落擁有不同的政治組織方式。斯拉夫語言的印歐語系根源，顯示印歐語系根源，顯示他們大約在西元前七千年到西元前三千年之間從東方進入歐洲，並在東歐定居下來，遠遠早於希羅多德第一次對這個地區及其居民作出描述的時間。他們以黑海大草原以北的森林地帶為自己的家園，在其早期歷史的大部分時間裡不為地中海學者們所知。

斯拉夫人第一次引起廣泛注意是在西元六世紀初，他們大批出現在已被哥德人和匈人削弱的拜占庭帝國的邊界上，隨後遷入巴爾幹地區。擁有哥德血統的六世紀拜占庭學者約達尼斯（Jordanes）將這個時期的斯拉夫人分為兩個主要群體：「儘管他們因部落和地域的不同而擁有各種各樣的名字，」約達尼斯寫道，「但大多數時候他們被稱為斯柯拉文人（Sclaveni）和安特人（Antes）。」約達尼斯將斯柯拉文人的區域定位在多瑙河與德涅斯特河之間，而將安特人的區域定位於德涅斯特河與聶伯河之間，「在本都海的蜿蜒海岸上」。語言學資料顯示斯拉夫人的故土位於聶伯河與維斯圖拉河之間的森林地帶和森林草原，主要是今天烏克蘭的沃里尼亞與普里皮亞季沼澤地區。到了約達尼斯寫作的年代，斯拉夫人必然已經從他們藏身的森林地區來到了草原上，並給查士丁尼大帝帶來了巨大的麻煩。

查士丁尼在五二七年至五六七年間統治著拜占庭帝國，他雄心勃勃，曾嘗試恢復包括東西兩半在內的整個羅馬帝國。在多瑙河地區的邊疆上，當地部落無休無止地攻擊著拜占庭人，查士丁尼決定在這裡採取攻勢。六世紀拜占庭學者普羅科皮烏斯（Procopius）為查士丁尼的戰爭留下了詳盡的記載，他曾提到皇帝的近臣、軍事統帥奇里布迪烏斯（Chilibudius）在五世紀三〇年代早期被派往多瑙河以北作戰。奇里布迪烏斯在對安特人的戰爭中取得了許多勝利，讓查士丁尼得以將「安提庫斯」（安特人征服者）加入自己的帝號。然而勝利沒有持續多長時間，三年後，奇里布迪烏斯戰死，查士丁尼放棄了越過多瑙河的嘗試，重拾多瑙河沿岸邊界的防禦政策。

查士丁尼恢復了羅馬帝國古老的「分而治之」策略，到了五世紀三〇年代末期，安特人已經在對斯柯拉文人作戰，這其中不無拜占庭人的鼓勵和提供誘因，而拜占庭的將軍們也同時從這兩個族群中為帝國軍隊招募兵員。即便如此，來自斯拉夫人的襲擾仍沒有停止，在與斯柯拉文人作戰的同時，安特人還是入侵了拜占庭位於巴爾幹半島東部的色雷斯省（Thrace），他們在這裡展開掠奪，擄走大量奴隸，將他們帶回多瑙河左岸。在展示了他們的破壞能力之後，安特人才向帝國輸誠。查士丁尼將安特人置於自己的羽翼之下，把多瑙河以北被廢棄的希臘城市圖里斯（Turris）劃撥給他們作為大本營。

與拜占庭帝國的眾多其他敵人一樣，安特人也成了帝國的守護者，藉以換取來自帝國國庫的定期報酬。為了提高自己的地位，安特人聲稱他們俘虜了皇帝最優秀的將軍奇里布迪烏斯，並打算將他奉為自己的領袖。由於奇里布迪烏斯曾被查士丁尼授予「軍事長官」（magister militum）的稱號，是該地區所有帝國軍隊的指揮官，安特人的這一舉動就會讓他們成為帝國的合法公民，而不僅僅是帝國的看門人。這條詭計沒有奏效。真正的奇里布迪烏斯當然早就死了，冒充者被抓了起來，送到查士丁尼面前。安特人也只好接受「同盟部族」（Foederati）的地位，成為這個大帝國的盟友而不是公民。

拜占庭帝國的這些新盟友到底是什麼人？他們有什麼樣的外貌？以何種方式戰鬥？擁有何種信仰？普羅科皮烏斯曾不止一次提到安特人與斯柯拉文人擁有共同的語言、宗教和習俗，因此，我們可以認定，他那些有關斯拉夫人生活方式的詳盡描述適用於這兩個群體。根據普羅科皮烏斯的說法，斯拉夫人是一個半遊牧族群，住在「簡陋而彼此相隔很遠的棚屋裡」，經常改變居住地。斯拉夫戰士都是「個頭非常高，身體粗壯的男子」，關於他們的長相，普羅科皮烏斯有如下描述：「從皮膚和毛髮看，他們算不上白皮金髮，卻也不完全是黝黑的類型，而是每個人的皮膚都略微呈現紅色。」斯拉夫人「生活艱苦，從不在意身體的舒適……身上總是覆滿汙垢。從各個方面來講，他們都不卑鄙，也不作惡，然而他們仍保留著匈人的所有質樸特徵。」

儘管全身都是汙垢，斯拉夫人卻以其民主為歷史所知。「因為這些民族，」普羅科皮烏斯寫道，「這些斯柯拉文人和安特人，不由一個人來統治。他們長久以來就生活在民主之中，其結果是有關他們利益的任何事情，不論是好是壞，都由民眾來決定。」他們在戰場上喜歡赤裸半身，卻與梅爾・吉勃遜（Mel Gibson）的好萊塢大片《梅爾吉勃遜之英雄本色》（*Braveheart*）中那些中世紀蘇格蘭人不同，斯拉夫人對暴露私處的態度更為得體。「當他們身處戰場時，」普羅科皮烏斯說，「大多數人會徒步向敵人發起攻擊。他們手持小盾牌和投槍，卻從來不穿胸甲。事實上，他們中的一些人甚至連汗衫和斗篷也不穿，只是將褲子提到私處的高度，就投入與敵人的戰鬥之中。」

其它關於斯拉夫人戰鬥方式的資訊見諸拜占庭的《戰略》（*Strategikon*）一書，這本書著於西元六百年左右，常被認為是拜占庭皇帝莫里西烏斯（Mauricius）的作品，作者對渡過多瑙河來到巴爾幹地區定居的斯拉夫人作出了一些細節描述。他發現這些斯拉夫人對旅人甚為友善，但過於自由散漫，不願遵守條約，也不願服從多數的意見。在他們位於多瑙河以北的故鄉，斯拉夫人將居處建在森林中的河岸上或沼澤地帶，使得入侵者難以輕易找到。他們最喜歡伏擊戰術，儘量避免在開闊地帶作戰，也不常用常規軍事列陣。他們以短矛、木弓和短箭作為武器，在部分箭頭上塗抹毒藥。他們強迫俘虜做他們的奴隸，但會把奴役期控制在一定的時間之內。

關於斯拉夫人的宗教，普羅科皮烏斯提供了一些有趣的資訊。斯拉夫人完全不是一神論者，「他們相信一位神祇，也就是閃電的製造者，獨為萬物之主，並向他獻上家畜和其它各種犧牲，」普羅科皮烏斯寫道。然而，儘管只崇拜一個主神，斯拉夫人卻完全沒有放棄古老的自然崇拜習俗，並且同樣獻祭。正如普羅科皮烏斯所述的，「他們崇拜……河流、水妖以及其它各種精靈，向它們個個都獻上祭品，並將他們的卜筮與這些獻祭聯繫起來。」讓這位拜占庭作者震驚的並非是斯拉夫人向諸神獻祭的習俗，畢竟前基督教時代的羅馬人也有類似的傳統，而是他們對改宗基督教的排斥，這一點不同於帝國其他那些早已改宗的臣屬：「他們對它既不了解，也絕不肯承認它對人擁有任何力量，」普羅科皮烏斯對此表示了驚愕，甚至失望，「但當他們面臨死亡——比如生病或是開始作戰時，他們會發誓說如果自己能夠生還，就立刻向神明獻上祭品，以抵償自己的生命。而當他們真的生還時，他們也會信守誓言，獻上他們承諾的祭品，並相信這些祭品已經換回了他們的安全。」

普羅科皮烏斯和其他拜占庭作者對斯拉夫人的描述，在烏克蘭的考古資料中得到了一些印證。人們通常把安特人與考古學上的彭基烏卡（Penkivka）文化聯繫在一起。這個文化遺址以烏克蘭的一個城鎮命名。彭基烏卡文化的人們在西元六世紀、七世紀和八世紀早期，生活在烏克蘭德涅斯特河與聶伯河之間的林草混合地帶，並在聶伯河兩岸定居。這片地區包括了約達尼斯所認定的安特人區域。與普羅科皮烏斯所描述安特人和斯柯拉文人一樣，彭基烏卡部落成員也棲居在泥地上挖出的簡陋住所裡。他們同樣會經常改變居住地。定居點時而有人居住，時而被遺棄，時而又被重新啟用，這表明這些居民過著一種流動的農耕生活。考古發現還揭露了一個普羅科皮烏斯沒有告訴我們的事實：彭基烏卡部落擁有設防的城鎮，並把它們當做地方統治者的根據地、行政中心和軍事力量中心。

到了七世紀初，隨著阿瓦爾人（Avars）的入侵，斯拉夫人在這片地區獨立的時代結束了。阿瓦爾人來自北方的裏海草原，是一個說突厥語的部落集團，他們摧毀了安特人的政治體。

阿瓦爾人在這片地區留下了慘痛的記憶，其中一部分流傳到十一世紀和十二世紀，被當時正在寫作一部歷史記錄的基輔基督教僧侶記述下來。這部記錄後來被稱為《古編年史》（*Primary Chronicle*）或《往年紀事》（*Tale of Bygone Years*），其第一部分摻雜了本地傳說和來自拜占庭的資料。根據《古編年史》，阿瓦爾人「對斯拉夫人發動戰爭，並侵襲杜勒比人（Dulebians），後者也是斯拉夫人。」——這裡提到的杜勒比人是一個居住在布赫河沿岸的斯拉夫部落。「他們甚至對杜勒比女子施以暴行，」編年史的作者記述道，「一個阿瓦爾人要旅行時，他的車上不套馬也不套牛，而是下令給三個、四個或是五個女人戴上軛具，強迫她們拉他的車。」這樣行徑受到了天譴，「阿瓦爾人體格魁梧，性格傲慢，上帝最終消滅了他們，」作者繼續講述，「他們都死了，沒有一個阿瓦爾人活下來。直到今天還有一句羅斯諺語：『他們像阿瓦爾人一樣死了個乾淨』。」

首先從阿瓦爾人手中接過黑海大草原統治地位的是保加爾人（Bulgars），之後是可薩人（Khazars）。可薩人終結了遷徙時期，於七世紀末在這裡建立起相對的和平。先前阿瓦爾人在烏克蘭草原上的臣民，對可薩人的記憶要好得多。「隨後，當他們居住在山林中時，可薩人來到，」一名基輔的編年史作者寫道，「要求他們納貢。」根據這位作者，這些當地人之前臣服於被稱為德列夫利安人（Derevlianians，林中人）的斯拉夫部落。他們的貢品是劍，這是一個有反抗意味的舉動，也是將來復仇的誓言。不過，除了講述這個故事，為同意向可薩人納貢的基輔人辯護之外，這些基輔的編年史作者對入侵者並沒有表現出多少恨意。

可薩人對林草混合的邊緣地區的控制力相當有限；聶伯河多多少少把他們的統治區域限制在森林地帶。可薩人中，擁有突厥血統的精英集團對和平和貿易更感興趣，對外界的影響持開放態度。他們曾歡迎一個基督教傳教團的到來，甚至接受了猶太教，這導致了東歐猶太人起源於可薩人的傳說的興起。可薩人創建的政治體，核心地帶在窩瓦河下游和頓河地區，以窩瓦河畔的伊的爾（Itil）和頓河畔的薩克爾（Sarkel）為主要中心。可薩精英集團通過控制商路集聚他們的財富；這些路線中，通往波斯帝國和阿拉伯地區的窩瓦河通道的地位遠遠高於其餘，最初甚至令通往拜占庭帝國的聶伯河通道相形失色。

可薩人在七世紀二〇年代與拜占庭帝國締結了和約，此時拜占庭已經重新在黑海北岸地區取得一席之地。四世紀時落入哥德人之手的奧爾比亞已經湮滅無蹤，但拜占庭的指揮官們在克里米亞南端海岸地區占據了一片土地，山脈將這片土地與半島上的草原地區隔離開來，拜占庭人在這裡的克森尼索斯建立起其克里米亞屬地的政治中心，在查士丁尼大帝時期，這一帶的主要城鎮都有軍隊駐守。哥德人從這裡西遷之後，先是到了中歐，最後一直抵達伊比利半島；然而有一小股哥德人在同胞離開後仍然留在這裡。帝國軍隊將這些哥德人徵召入伍以保衛帝國的領土，帝國的工程師則幫助他們加固克里米亞山中高處的洞穴村鎮。可薩人成為拜占庭抵抗波斯人和阿拉伯人的盟友，希望能維持通往全世界最富有的市場君士坦丁堡的商路。

在可薩人控制烏克蘭東部和中部地區時，我們對此時居住烏克蘭的斯拉夫人的了解情況如何？比更之前要好一些，但是也沒有好多少。我們主要的、有時甚至是唯一的資訊來源，是比他們晚很多的基輔編年史作者的記載。考古發現告訴我們：後來成為可薩人地區最西部前哨的基輔，大約建立於西元六世紀前的某個時期。但向我們解釋了基輔為何如此重要、為何被選中成為定居點的，則是那部編年史。當地的一個傳說將基輔的建立與附近的一條河流聯繫在一起，這裡的居民們認為這座城市由他們的統治者基（Kyi）建立，基輔的山丘得名自基的兩個兄弟，而流經基輔注入聶伯河的那條河流則得名自他的妹妹利比德（Lybid）。利比德河畔有一座這四位基輔創建者的塑像，如今已成為烏克蘭首都的主要地標之一。

基輔的編年史作者記載了喀爾巴阡山脈以西的十二個斯拉夫部落，他們的定居點分布向北最遠直至拉多加湖（Lake Ladoga），離今天的聖彼德堡不遠，向東直至窩瓦河上游和奧卡河（Oka

River），向南則到德涅斯特下游和聶伯河中游地區，這些斯拉夫人是今天烏克蘭人、俄羅斯人和白俄羅斯人的祖先。語言學家根據從六世紀開始發展的方言差異，將他們定義為東斯拉夫人，與西斯拉夫人和南斯拉夫人區別開來。西斯拉夫是今天波蘭人、捷克人、斯洛伐克人的祖先，而南斯拉夫人的後裔則包括塞爾維亞人、克羅埃西亞人和其他來自前南斯拉夫的斯拉夫人。

基輔的編年史作者記載的這十二個部落中，有七個居住在今天烏克蘭境內的聶伯河、德涅斯特河、布赫河、普里皮亞季河、傑斯納河和索日河沿岸。這些部落中只有一部分處於可薩人的統治之下。雖然統治者和政治結構不同，他們在風俗和其它方面卻與鄰居們相同，或者是非常接近；至少，這是基輔編年史作者傳達給我們的印象；而這位作者也是一名基督教僧侶，他將自己同胞之外的所有部落都視為野蠻人。「他們像野獸一樣住在森林裡，吃各種不潔淨的東西，」這位蔑視自己信奉異教的祖先和同代人的編年史作者寫道。

考古學家的發現證明東斯拉夫人更有定居傾向，他們居住在原木搭建的房屋裡，每三十到四十座房屋組成一個村莊，這些村莊又聚成群落；斯拉夫人在每個群落的中心建起一座堡壘，當做遇襲時的軍事指揮部。他們從事農耕，飼養家畜，還有自己的酋長。我們可以猜測他們實行軍事民主，與普羅科皮烏斯描述的那些斯拉夫人一樣。此外，他們和安特人與斯柯拉文人一樣將雷霆之神視為主神，並稱他為佩倫（Perun）。

與普羅科皮烏斯筆下的斯拉夫人相比，這位基輔的編年史作者所描述的斯拉夫人在個人衛生方面有了一些進步。這位作者假託那位據稱將基督教傳播到基輔的使徒聖安德魯（St. Andrew）之口，講了下面的故事：「我看見斯拉夫人的土地。當我來到他們中間，我留意到他們用木頭搭建的浴室。他們會先將浴室熏到極熱，然後脫去衣衫。往身上塗抹一種酸性液體之後，他們會用嫩枝抽打身體。他們的抽打十分猛烈，簡直要將自己活活抽死。」

基輔的這位編年史作者住在基輔附近，很可能也是在這裡長大。他在嘲諷北方地區（今天的俄羅斯和斯堪地納維亞）居民常用的沐浴步驟時不吝諷刺，至於他的同胞中那些前基督教時代的古老風俗，他將之視為野蠻人的習慣，更是毫不留情。「德列夫利安人，」他在對基輔的前統治者的描述中說，「活得就像野獸和牲口一樣。他們自相殘殺，吃各種各樣的髒東西。這些人沒有婚姻的傳統，到處擄掠少女。」根據這位作者，其他斯拉夫人部落也有同樣的罪過。「他們不結婚，」他寫道，「只有各個村莊之間的節慶。他們在節日中聚在一起，遊戲、跳舞，還參加其它各種邪惡的娛樂。男人們在這樣的場合隨便搶奪女人當做自己的妻子。只要徵得她們的同意，每個人都可以奪走任何女子。實際上，每個人甚至可以擁有兩個或者三個妻子。」

如果我們將這位編年史作者對斯拉夫人婚俗的描述（更準確地說是他關於斯拉夫人不結婚的看法）當做是一種常規、而非異常，那就謬以千里了。基輔的這位編年史作者是更晚才出現的一名狂熱教徒，他當然會向一切違反基督教道德的行為開火，會將注意力集中在有悖婚姻體制的年輕人節慶行為上。來自科爾多瓦（Cordoba）、擁有猶太血統的摩爾人易卜拉欣・伊本・雅各（Ibrahim ibn Ya'qub）曾在十世紀中期到訪過西斯拉夫人的土地。他發現斯拉夫人有穩固的婚姻，而嫁妝還是他們積攢財富的主要方式之一。不過他同時也注意到，年輕的斯拉夫男性和女性在婚前通常就有性經驗。「他們的女子一旦結婚，就不會通姦，」伊本・雅各寫道，「但如果少女愛上了某個男子，就會委身於他，以滿足自己的欲火。如果丈夫娶到妻子之後發現她還是處女，他會對她說：『你要是有一些長處，就會有男人想要你，而你也肯定能找到一個人向他獻上貞操。』然後他會把她從自己身邊趕走，送回家去。」

關於十到十一世紀之前定居在烏克蘭那些斯拉夫人的情況，我們所知極為有限。大體上，我們了解的情況或者來自這些人的拜占庭或是哥德仇敵，或者來自上百年之後的狂熱基督徒，如那位在斯拉夫人身上只看到異教迷信的基輔編年史作者，兩方面的記載都將他們視為與基督教帝國或是基督教教條儀軌為敵的蠻族。這些斯拉夫人是如何從部分位於今天烏克蘭西北地方的故土出發，以大體和平的方式對東歐展開殖民，深入南方的巴爾幹地區，西渡維斯圖拉河直到奧得河（the Oder），北至波羅的海，東至窩瓦河和奧卡河的？由於編年史作者的無視，這個過程基本不為我們所知。斯拉夫人是遊牧部落入侵之後來到這裡的農耕民族，因為除了用來放牧畜群的草原外，「創造歷史」的遊牧民族通常不知道如何利用土地。斯拉夫人的殖民浪潮過程緩慢，方式基本平和，也造成了綿延久遠的影響。

03

Vikings on the Dnieper

第三章　聶伯河上的維京人

在烏克蘭，與在歐洲其它任何地方一樣，遷徙時期或「蠻族入侵」最後都讓位給了維京時代。維京時代從八世紀末一直延續到十一世紀下半葉，當然，「蠻族入侵」的結束並非侵略行為本身的終結，新的入侵者來自今天的瑞典、挪威和丹麥，也就是維京人，他們在西歐被稱為諾斯人（Norsemen）或諾曼人（Normans），在東歐被稱為瓦良格人（Varangians），他們對各地甚至各國展開劫掠、征服和統治。維京人改變了既有的社會形態，並創造出新的社會形態。

這一切是從什麼時候開始的？關於不列顛島上的維京時代，我們知道一個確切的日期——西元七九三年六月八日。這一天，應該是來自挪威的維京海盜們，進攻並洗劫了英格蘭海岸附近林迪斯法恩島（Lindisfarne）上的一個基督教修道院。他們將一些僧侶扔進海裡溺斃，將另一些人擄為奴隸，然後帶著修道院的財寶登上他們的長船，消失無蹤。差不多在同一個十年裡，維京人／諾曼人（後來的諾曼第省即得名於此）還出現在法國海岸附近，維京時代到來了。

拜占庭宮廷與維京人的首次接觸不晚於西元八三八年。這一年，代表羅斯（Rus’/Rhos）國王的使節出現在君士坦丁堡，向帝國表達和平與友好的願望。他們來自北方，卻因擔心遭遇敵對的部落，不願沿原路返回，於是皇帝讓他們繞道日爾曼尼亞❶回國。在查理大帝之子、法蘭克國王虔誠者路易（Louis the Pious）的宮廷裡，維京人則被稱為瑞典人或諾斯人，並被懷疑是間諜。實際上，他們絕不是間諜，他們也有足夠理由擔心在回北歐的路上遭到攻擊，攻擊者可能是斯拉夫人部落，更可能是黑海大草原上的遊牧者。

拜占庭與維京人初遇時的和平很快被對立取代，八五九年❷，一支小規模維京艦隊出現在地中海上，第二年，另一群維京人沿聶伯河南下，橫渡黑海，進入博斯普魯斯海峽，並攻擊了君士坦丁堡。與林迪斯法恩受到的進攻一樣，這一次維京人對強大拜占庭帝國首都的進攻也有確切的日期——八六〇年六月八日，君士坦丁堡和整個帝國都對此感到猝不及防。帝國皇帝米海爾（Michael）此時正身先士卒，在小亞細亞作戰，而他的艦隊也遠在愛琴海和地中海上，保護帝國不受阿拉伯人和前一年出現在這裡的維京人的進攻，沒有人想到維京人也能從北方到來。

入侵者的裝備不足以支持一場長期的圍城戰，也無法突破城牆，但他們對郊區發動攻擊，洗劫教堂和莊園，淹死任何敢於抵抗的人，讓平民備感恐懼。之後他們穿過博斯普魯斯海峽進入瑪律馬拉海，在帝都附近的王子群島（Prince Islands）上繼續劫掠。牧首佛提烏（Photius，此時城中最高的教會領袖和帝國長官）在布道和祈禱中祈求神的護佑；他在一次講道中描述了居民們面對入侵者時的無助：「敵船從城外經過，船上的人亮出刀劍，像是在用屠刀恐嚇這座城市。一切人性的希望從人們心中一點點流走。城市已孤立無援，只能向神呼救。」入侵者在八月四日離開，佛提烏將君士坦丁堡奇跡般的倖存歸功於聖母的保佑，這個解釋逐漸流傳，成為後來天主之母神聖保護節或波克洛瓦節（Pokrova）的起源。有趣的是，這個節日並沒有在拜占庭發揚光大，倒是在維京人進攻君士坦丁堡時所途經的地區，也就是烏克蘭、俄羅斯和白俄羅斯格外流行。

佛提烏和他的同代人，對八六〇年夏天進攻拜占庭首都的維京人並非一無所知。這位牧首將入侵者稱為「羅斯人」，與八三八年那個羅斯使團的成員一樣。他甚至聲稱這些人是拜占庭的臣屬，

❶ 譯註：原文為Germany，即今德國。此處根據中世紀羅馬人和希臘人對日爾曼人居住地區的稱呼，譯作日爾曼尼亞（拉丁語Germania）。

❷ 譯註：原文作九五九年，有誤。

卻把細節留給他之後一代又一代學者去探尋。這些人到底是誰？在過去兩個半世紀甚至更長的時間裡，人們一直在尋求答案。多數當代學者認為「羅斯」（Rus'）一詞有其斯堪地納維亞根源，主要用希臘語寫作的拜占庭學者們很可能是從斯拉夫人那裡借用了這個詞，而斯拉夫人則是從芬蘭人那裡學來。芬蘭人將瑞典人稱為Ruotsi，在瑞典語中，Ruotsi的意思是「划船的人」。事實也的確如此——他們划著船，先是渡過波羅的海進入芬蘭灣，然後取道拉多加湖、伊爾門湖（Ilmen）和白湖城（Saracen）來到窩瓦河上游；這條河流此時是通往裏海和阿拉伯國家的薩拉森（穆斯林）通道的重要一段，日後將成為俄羅斯的象徵。

羅斯維京人是由來自挪威、瑞典，或許還有芬蘭的諾斯人組成的集團，他們最開始進入東歐時是作為貿易者而非征服者，因為這一帶的森林中沒有什麼值得劫掠的東西，中東才是真正的財富之地。對於將他們與中東隔開的這片土地，他們需要的只是通過權。但就我們對維京人的了解而言，他們從不認為貿易和戰爭（或者不如說貿易與暴力）不能相容，畢竟，當地部落並不歡迎他們的出現，使他們也不得不一路保護自己。他們從事的貿易也有強迫的色彩，因為他們的貿易品不光是毛皮和蜂蜜這樣的森林產品，還包括奴隸。為了得到這些東西，維京人必須建立起某種對當地部落的控制，從他們那裡收取可以通過薩拉森通道進行交易的貢賦。他們在裏海周邊的市場上用這些產品交換阿拉伯的迪拉姆（Dirham）銀幣，後世的考古學家發現了許多這種銀幣窖藏，這些銀幣成為連接斯堪地納維亞和裏海的維京貿易通道上的一個個標記點。

問題是，維京人並非這種貿易模式的第一個發明者，他們還面臨著來自可薩人的競爭。可薩人控制著窩瓦河和頓河的貿易，同樣從當地部落那裡收取貢賦，此外他們還是拜占庭的盟友。部分學者認為，正是因為可薩人在拜占庭帝國的幫助下修築了薩克爾要塞，羅斯人才對君士坦丁堡發動了報復性的攻擊。薩克爾位於頓河左岸，讓可薩人得以完全掌握亞速海上的貿易。可薩人在聶伯河商路上還有一座位於基輔的前哨，但他們的統治沒有延伸到聶伯河西岸的森林地帶，並且很快就會失去對基輔的控制。

作為我們了解這段時期時最主要的資料來源，《古編年史》講述了八八二年多個維京人群體之間爆發的對基輔的爭奪。被編年史作者稱為奧列赫（Oleh）的赫爾吉（Helgi）殺死了另兩名首領阿斯科爾德（Askold）和迪爾（Dir）（今天在基輔仍能看到前者的墓地），奪取了這座城市。赫爾吉據稱代表著羅里克（Rorik，《編年史》將之稱為「留里克」〔Rurik〕）家族。這個家族當時已經統治著今天俄羅斯北部的諾夫哥羅德（大諾夫哥羅德，Velikii Novgorod）。儘管人們能夠、也有理由對故事的許多細節提出質疑，比如質疑年表不可靠（編年史作者根據後來拜占庭的資料對年表進行了大量修訂），但這個傳說，很可能反映了某個維京人群體在今天大諾夫哥羅德和基輔之間的東歐森林地區鞏固權力的真實過程。

現存的大部分文獻都將這片地區稱為「瓦良格—希臘」商路沿線，但最近的研究表明，即使這樣一條商路真的存在，其投入使用的年代也不會早於十世紀下半葉，而且它的某些路段比其餘路段更繁忙。一些學者傾向於將它改稱為「聶伯河—黑海」通道。就算維京人不是這條較短的「聶伯河—黑海」通道的最早使用者，至少也讓它重新恢復了活力，這是因為他們在窩瓦河沿岸的「薩拉森通道」遇到了愈來愈多的麻煩。在此前一個世紀裡，可薩人國家的內亂已經讓窩瓦河通道變得不再安全，大約在同一時期，阿拉伯人挺進到地中海地區，影響到拜占庭帝國與歐洲南部的貿易。可薩人試圖幫助其拜占庭盟友（也為幫助自己），充當了君士坦丁堡與中東地區貿易的中間人；此時兩地之間的貿易已經改道黑海和亞速海。此時北方貿易路線對希臘人而言有了與從前不同的重要性，變得也許比希羅多德時代之後任何時期都有份量。在這個時代，向南方輸送的主要產品不再是烏克蘭森林草原出產的穀物，而是得自更北方森林地帶的奴隸、蜂蜜、蠟和毛皮，維京人從南方帶回的商品中最珍貴的則是絲綢。羅斯維京人與拜占庭在九一一年和九四四年兩次締結條約，以確保其貿易特權。

拜占庭皇帝君士坦丁七世波菲洛吉尼都斯（Porphyrogenitus）在九五〇年左右寫作了《帝國行政論》（*De administrando imperio*），此時與維京人的第二次締約過去沒有多久。他在書中解釋，這些商品來自受維京人控制的斯拉夫部落，「每年十一月初，」他寫道，「他們的酋長們就會帶上所有羅斯人一起離開基輔，開始poliuddia。這個詞的意思是『巡迴』，也就是到維爾維亞人（Vervians）、德拉戈維奇人（Dregovichians）、克里維奇人（Krivichians）、謝維里亞人（Severians）和其他所有向羅斯人納貢的斯拉夫人地區去。」一些部落會俯首納貢，另一些卻會抗爭。德列夫利安人生活在聶伯河右岸，曾經占領過基輔，他們每個人要向維京人進貢一張貂皮，但是隨著進貢數額一年年提高，德列夫利安人最終展開反抗。

《古編年史》描述了德列夫利安人反抗及隨後被鎮壓的過程，讓我們得以早早一窺十世紀維京王公主宰下基輔世界的面貌。

根據《古編年史》，德列夫利安叛軍對赫爾吉的繼承者英格瓦（Ingvar，基輔的編年史作者將他稱作伊赫爾〔Ihor〕）發動了攻擊，並將他殺死。「德列夫利安人聽說他即將……到來，就和他們的王公瑪爾（Mal）商議說：『如果一頭狼來到羊群中，除非消滅它，否則它會把羊一隻接一隻吃掉，直到吃光一整群。如果我們現在不動手把他除掉，就會被他毀滅』」，編年史作者這樣解釋反叛的起因。德列夫利安人按照他們的計畫行事，殺死了英格瓦，接下來做出了更加魯莽的舉動：反叛的首腦、德列夫利安王公瑪爾向英格瓦的遺孀赫爾加（Helga）求婚。考慮到赫爾加在斯拉夫尤其是烏克蘭歷史傳統上的重要性，我們應該改用她名字的烏克蘭語讀法，即奧麗哈（Olha）——俄語讀作奧麗加（Olga）。編年史作者對瑪爾的提議作出了解釋：他試圖以此控制英格瓦年幼的兒子斯維亞托斯拉夫（Sviatoslav，斯堪地納維亞語作斯文納爾德〔Sveinald〕）。

這個故事告訴我們，維京人統治集團與本地斯拉夫人精英集團之間的衝突，不僅是因為納貢的問題，也因為維京人對貿易和整個地區的控制；很明顯，瑪爾希望取代英格瓦的統治者地位，而不僅僅是成為奧麗哈的丈夫，然而，奧麗哈用計騙過瑪爾，邀請他和他的部下到她位於基輔的城堡來，把他們活活燒死。一種說法是她將德列夫利安人燒死在他們來時乘坐的船上，隨後她又從德列夫利安人精英中邀請來第二群提親者，同樣把他們殺死。這一次是在浴室裡——奧麗哈告訴客人：他們必須在沐浴之後才能覲見她。顯然，德列夫利安人對斯堪地納維亞人的蒸汽浴室一無所知，浴室的溫度急劇升高，把客人們全部燙死。

船和浴室是諾斯文化裡的重要元素，這向我們透露了這個傳說的斯堪地納維亞根源，羅斯人和斯堪地納維亞人的葬禮中都有將死者在船上火葬的內容。然而，這個故事也告訴我們維京人在基輔統治力的脆弱，在燒死瑪爾之前，奧麗哈似乎已經確保基輔人站在她一邊，在她的提議下，毫不起疑的瑪爾和他的部眾拒絕騎馬或是步行前往奧麗哈的城堡，而是要求當地人用船將他們載去，這令基輔人感到不安，根據編年史中的說法，基輔人發出哀嘆：「淪為奴隸將是我們的命運。」在奧麗哈走上戰場面對德列夫利安人的軍隊之前，她一共用計謀消滅了三批德列夫利安領袖。即便如此，她仍不能擊敗剩下的部落軍隊，也無法奪取他們的要塞，於是她再一次運用詭計，將敵人的要塞付之一炬；假使維京人在基輔占據壓倒多數的話，她這麼做就毫無必要。

大公夫人奧麗哈之子斯維亞托斯拉夫是第一位我們對其外貌有所了解的基輔統治者（基輔的編年史作者稱奧麗哈不僅足智多謀，也非常美麗，但沒有關於她的具體描述留存下來），這位基輔王公在十世紀六〇年代初從他母親手中接過權柄。拜占庭的編年史家執事列奧（Leo the Deacon）曾親眼見過他，並作出了描述。根據列奧的記述，斯維亞托斯拉夫身材中等，肩膀寬闊，不留頷鬚，卻有濃密的唇髭，他的頭頂也剃過，只留下一綹頭髮表明他高貴的身世。這位王公的眼睛是藍色的，鼻子短而寬。他身著樸素的白衣，渾身上下只有那只嵌著一顆紅寶石和兩粒珍珠的金耳環流露出他的尊崇地位。這次會見發生在九七一年七月，當時列奧正陪同皇帝約翰．齊米斯基斯（John Tzimisces）在保加利亞參加一次戰役。

斯維亞托斯拉夫與拜占庭皇帝的會面並非其軍事生涯的巔峰，反倒是一次低谷。他的軍事生涯始於他母親奧麗哈對德列夫利安人發動的戰爭，當奧麗哈終於在戰場上與叛亂部落正面對決時，斯維亞托斯拉夫有幸成為戰鬥的發起者。「雙方軍隊都已準備好戰鬥，」編年史作者寫道，「斯維亞托斯拉夫向德列夫利安人投出他的矛，但這支矛連馬頭都沒有飛過，落在他自己的腿上，因為王子此時還是個小孩子。然後奧麗哈軍隊的維京統帥斯文納爾德（Sveinald）和阿斯蒙德（Asmund）說：『王子已經發起了戰鬥！諸位大人，跟隨王子，向前衝鋒！』」斯維亞托斯拉夫最終成長為一名戰士，他在軍事生涯中與部下同甘共苦，在戰場上把馬鞍當做枕頭，執事列奧曾目睹他和部下一起划船，要不是斯維亞托斯拉夫的衣衫更乾淨，幾乎難以將他從部下中辨認出來。

斯維亞托斯拉夫在十世紀六〇年代初親政，在九七二年戰死，可能只活了約莫三十歲，在其短暫的統治期中，他取得了許多了不起的軍事勝利。一些學者認為，十世紀下半葉的羅斯維京人從貿易轉向戰爭，是為了挽回他們的損失：開採多年之後，中亞地區的銀礦枯竭了，不再產出白銀，由中亞銀幣驅動的東歐貿易隨之走向終點。在生涯最早的戰役中，斯維亞托斯拉夫奪取了最後一批附屬於可薩人的東斯拉夫部落的控制權，這些部落被稱為維亞季奇人（Viatichians），生活在奧卡河盆地，他們居住的區域包括今天莫斯科的周邊地區。達成這個目的後，斯維亞托斯拉夫轉而向可薩人本身發起進攻，經過一系列戰役，他奪取了可薩人在頓河地區的要塞薩克爾，將其變成羅斯人的前哨。隨後他又洗劫了可薩汗國位於窩瓦河岸的都城阿得，並擊敗了可薩人的封臣窩瓦保加利亞人。可薩汗國灰飛煙滅，可薩人與維京人對斯拉夫部落控制權的的爭奪也大致結束，現在這些部落都承認基輔的統治地位。

然而斯維亞托斯拉夫很少待在他的都城裡，他其實有遷都到多瑙河地區的想法，並且在十世紀六〇年代晚期對拜占庭作戰時就萌生了這個念頭。編年史作者認為斯維亞托斯拉夫希望遷都到多瑙河，是因為他的土地上出產的大部分商品都通過多瑙河運輸。他並非只是對土地貪得無饜，更可能是希望將這個時期最主要的貿易線路掌握在自己手中。他之前的兩位基輔大公，也就是赫爾吉（奧列赫）和英格瓦，已經在富有的拜占庭市場為羅斯商人們取得了有利的貿易待遇；傳說赫爾吉甚至成功地將他的盾牌釘在君士坦丁堡的城門上，他沒有奪取這座城市，但據稱讓拜占庭皇帝做出了難得的貿易讓步。

拜占庭人向斯維亞托斯拉夫支付酬金，讓他進攻拜占庭的敵人巴爾幹保加利亞人，斯維亞托斯拉夫因此涉足巴爾幹地區。他消滅了保加利亞軍隊，占領了他們大片國土。拜占庭人以為他會將獲得的土地轉交給他們，但是斯維亞托斯拉夫拒絕這麼做，於是拜占庭人收買了黑海大草原上新出現的遊牧部落佩切涅格人（Pechenegs），要他們進攻基輔。斯維亞托斯拉夫不得不回師對付佩切涅格人，然而九六九年他又回到了保加利亞。第二年，他圍困了距君士坦丁堡不到一百五十英里的拜占庭城市阿德里安堡（Adrianople），也就是今天的埃迪爾內（Edirne）。帝國宮廷一片恐慌，皇帝約翰．齊米斯基斯派出他最優秀的將軍之一前去解圍，然後自己很快率軍前往保加利亞，包圍了斯維亞托斯拉夫留在那裡的軍隊，斯維亞托斯拉夫只得撤退。

執事列奧見證了斯維亞托斯拉夫與約翰．齊米斯基斯之間第一次、也是最後一次會見。斯維亞托斯拉夫承諾不再對帝國作戰，離開保加利亞，並放棄他對克里米亞南部土地的任何要求，作為回報，皇帝保證斯維亞托斯拉夫和他的人馬平安回國。這是斯維亞托斯拉夫的最後一次軍事行動，他死在回基輔的路上，就在他和部下在聶伯險灘附近棄船登岸時。這段險灘長四十英里，河床上滿布懸崖，曾被航船視為畏途，直到二十世紀三〇年代這裡修起一座大壩，險灘才被淹沒在水下，旅行者們別無選擇，只能登岸繞過其中最湍急的一些河段。「如果羅斯人乘船來到攔河的峭壁前。他們只能將船從水裡拉上來扛在肩上，從陸路繞行才能通過。此時佩切涅格人發動襲擊的話。羅斯人一身不能二用，就會被輕鬆擊潰，剁成碎片。」君士坦丁七世波菲洛吉尼都斯寫下這些話之後不到四分之一個世紀，斯維亞托斯拉夫就送了命。

可能正是因為在險灘附近必須下船，才讓佩切涅格騎兵得以發動攻擊，殺死斯維亞托斯拉夫，據稱佩切涅格人的首領用斯維亞托斯拉夫的顱骨製成了一隻酒杯，另有傳言稱是約翰．齊米斯基斯向佩切涅格人透露消息，指使了這次襲擊。然而斯維亞托斯拉夫死在聶伯河畔的草原地帶，這已經說明了一個他和他的前任都沒能解決的重大問題：儘管他們在基輔及其北方的廣袤森林地帶聚集起巨大的權力，他們仍然未能完全控制草原地帶，甚至連安全通過草原都不可得。這使得基輔的統治者無法掌握黑海北岸地區，也無法完全利用地中海世界提供的種種經濟和文化機會，僅僅是擊敗可薩人尚不足以打開通向大海的道路。

歷史學家們將斯維亞托斯拉夫視為「最後的維京人」。的確如此——他的軍事遠征，還有他拋棄基輔遷往新都、以控制拜占庭帝國與中歐城市之間貿易的想法，都說明一點：統治這片由他的前任們建立、由他自己在征戰中擴大的國土，對斯維亞托斯拉夫沒有太大的吸引力。斯維亞托斯拉夫的去世標誌著烏克蘭維京時代的終結。儘管瓦良格人部屬將繼續在基輔的歷史中扮演重要角色，斯維亞托斯拉夫的繼承者們卻會開始嘗試減少對這些外族戰士的依賴。他們將專注於統治自己已經擁有的這片土地，而非到別處去開疆拓土。

04

Byzantium North

第四章　北方拜占庭

在關於聶伯河地區羅斯王公們的最早記載中，我們就了解到他們對拜占庭帝國的興趣。將維京商人戰士引向拜占庭首都君士坦丁堡的，和曾將匈人和哥德人引向羅馬的是同一件事：世俗的財富，外加權力和地位。維京人從未嘗試推翻拜占庭，但他們竭盡所能地接近這個帝國和它的首都，並為奪取君士坦丁堡發動了多次遠征。

斯維亞托斯拉夫在九七二年的死亡，標誌著羅斯歷史和其與其南方強鄰關係上一個重要時代的終結。接下來兩代基輔統治者，同樣強烈希望與君士坦丁堡發生聯繫，並不亞於斯維亞托斯拉夫，但這些繼承者關心的不光是財富和商業，還有君士坦丁堡輻射出的權力、地位和精緻文化。他們沒有像其先輩們一樣嘗試征服博斯普利斯海峽上的君士坦丁堡，而是決定在聶伯河上複製這座城市。羅斯人與拜占庭希臘人之間關係的這一轉折，以及基輔王公們的新想法，在斯維亞托斯拉夫之子弗洛基米爾（Volodymyr）及後者之子雅羅斯拉夫（Yaroslav）的時代開始浮現。這兩位大公統治基輔的國土長達半個多世紀，常被認為是兩位改造者，將基輔羅斯變成了一個真正的中世紀國家——一個擁有相對確定的領土，擁有政府體系，以及擁有一種意識形態的國家，而意識形態這一點在很大程度上來自拜占庭。

基輔王公、斯維亞托斯拉夫的兒子弗洛基米爾，不像他父親那樣好戰和雄心勃勃，但在達成自己的目標這一點上卻更勝一籌。他父親死在聶伯險灘時，弗洛基米爾只有十五歲。他的兄弟們同樣希望將大公寶座據為己有，新一批斯堪地納維亞人的到來為他的登基鋪平了道路。在從他一位兄弟手中奪得寶座之前，弗洛基米爾曾在家族故土斯堪地納維亞避難超過五年，隨後他率領一支新的維京軍隊返回了羅斯。基輔的編年史作者記述說：弗洛基米爾奪取基輔之後，他的士兵們曾向他索取酬勞，弗洛基米爾答應將本地部落送來的貢賦發給他們，卻沒能兌現。於是他將維京指揮官們封為他在草原前線建立的要塞的長官，並同意這支軍隊的其他人參加對拜占庭的遠征。他又命令他的子民不得同意這支軍隊進入他們的城鎮，並要阻止他們返回。

弗洛基米爾繼位之後，維京人部隊仍是他軍隊中的核心力量，但根據《古編年史》的記載，他統治時期的一大特點即是他與部屬之間的緊張關係。這是維京人的「第二次到來」，與上一次完全不同。現在他們的身分不是商人，也不是統治者，而是一位統治者的雇傭兵，這位統治者同樣擁有維京血統，但他主要的忠誠對象卻是自己的公國。弗洛基米爾對聶伯河地區的資源足夠滿意，不曾夢想將都城遷到多瑙河。他不僅將逐漸削弱自己麾下部眾擁有的巨大權力，也將削弱各部落精英集團的影響力。為了制衡這些人，他將自己的兒子和家族成員們分封到帝國的不同地區進行管理，為將來那些依附於基輔的公國的誕生奠定了基礎。

在羅斯這片得名於維京人的土地上，維京時代終於結束了，這一變化在《古編年史》中也有所呈現。編年史作者通常會將王公的部屬組成歸納為維京人、本地斯拉夫人和烏戈爾芬蘭人（Urgo-Finns），前兩個群體共同被稱為「羅斯」。然而，隨著時間流逝，「羅斯」先是成為王公部屬的統稱，後來又成為他全部子民的統稱，最後變成了他統治的領土的名字。「羅斯」和「斯拉夫」這兩個名詞在十一世紀和十二世紀期間開始變得可以互換，這點從《古編年史》和拜占庭人對這一時代的記載中都可以得知。

弗洛基米爾在九八〇年登基，在他統治期的第一個十年裡，他的主要精力用在了戰爭上，確保他的先輩創建的國家不致分崩離析。追隨斯維亞托斯拉夫的腳步，他再次擊敗了可薩人和窩瓦保加利亞人，重新取得對奧卡河盆地的維亞季奇人的統治權，並向西推進到喀爾巴阡山，從波蘭人手中奪取了許多要塞，包括位於今天波蘭—烏克蘭邊界上的普熱梅希爾（Premyshl，波蘭語Przemyśl）。不過弗洛基米爾的主要注意力卻是南疆，羅斯人在那裡的定居點長期受到佩切涅格人和其他遊牧部落的攻擊。為了加強邊防，弗洛基米爾沿著蘇拉河（Sula）和特魯比日河（Trubizh）等當地河流修築要塞，然後將戰俘和國內其它地區的臣民安置在這一帶。羅斯是一個在征戰中誕生的國家，如今它追求穩定的手段卻變成了防守自己的邊界，而非進犯其它國家的邊界。

在弗洛基米爾統治時期，基輔與拜占庭之間的關係也發生變化。弗洛基米爾與他那些基輔大公寶座上的先輩們不同：據傳赫爾吉曾發兵拜占庭，以謀取貿易優待，斯維亞托斯拉夫也有同樣舉動，其目的則是在巴爾幹地區開闢疆土；弗洛基米爾在九八九年春天入侵了克里米亞，卻是為了爭取聯姻（甚至可說是為了愛情），他將拜占庭城市克森尼索斯團團圍住，要求得到皇帝巴西爾二世（Basil II）的妹妹。此前數年，巴西爾二世曾向弗洛基米爾請求軍事援助，並許諾將安娜（Anna）嫁給他，弗洛基米爾派出了援軍，巴西爾卻絲毫不著急兌現他的承諾。受到這樣的羞辱，弗洛基米爾拒絕忍氣吞聲，轉而開始進攻拜占庭。他的策略奏效，巴西爾被克森尼索斯陷落的消息震動，立刻把妹妹安娜送往克里米亞，她的隨行部屬包括許多基督教教士。

拜占庭人滿足了弗洛基米爾的聯姻要求，其回報則是這位蠻族酋長（這是基輔統治者在君士坦丁堡眼中的形象）保證改宗基督教。弗洛基米爾履行了承諾。他的受洗開啟了基輔羅斯的基督教化過程，也為這片地區的歷史翻開了新的一頁。成親的隊伍剛剛回到基輔，弗洛基米爾就從一座俯瞰聶伯的山丘上移除了異教的萬神殿，就連最強大的雷神佩倫也未能倖免，並讓基督教教士們為基輔人施洗。羅斯的基督教化從此開始，但這是一個漫長而艱難的過程，幾個世紀後才得以完成。

關於羅斯皈依基督教的過程，我們主要的資料來源是基輔的編年史作者。根據他的記述，保加利亞穆斯林、信猶太教的可薩人、信基督教並代表羅馬教廷的日爾曼人，和一名為拜占庭基督教（弗洛基米爾最終的選擇）代言的希臘學者，都曾對弗洛基米爾糾纏不休。自然，《古編年史》對這次信仰抉擇的記述在許多方面都過於天真，但它的確反映了這位基輔統治者當時面對的各種選項，而弗洛基米爾也確實進行了挑揀。他最後選擇了這個地區最強大國家的宗教，而在這個地區，皇帝在教會中的地位絲毫不亞於普世牧首，事實上還要更高。透過選擇基督教，他獲得了皇族姻親的身分，這立刻提高了他的家族和國家的地位。弗洛基米爾對其教名的選擇讓我們對他接受基督教的理由有了更多認識：他的選擇是皇帝的名字——巴西爾，這表明他找到了一個可以在基輔進行模仿的政治和宗教樣板。一代人之後，伊拉里翁都主教（Ilarion）等基輔學者將會把弗洛基米爾與君士坦丁一世相比，並把他推動羅斯皈依與君士坦丁大帝推動基督教成為羅馬帝國國教相提並論。

誠然，拜占庭的政治和教會高層幫助弗洛基米爾做出了「正確的選擇」，他們並不喜歡這樁聯姻，但對羅斯的皈依則十分歡迎。八六〇年羅斯維京人進攻君士坦丁堡之後不久，拜占庭就開始向羅斯派出傳教團，當時的君士坦丁堡牧首佛提烏，也就是為我們描述了維京人的進攻的那一位牧首，派出他最好的學生，也就是塞薩洛尼卡的西瑞爾（Cyril of Thesslonica），前往克里米亞和可薩汗國。西瑞爾和他的兄弟美多德共同設計了格拉哥里字母（Glagolitic alphabet），以便將基督教經文轉寫為斯拉夫語言。兄弟二人在後世被視為斯拉夫人的傳道者，並受封聖人。讓基輔統治者皈依基督教的努力在弗洛基米爾受洗之前很久就開始了，這有其祖母奧麗哈的故事為證，奧麗哈是我們所知的基輔第一位基督徒統治者，也是基輔第一個以海倫為教名的女基督徒。除了宣揚基督教外，拜占庭精英階層還逐漸取得了對這些「蠻族」統治者及其民眾的影響力，這些「蠻族」沒有顯赫的家世，也沒有精緻的文化，卻擁有巨大的破壞力。

弗洛基米爾皈依之後，君士坦丁堡牧首創建了羅斯都主教區，這是少數幾個以其居民、而非以主教或都主教所在城市命名的教區之一。牧首把任命羅斯教會都主教的權力留在了自己手中，這些都主教大多是希臘人，都主教掌握著其下屬主教（多出自本地精英階層）的任命權；第一批修道院在基輔建立起來，使用的還是拜占庭的教會法規。在初期，教會斯拉夫語是讓本地精英能夠理解希臘經文的主要翻譯工具，它也成為基輔羅斯最早的書面語言。弗洛基米爾頒布了新的法規，確定教士階層的權利和待遇，並將自己收入的十分之一交給教會。基督教從基輔羅斯頂層開始，沿著社會位階慢慢向下傳播，沿著河流和商路從中心地區向邊緣地帶擴散。在一些偏遠地區，尤其是羅斯的東北部，異教祭司們在接下來幾個世紀中仍堅持抗爭，拒絕接受這種新宗教，遲至十二世紀，前往這些地區的基輔傳教士仍會送掉性命。

弗洛基米爾的選擇將對他的國家和整個東歐歷史產生深遠的影響，新的羅斯政治體不再與拜占庭開戰，轉而與羅馬帝國僅存的部分及其繼承者結成聯盟，並由此向來自地中海世界的政治和文化影響敞開大門。弗洛基米爾不僅將羅斯帶進了基督教世界，也讓它成為東方基督教的一部分，這是具有決定性的舉動。它造成的許多後果不僅在西元後第二個千年之初產生了重大影響，在今天也同樣如此。

弗洛基米爾把基督教帶到了羅斯，然而決定這一事件將對羅斯的政治、文化和外交帶來什麼影響，並在拜占庭皇帝領導的基督教世界中為羅斯爭得一席之地的，是他的後繼者們；在這些過程中，弗洛基米爾之子雅羅斯拉夫比其他繼承者起到了更重要的作用。雅羅斯拉夫的祖父斯維亞托斯拉夫在歷史上被稱為「勇者」，他的父親弗洛基米爾獲得了「大帝」的稱號，而雅羅斯拉夫自己則有

「智者」之名，此外他還被稱為「立法者」或「建造者」，表明他遠遠超過四分之一世紀的統治期間（一〇一九至一〇五四）所取得的主要成就並非來自戰場，而是來自和平，以及文化、國家和民族的構建。

雅羅斯拉夫影響深遠的遺產之一是大規模的工程建設，「雅羅斯拉夫建起了基輔大城堡，城堡附近矗立著金門，」基輔的編年史作者寫道。在被考古學家稱為雅羅斯拉夫城的區域周邊，這位王公下令建起一圈新的城牆，金門則是城牆上的大門，人們很難不注意到雅羅斯拉夫的金門與君士坦丁堡金門的相似之處，後者是一座凱旋門，也是帝國首都的正式入口，基輔的金門是由石頭砌成（部分環繞城堡的城牆同樣如此），地基至今可見；一九八〇年代早期，人們在這些地基上建起了老金門的複製品。

城牆外的聖索菲亞大教堂是雅羅斯拉夫的建設成就中最驚人的作品，這座傑出的建築擁有五個主殿、五個半圓形後殿、三條長廊和十三個穹頂，教堂的牆體是花崗岩和石英岩砌成，並間以成列的磚塊，內牆和天花板則以壁畫和鑲嵌畫裝飾。聖索菲亞大教堂的完工日期不晚於一〇三七年，學界一致認為：雅羅斯拉夫不僅借用了君士坦丁堡聖索菲亞大教堂的名字和主要設計，還從拜占庭帝國借來了那座教堂的建築師、工程師和石匠。他不止是在建造城牆和教堂，而是在為他的國度營造一座首都，這座首都模仿的對象是羅斯人所見過的最美麗也最強大的城市——君士坦丁堡。

修建教堂和支持基督教之外，被基輔的編年史作者歸功於雅羅斯拉夫的還有對教育和學術的扶持。「他專注於閱讀，焚膏繼晷，」《古編年史》如此描述，「又召集了許多抄寫員，並讓人將希臘文翻譯成斯拉夫文字。他還寫作並收集了大量書籍，讓虔信者得享宗教啟迪並受到教益。」雅羅斯拉夫統治期是基輔羅斯人掌握讀寫能力的開端。基輔羅斯接受了教會斯拉夫語，這種語言使用聖西瑞爾和美多德專門為斯拉夫人設計、用來翻譯希臘文本的字母。保加利亞人比基輔王公們更早接受基督教，於是教師、文本和語言本身從保加利亞開始流向羅斯。

根據《古編年史》作者的說法，在雅羅斯拉夫統治期間，基輔人不僅閱讀文本，還從事翻譯，原創的作品很快也湧現出來。雅羅斯拉夫任命的都主教伊拉里翁在一〇三七年與一〇五四年之間某個時期寫出了《律法與神恩訓》（*Sermon on Law and Grace*），這是基輔人原創作品最早的例證之一。如前所述，這篇布道詞將弗洛基米爾大公與君士坦丁大帝相提並論，幫助剛剛基督教化不久的羅斯進入了基督教國家的大家庭。另一個重要的發展是歷史寫作在基輔的開始，大多數學者相信基輔的第一部編年史創作於十一世紀三〇年代雅羅斯拉夫統治時期，地點可能就在聖索菲亞大教堂，過了一段時間，編年史寫作的地點才轉移到基輔洞穴修道院，這座修道院模仿拜占庭的修道院建成，並將其源頭上溯至雅羅斯拉夫統治末期。

基輔模仿了君士坦丁堡，而這個公國的其它城市則模仿了基輔，這正是波拉茨克（Polatzk）和諾夫哥羅德都開始興建新的聖索菲亞大教堂的來由（諾夫哥羅德過去曾有一座與之同名的木質教堂），也是羅斯東北部的弗拉基米爾城（Vladimir）在後來興建它自己的金門的原因。更重要的是，讀寫能力和知識也傳播到這些地區中心，打破了早期基輔對文本閱讀和歷史寫作的壟斷；以基輔編撰的編年史為基礎，諾夫哥羅德的文人很快也開始了歷史寫作。正是透過諾夫哥羅德的一位編年史作者，我們才知道「智者」雅羅斯拉夫不光是一位愛書人、一位城堡和教堂的建造者，也是一位立法者。

雅羅斯拉夫曾作為其父弗洛基米爾的代表成為諾夫哥羅德王公，他在基輔登基後，給予諾夫哥羅德此前不曾享有的自由，以為獎賞，感激諾夫哥羅德在他爭奪基輔大公寶座時所提供的支持。諾夫哥羅德的編年史作者將這份特權與雅羅斯拉夫修撰法典《羅斯正義》聯繫在一起，《羅斯正義》是一部普通法彙編，對基輔羅斯及其後繼公國的法律體系有著巨大的影響，《羅斯正義》是否真的由雅羅斯拉夫主持修纂，我們不得而知，這項工作有可能更晚一些在他的後繼者手上才得以完成，但可以確信的是，它不可能在雅羅斯拉夫之前完成，因為在那之前，根本沒有足以勝任這項工作的受教育群體。

追隨君士坦丁堡，以拜占庭皇帝為榜樣，這不僅意味著要取得某種程度上的正當性，也意味著要擁有一定的獨立性，而後者註定會得罪君士坦丁堡的希臘人。我們知道雅羅斯拉夫至少有兩次曾直面帝國展示他的獨立地位，並沒有退讓。第一次，他將羅斯本土出生的伊拉里翁（即那位聲名赫赫的《律法與神恩訓》作者）提升為羅斯都主教，而沒有選擇一名由君士坦丁堡派遣的高級教士，在這次事件上，雅羅斯拉夫模仿了拜占庭皇帝在其教會中的角色，但他的決定同樣也構成了對君士坦丁堡牧首的挑戰，而牧首將羅斯都主教的任命權視為禁臠。伊拉里翁的升職在羅斯教會內部同樣造成了分歧，雅羅斯拉夫在一〇五四年去世後，基輔回到了從前的道路上，伊拉里翁的繼任者仍由君士坦丁堡派往羅斯首都。

雅羅斯拉夫另一次直接挑戰君士坦丁堡是在一〇四三年，這一年，他的一個兒子率領的小型艦隊出現在君士坦丁堡附近，以發動攻擊相脅，向君士坦丁堡索求金錢。這是回到了維京人與君士坦丁堡打交道的做法，出於何種原因我們不得而知。難道雅羅斯拉夫在基輔複製君士坦丁堡的嘗試花費過多，耗光了他的財富？我們只能猜測而已。這也許是對拜占庭人的作為表示不滿的信號，也許是要對方不可輕忽羅斯力量的提醒。無論如何，希臘人拒絕付錢，選擇了戰鬥。羅斯艦隊擊敗了拜占庭艦隊，卻險些被一場風暴摧毀，最後兩手空空回到基輔，維京人的方式已經行不通了。

羅斯在八六〇年攻擊君士坦丁堡後，拜占庭人立刻開始了使羅斯基督教化的嘗試。如果我們將這種努力視為拜占庭與野蠻的羅斯保持和平、終結其攻擊行為的方法，它無疑在雅羅斯拉夫時代達到了目的。與他的先輩們不同，雅羅斯拉夫總體上與拜占庭保持了和平甚至友善的關係，然而宗教並不是這位基輔王公與拜占庭保持大體和平的主要原因。在雅羅斯拉夫統治時期，擴張已經不再是羅斯王公們的主要目標，如何保有並治理已有的疆域才是他們首要的任務。這種情況下，把拜占庭作為盟友以及知識和威望的來源，比將與它為敵要有利算得多。

在雅羅斯拉夫治下，羅斯成為基督教國家群體中的正式成員，後世歷史學家將他稱為「歐洲的岳父」，因為他將自己的妹妹和女兒們嫁給歐洲各國統治者。而這項進展的重要前提，是他父親從拜占庭接受基督教，並使得君士坦丁堡的文化影響能來到羅斯。雅羅斯拉夫沒有像其父一樣迎娶某位拜占庭公主，但他的兒子弗謝沃洛德（Vsevolod）卻仿效祖父，與拜占庭皇帝君士坦丁九世莫洛馬科斯（Monomachus）的一個女兒成了婚。雅羅斯拉夫本人迎娶了瑞典國王奧拉夫・埃里克松（Olaf Erriksson）的女兒，這也反映出其王朝的維京起源。他的女兒伊麗薩維塔（Yelyzaveta，伊莉莎白〔Elizabeth〕）嫁給了挪威國王哈拉爾・哈德拉達（Harald Hardrada）。他的另一個兒子伊賈斯拉夫（Iziaslav）娶了波蘭國王卡奇米日（Casimir）的妹妹，而卡奇米日本人又是雅羅斯拉夫一個妹妹的丈夫。雅羅斯拉夫另一個女兒阿納斯塔西婭（Anastasia）嫁給了匈牙利國王「白色的安德列」（Andrew the White），還有一個女兒安娜則成為法國國王亨利一世（Henry I）的妻子。

無論這些婚姻背後的政治動機是什麼，單就文化而論，這些歐洲君主從婚姻中比基輔王公們得到了更多的好處。安娜的婚姻就是最好的例子。與其夫不同，安娜能夠閱讀，並能簽字，這也說明基輔的編年史作者對雅羅斯拉夫愛好讀書和提倡教育的頌揚不無道理。

05

The Keys to Kyiv

第五章　基輔的鑰匙

正如「拜占庭」一樣，「基輔羅斯」是後世的稱謂，不為當時這些國土上的人民所用。十九世紀的學者們創造了「基輔羅斯」這個名字，今天這個詞用來表示一個存在於十世紀到十三世紀中葉、以基輔為中心的政治體，十三世紀中葉之後，這個政治體在蒙古人的攻擊下解體。

誰是基輔羅斯的正統繼承者？誰掌握著那些諺語中所說的「基輔的鑰匙」？過去二百五十年中，對這些問題的討論成為許多羅斯歷史著作關注的焦點。最開始，爭論主要集中在羅斯王公們的血統上：他們是斯堪地納維亞人還是斯拉夫人？從十九世紀中葉開始，人們的關注範圍開始擴大，俄羅斯和烏克蘭對基輔羅斯繼承者地位的競爭成為其中一部分。二十世紀中，「智者」雅羅斯拉夫（我們在上一章用大量篇幅對他的統治期進行了討論）的遺骨也成為爭論的物件，這充分顯示了這場爭論的激烈程度。

雅羅斯拉夫在一〇五四年二月二十八日去世，安葬在他主持建造的聖索菲亞大教堂。他的遺體被安放在一具白色大理石製成的石棺中，棺外雕刻著基督教的十字架和各種地中海植物作為裝飾，其中甚至有棕櫚樹，而那根本不是基輔羅斯本地的植物。一種觀點是：這具石棺是拜占庭文化帝國主義的石質象徵，曾經是某個拜占庭顯貴的埋骨之所，經四處劫掠的維京人或是冒險的希臘人之手來到基輔。石棺至今仍保存在聖索菲亞大教堂，然而「智者」雅羅斯拉夫的遺骨卻在一九四三年德國占領時期從基輔消失了，根據某些說法，它落入了美國的烏克蘭東正教高層之手，並曾在戰後現身於曼哈頓，有人認為遺骨現在可能存放在布魯克林的聖三一教堂。

為何雅羅斯拉夫大公的遺骨會被人轉移到遠至西半球？這並非美國的文化帝國主義作祟，而是與烏克蘭對基輔羅斯繼承者地位的主張緊密相關。逃離祖國的烏克蘭教士帶走了遺骨，以免它落入正在逼近的蘇聯軍隊之手。為何那座布魯克林教堂一直拒絕與烏克蘭政府代表就雅羅斯拉夫遺骨問題進行商談？原因在於他們擔心，遺骨一旦回到基輔就可能被俄羅斯獲得。

烏克蘭人和俄羅斯人都聲稱「智者」雅羅斯拉夫是他們的國家在中世紀時的傑出統治者，他的頭像同時出現在這兩個國家的紙幣上。在烏克蘭紙幣上，雅羅斯拉夫留著烏克蘭式的唇髭，符合斯維亞托斯拉夫大公及烏克蘭哥薩克人的那種傳統樣式。在俄國，他是雅羅斯拉夫爾城（Yaroslavl）傳說中的建城者——他去世十七年後，一部編年史上首次提及這座城市。因此俄國紙幣上有一座獻給這位建城者的紀念碑。此外，這張紙幣上的雅羅斯拉夫留著和伊凡四世（Ivan the Terrible）及其同時代俄國沙皇們一樣的大鬍子。

雅羅斯拉夫到底是一名俄羅斯統治者還是烏克蘭統治者？或者，如果二者皆非，那他和他臣民的「真正」身分還能是什麼？要對這些問題進行討論，我們最好是把精力集中到他去世後幾十年間的歷史上。雅羅斯拉夫的去世是基輔羅斯歷史上一個關於「鞏固國土」時代的終結，也是另一個時代的開始，在這個新時代裡，基輔羅斯走上了加洛林帝國曾經走過的道路：查理大帝在八一四年去世後不到一百年，他的帝國就分裂成了好幾個國家。這兩個帝國的衰落和瓦解的原因並無太大差別，其中包括長期存在的君位繼承權問題、統治王朝內部的爭鬥、地方政治和經濟中心的興起，以及對外在威脅和干涉的應對無能。長期而論，帝國的崩潰造成了常被視為現代國家雛形的政治體的興起：加洛林帝國的崩潰造就了法國和德國，而基輔羅斯的崩潰則帶來了烏克蘭和俄羅斯。

身為一位智者，雅羅斯拉夫大公預見到他的家族在自己去世後會遇到的麻煩，他也許還記得自己奪取最高權力的過程有多麼漫長和血腥，這一過程從他父親弗洛基米爾在一〇一五年去世開始，一直延續了二十多年，直到一〇三六年他的兄弟姆斯季斯拉夫（Mstyslav）死去——姆斯季斯拉夫曾迫使雅羅斯拉夫與之分治國土。這兩人去世之間的歲月裡發生了許多戰鬥和衝突，其間雅羅斯拉夫眾多兄弟死亡。其中兩人（伯里斯和赫里布）沒能得到基輔的君位，卻獲得了聖徒的地位，至今以殉難王子的身分被人們紀念，部分歷史學家懷疑是雅羅斯拉夫謀劃了他們的遇害事件。無論如何，在接近其生命終點之時，雅羅斯拉夫顯然希望他的兒子們能避免這種自相殘殺。

根據《古編年史》，雅羅斯拉夫留下一份遺囑，將其國土分封給他的兒子們，每個兒子得到一個公國。根據遺囑，長子將繼承基輔大公之位，除了擁有基輔和諾夫哥羅德的土地之外，還淩駕於其他王公之上，其他兒子則在長子的保護和監督下治理各自的公國。一般認為這份遺囑要求大公之位在兄弟之間依長幼之序傳承，直到這一代王公全部去世，再從下一代開始迴圈——即從上一代長子的長子重新開始。許多學者質疑雅羅斯拉夫遺囑的真實性，但無論它是否存在，那些據稱出自這份遺囑的文字正反映了雅羅斯拉夫死後發生的情況。

雅羅斯拉夫去世時有五個兒子在世。「遺囑」中提及了其中四人，然而只有三個人在他們的父親去世後得到過最高權力。在世兒子中的最年長者伊賈斯拉夫獲得了大公之位，但他與兩個弟弟分享了權力，兩個弟弟分別統治著切爾尼戈夫（Chernihiv）和佩列亞斯拉夫（Pereiaslav），兩座城市離基輔都不遠。他們組成了某種非正式的三頭政治，共同作出的決定對其他留里克王公具有相當的約束力（留里克是基輔統治王朝的名字，源自傳說人物留里克）。三巨頭鎮壓了對他們權力的挑戰，將他們的弟弟波洛茨克（位於今白俄羅斯境內）王公抓了起來，監禁於基輔。在各羅斯編年史中，他們各自的都城成為「羅斯國土」（Rus' Land）的三個中心。

「羅斯國土」並不是一個全新的概念，早在伊拉里翁都主教的《律法與神恩訓》中就曾出現過，因此可以被認為來自「智者」雅羅斯拉夫的時代，這個詞在十一世紀晚期和十二世紀初變得空前流行，此時三巨頭已經謝幕，而他們的子侄們一邊忙於處理家族內部不同分支之間的矛盾，一邊還要抵抗來自南方的侵略。弗洛基米爾・莫諾馬赫（Volodymyr Monomakh），也就是「智者」雅羅斯拉夫的孫子，拜占庭皇帝君士坦丁九世莫諾馬科斯的外孫，終其一生都在宣示並證明自己對羅斯國土的忠誠。作為三巨頭之一的兒子，他成為佩列亞斯拉夫王公，統治著從南方的邊疆草原綿延到東北方莫斯科周邊森林的廣袤土地。此時在東北方森林地帶生活著的是叛亂的的維亞季奇部落，維亞季奇人抗拒基督教化，經常殺死基輔人派去向他們傳教的僧侶，然而莫諾馬赫沒有把主要精力放在他們身上，而是把目光集中於公國南疆愈來愈頻繁的遊牧部族活動。羅斯王公們剛剛削弱了佩切涅格人（雅羅斯拉夫在一〇三六年擊敗了他們），更具侵略性的新部落就出現在基輔的邊界上，這些人被稱為波洛維茨人（Polovtsians）或庫曼人（Cumans），在十一世紀末，他們占據著歐亞大草原的大片土地，東至額爾齊斯河，西至多瑙河。各羅斯公國無力獨自對抗波洛維茨人的攻擊，他們必須聯合起來，而沒有人比佩列亞斯拉夫王公弗洛基米爾・莫諾馬赫更堅持這一立場，一部編年史稱他組織了多次針對波洛維茨人的遠征。

作為羅斯國土統一化的偉大推動者，莫諾馬赫提出了對王公繼承制度的改革。一〇九七年，在莫諾馬赫的推動下，羅斯王公們在柳別奇（Liubech）召開了一次會議，他們在這次會議上決定廢除「智者」雅羅斯拉夫建立的平行（橫向）繼承制度，因為它過於僵化，容易引起衝突。與其讓三巨頭的子孫們輪流占據王公之位，並個個都努力爭取最終成為基輔大公，不如讓他們各自統治自己的疆域，只有雅羅斯拉夫長子伊賈斯拉夫的後代才可以繼承基輔大公的寶座。然而這個新制度沒能付諸實施。莫諾馬赫自己也沒有遵守它，在一一一三年成為基輔大公。他的繼承者們同樣如此。從一一三二年到一一六九年，不到四十年的時間裡有十八位統治者輪流入主基輔，比基輔大公國此前歷史上的全部君主數量還要多四個。

基輔寶座上的新面孔大多數都透過政變或是惡意奪權上臺。每個人似乎都覬覦著基輔，只要有一絲機會就會試試運氣；然而這個模式在一一六九年被打破了。這一年，位於今天俄羅斯境內的弗拉基米爾—蘇茲達爾公國（Vladimir-Suzdal）的王公，也就是羅斯王公中最強大也最野心勃勃者的安德列・博戈柳布斯基（Andrei Bogoliubsky）派出大軍奪取了基輔，他本人沒有親自出面，而是派他的兒子領軍作戰，勝利者攻下基輔之後，在城中連續大肆劫掠兩天，這位王公拒絕遷往基輔，也拒絕將之作為自己的都城。

博戈柳布斯基的選擇是他自己的都城——克利亞濟馬河（Kliazma）上的弗拉基米爾，這反映了十二世紀羅斯政治、經濟和社會上發生著的某種變化；在基輔和聶伯河中游地區深陷無盡紛爭的同時，基輔世界外緣的主要公國正在變得更富有也更強大。在君士坦丁堡的首肯下，喀爾巴阡山脈腳下的哈利奇公國（Halych，位於今天的烏克蘭西部）沿著多瑙河與巴爾幹人展開了貿易；哈利奇王公們不需要聶伯河通道，就能取得繁榮。在弗拉基米爾—蘇茲達爾公國，博戈柳布斯基成功地挑戰了保加利亞人對窩瓦河貿易的壟斷，西北方的諾夫哥羅德則從波羅的海貿易中獲得財富。基輔和聶伯河通道依然存在，而且雖然有波洛維茨人的虎視眈眈，這裡的貿易量仍在增長。但它已經不再是這片土地上唯一的經濟生命線，甚至連主要的都算不上了。

隨著各地王公們變得愈來愈強盛和富有，他們開始謀求自治權，甚至完全從基輔統治下獨立出來。他們有充分的理由將從父輩和祖輩手中繼承來的土地作為自己主要的效忠對象，而非那片以基輔、切爾尼戈夫和佩列亞斯拉夫為中心，被神化了的羅斯國土。安德列・博戈柳布斯基就是第一批有如此想法的王公之一，他在一一六九年對基輔的洗劫在基輔人的記憶中留下了深深的創傷，而他的其它一些行為同樣讓他成為獨立統治者的想法昭然若揭；這一切開始於安德列違背了他父親尤里・多爾戈魯基（Yuri Dolgoruky）的心願，離開基輔附近的維什戈羅德（Vyshhorod），遷往東北方時。在一一四七年建立了莫斯科的尤里是老一代思維的代表，尤里是莫諾馬赫之子，將蘇茲達爾公國從莫諾馬赫所傳下來的領土中獨立出來，並著手將之變得更大更強，然而他的最高目標仍是基輔的大公之位，並憑藉著自己身為蘇茲達爾王公的力量得到了大公王位；尤里最終在大公任上死去，並被安葬在基輔的一個教堂裡。

多爾戈魯基叛逆的兒子對基輔毫無興趣，他將自己公國的都城從蘇茲達爾遷至弗拉基米爾，並盡一切力量將其變成克利亞濟馬河上的基輔。安德列離開維什戈羅德時並非兩手空空，而是帶走了當地的聖母（希臘語 Theotokos）像——這幅聖像後來以弗拉基米爾聖母像之名聞名於世。博戈柳布斯基將羅斯首都的象徵權力，從南方轉移到北方，對此最好的隱喻，就是他將這件聖物從基輔地區移往弗拉基米爾。基輔的重要性得益於其全羅斯都主教駐地的地位，但安德列從未將自己的公國視為羅斯國土的一部分，希望擁有自己的都主教區。一一六二年左右，即他洗劫基輔之前七年，他向君士坦丁堡派出使團，請求拜占庭批准他提名的新任都主教。君士坦丁堡斷然拒絕了他，這對這位雄心勃勃的君主是一次巨大的打擊，因為他已經做好了成立都主教區的所有必要準備，為了迎來一位都主教，他新建了一座金頂的聖母安息大教堂，與基輔的金頂聖米迦勒大教堂幾無二致，最後卻只能讓它容納一位主教。

安德列還建起了一座金門，這無疑是另一個源自基輔的工程，教堂和金門至今尚在，成為這位弗拉基米爾王公雄心的證據。與他的先輩「智者」雅羅斯拉夫一樣，安德列複製了現有的帝國都城，以證明自己獨立於它的地位。有趣的是，安德列的模仿比雅羅斯拉夫走得更遠：他不僅將聖像、觀念和建築的名字從基輔搬到弗拉基米爾，還用基輔的地名為本地地標命名。學者們指出羅斯東北地帶的河流，名稱因此來自基輔的原型——利比德河（Lybid）、波察伊拿河（Pochaina）和伊爾平河（Irpin）。

「智者」雅羅斯拉夫和安德列．博戈柳布斯基同為羅斯王公，很可能也有類似的族群文化身分，然而從他們的建築工程可以看出，在羅斯國土的問題上，這兩位王公效忠於不同的對象。雅羅斯拉夫的忠誠明顯屬於基輔和從基輔一直延伸到諾夫哥羅德的廣大國土，在這點上，他與斯維亞托斯拉夫不同，斯維亞托斯拉夫並無這樣的眷戀；他也與弗洛基米爾．莫諾馬赫不同——莫諾馬赫的忠誠主要獻給了基輔、切爾尼戈夫和佩列亞斯拉夫周邊的「羅斯國土」。而安德列的情感則又與他的先輩們都不相同，僅限於大羅斯內部他個人所繼承的部分。多種多樣的羅斯身分認同逐漸出現在羅斯諸編年史和法律文獻中，我們應當將羅斯王公們效忠對象的變化置於這些認同的發展脈絡中來考察。

《古編年史》的作者們不得不在他們的敘事中調和三種不同的歷史身分（記錄事件並進行評論是一項繁重的工作，在一代又一代僧侶中傳承）：基輔斯堪地納維亞統治者的羅斯身分、受教育精英階層的斯拉夫身分，以及本地部族身分。儘管基輔的統治者和他們的臣民接受了羅斯這個名字，他們自我認同的基礎卻是與這個名字發生聯繫的斯拉夫身分，而非斯堪地納維亞身分。留里克王公們在斯拉夫腹地統治他們的國土，他們的臣民大多數也是斯拉夫人。更重要的是，斯拉夫身分認同向基輔地區之外的擴散，與以下兩點密不可分：第一，對拜占庭基督教的接受；第二，教會斯拉夫語成為羅斯禱文、布道詞和知識分子對話使用的語言。在基輔疆域中的斯拉夫區域和非斯拉夫部分，基督教都以斯拉夫語言和斯拉夫文化的外觀出現，羅斯越是基督教化，也就會越斯拉夫化。基輔的編年史作者們將本地歷史納入了巴爾幹斯拉夫文化發展的大語境，並在更廣大的層面上將之納入了拜占庭和基督教世界的歷史。

在地方層面，部族認同緩慢卻又不可避免地讓位於對本地公國，對那些與基輔聯繫在一起的軍事、政治和經濟權力中心的認同；編年史在敘事中開始用那些以諸王公都城為中心的地區來代替土著部族。正因如此，編年史作者才會說一一六九年洗劫基輔的軍隊成員來自斯摩棱斯克，而不將他們稱為拉迪米奇人（Radimichians），維亞季奇人（Viatichians）或馬里亞人（Meria）被改稱為蘇茲達爾居民，西維利亞人（Siverians）也被改稱為切爾尼戈夫人。這種做法蘊含著基輔君主治下全部土地的統一感。儘管留里克王公之間有大大小小的的衝突，這些土地上的居民仍被他們視為「我們的」，而不是外國人或異教徒，關鍵在於是否承認羅斯王公們的權威，當一些突厥草原部落承認這種權威時，他們也開始被稱為「我們的異教徒」。

多樣化的部落地區在政治和行政上統一起來，導致它們的社會結構也開始標準化。占據著金字塔頂端的是留里克王朝的王公們，更準確地說是「智者」雅羅斯拉夫的後裔們。他們之下是王公部屬，最早由維京人組成，但是其中的斯拉夫人愈來愈多，他們與本地部落精英共同組成被稱為「波雅爾」（Boyars）的貴族階層。這些人是戰士，但在和平時期也管理國家；波雅爾是主要的地主階層，對王公行為的影響力在個個公國大小不一。教會高層和他們的僕從同樣屬於特權階層。

剩下的社會成員需要向王公納稅。包括商人和工匠在內的市民階層擁有一定的政治權力，可以在市民會議上決定一些地方治理事務。本地王公的繼承問題也會受到此類會議影響——這種情況在基輔偶有發生，在諾夫哥羅德則更為經常。占人口大部分的是沒有絲毫政治權力的農民，分為自由農民和半自由的農奴兩種，後者可能失去自由，原因往往是因為負債；債務還清或一段時間過後，他們也能重獲自由。接下來還有奴隸，多為在戰爭中被俘虜的戰士或農民。被俘戰士的奴隸生涯可以限於一定時間，而被俘農民卻要終生為奴。

基輔羅斯社會的階層結構，在法典《羅斯正義》對不同罪名的懲罰條款中，得到了最好的例證。立法者希望能禁止或限制血親復仇，同時又希望讓王公的錢袋變得充實，於是他們引入了罰金制度，對殺死不同階層成員的行為進行罰款，所得歸於王公的金庫。殺死一個王公部屬或親族（即波雅爾）的罰款是八十荷林夫納（hryvnias）；殺死一個為王公服務的自由民的代價是四十荷林夫納；一個商人的命價為十二荷林夫納；一個農奴或奴隸則只值五個荷林夫納。然而，如果一個奴隸打了自由民，殺死這名奴隸則被視為合法行為。基輔羅斯的不同地區有不同的習慣法，而一部共同法典的引入有助於整個國家的同質化，正如基督教和教會斯拉夫語文化自基輔向外輻射所產生的效果。看起來，在同質化不斷擴散的同時，基輔疆域內的政治碎片化卻幾乎不可避免。希望擁有自己公國的留里克王公數量的爆炸式增長、基輔疆域的廣大，以及其境內各地區地緣政治和經濟利益的多樣化，都動搖了這個一度統一波羅的海與黑海之間土地的政治體。

從「智者」雅羅斯拉夫到安德列．博戈柳布斯基，基輔王公們地緣政治目標的變化反映了他們的政治忠誠變化的過程：先是從整個基輔羅斯下降到由「羅斯國土」界定的幾個公國，最終在十二世紀和十三世紀早期下降到足以挑戰基輔的週邊強盛公國。歷史學家在這些基於公國的身分認同中尋找現代東斯拉夫民族的起源：弗拉基米爾—蘇茲達爾公國被視為早期近代莫斯科大公國的雛形，進而也是近代俄羅斯的前身；白俄羅斯歷史學家在波洛茨克公國尋找他們的根源；烏克蘭歷史學家則通過對加利西亞—沃里尼亞公國（Galicia-Volhynia）的研究來挖掘烏克蘭民族建構運動的基礎。然而，所有這些身分最終都要歸於基輔，這令烏克蘭人擁有了得天獨厚的優勢：他們根本不用離開首都，就可以對自己的根源展開尋找。

06

Pax Mongolica

第六章　蒙古治世

基輔羅斯這個政體並無公認的誕生時間，卻有明確的死期，即一二四〇年十二月七日。這一天，蒙古人，又一群來自歐亞大草原的侵略者，攻陷了基輔城。

從許多方面而言，蒙古人對羅斯的入侵，標誌著草原重新成為這一地區政治、經濟乃至（某種程度上）文化的主導力量。基輔羅斯境內，各個立基森林地帶、並一度統一的政治體及社會，其獨立地位在蒙古入侵下宣告終結，也終結了它們與黑海沿岸（主要是克里米亞）和更大的地中海世界保持聯繫的能力。蒙古人將時鐘調回了可薩人、匈人、薩爾馬提亞人和斯基泰人的時代，即草原政治體控制內陸並從通往黑海諸港的商路中獲益的時代。然而，蒙古人是一支遠比他們之前任何草原民族更為強悍的軍事力量，在蒙古人之前，草原民族最多只能統治歐亞大草原的西部，通常東起窩瓦盆地，西至多瑙河口；蒙古人則控制了整個歐亞大草原，囊括了東至阿姆河和蒙古高原，西至多瑙河和匈牙利平原之間的土地——至少在其初興時做到了這一點。他們建立起「蒙古治世」（Pax Mongolica），即一個由蒙古人掌握、由眾多屬國和半屬國組成的政治複合體。羅斯地區在這個複合體中處於邊陲，卻同時又是其重要的一環。

蒙古人的到來打碎了基輔羅斯國家政治統一的幻象，也終結了羅斯地區真實存在的宗教統一。蒙古人承認了羅斯地區王公統治的兩大中心，即位於今俄羅斯境內的弗拉基米爾—蘇茲達爾公國和今烏克蘭中西部的加利西亞—沃里尼亞公國。拜占庭人效法蒙古人，將羅斯都主教區也分為兩部分，以基輔為中心的羅斯國土上的政治和宗教統一從此瓦解，加利西亞王公和弗拉基米爾王公們開始集中力量在自己的領土上建設自己的羅斯國家，雖然這兩個公國都聲稱擁有「羅斯」這個名字，它們的地緣政治軌跡卻已分道揚鑣。雙方的王朝傳承都來自基輔，也從基輔繼承了他們各自的羅斯法律、文學語言，以及宗教和文化傳統；雙方也都屈從於陌生的蒙古統治之下，然而他們對蒙古人依附的方式卻不相同。

蒙古人在弗拉基米爾統治著今天屬於俄羅斯的土地，直到十五世紀末。這段時期後來被稱為「韃靼之軛」（Tatar yoke），得名自蒙古軍隊中說突厥語的部落。數量並不多的蒙古人離開之後，韃靼人仍留在這裡。將蒙古人的統治描述得極為漫長而嚴酷是傳統俄羅斯歷史學界的特點之一，並一直影響著人們對這一時期整個東歐歷史的理解。然而，進入二十世紀之後，俄羅斯歷史書寫中歐亞學派的支持者向這種關於蒙古統治的負面看法提出了挑戰，蒙古人在烏克蘭地區的歷史也為糾正傳統的「韃靼之軛」式批評提供了更多材料。在加利西亞和沃里尼亞王公治下的烏克蘭，蒙古人比在俄羅斯表現出更少的侵略性和壓迫性，並且統治的時間也較短，事實上在十四世紀中葉就結束了，這一差異將對兩個地區及其人民的命運產生深遠的影響。

蒙古在世界舞臺上的突然崛起始於今天蒙古境內的草原地區，時間是一二〇六年。在這一年，當地一個部落的首領和軍事指揮官鐵木真，將許多部落聯盟統一起來，獲得蒙古部落可汗的稱號，並在去世後被稱為成吉思汗。在成為蒙古最高統治者後的第一個十年裡，他大多數時候都在與中國作戰，並使之成為其迅速膨脹的大帝國吞併的第一片土地。他的下一個巨大的收穫是中國以西、位於絲路上的中亞，到了一二二〇年，布哈拉（Bukhara）、撒馬爾罕（Samarkand）和喀布爾（Kabul）都已落入蒙古人之手。接下來他們在一二二三年擊敗了波洛維茨人和窩瓦保加利亞人（以及部分羅斯王公）。此時蒙古人也侵入了克里米亞，並奪取了這裡的要塞蘇達克（Sudak），它是波洛維茨人地區的絲綢之路貿易重鎮之一。

在他於一二二七年去世之前，成吉思汗將國土分給了自己的兒子和孫子們。他的兩個孫子獲得了最西的部分，包括當時中亞和窩瓦河以東草原，兩人中的拔都可汗對這份遺產並不滿足，將其國土的邊界向更西推進，這次推進即是蒙古人對歐洲的入侵。一二三七年，蒙古人圍困並攻陷了弗拉基米爾—蘇茲達爾公國東部邊境上的梁贊（Riazan），公國都城弗拉基米爾在一二三八年二月初淪陷。弗拉基米爾的保衛者們在安德列·博戈柳布斯基修建的聖母安息大教堂進行最後的抵抗，於是蒙古人放火焚燒了教堂。抵抗格外堅決的城鎮都遭到屠城的下場，在堅持了幾個星期之後才陷落的科澤利斯克（Kozelsk）就是一例。羅斯王公們盡了他們的最大力量來阻擋蒙古人的攻勢，但由於各自為戰又缺乏組織，蒙古騎兵高度機動又協調一致，他們根本不是對手。

蒙古人在一二四〇年逼近基輔，他們的龐大軍隊令守軍膽寒。一位編年史作者寫道：「他（拔都）那些大車的吱呀聲、他那些多到數不清的駱駝的叫聲，加上他的馬群的嘶鳴，蓋過了一切聲響。敵人已遍布羅斯的土地。」基輔人拒絕投降，於是拔都用投石機摧毀了基輔的城牆；那是建於「智者」雅羅斯拉夫時代、用原木和石塊修築的城牆。市民們湧向聖母安息大教堂，那是弗洛基米爾為慶祝自己受洗而修建的第一座石質教堂，然而教堂的牆因避難者和他們的行李太重而倒塌，將他們活埋。聖索菲亞大教堂得以倖存，但同城裡其它教堂一樣，其珍貴的聖像和器皿被洗劫一空。勝利者在城中大掠，寥寥無幾的倖存者則滿心恐懼，藏身在基輔的廢墟中——這座輝煌一時的都城，曾令其統治者們夢想比肩君士坦丁堡。奉羅馬教宗依諾增爵四世（Innocent IV）之命，前往蒙古覲見大汗的使者若望·柏朗嘉賓（Giovanni da Pian del Carpine）在一二四六年二月經過基輔，對蒙古人攻打基輔地區造成的後果留下了以下描述：「在穿越這片土地時，我們看見死者留下數不清的骷髏和骸骨，遍布原野。」

基輔遭到蒙古人致命重創，在未來的幾個世紀裡都沒能恢復其昔日的地位和繁榮。然而基輔和佩列亞斯拉夫的居民們並未完全放棄這片土地，沒有像一些十九世紀俄羅斯學者主張的那樣，遷往窩瓦河和奧卡河地區的盆地。如果基輔居民不得不逃離草原邊緣地帶，他們也有足夠多的機會，能在離家鄉更近的普里皮亞季河和德斯納河沿岸的烏克蘭北部森林地區找到避難所。在普里皮亞季森林和喀爾巴阡山脈山麓丘陵一帶能發現最古老的烏克蘭方言並非偶然，因為這裡的森林、沼澤和山地阻擋了遊牧民族的攻擊。

基輔被蒙古人攻陷時，已不再是高居他人之上的統治者，而且自身也已落入外來者之手。主持基輔城防的指揮官名叫德米特羅（Dmytro），聽命於位於今烏克蘭西部的加利西亞—沃里尼亞公國君主丹尼洛（Danylo，或丹尼爾〔Daniel〕）。丹尼洛王公在此前一年藉由與基輔大公米哈伊洛（Mykhailo）的協商，將基輔這座羅斯都城納入他的保護之下。米哈伊洛一開始曾經嘗試抵抗蒙古人，卻丟掉了自己的主要據點切爾尼戈夫城，之後就失去了抵抗的意志而逃跑。

哈利奇的丹尼洛是羅斯政治世界中的一顆新星。與成吉思汗一樣，他在幼年就成為孤兒。一二〇五年他四歲時，他父親，即被編年史作者稱為「羅斯君王」的羅曼（Roman），在與波蘭人的戰鬥中身亡。此前數年，繼承了沃里尼亞公國的羅曼，也取得了鄰國加利西亞的控制權，成為基輔以西全部羅斯國土的統治者。丹尼洛和他的弟弟瓦西里科（Vasylko）繼承了父親的頭銜，卻沒能得到他的遺產，而這些土地成了敵對的羅斯王公、加利西亞的波雅爾們，還有波蘭人和匈牙利人爭奪的對象。直到一二三八年，也就是蒙古人開始進攻東北羅斯那一年，丹尼洛才重建了他對沃里尼亞和加利西亞的控制，並將他的沃伊沃達（voevoda），即軍事指揮官，派往基輔履職。

丹尼洛擔任君主和將領的能力，在蒙古人的入侵中經受住了考驗，更重要的是，這次入侵還展示了他作為外交家的能力。當蒙古將軍要求丹尼洛交出他的都城哈利奇時，他前往拔都可汗在窩瓦河上的都城薩萊（Sarai）。其他羅斯王公此前也這樣覲見可汗，目的在於向蒙古宣布效忠，並接受可汗的「雅爾力克」（yarlyk），即對他們自己公國的有條件的統治權。根據羅斯編年史作者的記載，可汗曾問丹尼洛：「你是否願飲黑奶？這是我們的酒，母馬的庫米思（kumis）。」「我從未飲過此酒，但若得可汗您的旨意，我便當飲之。」丹尼洛如此回答，向可汗展示了他的尊重和順從。編年史作者以這種隱喻的方式描述了丹尼洛的輸誠，和他躋身蒙古精英群體的過程。

對信基督教的羅斯王公向異教的蒙古可汗效忠的做法，編年史的作者不以為然，並記載了這些王公們在面對蒙古人時的三種行為模式。切爾尼戈夫王公米哈伊洛是第一種的案例，他的做法也最受編年史作者稱道：據記載，拔都要求他在一叢灌木前叩頭並放棄基督教信仰，而他拒絕了，並被可汗下令殺害。弗拉基米爾—蘇茲達爾王公雅羅斯拉夫（Yaroslav）代表了第二種模式——叛教者。據稱他同意向灌木叩頭，因此受到編年史作者的譴責。丹尼洛採取了第三種方式，對蒙古的統治既非完全拒絕，也不是完全服從；根據那位對丹尼洛懷有同情的編年史作者的看法，丹尼洛沒有向灌木下跪以玷汙自己的基督教信仰，但他選擇飲下馬奶酒，表示他願意承認可汗在俗世的權威。

真實的情況是，蒙古人從未要求羅斯王公們放棄他們的信仰，並且整體而言對東正教表現出了最大的寬容。然而編年史作者對這三種行為模式的區分，的確能反映羅斯王公之間在選擇抵抗或是與蒙古人合作時的真實差異。米哈伊洛王公的確被拔都下令殺害，因為他在一二三九年曾拒絕向蒙古人投降，甚至處死了可汗派去受降的使者。弗拉基米爾的雅羅斯拉夫恰恰相反，是第一個向蒙古人宣布效忠的羅斯王公，這令他取得了羅斯大公的頭銜，以及在基輔派駐軍事長官的權力。直到一二四六年死去之前，雅羅斯拉夫都對蒙古人保持著忠誠，他的兒子和繼承人亞歷山大·涅夫斯基（Aleksandr Nevsky）同樣如此。涅夫斯基因抵抗西方入侵者瑞典人和條頓騎士團，保衛了羅斯國土，在後來被俄羅斯東正教會封為聖人。丹尼洛則選擇了一條不同的道路：儘管他向拔都汗效忠，卻並未長期信守他的誓言。

丹尼洛承諾向蒙古人納貢，並參與蒙古人在本地區的軍事行動，因此從拔都手裡獲得了統治加利西亞和沃里尼亞的「雅爾力克」。尊蒙古為宗主國不僅使敵對的羅斯王公們無法覬覦他的領土，也使他免遭來自西方和北方鄰居的侵略。丹尼洛利用這種新政治環境的穩定，開始復興國土上的經濟。蒙古人在鄰近草原地區建起了前哨，實施直接統治，而加利西亞和沃里尼亞被破壞的程度小於烏克蘭其它地方，成為鄰近草原地區居民的避難目的地。如果羅斯的編年史作者們的記載可信的話，丹尼洛王公保護下的沃里尼亞和加利西亞城鎮的經濟機會，吸引了大量來自基輔一帶的難民。

丹尼洛將他的都城遷到新建的城市霍爾姆（Kholm，今波蘭境內的海烏姆〔Chełm〕），這裡距草原更遠，他熱切地想把這裡變成一個主要經濟中心；「丹尼洛王公發現上帝眷顧此地後，就開始招募定居者。他們中有日爾曼人和羅斯人，有其他部落成員，也有利亞赫人（Liakhs，波蘭人），」編年史作者寫道，「每一天都有人從韃靼人的地方逃離，來到這裡。有各行各業的年輕人和工匠——鞍匠、弓匠和箭匠、鐵匠、銅匠和銀匠。於是百業俱興，城市周圍的原野和村莊建滿人們的居所。」霍爾姆並非丹尼洛唯一投注精力的地方。他還建起其它新城市，其中包括這片地區未來的都城勒維夫，並加固了原有的城鎮。勒維夫以丹尼洛的兒子列夫（Lev）的名字命名，第一次出現在編年史中的時間是一二五六年。

在丹尼洛及其後繼者的統治下，加利西亞—沃里尼亞公國囊括了當時烏克蘭地區有人定居的土地中的大部分。加利西亞—沃里尼亞勃興的原因，起源於使基輔權力遭到削弱、並使週邊公國崛起的政治、經濟和文化過程。蒙古人的入侵促進了這一勃興；一些歷史學家認為：如果羅斯王公們關心其臣民的生活，那麼接受蒙古人就是他們所能採取的最佳政策；根據他們的論證，蒙古人的統治為這片地區帶來了穩定和貿易。誠然，基輔被摧毀了，在幾個世紀之後才能恢復元氣，然而，造成這種深遠後果的主要原因，是貿易通道從聶伯河向東轉移到了頓河和窩瓦河，向西轉移到了德涅斯特河，而非基輔被毀滅得多嚴重。

同樣，蒙古人對克里米亞的占領也遠非毀滅性的。與早期歷史學界的普遍觀點相反，將克里米亞韃靼人帶到這個半島上的並非蒙古人；突厥人（欽察人）對克里米亞半島的占領早在蒙古入侵之前就已開始，蒙古人只是促進了這個過程。蘇達克要塞在十三世紀二〇年代被蒙古人攻下，其地位逐漸被費奧多西亞（卡法〔Caffa〕）取代。費奧多西亞這座重要貿易的貿易中心，先是被威尼斯人控制，隨後又轉移到熱內亞人手上。克里米亞保持著這片地區商業樞紐的地位，將蒙古統治時期的歐亞大草原與地中海世界聯結起來。

在十三世紀下半葉的烏克蘭地區，蒙古人是一支強大然而時常缺席的力量，加利西亞—沃里尼亞的統治者毫不猶豫地利用了這種情況，開始尋求藉建立地方聯盟來脫離金帳汗國的統治。

在外交上，丹尼洛致力於與他西面的鄰居重建聯繫，結成能在將來反抗蒙古人時提供幫助的聯盟。一二四六年，在覲見拔都後的歸程中，他遇到羅馬教宗的使者若望・柏朗嘉賓（我們此前引用過他關於蒙古人摧毀基輔的描述），二人討論了在丹尼洛和教宗之間建立關係的問題。一回到加利西亞，丹尼洛就向當時的教宗駐地里昂派出了一名東正教教士，以達成直接的接觸。教宗依諾增爵四世（Innoncentius IV）希望羅斯王公們承認他為他們的最高宗教領袖，而丹尼洛則希望教宗站在他一邊，鞏固中歐天主教君主們對他反抗蒙古人的支持。

加利西亞王公和教宗在柏朗嘉賓的幫助下建立了聯繫，終於使依諾增爵四世在一二五三年發出詔書，要求中歐和巴爾幹地區的基督教君主們參加一次對蒙古人的聖戰。他還向丹尼洛派出使節，賜予他基督教國王的王冠。王公丹尼洛由此成為國王丹尼洛，是為羅斯國王（rex ruthenorum）。除了獲得教宗的支持，丹尼洛還同匈牙利國王最終結成同盟，對方同意將女兒嫁給丹尼洛的兒子，他的另一個兒子則迎娶了一位奧地利公爵的女兒。一二五三年，得到中歐提供幫助的保證後，丹尼洛有了勇氣，開始對蒙古人採取軍事行動，很快就奪取了蒙古人控制下的波多里亞和沃里尼亞。他選擇進攻的時機再好不過，因為金帳汗國的拔都可汗在一二五五年死去，其兩個繼承者統治的時間也都不到一年。

五年之後，蒙古人才派出一支新的軍隊回到加利西亞和沃里尼亞，打算恢復他們對這片土地的占領。此時丹尼洛急需來自西方的支持，但支持從未兌現：中歐君主們無視了教宗關於東征蒙古的詔書；由於匈牙利尚未從對捷克人的戰敗中恢復過來，姻親關係也幾乎沒有幫上什麼忙，丹尼洛必須獨自面對這支新的蒙古軍隊。率領大軍來到加利西亞—沃里尼亞的蒙古將軍是卜倫岱（Burundai），他勒令丹尼洛加入蒙古軍隊對立陶宛人和波蘭人作戰，由此摧毀了丹尼洛在這一地區建立起來的聯盟，還要求丹尼洛拆除他在城鎮周圍建起的城防，令他的公國暴露在來自草原的潛在攻擊之下。丹尼洛一一照辦，再次宣布成為蒙古人的臣屬。

為了那次在十三世紀五〇年代與羅馬教宗的結盟，丹尼洛付出的代價不僅是一次對蒙古的征戰，還有他與君士坦丁堡東正教會和羅斯東正教會的關係。一二〇四年第四次十字軍東征的參加者洗劫君士坦丁堡之後，東方和西方兩個基督教世界之間的對立就不再只是神學和管轄權的紛爭，而是變成了公開的敵意。由於君士坦丁堡派遣的都主教的存在，這種敵意在羅斯變得更加嚴重。丹尼洛最終設法平息了本地教會對他與羅馬結盟的反對聲音，但他無法消弭君士坦丁堡的反對。一二五一年，受丹尼洛支持的全羅斯都主教、前霍爾姆主教西瑞爾（Cyril）前往君士坦丁堡接受祝福。他被君士坦丁堡確認為都主教，然而條件是他不能以加利西亞為都主教駐地，因為人人皆知那裡的王公與教宗沆瀣一氣，本是加利西亞人的西瑞爾遂遷往弗拉基米爾—蘇茲達爾公國。

一二九九年，在西瑞爾的繼任者、希臘人馬克西穆斯（Maximus）擔任都主教期間，都主教駐地正式遷移。一三二五年，另一位被任命為都主教的加利西亞人彼得羅（Petro）又將駐地遷移到莫斯科，這將是莫斯科王公們崛起為東北羅斯（也就是近代俄羅斯的核心）領導者的重要原因。蒙古人在今天的俄羅斯領土上的統治比在羅斯其餘部分更嚴酷，也更漫長，這很容易理解，因為莫斯科周邊離金帳汗國可汗統治地區的腹地更近。蒙古人設立了羅斯大公這個職位，讓他幫助治理他們的土地並徵收貢賦，羅斯大公的位置最初歸於弗拉基米爾—蘇茲達爾王公，然而後來這一地區的兩個主要公國莫斯科和特維爾（Tver）也加入了競爭。經過漫長的爭奪，都主教駐地的「主人」莫斯科王公最終贏得這個位置，而更重要的是，也就此贏得了蒙古統治下的羅斯地區的管理權。

儘管都主教的駐地從基輔遷往弗拉基米爾再遷往莫斯科，其教區仍保留了「全羅斯都主教區」的名字。為了補償，君士坦丁堡在一三〇三年允許加利西亞人建立自己的都主教區。新的都主教區設於哈利奇納公國（Halychyn，拉丁語Galicia，即加利西亞）的都城哈利奇，被稱為小羅斯都主教區（Metropolitanate of Little Rus'），範圍包括一度受基輔都主教區管轄的十五個大主教教區中的六個，其中不僅有今烏克蘭境內的大主教區，還包括今白俄羅斯境內的圖羅夫（Turaŭ）大主教區。「小羅斯」這個概念從此誕生，一些學者認為希臘人將之理解為「內羅斯」或「近羅斯」。許多年以後，這個詞會成為烏克蘭民族身分論爭的焦點。進入二十世紀，「小羅斯人」這個稱呼，沾上了「全俄羅斯派」（all-Russian）或「親俄羅斯派」認同的色彩。

蒙古人對黑海大草原的入侵和在此地長期存在，使羅斯精英階層首次面對一個兩難抉擇：是選擇由草原遊牧民族和拜占庭基督教傳統共同代表的東方？還是選擇承認羅馬教宗神聖權威的中歐君主們代表的西方？在今天屬於烏克蘭的這片土地上，後基輔公國時代的精英們第一次發現自己身處歐洲最主要的政治和文化分界線，於是他們採取了一系列兩面平衡的舉動，這使他們事實上獨立於東西方的地位多保持了至少一個世紀。

歷史學家們通常將加利西亞—沃里尼亞公國，視為十七世紀中葉哥薩克國崛起前，烏克蘭土地上最後一個獨立國家，這個判斷有需要商榷之處。儘管加利西亞—沃里尼亞與金帳汗國的可汗之間常有分歧，偶爾也有戰爭，但直到它在十四世紀四〇年代走向終點之前，加利西亞—沃里尼亞一直是向金帳汗國納貢的臣屬；作為回報，可汗允許加利西亞—沃里尼亞在內部事務上擁有完全的獨立。在國際上，加利西亞—沃里尼亞自始至終得益於「蒙古治世」，而這一東歐國際秩序的削弱和最終崩潰，也加速了作為統一國家的加利西亞—沃里尼亞的隕落。

在今天看來，加利西亞—沃里尼亞解體的導火線只是一件微不足道的小事，然而它對於中世紀和早期近代的政治體卻極端重要，那就是統治家族的血脈斷絕，具體而言，就是加利西亞—沃里尼亞統治王公家族的斷絕。丹尼洛王公的兩個曾孫在一三二三年死去，一些歷史學家認為他們在與蒙古人的戰鬥中送了命，而在當時，這場戰鬥是錯誤的選擇。由於丹尼洛沒有其他男性後裔，兩位王公的外甥波蘭的馬索維亞（Mazovia）親王博萊斯瓦夫（Bolesław）接管了他們的公國。博萊斯瓦夫生為天主教徒，卻改宗了東正教，並將自己的名字改成尤里（Yurii）——對他而言，舉行一場儀式就能獲得政治利益顯然相當划算。然而這對當地羅斯貴族波雅爾們來說卻不夠，這位新統治者無視他們的利益，凡事聽從他從波蘭帶來的人的建議，令他們十分反感。一三四〇年，波雅爾們毒死了尤里—博萊斯瓦夫這位最後一位自稱全小羅斯公爵（dux totius Russiae Minoris）的君主。這導致了一場對加利西亞—沃里尼亞漫長的爭奪，並最終葬送了這個公國。在十五世紀上半葉，這個曾強盛一時的公國已經分為兩部分，加利西亞和西波多里亞歸於波蘭，而沃里尼亞則落入立陶宛大公國之手。

波蘭國王卡齊米日三世（Casimir III）是波蘭攫取加利西亞這場大戲中的主角。他在一三四〇年第一次嘗試奪取勒維夫——從十三世紀七〇年代開始的加利西亞都城。以加利西亞波雅爾德米特羅・德德科（Dmytro Dedko）為首的當地精英階層向蒙古人求援，並在後者的幫助下擊退了波蘭人的進攻。然而卡齊米日在一三四四年捲土重來，並奪取了這個公國的一部分土地。一三四九年，德德科死後，波蘭軍隊占領了勒維夫和加利西亞—沃里尼亞其餘地區；第二年，立陶宛軍和本地軍隊又將他們從沃里尼亞趕了出去，但波蘭人在加利西亞站穩了腳跟。十四世紀中葉，數以百計的波蘭貴族從波蘭王國的其它地方來到加利西亞，搜求土地，以為他們戰功的酬勞。在卡齊米日看來，附帶條件的土地所有權，能夠保證這些貴族階層不忘守衛這個新省份的職責。

直到十五世紀三〇年代，波蘭王國才完全吞併了加利西亞和西波多里亞的羅斯土地，將其變成羅斯（魯塞尼亞）和波多里亞諸省。大約在同一時期，為了回應對當地貴族（既有波蘭人也有烏克蘭人）的要求，王國向居住在這片土地上的貴族授予了無條件的土地所有權。加利西亞和波多里亞的一部分併入波蘭王國，而與之相關的最重要政治進展，是本地貴族獲得了與波蘭貴族一樣的政治權利，其中包括參加自治議會；在自治議會上，地方貴族們不僅可以討論本地事務，也可以討論國家和外交政策。他們還獲得了選舉代表進入王國議會的權利。此外，在十四世紀到十六世紀間，他們成為阻止草原部落入侵加利西亞—波多里亞邊疆的防禦力量，其地位變得愈發重要，他們也盡可能利用這種地位在波蘭宮廷中謀求利益。

加利西亞和西波多里亞被併入波蘭王國後，開始受到波蘭式貴族民主、日爾曼式城市自治和義大利文藝復興教育滋養的影響，然而一些烏克蘭歷史學家認為這種影響的代價過於高昂了，讓這一地區失去了半獨立的地位，也丟掉了波雅爾式上層貴族政治，即王公權力及其對本地政治的主導。文化上的波蘭化不僅影響了上層貴族階層，也影響了地方貴族。羅斯工匠加速從本地城鎮中流失，而東正教信仰也面臨來自羅馬天主教會的有力挑戰。

立陶宛大公國展現了另一種將烏克蘭土地合併入外來政治體的模式，大公國在與波蘭對手的激烈競爭中奪得沃里尼亞，還得到了基輔地區；與加利西亞—沃里尼亞不同，基輔直到十四世紀之前一直在某種程度上處於蒙古的直接統治下。較之波蘭模式，立陶宛模式更有利於本地精英政治影響力、社會地位及文化傳統的存續。

在其最著名的君主格迪米納斯（Gediminas）大公的統治下，立陶宛大公國在十四世紀上半葉出現在烏克蘭舞臺上。格迪米納斯是一位有能力的帝國建立者，也是立陶宛統治王朝的開創者。根據某些記載，十四世紀初期，格迪米納斯將他自己的一位王子任命為基輔王公。這似乎沒有立刻對這個公國的地位產生影響，然而隨著率領本地部眾的立陶宛王公們開始將韃靼人逐入草原深處，變化會逐漸顯現出來。決定性的一戰發生在一三六二年，這一年，在今烏克蘭中部的錫尼沃迪（Syni Vody）河畔，格迪米納斯之子阿爾吉爾達斯（Algirdas）率領立陶宛和羅斯軍隊，擊敗了金帳汗國在黑海大草原上的主要部落諾蓋韃靼人（Noghay Tartars），結果是立陶宛大公國的南部邊界得以向南推進到黑海海岸的德涅斯特河口。至此，立陶宛大公國不僅成為基輔羅斯的強大繼承者，也成為大部分烏克蘭土地的統治者。

立陶宛人將他們自己的格迪米納斯王朝的代理人派到羅斯，但格迪米納斯的後裔比十世紀快速本地化，速度快於他們的留里克先行者。立陶宛統治者們與當地羅斯家族通婚，樂於接受東正教和斯拉夫式的教名；羅斯在文化層面上的統治地位加速了立陶宛人的文化融入。直到十五世紀，立陶宛的精英階層還抱有異教信仰，如今卻受到拜占庭東正教權威的影響。羅斯書記語（Rus' chancery language）以十世紀末由基督教傳教士們傳播到基輔的教會斯拉夫語為基礎，如今成為立陶宛大公國官方通用的語言。大公國的法令在十六世紀被稱為《立陶宛法典》，也是以《羅斯正義》為本。除了王朝的連續性之外，立陶宛大公在各方面都成為基輔羅斯的事實繼承者，一些歷史學家曾將這個國家稱為為一個立陶宛—羅斯甚至羅斯—立陶宛政治體，而非單單只是一個立陶宛人國家。

波蘭王國和立陶宛大公國奪取了大部分烏克蘭土地後，造成了政治、社會和文化上的變化。在對羅斯精英階層和羅斯社會的接納和同化上，這兩個國家的政策差異極大；然而在兩個案例中，我們看到了一些相似的傾向出現，並且日漸增強，進而導致了諸羅斯公國自治權的喪失。到了十五世紀末期，羅斯公國將在這一地區的政治版圖上被徹底抹去，基輔羅斯自十世紀開始的王公時代也就此終結。

卷二　東方與西方的相遇

07

The Making of Ukraine

第七章　烏克蘭的誕生

隨著烏克蘭地區在十四世紀末被併入波蘭王國和立陶宛大公國，這兩個國家的政策及雙邊關係開始決定烏克蘭的政治、經濟和文化生活，兩國在十四世紀到十六世紀間達成的一系列協定對烏克蘭地區的將來尤為重要。

一三八五年，三十三歲的立陶宛大公約蓋拉（Jogaila，他自稱蒙神恩的「立陶宛人大公及羅斯領主」）在今屬白俄羅斯的小鎮卡列瓦（Kreva）簽署了一條敕令，這條敕令除了名義外，完全就是一份與十二歲的波蘭女王雅德維加（Jadwiga）派來的代表簽署的婚前協定。為了得到波蘭的王位，約蓋拉同意他本人和他的國家皈依天主教，並推動了波蘭王國和立陶宛大公國成為共主邦聯。一年後，約蓋拉被加冕為波蘭國王，又過了一年，即一三八七年，波蘭和立陶宛聯軍幫助波蘭奪回加利西亞，使它重歸波蘭王國。

在卡列瓦聯合之後，兩國又建立了一系列其它同盟，以強化聯繫，最終達成了一五六九年的盧布林聯合（Union of Lublin），波蘭—立陶宛聯邦由此誕生。波蘭王國和立陶宛大公國的邊界在聯邦內部重新劃定，將大部分烏克蘭土地歸於波蘭，白俄羅斯地區則留給了立陶宛。波蘭與立陶宛的聯合由此意味著烏克蘭與白俄羅斯的分離，從這個意義上講，怎麼強調盧布林聯合的重要性都不過分，它將成為近代烏克蘭版圖形成的開端，也讓本地精英得以開始思考烏克蘭的疆域範圍。

在立陶宛大公國的羅斯精英階層看來，與波蘭王國的聯合只會帶來麻煩，沒有任何好處，卡列瓦聯合的直接結果就是羅斯對立陶宛大公失去了影響，這位大公不僅離開了立陶宛，還成了天主教徒，並為他那些兄弟們樹立了先例——他的兄弟中本有一些人是東正教徒。東正教會主教們對在歐洲最後一片異教土地上，建立拜占庭基督教而非拉丁基督教的希望破滅了。

然而，對羅斯政治地位的真正挑戰發生在一四一三年，這一年的霍羅德沃聯合（Union of Horodło）被史學界視為一次王朝的結合，深化了原先只是波蘭王國和立陶宛大公國之間一次性共主邦聯的卡列瓦聯合。霍羅德沃聯合的簽署雙方分別是如今的波蘭國王約蓋拉，與他堂兄、立陶宛大公維陶塔斯（Vytautas），新的協議將許多波蘭貴族擁有的權利和特權延伸到立陶宛貴族身上，包括無條件的土地所有權在內，也有近五十個波蘭家族允許同樣數量的立陶宛家族使用他們的紋章。然而問題出現了：只有信奉天主教的立陶宛家族才被允許加入，立陶宛的東正教精英階層並未獲准擁有這些新的權利和特權，這是國家層面上第一次出現對羅斯精英階層的區別對待。因此，未能獲得新特權的東正教貴族們，就被排除在大公國中央政府的高級職位之外。雪上加霜的是，霍羅德沃聯合的始作俑者之一維陶塔斯大公，此前剛剛削弱了羅斯的自治權——他用自己指派的人替換了沃里尼亞王公和其它一些地區的統治者。

維陶塔斯在一四三〇年去世後不久，羅斯精英階層就有機會對自己地位受到的侵犯表達不滿。對立陶宛大公寶座繼承權的鬥爭演變為一場內戰，在鬥爭中，以沃里尼亞的波雅爾們為首的羅斯貴族，支持他們自己提出的候選人斯威特里蓋拉（Prince Švitrigaila）。他的對手西吉芒塔斯（Prince Žygimantas）王公在一四三四年作出回應，將霍羅德沃聯合保證的權利和特權延伸到大公國的東正教精英階層身上，將戰爭的局勢向對自己有利的方向扭轉。儘管沃里尼亞和基輔地區的羅斯王公及貴族們依然對西吉芒塔斯的意圖抱有疑慮，他們對斯威特里蓋拉的支持還是減弱了，使大公國局勢恢復了相對的平靜。立陶宛宮廷對羅斯地區和各羅斯公國自治權的限制從未間斷，而隨著宗教不再成為羅斯精英階層不滿的根源，這一限制有了更大的操作空間。

一四七〇年，立陶宛大公及波蘭國王卡齊米日四世（Casimir IV）廢除了王公時代的最後遺緒，也就是基輔公國本身。十年後，基輔王公們密謀殺害卡齊米日，並自行推舉他們挑選的繼承人；他們的計畫失敗了，導致主謀被捕，其餘密謀參與者則被迫逃離大公國。隨著他們的離開，恢復基輔羅斯王公傳統所代表的生活方式的最後希望，也就宣告破滅。到了十五、十六世紀之交，無論是在烏克蘭的政治版圖中，還是在其制度、社會及文化圖景中，幾乎都已經找不到兩個世紀之前的痕跡；加利西亞─沃里尼亞努力擺脫蒙古的宗主權後，原先成為一個本地區完全獨立的角色，此一光景再也不復見。儘管羅斯法律和羅斯語言仍占據主流，卻已經開始失去它們先前的主導地位；羅斯文化的核心再也無法與拉丁化影響和波蘭語相抗衡，在卡列瓦聯合之後，波蘭語就在立陶宛大公國中取得了最高地位。

在十六世紀，整個歐洲都發生了君權的膨脹、國家權力的集中和對政治及社會行為的約束；在此同時，這個趨勢則伴隨著貴族階層對君權加強的反對與日俱增，在波蘭─立陶宛聯邦內，這種反對來自立陶宛大公國的貴族，他們深深扎根於基輔羅斯和加利西亞─沃里尼亞的王公傳統中。然而到了十六世紀中葉，大公國只有在波蘭的幫助下才能與日漸嚴重的外部威脅抗衡，於是精英階層對君權膨脹的反對也日益無力。威脅來自東方，在十五世紀中，東方的莫斯科大公國已經成為一支新興的強大力量。

一四七六年，莫斯科大公伊凡三世（Ivan III，他是第一個自稱沙皇的莫斯科統治者）宣布從金帳汗國獨立，並拒絕向可汗納貢。他還發起了一場「統一羅斯國土」的運動，吞併了諾夫哥羅德、特維爾和維亞克塔（Viatka），並向從前蒙古占領區域之外的羅斯國土提出了領土主張，其中包括今天的烏克蘭。十五世紀晚期，新生的沙皇國與立陶宛大公國就基輔羅斯的傳承進行了漫長的爭奪，莫斯科處於進攻一方。到了十六世紀初，立陶宛的大公不得不承認沙皇對此前屬於立陶宛的兩塊領土（斯摩棱斯克〔Smolensk〕和切爾尼戈夫〔Chernihiv〕）的統治，這也是莫斯科第一次在今天烏克蘭的部分領土上獲得統治權。

莫斯科大公國的西進在十六世紀初受到立陶宛大公們的阻礙，但在十六世紀下半葉又重新開始。一五五八年，兼具魄力和領袖魅力，同時又古怪、殘忍，最終自取滅亡的莫斯科沙皇伊凡四世進攻了利伏尼亞（Livonia），引發了利伏尼亞戰爭（一五五八至一五八三）。利伏尼亞位於立陶宛大公國邊境，包括今天拉脫維亞和愛沙尼亞的部分領土。戰爭將持續四分之一個世紀，瑞典、丹麥、立陶宛都身陷其中，最後波蘭也參加進來。一五六三年，莫斯科沙皇國的軍隊越境進入立陶宛大公國，奪取了波拉茨克並襲擊了維捷布斯克（Vitsebsk，即維特布斯克〔Vitebsk〕）、什克洛烏（Shklo，即什克洛夫〔Shklov〕）和奧爾沙（Orsha，三者均在今白俄羅斯境內），這次戰敗激發了立陶宛下層貴族對立陶宛—波蘭聯盟的支持。

一五六八年十二月，身兼波蘭國王和立陶宛大公的西吉斯蒙德·奧古斯特（Sigismund Augustus），在盧布林召集了兩場議會（其一為波蘭王國議會，另一為立陶宛大公國議會），希望議會代表能夠討論出新的聯盟該如何組成。談判之初相當順利，雙方同意共同推選國王，選舉共同的議會（即國會），並給予立陶宛大公國更多自治權；然而，立陶宛的大貴族們拒絕歸還他們手中的王室土地，而這是波蘭貴族最主要的要求。立陶宛代表們收拾起他們的東西，召集起他們率領的貴族代表，離開了會議。這一舉動反而帶來了反效果：出乎離席的立陶宛人意料，波蘭議會在國王的批准下開始簽署法令，將立陶宛大公國的省份一個又一個地轉移到波蘭王國治下。

立陶宛大貴族們曾經恐懼他們的土地落入莫斯科沙皇國之手，現在卻眼睜睜看著這些地方將變成波蘭人的地盤。為了阻止他們強大的波蘭盟友的惡意接管，立陶宛人回到盧布林，希望能簽署波蘭代表所提出的協定，然而他們回來得太晚了，一五六九年三月，位於烏克蘭—白俄羅斯—波蘭族群邊界地區的帕得拉夏省（Podlachia）被劃給了波蘭，沃里尼亞在五月被劃走，六月六日，也就是波蘭—立陶宛談判重開的前一天，基輔地區和波多里亞地區也歸於波蘭。立陶宛貴族們只能接受新的現實：如果他們繼續抵制共主邦聯，將失去更多土地。十九世紀著名的波蘭藝術家揚・馬泰伊科（Jan Matejko）曾以其莊嚴的筆觸刻畫了盧布林議會的情景，畫中，聯合的主要反對者米卡洛尤斯・拉德維拉斯（Mikalojus Radvilas）在國王面前下跪，卻又抽出寶劍。

盧布林聯合創造了新的波蘭—立陶宛聯邦，這個國家擁有一位由全國貴族共同推舉的君主，和一個共同的議會，並將波蘭貴族享受的自由權利延伸到立陶宛大公國貴族身上。立陶宛大公國仍保有自己的政府機關、國庫、司法系統和軍隊。這個被稱為「兩國聯邦」（兩國即波蘭和立陶宛）的新國家是一個准封建制國家，由地理上得到擴大、政治上也得到強化的波蘭王國主導。位於烏克蘭的貴族領地並非一次性被波蘭合併，而是被逐個蠶食。這些被合併的領地，除了有關政府和法庭可以使用魯塞尼亞語（烏克蘭中部方言）以及東正教會權利將得到保護的承諾外，並沒有得到其它保證。

在盧布林議會上，烏克蘭地區由本地貴族代表，這些貴族包括王公和波雅爾們，與立陶宛的聯盟反對者的構成相同；但與立陶宛貴族們不同的是，烏克蘭代表們選擇了加入波蘭王國，同時要求他們的法律、語言和宗教得到保障。烏克蘭的精英階層，尤其是那些王公家族，為何要同意這樣一個協議呢？這個問題至關重要，因為決定現代烏克蘭與白俄羅斯之間分界線的行政劃分，將以波蘭與立陶宛之間的新邊界為基礎。

立陶宛大公國的烏克蘭省份，究竟是因其身分認同和生活方式與白俄羅斯省份不同而加入波蘭王國？還是，其實盧布林分界線才造成了兩個東斯拉夫民族之間的差異？我們沒有證據認為十六世紀中期的烏克蘭人和白俄羅斯人說著不同的語言。在今天的烏克蘭—白俄羅斯邊界地區，人們仍使用一種介於烏克蘭語和白俄羅斯語之間的方言，十六世紀時他們使用的可能就是這種方言，這令我們難以僅僅根據語言學標準劃出一條清晰的分界線。不過，基於故有羅斯土地分界線的盧布林邊界，似乎強化了長久以來一直在形成的差異。歷史上，基輔地區及加利西亞—沃里尼亞與北方的白俄羅斯地區有著很大的不同：從十世紀到十四世紀，基輔和加利西亞—沃里尼亞曾是獨立或半獨立公國的核心地區，到了十五世紀和十六世紀，烏克蘭地區在立陶宛大公國中處於邊緣位置，又面臨著來自開闊草原邊疆的威脅，這一切都使烏克蘭地區與立陶宛大公國其它地區變得不一樣。

與立陶宛貴族們不同，烏克蘭精英階層不認為保持大公國的事實獨立地位對他們有多少好處——在面對來自克里米亞韃靼人和諾蓋韃靼人日益增長的壓力時，立陶宛已顯得孱弱。波蘭王國可以在對莫斯科的戰爭中幫助立陶宛，但它不太可能在烏克蘭對抗韃靼人的低強度戰爭中伸出援手；但如果這些邊疆地區加入波蘭，則可能讓波蘭改變態度。無論如何，烏克蘭王公們同意了將他們的土地併入波蘭，我們也沒有證據認為他們曾經對此感到後悔；在波蘭的保護下，沃里尼亞各個王公家族的領地不僅沒有丟失，還獲得了急劇的增長。

康斯坦蒂·奧斯特羅斯基（Kostiantyn Ostrozky）在本地王公中毫無爭議地擁有最大的影響力，他選擇支持國王，進而決定了聯盟的命運。他不僅保住了他原有的弗洛基米爾（Volodymyr）城長官和基輔總督的位置，還擴大了自己的土地。到了十六世紀末，奧斯特羅斯基已經坐擁一個私人帝國，四十座城堡、一千個城鎮和一萬三千個村莊都歸這位王公所有。十七世紀初，他的兒子雅努什

（Janusz）擁有的金銀錢財足以支付整個聯邦兩年的預算；奧斯特羅斯基只憑一己之力就可以召集一支擁有二萬名步兵和騎兵的軍隊，其規模是國王在邊疆地區擁有的軍隊的十倍；在他一生中，奧斯特羅斯基還還多次成為波蘭和莫斯科沙皇國君位的候選人。在經濟上和政治上都依附於他的下層貴族，無力對抗這樣的一位顯貴，因此，奧斯特羅斯基繼續掌握著一個龐大的貴族網路，地方和聯邦議會中都有聽命於他的代理人。不僅本地貴族無法對他構成威脅，就連國王和議會也不敢挑戰這位羅斯無冕之王的權威。議會禁止王公們在戰時派出自己的軍隊，但韃靼人的攻擊長期威脅著草原邊疆地區，而聯邦常備軍沒有王公們的軍事力量支持就難以應對這種局面。

盧布林聯合之後，一些烏克蘭王公保住並增加了自己的財富和影響力；奧斯特羅斯基父子是這些人中最富有的，但並非獨一無二。另一個擁有巨大影響力的沃里尼亞王公家族是弗什涅維茨基（Vyshnevetskys）家族。米哈伊洛・弗什涅維茨基（Mykhailo Vyshnevetsky）在沃里尼亞的土地與奧斯特羅斯基相比微不足道，但他將之向聶伯河以東拓展：這些土地或者尚未開墾，或者在蒙古人統治期間被定居者拋棄，現在又暴露在諾蓋韃靼人和克里米亞韃靼人的攻擊之下；弗什涅維茨基家族向草原擴張，建起新的定居點，修築城鎮，資助修道院；很快，弗什涅維茨基家族在左岸烏克蘭（東烏克蘭）的土地就足以與奧斯特羅斯基家族在沃里尼亞的土地比肩，這兩個王公家族成為烏克蘭最大的地主。

沃里尼亞王公們是草原邊疆地帶墾殖的最大推動者，而盧布林聯合在這片地區造成的變化則是幫助他們墾殖的力量。波蘭王室組建了一支規模不大但十分機動的常備軍隊，財源來自王室領地的收益。這支軍隊幫助沃里尼亞抵禦了韃靼人，並推動了對草原地區的持續殖民。刺激人們對草原邊疆地帶進行墾殖的另一個因素，是這片地區被納入了波羅的海貿易圈：隨著歐洲市場上穀物需求的增長，烏克蘭逐漸開始贏得其「歐洲麵包籃」的未來聲名；希羅多德時代以來，烏克蘭穀物第一次出現在外國市場上。大批農民為了擺脫農奴身分，從鄰近政府中心的土地上逃離，湧入這片地區。他們的目的就在於遷入烏克蘭的草原邊疆地帶，因為這裡的王公貴族們正實施免稅的定居政策，允許新來者在相當長一段時間內不用服勞役，也不用交稅，作為交換，他們必須在這裡定居並開墾土地。

東進的移民潮為烏克蘭猶太人群體帶來了新的經濟和文化機遇。根據保守的估計，從十六世紀中葉到十七世紀中葉，烏克蘭猶太人的數量增長了超過十倍，從約四千人增加到五萬多人；他們組成新的社區，建起猶太會堂，並開辦學校。然而這種新的機遇並非沒有代價，它們讓烏克蘭猶太人身處農民和地主這兩個利益相互衝突的群體的夾縫之中。最開始，這兩個群體都是東正教徒，然而到了十七世紀中葉，隨著許多王公改宗天主教，以及波蘭貴族湧入這片地區，猶太人被夾在滿腔怨氣的東正教農奴和想要發財的天主教地主間，這種狀況是一顆滴答作響的定時炸彈。

與國王西吉斯蒙德・奧古斯特的期望相反，盧布林聯合並沒有成為反對派貴族們的約束，反而使得奧斯特羅斯基和其他烏克蘭王公的地位變得更加顯要。然而，這些人的故事裡並非只有集聚財富和土地：自加利西亞—沃里尼亞公國消亡以來，烏克蘭王公們第一次開始涉足文化和教育事業。這種文化覺醒在新的波蘭—立陶宛邊界兩邊同時發生，在王公們的政治野心刺激下愈演愈烈，並與這個時代的宗教矛盾直接相關。

在立陶宛大公國，拉德維拉斯家族成為將政治、宗教和文化結合起來的典範。作為盧布林聯合的最主要反對者，「紅人」米卡洛尤斯・拉德維拉斯也是波蘭和立陶宛的喀爾文派教徒領袖，還創辦了一所喀爾文派青年學校；在他的堂弟「黑人」米卡洛尤斯・拉德維拉斯（Mikalojus Radvilas the Black）資助下，第一版波蘭譯文的全本《聖經》在位於烏克蘭—白俄羅斯族群邊界的城鎮布列斯特（Brest）發行。十六世紀七〇年代，康斯坦蒂・奧斯特羅斯基在沃里尼亞城鎮奧斯特里赫（Ostrih）開始了他自己的出版事業，他在這裡聚集起一群學者，讓他們對照希臘文聖經和教會斯拉夫語《聖經》文本，對後者作出修訂，由此出版了有史以來最權威的一部由東正教學者修訂的《聖經》。這是一個真正的國際性工程，參與者不光來自立陶宛、波蘭，還來自希臘，而他們在工作中使用的《聖經》也來自羅馬和莫斯科等不同地方。奧斯特里赫《聖經》在一五八一年發行，首版印數約一千五百冊，現存約四百冊，今天的參觀者可以在哈佛大學的霍頓圖書館（Houghton Library）見到其中一冊。

教會斯拉夫語《聖經》譯本首先在奧斯特里赫出版，而不是君士坦丁堡和莫斯科，這代表著烏克蘭在東正教世界中的新崛起。奧斯特羅斯基沒有止步於《聖經》的出版，這位王公不僅繼續著他的出版事業，用教會斯拉夫語和大眾更容易接受的魯塞尼亞語印刷書籍，還藉由開辦東正教青年學校（與拉德維拉斯創辦的喀爾文派學校類似）進一步拓展自己的學術活動。他的雄心也並未就此滿足，有清晰的證據顯示，他曾探索過將牧首駐地從君士坦丁堡遷往奧斯特里赫的可能性；這個想法從未實現，但在十六世紀末，奧斯特里赫可能已經成為最重要的東正教研究中心。

羅斯的無冕之王奧斯特羅斯基，從歷史和宗教中尋找證據，為自己在本地區扮演的角色尋求正當性。在奧斯特里赫《聖經》的介紹文字中，以及在這位王公所邀集的學者作品中，奧斯特羅斯基被描述為弗洛基米爾「大帝」和「智者」雅羅斯拉夫所開創的宗教及教育事業的繼承者。「因為弗洛基米爾以洗禮啟蒙了這個民族，／而康斯坦蒂以文字興起了唯一的普世教會。」赫拉西姆・斯莫特里茨基（Herasym Smotrytsky）是一位著名的神學家，很可能也是上面這句詩的作者；他來自「波蘭羅斯」，即加利西亞和西波多里亞，那裡的魯塞尼亞（烏克蘭和白俄羅斯）貴族和居民受益於波蘭的文藝復興教育，遠較立陶宛大公國的同等階層為早。

奧斯特羅斯基所邀集或資助的知識分子群體相當國際化，而其中最出色的一些人具有波蘭背景。那些為奧斯特羅斯基作頌詞的波蘭貴族對他為東正教做出的貢獻不感興趣，卻竭盡所能為他塑造一個半獨立的統治者形象。如果說東正教知識分子將奧斯特羅斯基上溯到弗洛基米爾和雅羅斯拉夫，波蘭的頌詞作者則「構建」了他與哈利奇的丹尼洛（也就是奧斯特羅斯基的出生地沃里尼亞最有名的統治者）之間的歷史聯繫。服務於奧斯特羅斯基家族和他們的姻親紮斯拉夫斯基家族的波蘭人，為他們的金主開闢了一個新的歷史和政治空間，其範圍不由東正教會或是立陶宛大公國魯塞尼亞（烏克蘭和白俄羅斯）地區的既有邊界決定，這個空間就是「波蘭羅斯」，即波蘭王國內部的東正教地區。通過將盧布林聯合制造的邊界加於東正教羅斯的舊地圖之上，頌詞作者們創造出一個現實的歷史政治存在，它將在未來為近代烏克蘭民族的形成提供一份地理藍圖。

在藝術與文學領域之外，將盧布林分界線加於舊地圖上的工程，同時也仰賴實際地圖的繪製。一份由湯瑪斯．馬可夫斯基（Tomasz Makowski）在十六世紀九〇年代製作的地圖顯示了波蘭與立陶宛羅斯（用現代名詞來說就是烏克蘭和白俄羅斯）之間的新邊界，這張地圖名為「立陶宛大公國及毗鄰地區」，其中包括烏克蘭地區和一張聶伯河流域的插圖。學界認為康斯坦蒂．奧斯特羅斯基為這張地圖提供了烏克蘭地區的資料，本地名詞「烏克蘭」很可能經由這位王公或是他的家臣之手，才得以出現在這張地圖上。這個詞成為盧布林分界線以南部分地區的標注，指的是位於聶伯河右岸、北至基輔、南至卡尼夫（Kaniv）的區域。如果人們選擇相信製圖師，那麼卡尼夫以南就是蠻荒的草原，上面的標注為campi deserti citra Boristenem（意為「包律司忒涅斯河此岸的荒原」）。由此，「烏克蘭」覆蓋了這個區域中相當一部分草原邊疆。看上去它似乎是一個欣欣向榮的地方，上面點綴著許多此前的地圖上沒有的城堡和定居點。同一份地圖上這片地區還有另一個名字——Volynia ulterior（外沃里尼亞）。這個命名強調了新「烏克蘭」和奧斯特羅斯基家族故土老沃里尼亞之間的緊密聯繫。

盧布林聯合開闢了一個新的政治空間，為信仰東正教的王公家族的精英們所掌握和利用；聯合並沒有剝奪他們的地位和權力，反而將之放大。當王公的飽學家臣們創造出與主人的政治野心相關的內容，用以填充這個空間時，他們在歷史中尋找參照和先例，諸如弗洛基米爾「大帝」、「智者」雅羅斯拉夫，以及哈利奇的丹尼洛的事蹟。儘管對過去投注了大量的精力，他們創造出來的卻是一個新事物，它將在未來成為「烏克蘭」，這個名字在十六世紀王公權力復興期間初次在這一地區出現，而它與盧布林聯合所創造的新空間真正成為同一件事，還需要時間。

08

The Cossacks

第八章　哥薩克人

十五、十六世紀間，烏克蘭草原經歷了一場巨大的政治、經濟和文化轉型，基輔羅斯時代之後，邊疆拓殖線第一次停止向普里皮亞季沼澤和喀爾巴阡山脈方向後撤，開始向東和向南推進。語言學研究顯示，烏克蘭的兩大方言體系波利西亞（Polisian）方言和喀爾巴阡—沃里尼亞（Carpatho-Volhynian）方言從西方和北方開始融合，並向東向南移動，創造出第三個方言體系——草原方言。草原方言區域如今覆蓋了從西北部的日托米爾（Zhytomyr）和基輔到東部的札波羅結（Zaporizhia）、盧甘斯克（Luhansk）和頓內次克（Donetsk）等地區，並向東南延伸到今俄羅斯境內的克拉斯諾達爾（Krasnodar）和斯塔夫羅波爾（Stavropol）一帶，整體來說，這種方言的融合反映了人口的流動。

這種巨變的根源就在草原自身：金帳汗國（又被稱為欽察汗國）內部從十四世紀中葉開始的紛爭，導致汗國在十五世紀中葉解體。其繼承者克里米亞汗國、喀山（Kazan）汗國和阿斯特拉罕（Astrakhan）汗國無一能夠重新統一故土，其中一些甚至失去了獨立地位。一四四九年，克里米亞汗國在成吉思汗的一位後裔哈吉·德烏來特·格來（Haji Devlet Giray）的領導下，從金帳汗國獨立出來。哈吉·德烏來特建立的格來王朝一直延續到十八世紀，但其領土未能一直保持獨立，一四七八年，克里米亞汗國成為鄂圖曼帝國的臣屬。鄂圖曼帝國是一個由突厥人占主導地位的穆斯林國家，在十四、十五世紀間取代了拜占庭，成為地中海—黑海地區西部的主要強權；鄂圖曼人在一四五三年將伊斯坦堡（從前的君士坦丁堡）變成他們的首都，並在克里米亞港口城市卡法（今費奧多西亞〔Feodosiia〕）建立起他們的主要據點，實現了對克里米亞南部沿海地區的直接統治。格來王朝掌握著克里米亞山區以北的草原以及烏克蘭南部諸遊牧部落，而在十六世紀中，諾蓋汗國成為這些部落中最強大的一個。

鄂圖曼人出於安全考慮和商業利益來到這裡。他們最感興趣的是奴隸，奴隸貿易向來對這片地區十分重要，但在此時更占據了主導地位。鄂圖曼帝國的伊斯蘭法只允許非穆斯林成為奴隸，並鼓勵釋放奴隸，因此一直對無償的勞動力有著需求。諾蓋人和克里米亞韃靼人對這種需求作出了回應，將他們擄掠奴隸的範圍擴大到黑海大草原以北，甚至經常深入烏克蘭和莫斯科大公國，而不是止步於邊疆地區。奴隸貿易帶來的收益補充了諾蓋人的畜牧業經濟，以及克里米亞人的畜牧業及定居農業經濟，於是，收成不佳就意味著對北方更頻繁的襲擾，以及更多運回克里米亞的奴隸。

韃靼人前往定居地區擄掠奴隸使用的五條路線都經過烏克蘭，其中德涅斯特河以東的兩條經西波多里亞通往加利西亞，南布赫河對岸的兩條經西波多里亞和沃里尼亞再通往加利西亞，最後一條經過以哈爾基夫（Kharkiv）為中心、後來被稱為斯洛博達烏克蘭（Sloboda Ukraine）的地區，通往莫斯科大公國南部。穀物的需求是烏克蘭地區在十六世紀融入波羅的海貿易圈的原因，而烏克蘭與地中海貿易圈的聯繫，則在很大程度上基於韃靼人對奴隸的擄掠。烏克蘭人占黑海以北草原邊緣地帶人口的絕對多數，並為種植穀物深入草原，因此成為嚴重依賴奴隸的鄂圖曼帝國經濟體系最主要的目標和犧牲品，克里米亞東北的俄羅斯族則是僅次於烏克蘭人的目標。

立陶宛的米沙隆（Michalon the Lithuanian，即「邁克爾」〔Michael〕）是一位生活在十六世紀中葉的作者，他曾到訪克里米亞，並引用他與一名當地猶太人的對話對此地的奴隸貿易規模進行了描述：這名猶太人「看到我們的同胞常年不斷地作為俘虜被運到那裡，多到不可勝數，於是他問我們的土地上是否同樣人口繁盛，這麼多人到底從何而來。」據估計，在十六、十七世紀間被運到克里米亞奴隸市場的烏克蘭人和俄羅斯人的數量在一百五十萬到三百萬之間，這些奴隸的命運各不相同，大部分男性奴隸會被送到鄂圖曼帝國的大船上或是田地裡工作，而許多女奴則成為家中的僕役。勉強要說的話，也會有一些人比較「好運」，一些有天賦的年輕人在帝國政府裡謀得職位，但其中大多數都成了宦官，一些女子則被送入蘇丹和帝國高級官員們的後宮。

一名烏克蘭女子成為最強大的鄂圖曼蘇丹之一蘇萊曼大帝（Suleiman the Magnificent，一五二〇年至一五六六年在位）的妻子，在歷史上以羅克索拉娜（Roxolana）之名為人所知，她的兒子也成為了蘇丹，即塞利姆二世（Selim II）。被稱為許蕾姆蘇丹（Hürrem Sultan）的羅克索拉娜支持穆斯林社會的慈善事業，並出資興建了鄂圖曼建築中最有代表性的一些作品，距伊斯坦堡聖索菲亞大教堂不遠的許蕾姆蘇丹公共浴場（Haseki Hürrem Sultan Hamamı）就是其中之一，由鄂圖曼帝國最著名的建築師米瑪律·錫南（Mimar Sinan）設計。在過去的二百年間，羅克索拉娜成為烏克蘭和土耳其許多小說和電視劇的女主角，不過當然，她的一生和成就只是一個例外，而非常規。

韃靼人的襲擊和奴隸貿易在烏克蘭人的記憶中留下了深深的傷痕，奴隸的命運是無數「杜馬」（duma，一種用於演唱的烏克蘭史詩）的主題，這些「杜馬」哀悼俘虜的命運，描述他們如何逃脫克里米亞奴隸貿易，並頌揚解救和釋放奴隸的人。詩中的民間英雄被稱為哥薩克人，他們對韃靼人作戰，遠征大海對抗鄂圖曼人，並確實經常為奴隸們帶來自由。

哥薩克人是誰？答案取決於我們所討論的年代，可以確認的是第一批哥薩克人是遊牧者。「哥薩克」這個詞本身來源於突厥語，根據語境的不同可以指一名護衛、一名自由人或是一名強盜。第一批哥薩克人三者兼具，他們結成小規模的群體，居住在他們的定居點或部落營地之外的草原上，草原之外的哥薩克人以捕魚、狩獵和搶掠為生。草原上縱橫分布著許多商路，那些不帶足護衛就來到草原的商旅，則成為早期哥薩克人搶掠的對象。正是從一起這樣的商旅遇襲事件中，我們第一次知道了草原上哥薩克人的存在；這樣的故事來源並非東方或南方，而是來自北方立陶宛大公國境內的定居地區。

一四九二年，即克里斯多夫．哥倫布（Christopher Columbus）登陸被他稱為聖薩爾瓦多的加勒比海島那一年，也是斐迪南（Ferdinand）國王和伊莎貝拉（Isabella）女王簽署命令將猶太人從西班牙驅逐出去那一年，哥薩克人第一次出現在國際舞臺上。根據克里米亞可汗發給立陶宛大公亞歷山大的一封問罪函所述，來自基輔和切爾卡瑟（Cherkasy）的大公子民俘虜並掠奪了一艘韃靼人的船，地點可能是聶伯河下游。大公並未質疑這些人是否真是他的子民，也未質疑他們是否真的進行了一次草原式的攔路搶劫。他要求邊疆地區（此處他的用詞是「烏克蘭」）官員對可能參與這次襲擊的哥薩克人進行調查，並下令將襲擊者處死，將其財產（其中看來應包括那些偷來的貨物）轉交給可汗的代表。

就算亞歷山大的命令得到了執行，也並沒有產生長期的效果，第二年，克里米亞可汗再次指控切爾卡瑟的哥薩克人襲擊了一名莫斯科大公國的使節。一四九九年，哥薩克人出現在聶伯河口，洗劫了位於奧恰基夫（Ochakiv）的韃靼人要塞周邊地區。為了阻止哥薩克人從聶伯河順流而下直抵黑海的攻擊，可汗甚至考慮用鐵鍊將奧恰基夫附近的聶伯河封鎖起來。這個計畫似乎從未真正實施，或者從未對哥薩克人的活動造成影響，而可汗向大公爵發出的抱怨也沒起到什麼作用。

立陶宛大公國邊境地區的官員一面嘗試阻止哥薩克人的劫掠，一面又要利用他們來保護邊疆不受韃靼人的威脅。一五五三年，大公派王公米哈伊洛．弗什涅維茨基（切爾卡瑟和卡尼夫地方長官）前往聶伯險灘以南地區修建一座小型要塞，以阻止哥薩克人的出擊延伸到聶伯河更下游的地區，弗什涅維茨基則任命他的哥薩克僕從來完成這項這項任務。毫不意外，克里米亞可汗將這座哥薩克要塞視為對其國土的侵犯，四年後，可汗派出一支軍隊，打算將弗什涅維茨基從他的堡壘裡趕走。在民間文化中，弗什涅維茨基王公被視為第一位哥薩克「統領」（hetman，波蘭軍隊對其最高指揮官的稱呼）和對抗韃靼人與鄂圖曼人的無畏戰士，成為大受歡迎的英雄。

到了十六世紀中葉，基輔以南的地區已經遍布定居點，「而基輔一帶，上天垂顧，欣欣向榮，人丁也十分興旺，因為包律司忒尼斯河和它的支流兩岸到處都是人口繁盛的城鎮和村莊，」立陶宛的米沙隆寫道。他還對定居者的來歷作出解釋：「一些人或是為了逃離父輩的威權，或是為了逃離奴役、兵役，或是為了逃離犯罪（的處罰）、債務，或是其它什麼；還有一些人則是受到（此地的）誘惑而來，以春天為甚，因為這裡有更多的獵物和更廣闊的土地。另外，在此地的要塞中碰過運氣之後，他們就再也不願回去。」根據邁克爾的記述，哥薩克人以搶劫來補充他們從漁獵中獲得的收成，他曾寫到一些破敗骯髒的哥薩克棚屋裡卻「裝滿昂貴的絲綢、珍稀的寶石、黑貂皮和其它毛皮，還有香料。」他發現在這裡「絲綢比亞麻布更便宜，胡椒價格比鹽還低。」，這些精美和奢華的商品正是商人們從鄂圖曼帝國運往莫斯科大公國或波蘭王國的貨物。

儘管最早的哥薩克人居住在普里皮亞季河和聶伯河沿岸的城鎮中，到了十六世紀末期，卻湧入了許多本地農民。這種人口流入終結了哥薩克人的政治、族群和宗教身分的不確定——他們到底是克里米亞和諾蓋韃靼人，還是公爵和國王們的烏克蘭子民，還是一個雜糅各種民族和信仰的混合體？哥薩克人中的絕大多數是烏克蘭人，他們為了免於歷史學家們所謂的「二次農奴化」，離開了大小貴族們巨大的封地（即大莊園）來到這裡。如第七章所述，顯貴們和其他上層階級承諾有限期的免稅政策，以吸引人們到他們在烏克蘭邊疆新獲得的土地上定居，而這裡並不安全，一直受到韃靼人襲擊的威脅。政策到期之後，許多農民為了繼續避稅，向危險重重的草原更深處遷移，他們中不少人加入了哥薩克群體，其社會訴求也變得更加激進。

如上一章所述，在湯瑪斯·馬可夫斯基的地圖上，烏克蘭是聶伯河中游沿岸的草原邊疆。對烏克蘭進行墾殖是沃里尼亞王公和聶伯河哥薩克人的共同目標。一五五九年，康斯坦蒂·奧斯特羅斯基成為基輔總督，也就是廣大的聶伯烏克蘭地區的長官，他的管轄範圍一直延伸到卡尼夫和切爾卡瑟，管理哥薩克人也成為他的責任之一。對不斷發展的草原墾殖來說，哥薩克人對韃靼人和鄂圖曼人的劫掠式攻擊，既不可或缺，卻也帶來阻礙。奧斯特羅斯基首先作出了將哥薩克人納入軍事體系的努力，這種做法與其說是讓哥薩克人成為戰鬥力量，倒不如說是為了讓他們離開聶伯險灘以南地區，並對這群桀驁難馴的傢伙建立起某種控制。由於利伏尼亞戰爭，立陶宛大公國與莫斯科沙皇國的邊界上對兵員的需求日益增長，於是一些哥薩克部隊在十六世紀七〇年代建立起來，其中一支部隊擁有多達五百名戰士。

此前哥薩克人只是為邊疆官員服務的民兵，如今被重新組織為聽命於軍官的部隊，這開啟了哥薩克歷史上的一個新紀元。「在冊哥薩克」（registered Cossack）這個詞從此出現，被納入軍隊並進入「冊籍」的哥薩克人可以免交稅賦，並不受地方官員的管轄，此外還有軍餉可拿。自然，希望進入冊籍的人不在少數，但波蘭王室招募的人數有限，而且軍餉和各種優待也僅在現役時才有效。一些人一開始就未能入冊，或是在某次戰爭或戰役之後被註銷冊籍，他們拒絕放棄在冊身分，導致了哥薩克人與邊疆官員之間無休無止的爭吵。哥薩克人註冊制為政府解決了一個麻煩，卻帶來了另一個。

一五九〇年，波蘭—立陶宛聯邦議會批准創建一支一千人的在冊哥薩克部隊，以保護烏克蘭邊疆不受韃靼人攻擊，同時保護韃靼人不受不在冊的哥薩克人攻擊。雖然國王發布了必要的相關命令，卻沒有收到什麼效果，到了一五九一年，第一次哥薩克叛亂已經席捲了烏克蘭。在此之前，哥薩克人襲擾的還是鄂圖曼人的地盤，包括克里米亞汗國、摩爾達維亞公國（Moldavia，鄂圖曼帝國的附庸）和黑海海濱地區，現在他們卻將矛頭掉轉向內。哥薩克叛亂針對的並非國家，而是他們自己的「教父」，即沃里尼亞的王公們，尤其是雅努什·奧斯特羅斯基王公（波蘭語作奧斯特羅格斯基〔Ostrogski〕）和他的父親康斯坦蒂。雅努什是比拉采爾科瓦（Bila Tserkva）的地方長官，此地既是一座城堡，也是基輔以南的一個哥薩克要塞。康斯坦蒂則作為基輔總督「監督」其子的行動。奧斯特羅斯基父子完全掌握著這片地區的大權，並一心通過從下層貴族手中攫取土地以擴大自己的地盤，沒有任何本地貴族敢於挑戰這兩位強大的王公。

克里斯托夫·克辛斯基（Kryshtof Kosynsky）是被奧斯特羅斯基家族欺壓的貴族中的一位，同時也是一名哥薩克統領。當雅努什奪走克辛斯基經國王授權擁有的土地時，克辛斯基沒有把時間浪費在向國王申訴上，而是聚集起他的哥薩克部眾，襲擊了小奧斯特羅斯基的權力中心比拉采爾科瓦城堡。奧斯特羅斯基家族和沃里尼亞另一位王公亞歷山大·弗什涅維茨基（Oleksandr Vyshnevetsky）召集起一支私人軍隊，最終擊敗了克辛斯基，這些王公沒有向王室請求援助，自行鎮壓了叛亂。頗有諷刺意味的是，哥薩克人的「教父」們在懲罰自己的「孩子」時，卻借助了其他聽命於他們的哥薩克人的力量。奧斯特羅斯基手下最有名的哥薩克統領，無疑是塞維倫·納里瓦伊科（Severyn Nalyvaiko）。塞維倫領導奧斯特羅斯基部下的哥薩克人對克辛斯基的部隊作戰，又將流散在波多里亞草原的哥薩克人聚集起來，帶領他們盡可能遠離奧斯特羅斯基的產業。

然而，奧斯特羅斯基家族對哥薩克叛亂的控制和操縱終究有限，哥薩克人會選舉自己的統領，並跟隨他走上戰場，但只要征戰結束，而統領的所作所為有違他們的利益，他們也不憚於將他廢黜甚至處死。當時的哥薩克人內部極為紛雜，其中差別不僅只有在冊和不在冊而已。在冊的哥薩克人來自哥薩克人中的有產階級，其成員居住在基輔和切爾卡瑟之間的城鎮和定居點裡，他們有機會透過向王室效勞獲得特別的權利。然而另有一個哥薩克群體，即札波羅結哥薩克，其成員從前多為農民，他們在聶伯險灘以南的島嶼上修築了一個被稱為錫奇（Sich，得名自他們用來防禦的柵欄）的設防定居點，遠離王室官員的管束，對克里米亞韃靼人的襲擾大都由他們造成，而在動盪時期，札波羅結哥薩克就像一塊磁鐵一樣，吸引著心懷不滿而從草原逃離的鎮民和農民。

納里瓦伊科受奧斯特羅斯基的委派，管理哥薩克的烏合之眾（這些人大部分是逃亡的農民），並很快與桀驁難馴的札波羅結哥薩克人結成了不穩定的同盟。到了一五九六年，他已經自行其是，不再聽從奧斯特羅斯基的命令，並領導了一場新的叛亂，比克辛斯基叛亂規模更大。十六世紀九〇年代初的幾年歉收導致了災荒，更多農民在饑餓的驅使下逃離貴族的田產，加入哥薩克人的行列；這一次王公們的部眾已不足以鎮壓叛亂，於是他們召來了由波蘭軍隊指揮官率領的王室軍隊。一五九六年五月，波軍圍困了哥薩克人在聶伯左岸地區的營地。「老」哥薩克（即那些來自城鎮的哥薩克人）倒戈攻打「新」哥薩克，並將納里瓦伊科獻給波蘭人以求赦免。納里瓦伊科最終在華沙被處死，在哥薩克編年史作者和浪漫主義時期的詩人們眼中，這個曾為王公僕從的哥薩克叛黨是一位為哥薩克人和東正教事業獻身的烈士。歌頌過納里瓦伊科的詩人中包括孔德拉季・雷列耶夫（Kondratii Ryleev），他在一八二六年同樣因領導一場反抗威權的叛亂而被處死。

在十六世紀末，將哥薩克人納入對外政策考量的不僅有波蘭—立陶宛聯邦和鄂圖曼帝國，甚至也包括中歐和西歐的各種勢力。一五九三年，神聖羅馬帝國皇帝魯道爾夫二世（Rudolf II）的使節埃里希・馮・拉索塔（Erich von Lassota）拜訪了札波羅結哥薩克人，並提議他們加入他的君主對鄂圖曼人的戰爭。三年後，教宗的使節亞歷山德羅・科莫略（Alessandro Comuleo）也為類似的目的來到這裡。這些訪問沒有收到什麼成果，只留下了科莫略的書信和拉索塔的日記，兩人記述了札波羅結哥薩克人錫奇一帶的民主秩序，增加了我們對早期哥薩克歷史的了解。但此時哥薩克人已進入維也納和羅馬的視野，很快也將吸引來遠自巴黎和倫敦的目光，對莫斯科而言則將是一個重要威脅。

烏克蘭哥薩克人在十六世紀五〇年代開始為莫斯科沙皇伊凡四世效力，成為他們登上國際舞臺的開端。十七世紀的第一個十年，他們不請自來，出現在莫斯科，莫斯科沙皇國此刻正身陷一場被稱為「動盪之年」（Time of Troubles）的經濟、王朝和政治危機，一片混亂。危機開始於十六、十七世紀之交的一連串毀滅性饑荒，饑荒的部分原因則是今天被稱為「小冰河時期」的低溫氣候，它約從一三五〇年一直延續到一八五〇年，長達五百年，並在十七世紀初左右達到頂峰。這場危機在最不湊巧的時候襲擊了莫斯科沙皇國，因為此時莫斯科的留里克王朝君主已經絕嗣，眾多貴族集團正為新君主的正統性問題而爭鬥不休。直到一六一三年第一位羅曼諾夫王朝沙皇被推上莫斯科的君位，王朝危機才宣告結束。然而在危機結束前，許多候選人都試圖在政治上一試運氣，其中還有一些人自稱伊凡四世的在世親屬也試圖「僭奪」王位，因此為外國的干涉打開了大門。

在這段漫長的過渡期中，哥薩克人支持過兩個莫斯科君位的僭奪者——偽德米特里一世（False Dmitrii I）和偽德米特里二世（False Dmitrii II）。當波蘭王室大統領斯坦尼斯拉夫・茹烏凱夫斯基（Stanis aw ó kiewski）在一六一〇年向莫斯科進軍時，多達一萬名哥薩克人加入了他的軍隊。儘管三年後米哈伊爾・羅曼諾夫（Mikhail Romanov，延續到一九一七年革命的羅曼諾夫王朝的開創者）被推選為沙皇，哥薩克人並沒有停止他們對莫斯科事務的介入。一六一八年，一支二萬人的烏克蘭哥薩克軍與波蘭人合兵進軍莫斯科，並在部分參與了首都的圍城戰役；哥薩克人幫助波蘭王國獲得一份有利的停戰協定，協定的一條內容是將立陶宛大公國在十六世紀初輸掉的切爾尼戈夫地區劃歸波蘭，而到十七世紀中葉，切爾尼戈夫將成為哥薩克世界的重要部分。然而，與之前各種時候一樣，哥薩克人對波蘭國王的外交事務既是助力，也是障礙。在與莫斯科人的戰爭中，波蘭—立陶宛聯邦一直未能獲得其希望的來自鄂圖曼帝國的支持，其中一部分原因就在於哥薩克人持續不斷的海上行動和對鄂圖曼帝國海濱地區的攻擊。

一六〇六年，哥薩克人乘坐他們被稱為「海鷗」（chaiky）的長船順聶伯河而下進入黑海，攻打了鄂圖曼人在黑海西岸最堅固的堡壘之一瓦爾納（Varna），一六一四年他們洗劫了黑海西岸的特拉布宗（Trabzon），下一年更是進入了伊斯坦堡的金角灣（Golden Horn）並在城郊大掠，正如維京人在約七百五十年前所做的那樣。不過，維京人同時也與君士坦丁堡進行貿易，而哥薩克人的行動更類似從地中海到加勒比海的海盜們對沿海地區的襲擊。他們的目的在於搶劫和復仇，也在於解放在苦難中煎熬的奴隸（正如烏克蘭民歌所描述）。一六一六年，哥薩克人攻打了位於克里米亞海岸的主要奴隸貿易中心卡法，並釋放了那裡的所有俘虜。

看到哥薩克人對強大的鄂圖曼帝國的不斷攻擊，帝國的蘇丹、他的宮廷以及各國使節都感到震驚。基督教君主們終於嚴肅地將這些襲擊者視為其對鄂圖曼帝國的戰爭中的潛在同盟，法國駐伊斯坦堡大使、塞西伯爵菲利普·德阿爾萊（Philippe de Harlay of Césy）在一六二〇年給法國國王路易十三的信中寫道：「儘管哥薩克人力量弱小，但他們每一次從黑海上接近此地都能取得驚人的收穫。人們甚至傳言：儘管大君主（蘇丹）費盡力氣派出幾艘戰船前去迎敵，他們仍然需要用棍棒敲打，才能強迫土耳其士兵與哥薩克人戰鬥。」

在菲利普伯爵向他的國王通報鄂圖曼人無力控制哥薩克人海上攻勢的同時，十六歲的蘇丹鄂圖曼二世的顧問們卻在思索如何能兩面作戰——他們在陸地上要對付波蘭軍隊，在海上要應付哥薩克人。一六二〇年夏天，鄂圖曼帝國軍隊向今莫爾達瓦境內的普魯特河（Prut）進軍，攻擊波蘭—立陶宛聯邦，後者的軍隊中包括波蘭和烏克蘭大貴族們私人的哥薩克部隊。鄂圖曼人此舉表面上是為了懲罰波蘭—立陶宛聯邦沒有控制哥薩克人對鄂圖曼帝國的襲擊，其真實目的卻宏大得多——他們希望保護這一地區的鄂圖曼屬國不受波蘭—立陶宛聯邦日益增長的勢力影響。一六二〇年九月，在今天莫爾達瓦—羅馬尼亞邊界上的小鎮楚措拉（Tutora），戰鬥在人數約為一萬的波蘭軍隊與據估計兩倍於他們的土耳其人之間爆發了，戰鬥持續了二十天，以波蘭—立陶宛聯邦的慘敗告終。

由於波蘭—立陶宛聯邦沒有常備軍，這一場敗仗讓其宮廷和整個國家都陷入了恐慌，每個人都認為鄂圖曼人將繼續進軍波蘭，而鄂圖曼人也的確這樣做了。第二年，一支龐大得多的鄂圖曼軍隊（據估計有十二萬人）在蘇丹的親自率領下，穿過莫爾達瓦向波蘭—立陶宛聯邦進發。他們遭遇了一支約有四萬人的聯邦軍隊，其中半數為烏克蘭哥薩克人，由彼得羅・科那舍維奇—薩海達奇內（Petro Konashevych-Sahaidachny）率領，此人是一六一六年哥薩克人攻打卡法時的英雄，也是一六一八年他們進軍莫斯科時的指揮官。戰鬥在被鄂圖曼人圍困的要塞霍京（Khotyn）附近的德涅斯特河兩岸發生，持續了整整一個月。

霍京之戰結束時並未分出明顯的勝負，但這一未定結果在華沙卻被視為波蘭王國的勝利，波蘭人在自己的邊境上阻擋了鄂圖曼大軍，並簽下了一份不含割地條款的和約。每個人都清楚，沒有哥薩克人就不可能有這樣的結果，哥薩克人在歷史上第一次成為聯邦的寵兒（雖然並沒有持續很長時間）。在戰爭結束不久後出版的書籍上，彼得羅・科那舍維奇—薩海達奇內已被視為波蘭最偉大的戰士之一，他的紀念碑如今位於基輔的波迪爾區（Podil），就在以他的名字命名的街道盡頭。

有了在霍京之戰中的軍事成就，哥薩克人得以重新提出自己在聯邦中的政治和社會訴求。他們的主要要求是讓哥薩克軍官們獲得貴族地位（如果不能讓整支部隊都成為貴族的話）。彼得羅・科那舍維奇—薩海達奇內因在霍京之戰中受傷，於一六二二年在基輔去世，他去世時，基輔兄弟會學校教師凱西安・薩科維奇（Kasiian Sakovych）為這位哥薩克統領作了悼亡詩，很快得到基輔洞穴修道院的出版。凱西安在詩中稱頌哥薩克人為基輔羅斯時代攻打君士坦丁堡的基輔王公們的繼承人，據他看來，哥薩克人為「金色自由」而戰，也配得上這樣的自由——「金色自由」是一個隱語，所指正是聯邦貴族階層所享受的權利與自由。「所有人都為得到它而熱情奮鬥，」薩科維奇寫道，「然而它不能為每個人享有，唯有祖國和主公的保衛者才配得到它。騎士憑其在戰鬥中的勇氣獲取這一榮耀——他們付出的是鮮血而不是錢財。」將哥薩克人視為騎士讓他們離躋身貴族僅有一步之遙。

哥薩克人的社會訴求並沒有實現，他們進入聯邦議會（僅限貴族）參加國王推選的企圖在一六三二年被斷然拒絕。這一恥辱之前，他們剛剛在軍事上遭到一連串失利，當局在一六二五年和一六三〇年兩次鎮壓了哥薩克人的叛亂；霍京之戰時，他們有二萬名戰士，之後能列為在冊哥薩克人數先是被壓縮到六千，後來又改為八千；哥薩克人在一六三七年和一六三八年再度揭竿而起，卻又一次被王室軍隊擊敗，他們聲稱自己不僅為哥薩克的自由而戰，也為東正教信仰而戰，這一做法在最初為他們贏得了支持，但政府採取了容納東正教會的政策，讓哥薩克人與教會之間的紐帶愈來愈難以維繫。一六三〇年還有部分基輔教士支援哥薩克人，到了一六三七年和一六三八年，教會已對他們的訴求充耳不聞，這令哥薩克人深感自己遭到背叛。洞穴修道院出版的頌詞也不再為哥薩克統領們歌唱，轉而開始讚美曾對哥薩克人作戰的東正教貴族們。

一六三七年和一六三八年對哥薩克叛亂的鎮壓，令當局開始嘗試某種一勞永逸的解決辦法。他們的設想很簡單：哥薩克戰士們必須接受國王任命且信任的統領，也必須融入聯邦的法律和社會結構，才能獲得合法的身分。一六三八年的哥薩克法令充分滿足哥薩克上層軍官的要求——它將哥薩克視為一種獨立的階段，擁有特權和待遇，不限於在役期才能享有，其中包括將身分和地上財產傳給子孫的權利。政府透過限制其他群體中誰能成為哥薩克人，控制這個新出現的階層，尤其限制了那些在草原邊疆城鎮中與哥薩克們比鄰而居的城鎮居民。

不僅如此，波蘭當局還將在冊哥薩克人的數量壓縮到六千人（一六二五年的限額），並將他們置於波蘭軍隊最高指揮官王室大統領的管轄之下。哥薩克長官和六名哥薩克團長（colonel）都是波蘭貴族，而哥薩克人在哥薩克部隊中能得到的最高軍銜僅僅是上尉。六個哥薩克團必須輪流駐守在札波羅結的錫奇（聶伯險灘以南那座哥薩克叛軍堡壘）。為了阻止哥薩克人的海上軍事行動，並改善與鄂圖曼人的關係，當局還重建了聶伯險灘上端的可達克（Kodak）要塞，這座要塞最初建於一六三五年，但在後來被哥薩克人燒毀。被當局派去監督重建工程的是法國工程師紀堯姆·勒瓦瑟·德·博普朗（Guillaume Levasseur de Beauplan），他也在一六三九年繪製了第一張烏克蘭地圖，即波蘭—立陶宛聯邦的草原邊疆地區地圖，其中包括波多里亞、布拉茨拉夫（Bratslav）和基輔等省份。博普朗繪製了大量烏克蘭地圖，讓「烏克蘭」這個詞在一七世紀下半葉的歐洲製圖師群體中普及。

哥薩克人被平定，並在部分程度上得到接納，聶伯河不再是向黑海發動軍事攻擊的通道，札波羅結的錫奇也處於控制之下，這讓波蘭—立陶宛聯邦進入了被稱為「黃金和平」的十年。在這段時期，草原邊疆地區不斷得到墾殖，貴族們的地產和莊園也不斷擴大。為追逐此地迅速增長的經濟機遇，更多的富商、農民和充當中間人的猶太定居者來到這裡，為烏克蘭帶來了人口增長。人們將會發現，這一切只是暴風雨來臨之前的平靜，一次規模比從前大得多的哥薩克叛亂正在醞釀之中。

哥薩克人歷經了許多變化，他們曾經是在基輔南方草原上活動的漁民和獵人小群體，後來成為草原邊疆新土地的墾殖者；他們曾經是為王公們效力的私人武裝，後來作為一支獨立部隊的軍人而受到外國人的尊重；他們曾是難民和冒險者，後來成為一個聯繫嚴密的軍事組織，自視為一個獨特的社會階層，並不只向當局要求金錢，更要求對他們戰士身分的承認。只有設法回應哥薩克人提出的社會訴求，波蘭當局才有可能從哥薩克人的軍事力量和經濟潛力中獲益。接下來的事態發展會一再告訴我們：做到這一點並不容易。

09

Eastern Reformations

第九章　東方的變革

關於當代烏克蘭有許多刻板印象，其中之一就是將烏克蘭視為一個分裂的國家，認為它被東正教東方和天主教西方一分為二。山謬・杭亭頓（Samuel Huntington）銷量最大的作品《文明衝突與世界秩序的重建》（The Clash of Civilizations）中有一幅地圖，其中的東西方基督教文明分界線正好穿過烏克蘭，將這個國家的西部地區，包括加利西亞和沃里尼亞，劃入天主教一側，而烏克蘭其它部分則被歸於東正教地區。這張地圖的問題在於，如果你按圖索驥，你會發現這個國家裡被這條線歸為天主教一側的地方，幾乎沒有羅馬天主教的痕跡：沃里尼亞是一個東正教占絕對優勢的地區，而加利西亞雖然以天主教徒為多數，卻未占絕對多數；不僅如此，我們也很難將加利西亞的天主教堂和禮拜儀式與東正教的區別開來，因為大多數烏克蘭天主教徒也使用東正教的儀軌。

我們不應苛責製圖師，在烏克蘭這樣的國家，劃出一條清晰的分界線即便不是不可能，也是異常困難的。所有文化的邊界地區都是如此，但在烏克蘭，一個雜糅東西方基督教元素的混合型教會的存在，讓情況變得更加複雜。它起初被稱為聯合教會（Uniate），這個名字反映出其綜合各種元素的初衷；今天這個教會被稱為烏克蘭希臘天主教會（Ukrainian Greek Catholic Church，「希臘」一詞表示其使用拜占庭儀軌）或被簡稱為烏克蘭天主教會。它在體制上彌合了基督教世界最古老的鴻溝之一，並遠比其它彌合的嘗試來得成功。這個教會誕生於十六世紀晚期，正值西方政治和宗教模式向東推進、並逐漸適應東正教故土的時期；然而，這個過程中，也不斷出現本土社會的抵抗，提出更多的要求。對西方潮流的接受與抵抗在烏克蘭東正教信仰中得到體現，十七世紀上半葉，這一信仰系統為應對來自西方的挑戰，經歷了深刻的變革。

羅斯東正教會中的親西方運動開始於十六世紀九〇年代初，起因是基輔都主教區陷入的一場危機。教會擁有大量的田產，貴族階層也將教會職位視為子嗣的良好就業機會，這些職位的競逐者往往對宗教本身無甚興趣，卻熱中於教會的財富；因此，主教們和大修道院的掌院（archimandrite）們往往在教會的世俗金主的幫助下，從國王手中得到任命，甚至不需要發修道誓願。司鐸們只受過最基本的教育，連主教也往往如此，即使他們希望學習更多知識，也無門可入。與此同時，喀爾文派和天主教的學校和學院卻開始向東正教貴族的子嗣們敞開大門，耶穌會學校尤其如此，其中之一設於維爾紐斯，距白俄羅斯邊界不遠，很快將成為一所高等學院，另一所則建立於加利西亞的城鎮雅羅斯拉夫（Jarosław）。

與歐洲其它地方新教改革和天主教改革開始前的普遍形勢相比，基輔都主教區的情況並無太大不同。從許多方面來看，一切都還正常運行，但東正教會的精英階層開始嗅到危機的氣味。在耶穌會的學校和學院的幫助下，波蘭—立陶宛聯邦的天主教會此刻正忙於改造自身，這對尚在故步自封的東正教信仰暗暗構成一種挑戰。康斯坦蒂・奧斯特羅斯基王公周圍的圈子發起的出版和教育事業是對這種挑戰的最早回應，東正教兄弟會（烏克蘭各大城市中羅斯商人與匠人）對教會事務的局勢同樣關切，其中最富有也最富有影響力的勒維夫兄弟會對本地東正教主教的權威發出了挑戰，認為這名主教腐化不堪，是他們與占統治地位的天主教徒做交易時的一個不利因素。勒維夫市民在一五八六年成功擺脫了其主教的支配，他們沒有坐等主教行動，又在一五九一年開辦了自己的學校。

東正教會的主教們此時發現自己陷入了難局，在這個以天主教為主的聯邦中，他們的地位低於那些天主教主教，後者是上議院的成員，並擁有直達國王的管道（奧斯特羅斯基和其他王公們則認為他們才是教會的真正主宰。）兄弟會已經公開作亂，打破了主教對傳授教會規訓的壟斷，君士坦丁堡的牧首也沒有向他們施以援手，反而將亂黨們置於自己羽翼之下（這些亂黨知道如何打動這位急需資金的總主教）。然而，這個難局的一個解決辦法突然浮現：與羅馬聯合。東正教會高層共同接受的教會聯合設想，是基於一四三九年佛羅倫斯天主教會—東正教會會議所提出的一種模式；拜占庭帝國當時日薄西山，皇帝和牧首為使帝國能抵擋鄂圖曼人的進攻已不顧一切，羅馬教廷承諾提供幫助，條件是將兩個教會聯合在教宗權威的領導之下，拜占庭的統治者們同意了這個條件，讓他們的教會變成羅馬教廷的從屬，並以天主教教理代替東正教教理。特別需要注意的是，他們在最重要的「和子說」（filioque）問題上與天主教徒站到了一邊，承認聖靈不僅來自聖父，也來自聖子耶穌基督，不過，他們仍設法保留了牧師可以結婚的制度、希臘語和拜占庭儀軌。

一五九五年夏天，兩名東正教會主教帶著教會主教團寫給教宗的信件，踏上了前往羅馬的漫長旅程，信中請求教宗同意以與佛羅倫斯聯合近似的條件接納他們加入天主教會。羅馬的教宗克萊孟八世（Clement VIII）接見了這兩名客人，並在梵蒂岡的君士坦丁大廳舉行儀式，歡迎他們和他們的教會「回歸」。兩名主教帶著教宗的詔書和許多致國王的諭令返回，準備召集一次教會會議，宣布達成聯合，並將基輔都主教區轉歸羅馬教廷的統轄。國王非常樂意地安排了會議的時間和地點：一五九六年十月，布列斯特（Brest，位於今波蘭—烏克蘭—白俄羅斯交界處）。

看上去這是一筆已經敲定的合作——教宗、國王和主教們都希望合併；問題出在信徒們身上，更準確地說，出在教會的利害關係人上，這些人中有王公奧斯特羅斯基及和他一樣信奉東正教的大貴族，有工商業兄弟會的成員們，還有修道院的僧侶，以及教區神職人員中的很大一部分。大貴族不想失去對教會的控制，因為在宗教改革的年代，那是一筆寶貴的、不容忽視的政治和宗教資產；兄弟會希望改革從下層開始，不願看到主教們的權力膨脹；一些修道院的掌院，也就是那些不曾發過修道誓願的修道院管理者，希望繼續掌握教會的田產；而一部分僧侶、教士和普通信徒則無法接受拋棄君士坦丁堡牧首、從而背叛神聖的東正教會的行為；改革派和保守派、虔信徒和投機者結成了一個無序卻又強大的同盟，讓羅馬、華沙和東正教會高層的計畫可能受阻。

康斯坦蒂．奧斯特羅斯基王公，也就是烏克蘭最有權勢的人，決心阻止這次教會合併。從主教們的計畫來看，合併將讓教會脫離奧斯特羅斯基的控制，除此之外，還會削弱他以東正教為武器與王室抗衡的能力，讓他難以再藉宗教保住魯塞尼亞王公們在聯邦社會中的特殊地位。奧斯特羅斯基肯定也感受到了對他個人的背叛，兩名前往羅馬請求合併的主教中，有一名是他的老朋友伊帕季．珀提（Ipatii Potii），奧斯特羅斯基曾說服他放棄政治生涯成為一名主教，以實現改革教會的目標；珀提向奧斯特羅斯基表示：他支持教會合併，條件是得到君士坦丁堡牧首的批准。珀提很清楚君士坦丁堡不可能同意，選擇了不管君士坦丁堡逕自合併。和珀提一同前往羅馬的是基里爾．捷爾列茨基（Kyryl Terletsky）主教，基里爾不僅是一位督主教（君士坦丁堡牧首的個人代表，負有在本地區維護牧首利益的責任），還是沃里尼亞主教區的主教，而沃里尼亞主教區正是奧斯特羅斯基的大本營。

深感震驚的年邁王公曾派出配備武裝的部下攔截兩位前往羅馬的主教，然而他們逃脫了，毫髮無傷，於是奧斯特羅斯基帶領一支由東正教貴族和僕從組成的支持者部隊，前往布列斯特參加教會會議。他也獲得了其新教盟友立陶宛貴族們的支持。由於國王下令關閉了鎮上的東正教堂，這些立陶宛貴族中的一位主動把自己的宅邸獻出來作為會場，國王的代表們同樣帶著自己的武裝部屬來到布列斯特；在如此緊張的氣氛中，尚未發生的教會合併不僅可能告吹，甚至會造成流血衝突。

史稱「布列斯特會議」的那個事件實際上從未發生，因為它變成了兩場會議——一個天主教會議和一個東正教會議。天主教會議的參加者宣布聯合成立，他們中有東正教會的都主教和大部分主教。東正教會議由君士坦丁堡牧首的一名代表主持，參加者包括兩名東正教會主教和許多修道院掌院及教區教士代表，他們拒絕加入聯合，並發誓繼續忠於君士坦丁堡牧首。基輔都主教區由此分裂，其中一部分宣布倒向羅馬。這次分裂有著清晰的地理向度：包括勒維夫和普熱梅希爾在內的加利西亞留在了東正教會內，而沃里尼亞和白俄羅斯的各主教區則支持新的聯合教會。不過，這樣籠統的描述遠不足以反映現實情況的複雜：宗教忠誠往往導致家族的分裂，而各個教區和修道院也不止一次改變陣營。

布列斯特聯合遭到了強烈的反對，但國王仍舊堅持。他只承認兩場布列斯特會議中的一場，即支持合併的那一場，並由此認定聯合教會為他的國家中唯一合法的東方基督教會。兩名主教、數十座修道院、上千座教堂和數十萬甚至上百萬東正教信徒如今被認定為違法。東正教貴族們將官司打到了地方和聯邦議會，宣稱王室當局是在對貴族受到保障的宗教自由發動攻擊。事實也的確如此。早在十六世紀七〇年代，西吉斯蒙德．奧古斯特死後不久，信仰新教的貴族就將宗教自由變成了每個獲選的波蘭國王都需要宣誓服從的「條款」裡的核心原則。

此時新教貴族們向他們的東正教同儕提供了支持，幫助他們將議會變成了宗教戰場，在每一次聯邦議會上都提出「接納奉希臘儀軌的羅斯民族」的議題。然而直到國王西吉斯蒙德三世（Sigismund III）在一六三二年去世前，他們都沒能造成任何實質性的改變。在超過三十年的時間裡，東正教會都以一種沒有官方身分也不被承認的狀態存在。由於新主教的聖職任命必須得到國王的批准，聯合教會希望坐等東正教會中反對合併的主教全部死去，變成一個沒有主教的教會。東正教會全靠違背國王和王室當局的命令才倖存下來。王室的權力沒有因布列斯特聯合而增強，反而遭到削弱。正如之前的盧布林聯合一樣，教會的合併造成了其始作俑者意料之外的後果。

支持和反對教會合併的鬥爭沒有被局限在議會之內，而是借出版業之手進入了廣大得多的公共領域。各種論文、聲明、檄文和抗辯一一湧現，這些文章在今天被統統歸於「論爭文學」的範疇。起初雙方都沒有足夠的能力從事嚴肅的宗教論辯，全靠各自的波蘭支持者的幫助。彼得・斯卡加（Piotr Skarga）是一名出席了布列斯特會議的耶穌會士，也是那些拿起筆對教會合併表示支持的人之一；奧斯特羅斯基則請他的一名頗具才華的新教代理人作出反擊，從那時開始，新教徒們就常用筆名寫作，他們的筆名通常來自希臘，以強調他們維護東正教的立場和他們文字的權威性。也因此，大部分早期論爭文章都用波蘭文寫就；直到論爭後期，他們仍然繼續使用波蘭文，而本地作者則開始用魯塞尼亞語寫作。

隨著時間的推移，聯合教會和東正教會都開始使用與自己同樣背景的作者，與對手論辯宗教政策、教會歷史和神學等方面的議題。在東正教會方面，一位名叫梅列季・斯莫特里茨基（Meletii Smotrytsky）的作者表現尤為突出，他是奧斯特里赫《聖經》編者赫拉辛・斯莫特里茨基（Herasym Smotrytsky）的兒子；梅列季多才多藝，史上第一本教會斯拉夫語語法著作即是他的作品，在接下來的兩個世紀中都被奉為標準參考書。從出版物的數量來看，東正教會比聯合教會表現更加活躍，這也許是因為他們缺少其它保衛自己事業的管道，也得不到宮廷的支持。

在布列斯特聯合與哥薩克階層興起的推動下，烏克蘭的兩條主要邊界都開始向南和向東移動：基督教—伊斯蘭教邊界和東西方的邊界。這一推移過程為烏克蘭的經濟、社會和文化生活帶來許多重大變化，其中最有標誌性的變化，就是基輔城自十三世紀中葉蒙古入侵以來，第一次重新奪回烏克蘭歷史中心的地位：從君士坦丁堡到莫斯科的東正教會，為了應對歐洲宗教改革和反宗教改革展開了一系列努力，並在這個過程中改革自身，史稱東正教改革，而在十七世紀上半葉，基輔這座歷史悠久的城市將成為東正教改革的重鎮；所謂的東正教改革，指的是從君士坦丁堡到莫斯科，東正教會既為了趕上歐洲的改革與反改革風潮，同時也為了改造自身，而推動的一系列改革。

基輔作為宗教和文化中心的復興始於十七世紀早期，此時這座古城已經成為加利西亞東正教知識分子的避難所。在西烏克蘭，來自華沙、迫使東正教與羅馬教廷合併的壓力與日俱增，而基輔的環境對他們的宗教和教育事業更為有利。基輔能轉變成東正教中心的關鍵，在於東正教會頂住布列斯特聯合的壓力，仍保有對基輔洞穴修道院的控制權，而這座修道院是烏克蘭和白俄羅斯最富有的機構，遠遠超出其餘。一六一五年，洞穴修道院掌院葉利謝・普列捷涅茨基（Yelisei Pletenetsky）將一度由勒維夫東正教主教掌握的印刷所遷到基輔。從勒維夫和加利西亞遷來的不止是印刷所，還有作者、校勘者和印刷工，他們在普列捷涅茨基的引導和庇護下創造了一個新的學術中心。同年，一個東正教兄弟會在基輔成立，並像勒維夫兄弟會一樣開辦了自己的學校；這所學校將在後來成為一所西式學院，而在普列捷涅茨基於一六二四年去世前，洞穴修道院的印刷所也已經出版了十一部書籍。此時基輔已經取代了奧斯特里赫和維爾紐斯的位置，成為東正教出版活動的大本營。

從十六世紀晚期開始，基輔以南的地區實質上已成為哥薩克人的保留地，這一事實也幫助了基輔崛起為與波蘭天主教權威相頡頏的宗教、教育和文化重鎮。哥薩克人在兩個主要方面為基輔的文藝復興作出了貢獻：第一，他們的存在極大地壓制了來自韃靼人的威脅，讓宗教異議者們在這座城市中的生活和工作變得更加安全，也讓僧侶們和在洞穴修道院田產上耕作的佃農們安心生產，為出版和教育事業提供資金支持。第二，在基輔僧侶面對華沙政府與日俱增的壓力時，哥薩克人為這些從加利西亞來的東正教避難者提供了他們需要的保護。一六一〇年，哥薩克人的統領寫下親筆承諾：他們將殺死一名聯合教會派往基輔督促本地東正教會改宗的代表；八年後，哥薩克人履行了他的諾言，將這個人淹死在聶伯河裡。「別的民族用長篇大論來爭取的事，哥薩克人用行動來完成。」東正教知識分子、也是哥薩克人這段時間來的辯護者梅列季・斯莫特里茨基（Iov Boretsky）這樣寫道。

由於國王拒絕授予任何主教聖職，東正教會一度陷入缺少主教的境地，似乎不可避免地走向消亡，為了避免這種情況，新的東正教主教團獲得聖職至為重要，而哥薩克人在這個過程中起到了關鍵的作用。一六二〇年秋天，最著名也最為人敬仰的哥薩克領袖彼得羅・科那舍維奇—薩海達奇內（Petro Konashevych-Sahaidachny）說服了在旅途中經過烏克蘭的耶路撒冷牧首塞奧法尼斯（Theophanes），讓他為新的主教團授予聖職。這次聖職授予不僅讓東正教基輔都主教區重獲新生，也讓基輔成為一座宗教之都；這一切的發生幾乎是自然而然的，國王不承認新的都主教約夫・博列茨基（Yov Boretsky），並發布命令要逮捕他和新主教團的其他成員。這令博列茨基無法繼續留在維爾紐斯附近的新格魯多克（Navahrudak，十四世紀以來東正教會基輔都主教的駐地），他別無選擇，只能前往由哥薩克人控制的聶伯河地區中心基輔。如今東正教會在哥薩克人中擁有了自己的軍隊，而哥薩克人也得到東正教思想家和印刷所的助力，可以宣傳他們的社會和政治訴求。

哥薩克人與東正教會的聯合在一六三二年秋天尤為令華沙頭痛，這一年莫斯科人的軍隊進入波蘭—立陶宛聯邦邊界，企圖重奪斯摩棱斯克和他們在「動盪之年」中丟掉的其它土地。聯邦在邊界地區幾乎沒有部署軍隊，被打了個措手不及；此時的情況與一六二〇年頗為相似，當時是薩海達奇內在霍京之戰中挽救了這個國家。更糟的是，西吉斯蒙德三世在春天死去，聯邦此時正忙於一場曠日持久的國王推選。這位推動了布列斯特聯合的國王的去世，對聯邦上層而言是一個麻煩，卻也帶來了一個機遇：他們從此可以探索解決宗教危機的新道路。布列斯特聯合沒能緩和宗教分歧，反而令羅斯社會陷於分裂，並讓其中很大一部分人站在了當局的對立面。

華沙方面制定的解決方案被稱為《宗希臘禮的魯塞尼亞民族接納方案》（*Accommodation of the Ruthenian Nation of Greek Worship*），東正教會將被承認為一個合法實體，享受與聯合教會同等的權利和待遇。這個方案在有東正教貴族代表出席的聯邦議會中討論產生，得到尚未登基的國王瓦迪斯拉夫四世（Władysław IV）的首肯，也達到了一定的政治目標：就短程而言，這項協議使得東正教會忠於聯邦，也確保了哥薩克人加入斯摩棱斯克戰爭，與聯邦軍隊共同作戰。此外，王室當局對東正教會的承認還在教會高層與哥薩克人之間製造了一道裂痕：教會的生存不再需要哥薩克人的保護，從此開始倒向華沙。

在協議推動者們看來，東正教會與王室當局的和解，意味著必須成立一個新的神職領導層。為了增強「與華沙媾和」一派的力量，議會的東正教參與者推選了一位新的都主教彼得・莫希拉（Peter Mohyla），而莫希拉甫一抵達基輔，就逮捕了他的前任，並將其送進基輔洞穴修道院的牢房。身為一名前波蘭軍官和洞穴修道院前掌院，這位新東正教會領袖很清楚自己在做什麼。他曾與斯莫特里茨基和博列茨基相熟，在自己的教會裡不需要依賴哥薩克人或是受哥薩克保護的人；他還擁有王室當局無保留的支持，因為他畢竟出身於一個統治家族。

彼得・莫希拉沒有王室血統，但他是摩爾達維亞公國東正教統治者（即「領主」，hospodar）的兒子，因此無疑屬於聯邦的貴族階層。頌揚莫希拉的人們將他視為羅斯的新領袖；奧斯特羅斯基等王公，以及薩海達奇內等哥薩克人，曾被東正教知識分子歌頌為基輔王公弗洛基米爾大帝和「智者」雅羅斯拉夫的傳承者，如今莫希拉卻取代了他們的地位。「你是否記得羅斯曾多麼光榮？有多少偉大的君主？」莫希拉的一位頌揚者以聖索菲亞大教堂（「智者」雅羅斯拉夫的建築遺產，莫希拉將之重建）的口吻寫道，「如今他們已經凋零。羅斯需要您的出現。」

莫希拉抱著極大的熱忱，將恢復羅斯時代的教堂視為己任，重建了其中相當一部分。然而在十七世紀中葉，「重建」這個詞與今天的含義相去甚遠。正如聖索菲亞大教堂的外觀所顯示，莫希拉和他的建築師們從來無意恢復這座教堂的拜占庭式面貌，他們「重建」教堂時採用的新樣式來自西方，受到歐洲巴洛克風格的影響。莫希拉擔任都主教時期各種作為，根本上是有各種不同文化風格和潮流的融合，而我們今天所見的聖索菲亞大教堂正是這種融合的範本。儘管教堂內部仍用拜占庭式的壁畫裝點，從外觀上看它卻是一座巴洛克式教堂。

拜占庭傳統的西方化，還有東正教會對宗教改革和反宗教改革運動挑戰的適應，是莫希拉的宗教和教育創新的兩大驅動力。就建築的例子而論，莫希拉採用的風格並不僅僅是「西方的」，同時還是「天主教的」。聯合教會和東正教會之間相互競爭，努力嘗試在追趕天主教革新運動的同時，不放棄自己的拜占庭傳統。聯合教會可以將他們的學生送到羅馬以及中歐和西歐的耶穌會學校，東正教會卻無此優遇。為應對這種挑戰，莫希拉在基輔建立了第一所東正教學院，並改編耶穌會學院的課程為己所用，這所一六三二年建立的學院合併了基輔兄弟會學校和洞穴修道院學校，後來被稱為基輔莫希拉高等學院，如今是烏克蘭最優秀的大學之一，與十七世紀時一樣，它也是烏克蘭最西方化的大學。

莫希拉鞏固了基輔作為聯邦東正教地區及其它地區的一流出版業中心的地位，十七世紀四〇年代在基輔出版的書籍的傳播範圍遠遠超出烏克蘭。其中，《聖禮儀軌》（*Liturgicon*）是第一本對東正教儀式進行系統化的著作，另一本題為《正教信條》（*Confession of the Orthodox Faith*）的作品則在史上第一次對東正教信仰的基本問題進行了全面討論，以問答體對二百六十個問題作出解釋，這本書在一六四〇年左右寫就，在一六四三年的一次東正教牧首會議上獲得通過，於一六四五年在基輔出版。這部深受天主教風格影響的《信條》成為對君士坦丁堡牧首西瑞爾·盧卡里斯（Cyril Lucaris）一六三三年那部新教傾向的問答體作品的回應，東正教牧首們的認可令《信條》成為包括莫斯科沙皇國在內整個東正教世界的權威著作。

莫希拉所開創的教育和出版事業，最主要的目標在於革新基輔東正教會，這位都主教致力於加強教會中主教的權力、強化神職人員紀律，並改善與王室當局的關係，而一個教育良好的教士階層、一個概念清晰的信條系統和一套標準化的聖禮實踐，都與他的這些努力息息相關；所有這些舉措都是對整個歐洲宗教生活信條化（confessionalization）浪潮中的標誌性事件（亦即宗教改革和反宗教改革）作出的應對。「信條化」這個詞有多重含義。在十六世紀，天主教和新教兩派的所有教會，都忙於信條規範化、教士教育、紀律強化和聖禮儀式標準化，並通過與世俗權威的合作來實現，而到了十七世紀中葉，彼得·莫希拉領導下的東正教會也加入了這場歐洲的潮流。

值得一提的是，自一二四〇年的蒙古入侵之後，基輔這座城市就幾乎從東正教世界的地圖上消失了，此時扮演著東正教改革領導角色卻是基輔，而不是莫斯科或君士坦丁堡。除了前文提到的原因之外，還有其它因素造成了這一現象：「動盪之年」過去之後，莫斯科的牧首們相信除了莫斯科沙皇國之外沒有真正的宗教，因此不光與西方隔絕，也與東方基督教世界隔絕。處於鄂圖曼人控制下的君士坦丁堡教會嘗試仿照新教模式進行改革，卻未能沿這條路走下去。君士坦丁堡牧首西瑞爾·

盧卡里斯在一六二九年用拉丁語出版了一部深受新教教理影響的東正教信仰釋疑（Confessio），卻在一六三八年被蘇丹下令勒死，罪名是唆使哥薩克人進攻鄂圖曼帝國，同年舉行的君士坦丁堡教會會議，也因盧卡里斯的神學觀點將他革出教門。競爭發生在莫希拉和盧卡里斯之間，也發生在東正教改革的天主教模式和新教模式之間，最終莫希拉的模式取得了勝利，他的改革運動將在接下來的一百五十年中對東正教世界產生深遠的影響。

在布列斯特聯合的影響下，無論是聯邦內的魯塞尼亞（烏克蘭和白俄羅斯）社會，還是烏克蘭精英階層，都分裂為兩個教會陣營，而這種分裂在今天的烏克蘭仍然存在。然而有關布列斯特聯合命運的鬥爭也讓這個社會對其共通點，也就是其歷史、文化和宗教傳統，有了更清晰的認識。儘管鬥爭中充斥著激烈的言辭，偶爾還發生真正的暴力，它卻促成了一種新的多元政治文化和宗教文化的誕生，這種多元文化允許討論，包容不同意見。東西方基督教世界交界地帶的位置為烏克蘭帶來的，不只是一個融合兩種基督教傳統的「邊界」教會（這頂帽子往往為聯合教會所專享），而是兩個這樣的教會。東正教會在尋求對自身的改革，並適應布列斯特聯合之後幾十年間新情況的過程中，同樣擁抱了來自西方的宗教和文化新潮流。十七世紀初，要想在烏克蘭境內劃出一條東西方基督教世界的清晰分界線，比現在更加困難。

在這條宗教分界線的兩側，關於布列斯特聯合的論爭，都起到了幫助羅斯社會從智識長眠中甦醒的作用。辯論者們涉及的話題有羅斯的皈依和基輔都主教區的歷史，有教會、立陶宛大公治下羅斯國土和盧布林聯合之後的東正教信仰的各種權利，也有後來那段時期的王室法令和議會解決方案。對於能夠閱讀並參加到這個時代的政治、社會和宗教發展中的人而言，論爭者們創造了一種此前從未有過的自我身分認同感。論爭者們在宗教議題上雖然各執一詞，他們卻都深刻關切被他們稱為魯塞尼亞民族（naród Ruski）的實體，並都宣稱自己是在為它的利益而戰。

10

The Great Revolt

第十章　大叛亂

史稱「大叛亂」（Great Revolt）的哥薩克起義在一六四八年春天爆發，這是十六世紀末以來的第七次大規模哥薩克暴動。聯邦鎮壓了前六次，但這一次叛亂的規模已經大到無法鎮壓。這場叛變改變了整個地區的政治版圖，並使得一個被許多人視為近代烏克蘭雛形的哥薩克國家得以誕生。它也開啟了俄羅斯涉足烏克蘭事務的漫長歷史，被廣泛認為是俄羅斯和烏克蘭兩國之間關係史的開端。

大叛亂始於對一塊政府贈地歸屬權的爭執，與一五九一年克里斯托夫·克辛斯基領導的第一場哥薩克叛亂如出一轍。爭端發生在一名顯貴和下層貴族博赫丹·赫梅爾尼茨基（Bohdan Khmelnytsky）之間，後者同時還是一名哥薩克軍官。時年五十三歲的博赫丹曾在多次戰鬥中為國王盡忠竭力，並在一六三八年的哥薩克叛亂之後擔任哥薩克軍團書記官，看來不像是一位會領導叛亂的人；但是，在他位於蘇博季夫（Subotiv）的莊園被一名聯邦高官的僕從奪走後，赫梅爾尼茨基向宮廷求助，卻沒有收到任何效果，反而還被他的強大對手送進了監獄。他逃了出來，直奔札波羅結的錫奇，錫奇的哥薩克叛亂者像親人一樣歡迎他的到來，並推選他為統領，時為一六四八年三月，「黃金和平」終結，大叛亂登場。

截至此時，事態的發展還與從前的哥薩克叛亂沒什麼兩樣，但赫梅爾尼茨基改變了人們已經熟悉的模式，他沒有立刻到北方去摧城拔寨，並直接與聯邦軍隊衝突，而是先前往南方尋找同盟。他以一種戲劇化的方式顛覆了慣常的草原政治生態，向克里米亞可汗釋出善意，並向對方提供了一個機會。謹慎的克里米亞可汗許可他的臣屬，也就是克里米亞以北的諾蓋部落，加入哥薩克人陣營。對赫梅爾尼茨基和哥薩克叛軍而言，這不啻一個意外的大喜。儘管哥薩克人在今天的大眾文化中總以騎馬人的形象出現，十七世紀中葉的哥薩克士兵卻大都是步兵；他們沒有自己的騎兵部隊，因為維持一支騎兵的費用太過昂貴，只有貴族才養得起適合作戰、往往不只要一隻的軍馬。藉由與馬上作戰的韃靼人建立新同盟，赫梅爾尼茨基解決了缺少騎兵的問題。從現在開始，哥薩克人不再只能攻打防守薄弱的邊境城鎮，也不再只能躲在自己營壘中防守，而是可以在戰場上與波蘭軍隊正面作戰。

沒有多久，這次結盟的價值就清楚顯現。一六四八年五月，哥薩克和韃靼聯軍擊敗了兩支波蘭軍隊，一次是在若夫季沃季河（Zhovti Vody，即黃水河〔Yellow Water〕）附近，距札波羅結的錫奇北面的通道不遠，另一次是在中聶伯地區的小城科爾松（Korsun）。除了近四千名諾蓋騎兵參與這兩次戰役外，哥薩克人成功的關鍵，還在於約六千名在冊哥薩克士兵決定倒戈，拋棄了他們的波蘭主子並加入了赫梅爾尼茨基的叛亂。波蘭的常備軍全軍覆沒，其兩名主將，也就是王室大統領和王室副統領，以及數百名軍官，都成為韃靼人的俘虜。

哥薩克人的意外成功震動了整個聯邦，而赫梅爾尼茨基和他最親近的支持者則都不敢相信自己的運氣。這位統領對下一步行動感到猶豫不決，一六四八年六月，隨著波軍的潰敗和聯邦陷入一片混亂，博赫丹．赫梅爾尼茨基給自己放了一場暑假，回到故鄉奇希林（Chyhyryn）思索接下來應該做些什麼。然而叛軍們拒絕止步不前，原有的在冊哥薩克人部隊在基輔以南的小城比拉采爾科瓦附近駐紮下來，此時，整個烏克蘭其餘地方也都爆發了人民起義。受到哥薩克勝利的鼓舞，農民和市民都起來奪取權力。他們進攻大地主的莊園，襲擾他們撤退中的雇傭軍，找貴族清算舊帳，並四處追獵天主教教士，然而在一六四八年夏天的農民叛亂中被傷害最深重的，卻是烏克蘭猶太人。

赫梅爾尼茨基在叛亂之初寫給當局的第一批信件裡就提到了猶太租戶，這位哥薩克統領控訴了王室官員們、團長們（指揮在冊哥薩克人的波蘭軍官）、「甚至」還有猶太人對哥薩克人做出的「不可忍受的不公行為」。猶太人只是被赫梅爾尼茨基順便提到，在他的敵人序列裡只能排到第三或第四位，然而右岸烏克蘭地區的叛軍們有他們自己的優先目標，此地的猶太人從一六四八年六月開始遭到全面襲擊，進攻猶太人的叛軍往往將他們（尤其是猶太男子）殺害，這造成了一個又一個猶太人社區的覆滅。在一六四八年夏天的三個月裡，叛軍幾乎將右岸烏克蘭地區的全部猶太人社區從地圖上抹去。由於我們不知道叛亂之前有多少猶太人生活在這裡，也就無從得知到底有多少受難者，但大多數學者估計有一萬四千到二萬猶太人喪生。考慮到事件發生的年代和地點，這是一個相當驚人的數字——儘管十七世紀的烏克蘭經濟發展迅速，它相對而言仍屬人煙稀少的地區。

二十世紀的猶太和烏克蘭歷史學家十分重視「十七世紀聶伯烏克蘭地區反猶現象」背後的社會原因。城鎮中猶太工商業者與基督徒工商業者之間的對立，還有猶太租戶作為貴族和農民之間中間人的角色，都可以部分解釋哥薩克叛亂中發生的暴力現象。但我們也不能忽視烏克蘭猶太人遭受的攻擊中的宗教動機：在基督徒—猶太人分野中的任何一方，宗教都是決定社會身分的關鍵因素。南森．漢諾威（Nathan Hannover）是記錄這些屠殺事件的編年史作者中最著名的一位，他將攻擊者稱為「希臘人」，並非毫無原因，意在表明他們的東正教信仰，而不是表明他們所屬的民族。部分叛亂者要求在屠殺中倖存的猶太人改宗，認為這是自己的宗教責任。許多猶太人由於被強制改宗基督教而保全了性命。其中一些人加入了哥薩克群體，另一些則在被滅族的威脅消失後重歸猶太教信仰。

到赫梅爾尼茨基和他的軍隊在一六四八年秋天渡過聶伯河西進時，這一地區遠至卡緬涅茨（Kamianets，位於波多里亞）和勒維夫（位於加利西亞）等波蘭要塞的猶太人、波蘭貴族和天主教牧師群體都已被他們消滅。聯合教會的信徒們也消失了：或者向西撤退，或者改宗了東正教。後一個選擇倒是並不困難：很少有人了解或是關心教理上的問題，兩個東方基督教會之間的差別僅僅是轄區不同。新召集的波蘭軍隊試圖阻止哥薩克—韃靼聯軍的西進，卻在波多里亞的匹里亞烏奇（Pyliavtsi）再次大敗。到一六四八年底，哥薩克人與韃靼人的部隊已經圍困了勒維夫和波蘭—烏克蘭族群邊界上的城鎮紮莫希奇（Zamość）。但他們並沒有繼續前進，此時在哥薩克軍和華沙之間並無軍隊防守，決定攻勢到此為止的不是軍事因素，而是政治考量。

此時博赫丹・赫梅爾尼茨基的新訴求已與叛亂第一個月時不同，不再只是保護哥薩克的權利和待遇，但也並非要推動聯邦的毀滅。一六四九年一月到二月間，波蘭使節在基輔東南的佩列亞斯拉夫拜見了這位哥薩克統領。在談判中，赫梅爾尼茨基公開了他的新計畫，他宣布自己是羅斯唯一的統治者，並威脅要將波蘭人趕到維斯圖拉河以西，此時的赫梅爾尼茨基必定是將自己視為了基輔羅斯王公們的繼承者。

一六四八年十二月，赫梅爾尼茨基在這樣心態的驅使下在基輔為自己舉行了盛大的入城儀式。基輔都主教對這位統領表示了歡迎，耶路撒冷牧首也同樣做出友好的姿態，將赫梅爾尼茨基稱為一位王公，並為他對波蘭人的戰爭進行祝福。莫希拉建立的基輔學院的師生們熱切地迎接羅斯的新領袖，將他稱為將羅斯民族從波蘭人的奴役下解救出來的摩西。他們一直未敢對他們的前一個庇護者，也就是兩年前去世的都主教莫希拉，獻上這樣的榮譽。這位哥薩克統領肩負起了整個民族的領袖責任，不再只為哥薩克人的權利而戰，他保護羅斯民族權利的辦法是創建一個「公國」，或者說一個國家，這是一次革命性的進展，哥薩克人剛出現時尚處於社會邊緣，對抗一個成熟的政治體，現在卻開始思考建立自己的國家的問題。

新國家的疆界將在戰爭中劃定，而一六四九年夏天，劃界過程中最關鍵的戰役在沃里尼亞城鎮茲博里夫（Zboriv）附近爆發。在克里米亞可汗伊斯蘭・格來三世（Islam III Giray）率領的韃靼人的幫助下，赫梅爾尼茨基的軍隊向新任波蘭國王約翰・卡齊米日二世（John II Casimir）的軍隊發起進攻。依靠韃靼盟友的助力，哥薩克人取得了勝利，迫使波蘭官員簽署協議，對聯邦裡這個名為自治、實為獨立的哥薩克國，給予王室的承認。國王同意將在冊哥薩克人的名額增加到四萬人。（實際上此時茲博里夫的哥薩克軍的兵力已達到十萬，由哥薩克、農民和市民組成。）哥薩克人得到了在聯邦東部三個省內居住（實際上是統治）的權利。這三個省是基輔、布拉茨拉夫和切爾尼戈夫。它們共同組成在歷史上被稱為「哥薩克國」[1]的新哥薩克國家。哥薩克國的很大一部分正好位於被早年間的波蘭和法國製圖師們稱為「烏克蘭」的草原地區，不久以後，哥薩克國將以「烏克蘭」之名為人所知。

新國家的元首及軍事長官就是哥薩克統領，他在其參謀部的協助下統治哥薩克國土，參謀部包括一名書記官、一名炮兵指揮、一名司法官及其他官員。早期哥薩克時代的軍事民主在叛亂的第一個月還起到了關鍵作用，此時卻已成為歷史。團長們和參謀部成員們的會議取代了每個哥薩克人都有權參加的大會，一切重要事務都由他們決定。由於這場針對采邑制度的叛亂摧毀了舊的經濟體系，殺死或驅逐了該體系中的主要角色（包括猶太人在內），而農民都宣布自己是哥薩克人，拒絕為貴族耕種田地，這個新生的國家只能靠依靠戰利品、灌水和對碾磨穀物收取的磨坊稅來充實自己的國庫。

理論上，老的聯邦行政體系仍得以延續，只是基輔總督的職位歸於一位忠於國王的東正教貴族，但哥薩克統領掌握著實際統治權，甚至不需要向國王報告他的行為。基於他們的邊疆地區經驗和軍事化的社會組織方式，哥薩克人在自己的地盤上引入了一種受鄂圖曼帝國軍事／行政模式影響的新行政系統。他們將哥薩克國分為一個個「團區」，設立團長來管理每個區的行政、司法和財政機構——當然，最重要的是管理其軍事組織。這樣的團區一共有二十個，每一個都以其最主要的城市命名，並必須擁有一支可以隨時作戰的哥薩克團。這種將軍事、行政和司法權力結合在同一個部門的結構，也為更小的城鎮和村莊所沿襲。管理這些更底層單位的長官被稱為隊長，其主要任務是在戰時集合起一支連隊（「百人隊」）。

與克里米亞韃靼人的結盟，使哥薩克人在叛亂前兩年的勝利成為可能，這次結盟也將赫梅爾尼茨基捲入了鄂圖曼帝國的地緣政治網路，因為鄂圖曼人在黑海北岸地區擁有許多臣屬，其中包括克里米亞、摩爾達維亞和瓦拉幾亞（今羅馬尼亞的一部分）。這些國家與伊斯坦堡的關係為赫梅爾尼茨基提供了一個樣板，讓他得以建立相對於國王的獨立性，而不需要放棄好不容易得到的哥薩克國家地位。哥薩克烏克蘭已經作好接受蘇丹保護的準備，就像鄂圖曼人的其它附庸國一樣，這正是赫梅爾尼茨基在一六五一年春天和夏天與伊斯坦堡談判的核心內容，為了應對與聯邦的另一次大衝突，他甚至簽署了一份承認鄂圖曼蘇丹宗主地位的文書。

赫梅爾尼茨基需要的回報是直接的保護，也就是需要鄂圖曼軍隊真正向波蘭軍隊發動進攻，就像他們一六二〇年在楚措拉和一六二一年在霍京所做的那樣，但此時鄂圖曼人正忙於和威尼斯人的海戰，無法脫身。年方九歲的蘇丹穆罕默德四世（Mehmed IV）的朝臣們沒有派出自己的軍隊，而

---

❶ 譯註：Hetmanate，多譯作哥薩克酋長國或哥薩克國。本書根據hetman一詞的波蘭軍隊指揮官的原意，統一將hetman一詞譯作統領而非酋長，故後文中的Cossack Hetmanate均簡稱哥薩克國，以免混淆。

是命令克里米亞可汗為赫梅爾尼茨基提供軍事支援。這並非哥薩克統領所希望的回報，因為克里米亞人有自己的盤算：他們希望讓這一地區的衝突盡可能延續下去，以免哥薩克人對聯邦取得決定性的勝利。一六四九年的茲博里夫戰役正是如此：克里米亞可汗選擇了與波蘭國王媾和而非幫助赫梅爾尼茨基打敗波軍，而同樣的事情完全可能再次發生。

事實上這樣的事情確實再次出現了，並且是在最糟糕的情況下發生的。一六五一年夏天，在沃里尼亞的柏列斯台奇可（Berestechko）附近發生的戰役中，克里米亞韃靼人在兩軍交戰正酣時撤離了戰場，導致哥薩克軍主力部隊被包圍殲滅。與可汗一同撤退的赫梅爾尼茨基，也成了自己盟友的人質，他被釋放後重新組織防禦，才避免了哥薩克國被徹底消滅，赫梅爾尼茨基對克里米亞韃靼人的依賴，便以這場災難告終。一六五一年秋天，他與聯邦訂立了一份新的協議：在冊哥薩克人名額被減半到二萬人；哥薩克國的範圍被縮減到基輔省，布拉茨拉夫和切爾尼戈夫則應將重歸聯邦的直接管理，但由於最後這項條件並沒有兌現，另一場戰爭似乎就在眼前。

哥薩克國需要新的盟友，赫梅爾尼茨基把目光鎖定在摩爾達維亞公國身上。摩爾達維亞是鄂圖曼帝國的正式臣屬，但一直在伊斯坦堡與華沙之間保持著某種平衡關係。一六五〇年，這位哥薩克統領向摩爾達維亞派出一支哥薩克軍隊，迫使對方與他正式結盟，並要求摩爾達維亞統治者瓦西里·盧普（Vasile Lupu）將其女兒洛葛仙妮達（Roxanda）嫁給自己的兒子提米什（Tymish）。哥薩克人在柏列斯台奇可戰敗後，盧普試圖將自己從這樁結盟中解脫出來，卻沒有成功。一六五二年，赫梅爾尼茨基再次派出數千名「提親者」前往莫爾達瓦，「提親者」們在途中的巴提赫之戰擊敗了一支波蘭大軍，隨後在瓦西里·盧普的宮廷裡為提米什和洛葛仙妮達舉行了婚禮。赫梅爾尼茨基正是藉由這樣的手段，成為受到國際承認的君主中的一員。

僅僅藉由與鄂圖曼人及其附庸的聯盟，赫梅爾尼茨基所得的終究有限。這一事實在一六五三年秋天得到慘痛的證明，當時哥薩克人正在波多里亞的城鎮日瓦涅茨（Zhvanets）附近對王室軍隊作戰，哥薩克一方的克里米亞韃靼人再一次阻止了哥薩克人獲得勝利，戰役的結果正如克里米亞可汗所願，沒有分出勝負。波蘭王國和哥薩克國再次回到他們在茲博里夫簽署的協定上：在冊哥薩克人名額四萬，三個省歸哥薩克人管理，人人都清楚這只是另一次停火，而非實質性的妥協或是持久的和平。哥薩克人想要的是整個烏克蘭和一部分白俄羅斯，而波蘭國王（議會更甚）甚至不打算承認哥薩克人在其實際控制的三個省的管轄權。

赫梅爾尼茨基和哥薩克國必須尋找不一樣的盟友，嘗試與聯邦當局達成妥協逐漸被證明是不可能的，而哥薩克人只靠自己，也無法在與如此強大的敵人的鬥爭中生存下來。克里米亞人只讓他們可以起來抗爭，但卻無法讓他們擊敗波蘭人，鄂圖曼人沒有派出自己軍隊的打算，而與摩爾達維亞人的結盟則以赫梅爾尼茨基的個人悲劇告終：一六五三年九月，他的二十一歲的長子提米什在蘇恰瓦要塞（Suceava，今屬羅馬尼亞）的守城戰中被殺死。進攻方是瓦拉幾亞（Wallachia）和特蘭西瓦尼亞（Transylvania）的聯軍——這兩個國家的君主對赫梅爾尼茨基與盧普的結盟不滿。一六五三年十二月底，赫梅爾尼茨基把他的兒子安葬在位於自己在蘇博季夫（Subotiv）的莊園裡，離奇希林不遠。根據傳說，葬禮在新建的聖伊利亞教堂舉行；這座教堂是哥薩克草原上的巴洛克式建築的典範，至今尚存，並成為了烏克蘭紙幣上的圖案。埋葬了提米什之後，這位年邁哥薩克統領將自己的國家納入鄂圖曼帝國政治體系的計畫也宣告終結。

赫梅爾尼茨基叛亂國際化過程的轉捩點發生在一六五四年一月八日，地點是佩列亞斯拉夫城。

這一天，博赫丹．赫梅爾尼茨基率領匆忙召集起來的一群哥薩克軍官，向烏克蘭的新君主，莫斯科沙皇阿列克謝．羅曼諾夫（Aleksei Romanov）宣誓效忠，俄羅斯與烏克蘭之間漫長而糾纏不清的關係從此開始。一九五四年，蘇聯舉行了盛大的儀式，慶祝烏克蘭與俄羅斯「重新統一」三百周年，慶祝意在暗示全烏克蘭都在佩列亞斯拉夫選擇了重歸俄羅斯，並接受沙皇的統治。然而一六五四年在佩列亞斯拉夫真正發生的事情並非如蘇聯歷史學家所聲稱，它既不是烏克蘭與莫斯科沙皇國（後被彼得一世〔Peter I〕改稱為「俄羅斯」）的重新結合，也不是兩個「兄弟民族」的再次攜手。一六五四年，沒有一個身處佩列亞斯拉夫或是莫斯科的人會從族群的角度來考慮或是談論問題。

莫斯科沙皇國使館的材料中記錄了博赫丹．赫梅爾尼茨基在哥薩克軍官會議上發表的談話。從這份講話中，我們得以略微了解這位烏克蘭統領對其選擇做出的介紹和解釋：

我們已經召開了一次全體人民都可以參加的會議。這樣你們可以和我們一道，有機會從四位君主中自由選擇一位。第一位是土耳其沙皇（蘇丹）——他多次透過使節請求我們接受他的統治；第二位是克里米亞可汗；第三位是波蘭國王——只要我們願意，他應仍會讓我們重返他的轄下；第四位是信仰東正教的大羅斯（Great Rus'）君主、沙皇、阿列克謝．米哈伊洛維奇大公、全羅斯東部的君王——六年來我們一直向他懇請庇護。現在，按你們自己的意願，作出選擇吧！

很明顯，這只是赫梅爾尼茨基的一個花招，他和哥薩克軍官們早已作出選擇，決定倒向莫斯科的君主。根據莫斯科沙皇國使館的報告，這位首領訴諸聽眾對東正教的團結意識來打動他們。參加會議的人都高喊他們希望信仰「東方」正教的沙皇成為自己的統治者。

這聽起來與宗教改革和反宗教改革運動中那些基於宗教的聯盟一樣。此時「三十年戰爭」（Thirty Years' War）才剛剛結束五年，在這場戰爭中，歐洲各國所結成的聯盟在很大程度上都基於各自的宗教認同。我們無須指責莫斯科或烏克蘭的精英集團不把對方視為兄弟和同屬一個羅斯民族的成員，雙方甚至需要翻譯才能相互理解。在俄羅斯檔案中，保存至今的赫梅爾尼茨基寫給沙皇的信件大部分都是這些官方譯員提供的翻譯本。以歷史記憶和宗教信仰為代表的基輔羅斯傳統依舊存在，但僅僅是存在於幾部手抄的編年史中。

四個世紀以來，未來的白俄羅斯、烏克蘭和俄羅斯一直身處不同的政治環境，受不同的國家統治，這加劇了他們之間長期存在的語言和文化差異。在赫梅爾尼茨基和哥薩克團長們打算跟俄羅斯使節瓦西里·布圖爾林（Vasilii Buturlin）商談協議條款時，這樣的差異就浮上了水面。布圖爾林告訴哥薩克人說沙皇將給予他們超過波蘭國王能提供的待遇，但拒絕談判。赫梅爾尼茨基表示反對，聲稱他們已經習慣於與國王和其官員們談條件。然而，布圖爾林回答說波蘭國王只是一個選舉產生的君主，地位不能與繼承制的俄羅斯沙皇相比；他同時還拒絕就他向哥薩克人作出的寬泛承諾起誓，理由是沙皇從來不向臣民宣誓。赫梅爾尼茨基亟需莫斯科人的軍隊儘快投入戰鬥，最終在無法得到對方誓言的條件下同意向沙皇宣誓效忠。

哥薩克人將佩列亞斯拉夫協議視為對雙方義務作出約定的契約，就赫梅爾尼茨基而言，他和他的政治體進入了沙皇權威的羽翼之下，他們承諾效忠並提供軍事服務，以換取莫斯科的保護。然而在沙皇眼中，哥薩克人只是一群新的臣民，他在為他們提供了一定權利和待遇之後就不不再負有任何義務。至於他對新領土的權利，沙皇是從王朝傳承的角度來看待的，對沙皇和他的官員來說，沙皇只是在接管自己祖傳的遺產，即基輔、切爾尼戈夫和佩列亞斯拉夫這三座城市。

無論佩列亞斯拉夫協議的法律和意識形態基礎為何，沙皇還是兌現了布圖爾林許下的承諾，向哥薩克人提供了波蘭國王從未同意過的待遇：承認哥薩克國的國家地位、六萬人的在冊哥薩克人名額，以及哥薩克人領地享受特別優待，他還同意給予他們波蘭國王治下其他階層所享受的自由。

然而，這份協議首先奠定的是一個軍事同盟的基礎，它沒有為哥薩克領地劃定西面的邊界，這意味著只有刀劍能決定他們能向西走多遠，莫斯科人和哥薩克人的軍隊從各自的戰線上對波蘭—立陶宛聯邦開戰了。在一支莫斯科部隊的協助下，哥薩克人從波蘭王國境內的烏克蘭發動了攻勢，而莫斯科自己的軍隊則從斯摩棱斯克附近開始進攻，並向西穿過白俄羅斯，推進到立陶宛境內，也就是劃分立陶宛大公國和波蘭王國的盧布林邊界以北。莫斯科和哥薩克部隊的聯合進攻，帶來了預期之外的效果：儘管一六五四年波蘭—立陶宛軍隊在克里米亞可汗的援助下抵擋住了東線的進攻，到了一六五五年夏天和秋天，聯邦的反攻卻崩潰了。哥薩克人再次圍困了勒維夫，而莫斯科人的軍隊則進入了立陶宛大公國的都城維爾紐斯。

這是波蘭歷史上「大洪水時代」（the Deluge）的開端，不光是莫斯科人和哥薩克人的軍隊深入了波蘭—立陶宛聯邦領土，到了一六五五年七月，瑞典人也渡過波羅的海向聯邦發起進攻。同年十月，華沙與波蘭舊都克拉科夫（Cracow）都已落入瑞典人之手，瑞典人還對被莫斯科軍隊征服的那部分立陶宛大公國領土也提出了主張，莫斯科沙皇國開始擔心波蘭的徹底崩潰及瑞典的急劇膨脹。一六五六年秋天，莫斯科的外交官與波蘭—立陶宛聯邦在維爾紐斯簽訂和約，終結了波蘭與莫斯科之間的敵對狀態。由於未獲允許參加談判，赫梅爾尼茨基和他的哥薩克軍官們被激怒了，莫斯科人與波蘭單獨媾和意味著哥薩克人需要再次獨自面對他們的舊敵。對他們來說，沙皇違反了佩列亞斯拉夫協議中他的主要義務——為其臣民提供軍事保護。

博赫丹．赫梅爾尼茨基無視了莫斯科與波蘭的和約，派出軍隊幫助瑞典的盟友（特蘭西瓦尼亞的新教統治者）對抗波蘭，如今，連沙皇與哥薩克人之間的軍事同盟也搖搖欲墜。瑞典與波蘭甫一開戰，赫梅爾尼茨基就已經開始物色新的盟友。瑞典人似乎決心摧毀波蘭—立陶宛聯邦，而這也正是赫梅爾尼茨基所希望的。這位哥薩克統領眼中沙皇對烏克蘭的背叛發生後，烏克蘭—瑞典協定的談判加快了，如果這份協議達成，波蘭—立陶宛聯邦就將被徹底終結，也能保證哥薩克國不僅能占有整個烏克蘭，還能獲得如今白俄羅斯的一部分。

赫梅爾尼茨基沒能活著看到這個新國際同盟的達成，他在一六五七年八月去世，將他打造的這個國家和他領導的哥薩克人拋在了一個十字路口。儘管赫梅爾尼茨基認為他與沙皇的聯盟已經結束，他仍在形式上遵守著他在佩列亞斯拉夫達成的交易。佩列亞斯拉夫發生的事件，也就成為這位年邁統領留下的巨大而有矛盾的遺產中的重要部分。十八世紀的哥薩克編年史作者們對赫梅爾尼茨基大加頌揚，與一六四八年十二月他進入基輔城時基輔學院的師生們如出一轍，他們讚美他為民族之父，是打碎波蘭人加諸他的人民的枷鎖的解放者，也是在與沙皇的談判中取得了最好結果的哥薩克統領，在佩列亞斯拉夫談判之後獲得沙皇批准的《博赫丹．赫梅爾尼茨基條款》也被頌揚者們視為一份保護俄羅斯帝國境內烏克蘭人自由的《大憲章》（*Magna Carta*）。

11

The Partitions

第十一章　分裂

赫梅爾尼茨基的叛亂開啟了一段漫長的戰爭時期，這令許多歷史學家將叛亂之後的幾十年稱為「廢墟年代」（the Ruin）。烏克蘭、尤其是聶伯河右岸遭受摧殘的人口減少，的確對本地區經濟、政治和文化生活造成了巨大打擊，然而戰爭最主要的長期後果，則是烏克蘭以聶伯河為界在莫斯科沙皇國和波蘭之間的分裂。聶伯河這條分界，成為烏克蘭早期近代歷史中的一個重要元素，即使在今天，仍有一些人認為這條分界線有其意義——它對居住在從前波蘭邊界兩側的烏克蘭人的文化傾向（某些時候也包括政治傾向）產生影響。

博赫丹·赫梅爾尼茨基對哥薩克國的期待是領土擴張，而非被分割成小塊，然而哥薩克軍官階層內部的裂痕，最終將導致哥薩克國的分裂；老統領在一六五七年八月去世後，裂痕很快變得明顯，其導火線是對本地區最高領導權的競爭，而這種競爭在中世紀和早期近代政治體中並不鮮見。赫梅爾尼茨基原本打算建立自己的王朝，在他死前不久，他主導了一場推選，將自己的兒子尤里（Yurii）送上了統領寶座，他是一個體弱多病的十六歲年輕人，癲癇時常發作。讀過亞歷山大·普希金（Alexander Pushkin）的《伯里斯·戈東諾夫》（*Boris Godunov*）的人對接下來將發生的事都不會感到驚訝：一名被指派為攝政的老練朝臣廢黜了尤里（不同的是，烏克蘭的這場政變中沒有流血），接下來又導演了一場推選讓自己成為統領。

導致分裂的戲劇大幕已經拉開，赫梅爾尼茨基曾期待哥薩克國的繼承制度像波蘭那樣，透過選舉將同一個王朝的成員一個接一個送上王位，但實際出現的模式卻更類似摩爾達維亞公國的情況——新君主的獲選和廢黜都由鄂圖曼人的願望或許可來決定。與摩爾達維亞不同的是，有三個強權參與了對烏克蘭的爭奪：莫斯科沙皇國、波蘭和鄂圖曼帝國。無論三強中哪一個獲勝，哥薩克人都是輸家；他們的繼承制度完全是一團糟，為整個地區帶來的只有動盪。

在一六五七年秋天將尤里・赫梅爾尼茨基推翻並接過統領權杖的人是伊凡・維霍夫斯基（Ivan Vyhovsky），他一生的軌跡和事業與博赫丹・赫梅爾尼茨基截然不同。維霍夫斯基出生在一個東正教貴族世家，其貴族地位從無疑問；他被推選為統領是哥薩克精英集團中貴族們的勝利，而非一六四八年前就是在冊哥薩克的老資格軍官們的勝利。就此而言，他對新任總書記官的選擇也透露出了許多訊息：這個位置沒有落到一名老資格哥薩克軍官手中，而是被一名烏克蘭大貴族取得，這名貴族名叫尤里・涅米里奇（Yurii Nemyrych），他的田產足以與弗什涅維茨基家族的王公們比肩。

以當時的標準而言，涅米里奇所受的教育堪稱極為優秀，他屬於波蘭宗教改革中被稱為「反三一派」（Antitrinitarians）的激進派。（「一位論」〔Unitarian〕教會的創立者之一約瑟夫・普利斯特里〔Joseph Priestley〕在十七世紀晚期，將這一立場的教派帶到了美國。）涅米里奇在波蘭的一所反三一派學校裡學習，後來遷往西歐，在萊頓、巴塞爾等地（據某些記載也包括牛津和劍橋）的大學深造。在波蘭的「大洪水時代」，他站在了同為新教徒的瑞典國王卡爾十世（Charles X）一邊。然而他很快對瑞典人感到幻滅，改宗了東正教，成為博赫丹・赫梅爾尼茨基的朋友，並遷居哥薩克烏克蘭，以便接近統領歸還給他的田產。

哥薩克群體中的許多人對大權落入伊凡・維霍夫斯基領導的貴族集團不滿，聶伯險灘以南的哥薩克人公開表達了他們的反對，他們曾在一六四八年推選赫梅爾尼茨基成為統領，然而，此後新的哥薩克國在草原以北聶伯河中游的農耕地區崛起，不僅奪走了他們獨享的選舉統領的權力，也奪走了他們的名號——哥薩克國的正式名稱乃是札波羅結哥薩克軍。如今，被邊緣化的札波羅結哥薩克們提出應在聶伯險灘以南重新舉行一次統領選舉，他們對維霍夫斯基當選的正當性提出了疑問，而部分哥薩克團長也準備聽取他們的意見，並給予支持。同樣重要的是，莫斯科也承認了札波羅結哥薩克人直接與沙皇使節接觸的資格，藉此在支持維霍夫斯基的反對者。莫斯科當局的打算是利用哥薩克群體中的分裂來削弱統領的權力，令其無法像其前任博赫丹．赫梅爾尼茨基那樣獨立自為。

維霍夫斯基不打算任人擺布，一六五八年六月，在克里米亞韃靼人的支持下，維霍夫斯基的軍隊在左岸烏克蘭的波爾塔瓦城（Poltava）與札波羅結哥薩克及其在哥薩克國內的盟友們對壘。維霍夫斯基取得了勝利，但付出了大量的傷亡，根據一些估計，這次戰役中約有一萬五千人死亡；這是一六四八年以來哥薩克人之間第一次內戰，並從此樹立了一個先例，最終將導致他們的國家毀滅。維霍夫斯基確信莫斯科在叛軍背後撐腰，但他要如何才能保護自己呢？

和赫梅爾尼茨基一樣，這位統領相信自己與沙皇之間的協議是有條件的（他將之稱為「自願歸順」），一旦沙皇不能履行其義務，他就可以廢除這份協議。然而沙皇卻不相信協議是有附帶條件的：他只承認自己加於臣民的條件。當赫梅爾尼茨基對自己與沙皇之間的約定不滿時，他除了倒向瑞典人和鄂圖曼人之外別無去路，但他的繼任者發現了一種新的可能性——與波蘭人做交易。哥薩克人本來就是波蘭政治體系中的重要部分，對波蘭人的力量和弱點一清二楚，他們相信，讓哥薩克國重歸波蘭—立陶宛聯盟同時保持其廣泛的自治，不僅值得追求，也完全可能實現。

一六五八年九月，維霍夫斯基在左岸烏克蘭城鎮哈佳奇（Hadiach）召集了一次哥薩克會議，會議批准了哥薩克國回歸波蘭國王治下的條件，由此達成的波蘭—哥薩克條約被稱為哈佳奇聯合（Union of Hadiach），是維霍夫斯基的股肱之臣尤里．涅米里奇的智慧結晶。這份條約可說是完全實現了烏克蘭貴族階層在十七世紀上半葉時的夢想。在先前圍繞布列斯特聯合發生的鬥爭中，東正教貴族們對盧布林聯合做出了一種不合乎當時時局的解讀，認為其不僅承認立陶宛大公國為波蘭─立陶宛聯邦內的平等夥伴，也承認聯邦中的羅斯地區為平等夥伴之一，而如今涅米里奇決定把這一看法變成現實，其手段是將哥薩克國塑造成羅斯公國，以與波蘭和立陶宛平等的地位加入聯邦。

哥薩克大叛亂讓部分波蘭精英對羅斯公國這一概念持比從前更開放的態度，但哥薩克群體的崛起也造成了其獨特的政治和社會組織結構，增加了重歸的難度。於是，參照一六四八年前哥薩克上層提出的要求，哈佳奇聯合立刻向一千個哥薩克家族授予了貴族地位，並每年為每個哥薩克軍團提供一百個家族的貴族名額。除了滿足哥薩克人的社會地位需求外，哈佳奇聯合還滿足了哥薩克人及其貴族們關於宗教的要求，只有東正教徒才能在新的公國裡擔任行政職務。奇特的是，這個條約中還包含一條關於彼得・莫希拉創立的基輔學院的條款，承認其為一所高等學院。很明顯，代表哥薩克一方前來談判的貴族們感興趣的不止是哥薩克權利。

哥薩克人與波蘭人重歸於好的消息促使沙皇發出檄文，號召哥薩克人起來反抗「叛徒」維霍夫斯基。莫斯科沙皇國的軍隊和反對維霍夫斯基的哥薩克人（包括札波羅結哥薩克）奪取了哥薩克國的南部地區。一六五九年春天，維霍夫斯基也發出檄文，分辯說是沙皇違反了他與哥薩克人的協議，侵犯了哥薩克人的權利和自由，他召集了克里米亞盟軍，對挺進中的莫斯科軍發動了攻擊。一六五九年六月，戰鬥在今天俄羅斯─烏克蘭邊境附近發生，被稱為科諾托普（Konotop）之戰。這場戰役以維霍夫斯基的大勝告終。超過七萬人的莫斯科軍被擊敗，高達一萬五千人陣亡，莫斯科人的精銳騎兵也被殲滅，韃靼人乘勝追擊，洗劫了莫斯科沙皇國的南部邊境，莫斯科城內關於沙皇即將逃離首都的謠言也四處流傳。

維霍夫斯基未能向莫斯科進軍，儘管他在科諾托普取得勝利，莫斯科人在烏克蘭的守軍仍堅持戰鬥，而哥薩克人中反對維霍夫斯基的一派也恢復了力量，有關波蘭議會批准哈佳奇聯合的消息，更為他們的恢復提供動能，最後在議會通過的條約未能滿足波蘭談判代表向維霍夫斯基許下的承諾，儘管哥薩克統領希望得到今天烏克蘭西部的地區，包括沃里尼亞和波多里亞，但條約將新公國的領地限制在基輔、布拉茨拉夫和切爾尼戈夫三省。它還將在冊哥薩克人的數量限制在三萬人，外加一萬雇傭兵，即總共四萬，比赫梅爾尼茨基在佩列亞斯拉夫談判後，很快從沙皇那裡爭取到的名額少了二萬。尤里・涅米里奇曾親自趕往華沙，在議會為哈佳奇聯合申辯，「我們生而自由，在自由中成長。我們也將作為自由人重歸自由。」他對議會代表們說。最終議會批准了聯合，但卻不是涅米里奇和維霍夫斯基想要的版本，收到修改過的版本後，維霍夫斯基告訴信使說他帶來的是死亡。

如今維霍夫斯基被大部分哥薩克人視為了叛徒，涅米里奇在與維霍夫斯基的反對者們的衝突中被殺，波蘭議會中其他哥薩克代表也在統領的敵人召集的哥薩克會議上被處死，維霍夫斯基本人不得不逃之夭夭。他取得了每一場戰鬥的勝利：在波爾塔瓦之戰中他擊敗了反對派，在科諾托普之戰中他擊敗了莫斯科軍，但他輸掉了自己集團內部關於與波蘭關係的爭論。從統領之位退下之後，維霍夫斯基逃往西烏克蘭，成為波多里亞地區巴爾城（Bar）的長官，同時保留了基輔省總督的頭銜和隨之取得的波蘭上議院席位，這也是哈佳奇聯合中唯一得到真正執行的條款。

維霍夫斯基擔任統領的時代為哥薩克烏克蘭歷史開啟了新的一頁——以內部紛爭和同族相殘為標誌的一頁。由於單憑哥薩克軍隊的力量不足以保住哥薩克國，每一個成為統領的人都必須保持哥薩克群體的團結，同時還必須不斷在地區強權之間周旋，而幾乎沒有人能成功完成這樣的任務。赫梅爾尼茨基通過嚴刑峻法才讓哥薩克軍官們服從管束：他的手段包括作亂者綁在大炮上（一六四八年屠殺事件的主導者馬克沁・克里沃尼斯〔Maksym Kryvonis〕就曾受到這種處罰），甚至下令處死哥薩克中的叛變者。維霍夫斯基沒能保住哥薩克國內的統一，這一任務再次落到了博赫丹·赫梅爾尼茨基的兒子尤里身上；維霍夫斯基被推翻後，尤里再度被選為統領，赫梅爾尼茨基的王朝回來了，但烏克蘭的問題仍然遠未解決。

一六五九年秋天，尤里·赫梅爾尼茨基在一些哥薩克軍官的支持下上臺，這些軍官相信他們能與沙皇達成協議，而且不會比老赫梅爾尼茨基爭取到的條件差。然而他們失算了，尤里和他的支持者開始與莫斯科人談判時，才發現自己掉進了陷阱。新的哥薩克會議在一名莫斯科軍事長官（voevoda）的提議下召開了，會場周圍卻是一支四萬人的莫斯科沙皇國軍隊，會中確認了小赫梅爾尼茨基的當選，但條件是削減他父親曾得到的權利和待遇，從此哥薩克統領選舉都需要得到沙皇的明確首肯，而獲選的統領也無權處理外交事務，也不能不經莫斯科的同意就任命團長，此外，哥薩克國內的所有主要城市都要有莫斯科沙皇國的軍隊駐紮。

維霍夫斯基叛向波蘭，沒能像他的對手們期待的那樣讓莫斯科人作出讓步，反而讓莫斯科削減了哥薩克國先前擁有的權利。沙皇的官員希望臣民們明白：任何情況下，他們都不會容忍有人破壞與莫斯科達成的聯合。一六六〇年一月，莫斯科沙皇國的軍事長官們向小赫梅爾尼茨基再次傳達了這個訊息：在一次對基輔的莫斯科駐軍發動的襲擊失敗後，前統領的兄弟、也是小赫梅爾尼茨基的表親丹尼洛·維霍夫斯基（Danylo Vyhovsky）落到了莫斯科人手裡，被折磨至死。他的屍體旋即被送到年輕的新統領位於蘇博蒂夫祖產的住處。看到丹尼洛的棺材那一刻，這位統領痛哭流涕，「他全身被鞭子撕爛，挖空的眼眶裡塞進了銀子，耳朵也被人用鑽子挖開，同樣塞上了銀子，」一名適逢其事的波蘭外交官寫道，「他的手指被削掉，雙腿也被人沿著血管切爛。總之，如此的殘忍聞所未聞。」

如果沙皇和他的官員們希望藉此恐嚇年輕的統領和他的部屬，他們沒能達到目的。根據同一篇記述，這位哥薩克軍官慘遭屠戮的遺體不僅讓小赫梅爾尼茨基流下了眼淚，也在他的宮廷中激起了憤怒。丹尼洛．維霍夫斯基年輕的遺孀對殺害他丈夫的兇手發出了詛咒。復仇在這一年晚些時候來臨，一六六〇年秋天，在莫斯科軍與一支受克里米亞韃靼人支持的波蘭部隊的戰鬥中，小赫梅爾尼茨基和他的軍隊改變了陣營，向波蘭國王宣誓效忠，莫斯科軍被擊敗了，其指揮官成為克里米亞人的俘虜，長達二十年。

儘管波蘭人的勝利令哥薩克人喜悅，它卻沒能為哥薩克國帶來好處。哥薩克人重歸波蘭國王治下，卻不得不接受比哈佳奇聯合曾為波蘭議會批准那個版本更苛刻的條件。新的條約直接刪掉了「羅斯公國」這一對哈佳奇聯合的哥薩克推動者們至為重要的字眼。在莫斯科人與波蘭人爭奪烏克蘭的戰爭中，哥薩克人每一次改變陣營，都會失去更多的主權。對哥薩克人的政治體而言，莫斯科沙皇國和波蘭王國這兩個對手太過強大，他們施加的壓力很快就超出了哥薩克國所能承受的極限，讓它沿著聶伯河分裂成了兩半。

一六六〇年，當尤里．赫梅爾尼茨基在聶伯河右岸建立自己的大本營時，位於左岸的哥薩克軍團在莫斯科人的支持下，選出了他們自己的臨時統領。赫梅爾尼茨基發動了一系列進攻，試圖征服叛亂的軍團，卻沒能實現目標。那一地區接近莫斯科沙皇國邊界，沙皇國的軍事長官們已經在那裡站穩了腳跟。一六六三年初，二十二歲的統領徹底絕望，宣布退位並歸隱於一座修道院，統一的哥薩克國至此正式終結。同年，右岸哥薩克們選出了一位忠於波蘭的統領，而左岸則選出一位承認莫斯科沙皇國統治的統領。四年後，也就是一六六七年，莫斯科和波蘭的外交官們簽署了安德魯索沃停戰協定（Truce of Andrusovo），將哥薩克烏克蘭分成兩部分，左岸歸於莫斯科沙皇國，右岸歸於波蘭。

老的哥薩克國並非沒有進行抗爭就任人宰割，彼得羅·多羅申科（Petro Doroshenko）是哥薩克最顯赫的家族之一的後裔，他率領那些將哥薩克國視為真正祖國、並反對其分裂的人揭竿而起。多羅申科的祖父在十七世紀二〇年代曾擔任哥薩克人的統領，他的父親則是博赫丹·赫梅爾尼茨基部下的一名團長。他本人出生於奇希林，在統領的宮廷中開始了他的生涯，被升為團長後，他參與了一系列外交任務，其中包括與瑞典人、波蘭人和莫斯科人的談判，甚至曾率領一個哥薩克使團前往莫斯科。身為尤里·赫梅爾尼茨基的支持者，他投向了右岸烏克蘭，並在一六六五年被右岸的哥薩克們選為統領。

哥薩克烏克蘭將被分割的消息讓哥薩克精英階層感到震驚，也激起了他們的鬥志；多羅申科贏得選舉，也正是因為他承諾將再度發起對波蘭的反抗，並將統一聶伯河兩岸的烏克蘭地區。與他之前的博赫丹·赫梅爾尼茨基一樣，多羅申科依靠的是克里米亞韃靼人的支持，他們的聯軍在一六六七年秋天對波蘭軍隊發起進攻，迫使國王承認右岸哥薩克國的自治權。隨後多羅申科東渡聶伯河，奪取了左岸烏克蘭——當時左岸已經發生了反對莫斯科人的叛亂，為了徵稅，沙皇的官員們試圖發起一次普查，這令左岸哥薩克們感到不滿，而當烏克蘭將被分割的消息從安德魯索沃傳來時，不滿變成了公開的叛亂。

已是右岸烏克蘭哥薩克統領的多羅申科，在左岸也被選為統領，儘管身處兩大瓜分勢力之間，哥薩克國仍然再度統一起來。然而這次統一沒能延續多久，很快，多羅申科就不得不離開左岸烏克蘭，前去對付波蘭人的新攻勢以及他們扶植的一名新統領，莫斯科的軍隊也借機占領了左岸地區，如今多羅申科只剩下鄂圖曼人可以指望。一六六九年七月，蘇丹穆罕默德四世給他送來了新的儀仗，其中有一柄統領權杖，還有一面旗幟。蘇丹將多羅申科和他部下的哥薩克人納入了自己的保護之下，條件與他給予摩爾達維亞和瓦拉幾亞統治者的一樣：一經召喚，他們就要為蘇丹動員自己的軍隊。伊斯坦堡想要的不僅是聶伯河兩岸的哥薩克烏克蘭，還包括維斯圖拉河以東和涅曼河（Nieman）以南的全部羅斯土地。

伊斯坦堡的野心甚為遠大，然而此刻的局勢似乎有利於哥薩克人將二十年前赫梅爾尼茨基的夢想變成現實，將波蘭—立陶宛聯邦內的全部羅斯土地掌握在自己手中。這一次鄂圖曼人送給哥薩克統領的不止是儀仗，還有實實在在的軍隊。一六七二年，一支超過十萬人的鄂圖曼帝國軍隊渡過多瑙河，在其臣屬克里米亞、瓦拉幾亞、摩爾達維亞的配合下，加上現在新的附庸哥薩克人，對波蘭軍隊發動了攻勢。他們的兵鋒深入聯邦，遠遠越過了霍京（半個多世紀前那場關鍵戰役的發生地），將波多里亞的卡緬涅茨要塞團團圍困，這座要塞地處高崖之上，周圍是一道深峽，被認為是不可能攻克的天險，然而僅僅被圍十天之後，卡緬涅茨要塞就落入了鄂圖曼人手中。很快蘇丹的軍隊又圍困了勒維夫。波蘭人選擇媾和，放棄了對波多里亞和聶伯河中游地區的領土主張，多羅申科和他的支持者們沉浸在喜悅之中。

然而多羅申科的願望並沒有實現，鄂圖曼人將卡緬涅茨要塞和其周邊的波多里亞地區置於自己的直接控制之下，哥薩克人獲得了聶伯河中游的舊地，卻沒有得到一個獨立的國家。鄂圖曼土耳其人沒有打算將攻勢延伸到聶伯河左岸或是向北進軍沃里尼亞和白俄羅斯。而這還只是多羅申科面對的麻煩的開始，鄂圖曼人將一些基督教堂改成了清真寺，並縱容克里米亞韃靼人在這一地區擄掠奴隸，這激起了民憤。在多羅申科名義上的統治下，聶伯河右岸地區的人口迅速減少，而他的支持者減少的速度也不遑多讓。隨著本地居民向東西兩個方向逃亡，右岸地區變得寥無人煙。許多人渡過聶伯河前往左岸，而此時莫斯科人已經粉碎了左岸哥薩克精英階層的叛亂，扶植了一名順從的新統領，並開始推動經濟的復甦。右岸卻變成了一片廢墟，這也是烏克蘭歷史中整個「廢墟年代」的得名由來。

多羅申科離開烏克蘭政治舞臺，只是個早晚問題了。他不僅沒能將烏克蘭統一為鄂圖曼帝國的一個關係鬆散的保護國，反而引入了又一個宰割烏克蘭的強權，而這一個比之前的強權更具毀滅性。一六七六年，莫斯科人的軍隊在其左岸哥薩克友軍的支持下渡過了聶伯河，進軍多羅申科的都城奇希林，這位哥薩克統領辭去了他的職務，並向沙皇宣誓效忠。沙皇放了他一條生路，反而因為他的「棄暗投明」而授予他軍事長官的頭銜，讓他前往莫斯科以東近九百公里的維亞特卡（Viatka，今基洛夫〔Kirov〕）為沙皇工作，並得以在今天莫斯科州的村莊雅羅波勒茲（Yaropolets）退休。多羅申科娶了一名俄羅斯貴婦為妻（他們的後裔之一是亞歷山大．普希金的妻子娜塔莉亞〔Natalia Pushkina〕），並在一六九八年死於雅羅波勒茲。有諷刺意味的是，一九九九年，一個波多里亞人社團在多羅申科的墳墓上建起了一座小教堂——波多里亞是受鄂圖曼人統治禍害最烈的地方，而將鄂圖曼人帶到烏克蘭的正是多羅申科。

鄂圖曼人對烏克蘭部分地區的直接統治沒有持續多久，他們沒有把太多注意力放在這片邊疆地區，而是需要從其它地方獲取資源，尤其是地中海地區。多羅申科死去那一年，波多里亞就重歸波蘭的統治。鄂圖曼人離開了這個舞臺，而聶伯河也完全恢復了莫斯科沙皇國—波蘭王國邊界的地位，而這條分界線正是一六六六年多羅申科叛變試圖挑戰的。哥薩克國並未完全消失，但其領土和自治權（更不用說獨立性）都遭到嚴重削減，如今哥薩克國只存在於左岸烏克蘭。十七世紀上半葉曾繁盛一時的哥薩克土地可以集聚足夠的人力、財力和軍力來挑戰本地區的強權，卻不能保護哥薩克革命所取得的成果。至於外國盟友，哥薩克人可以說是嘗試了所有可能性——從克里米亞人和鄂圖曼人開始，至莫斯科人、瑞典人和波蘭人結束，但沒有一個選擇獲得成功，不僅哥薩克烏克蘭，連整個烏克蘭地區都失去了統一性，直到十八世紀末，大部分從前由波蘭掌握的烏克蘭地區仍分屬波蘭和俄國，這一分裂狀態將對烏克蘭人的身分認同和文化產生深遠影響。

12

The Verdict of Poltava

第十二章　波爾塔瓦的裁決

以莫斯科沙皇為宗主，哥薩克國僅在聶伯河左岸地區得以存續，並且成為各種民族建構事業的溫床。其中一種潮流與「烏克蘭」這個詞緊密相關：它視哥薩克國為一個獨特的政治體和祖國，並由此成為近代烏克蘭民族認同發展的根源；另一種則與哥薩克國的官方名稱「小俄羅斯」聯繫在一起，後來我們所知的「小俄羅斯主義」（即將烏克蘭視為「次俄羅斯」，將烏克蘭人視為大俄羅斯民族之一部分的觀點）由它而來。

在一七〇八年哥薩克統領伊凡·馬澤帕（Ivan Mazepa）掀起最後一次大規模哥薩克叛亂之前，這兩種知識傳統一直在哥薩克國內並存。馬澤帕叛亂的對象是莫斯科沙皇國，也是俄羅斯帝國的正式開創者沙皇彼得一世，這場叛亂在俄軍擊敗跟隨卡爾十二世（Charles XII）進入烏克蘭的瑞典軍隊後結束。一七〇九年的波爾塔瓦戰役（Battle of Poltava）深刻地改變了哥薩克國和整個烏克蘭的命運。馬澤帕將烏克蘭視為一個獨立於俄羅斯的整體，而卡爾的敗仗，不只是馬澤帕個人的失敗，也使得他對烏克蘭獨立的設想大受打擊。接下來的一段歲月裡，將烏克蘭的歷史和文化與俄羅斯緊密聯繫起來的「小俄羅斯主義」詮釋路線，將在哥薩克國的官方話語中占據主導地位，而將烏克蘭視為一個獨立的祖國、政治體乃至民族的觀點並沒有完全消失，但將在一個多世紀中遠離烏克蘭論述的中心。

十七世紀的最後幾十年中，莫斯科人得以將左岸烏克蘭置於自己掌控之下，不光是因為他們的軍力強大，也因為他們比競爭對手更富有彈性。儘管沙皇們利用每一次哥薩克統領選舉，來削減哥薩克國在博赫丹·赫梅爾尼茨基時期獲得的權利和優待，他們也懂得一張一弛。一六六九年，在彼得羅·多羅申科叛亂期間，莫斯科就曾同意重新回到與赫梅爾尼茨基所獲待遇相近的條件，而這麼做的背景，是當聶伯河另一側的哥薩克人本就少得多的優待條件遭到波蘭人削減時；其結果也就不難想像：波蘭治下哥薩克地區的人們紛紛被吸引到左岸定居，左岸的經濟得到持續發展，而右岸則變成了一片荒漠。在允許哥薩克人獲得更多權利的同時，沙皇們也成功地將他們變成自己的子民。

沒過多久，左岸的經濟發展就帶來了基輔的經濟和文化復興，基輔學院重新開課，在十七世紀五〇年代曾經逃離的教授們迎來了新一批學生，學院開設了新的科目，詩人們創作新的詩作，劇院也開始上演新戲。在十七世紀早期由梅列季．斯莫特里茨基開創的烏克蘭巴洛克文學，在伊凡．維里奇科夫斯基（Ivan Velychkovsky）的詩歌和拉紮爾．巴拉諾維奇（Lazar Baranovych）的散文中達到頂峰；巴拉諾維奇曾是基輔學院的一名教授，後來成為切爾尼戈夫大主教。他的學生西蒙．波羅茨基（Simeon Polotsky）將基輔的巴洛克文學風格帶到了莫斯科，並在那裡幫助奠定了俄羅斯世俗文學誕生的基礎。基輔的作品、實踐和觀念在十七世紀下半葉不斷向莫斯科沙皇國傳播，繼而在莫斯科東正教會中造成了一次分裂：沙皇和牧首支持彼得．莫希拉（Peter Mohyla）式的革新，保守派們卻群起反抗，團結在宗奉「舊信條」（Old Belief）的領袖周圍，無怪官方教會對他們的稱呼「拉斯科爾尼奇」（raskol'niki，意為「分裂者」）也來自烏克蘭。

然而文化影響是雙向的，基輔的教士們在將西式文化從烏克蘭帶到莫斯科沙皇國的同時，也從莫斯科的政治意識形態中獲得武器，這種意識形態的核心在於將信奉東正教的沙皇視為這個新的政治和宗教世界的樞紐。波蘭—立陶宛聯邦中的東正教知識分子長期以來沒有一位自己的君主，因此渴望能有機會進入一個拜占庭式的理想東正教世界，一個專制君主與唯一真教會能夠協調的世界。然而最終現實考量壓過了理想主義，早在十七世紀二〇年代，新獲得聖職的東正教會主教們因為受到華沙的打壓，選擇了莫斯科作為他們的後盾和可能的避難所。對沙皇保護的的渴求在佩列亞斯拉夫協議（一六五四年）之後變得更加強烈，並在安德魯索沃停戰協議（一六六七年）將哥薩克一分為二之後達到頂點。

根據停戰協定的條款，位於聶伯河右岸的基輔本應在兩年的寬限期後歸屬波蘭，然而，再次回到天主教君主統治之下的前景讓基輔的教士階層恐懼不已，於是他們發揮了自己從基輔學院和歐洲的耶穌會學校學到的全部說服能力，說服沙皇基輔應該留在他手中。而他們只能說是成功過頭了，基輔洞穴修道院掌院因諾肯季・吉澤爾（Inokentii Gizel）是「說服沙皇」運動的領袖之一，他的願望是將基輔留在沙皇治下，同時保留基輔都主教區的獨立地位；然而事與願違，一方面，沙皇在一七世紀七〇年代成功留下了基輔，但另一方面，下一個十年，烏克蘭境內的莫斯科沙皇國官員和他們的支持者卻也成功地將基輔都主教區的管轄權從君士坦丁堡轉到了莫斯科；這個管轄權的轉移發生在一六八五年——基輔的教士得到了沙皇的保護，卻付出了失去獨立的代價。

對基輔的未來的爭奪，催生了現代以前俄羅斯帝國歷史上影響最大的文本之一——第一冊印刷版羅斯歷史「課本」。這本書在吉澤爾掌管的洞穴修道院出版，有一個長長的巴洛克風格的名字：《關於斯拉夫—羅斯民族起源、神佑之城基輔的早期王公，及神聖而虔誠的基輔及全羅斯大公、開國君主弗洛基米爾生平的諸編年史簡編或略要》（*Synopsis, or a Brief Compendium of Various Chronicles About the Origin of the Slavo-Rossian Nation and the First Princes of the Divinely Protected City of Kyiv and the Life of the Holy, Pious Grand Prince of Kyiv and All Rus', the First Autocrat, Volodymyr*）。它第一次出版是在一六七四年，當時基輔正準備應對鄂圖曼人的進攻，而波蘭人也要求莫斯科人歸還基輔。在這本《略要》中，基輔被描述為歷代莫斯科沙皇的第一個首都和莫斯科式東正教信仰的誕生地，是一座不可能丟棄給異教徒或是天主教徒的城市。書中有關斯拉夫—羅斯民族的內容更加支持了這樣的論點：根據《略要》作者們的說法，因為有斯拉夫—羅斯民族，莫斯科沙皇國與哥薩克國才得以結合成一個政治實體。這為許多俄羅斯人至今仍然相信的一個神話打下了基礎，即他們的民族起源於基輔。然而在十七世紀，莫斯科沙皇國的精英階層並未思考民族血緣的問題，將莫斯科沙皇國和烏克蘭的居民們視為同屬一個民族的是基輔的僧侶們。直到十九世紀，俄羅斯帝國的建造者們才會完全體會到基輔僧侶這種創造的好處。

莫斯科沙皇國和波蘭對烏克蘭的分割導致了危機，而在這種危機下被迫產生一種新的身分認同的，不僅有基輔的教士們，也有哥薩克軍官階層。在這方面，哥薩克精英們已經不再需要依賴教士們的創造：基輔學院的畢業生中不僅有牧師和主教，也有哥薩克軍官，甚至包括不少統領。如果說教士們無法設想一個沒有東正教沙皇的家園，哥薩克軍官們卻根本不需要什麼沙皇，他們的忠誠歸於一個共同的哥薩克「祖國」，聶伯河兩岸都在它的懷抱之中。

在一六六三年之前，也就是烏克蘭第一次發生事實分裂那一年之前，哥薩克軍官們用「祖國」這個詞描述整個波蘭—立陶宛聯邦或是波蘭王國；在一六五八年的哈佳奇聯合時期，正是回歸波蘭祖國的念頭誘使他們回到波蘭國王治下。然而分裂之後一切都不同了，一個又一個的統領開始在他們的通函或是公告中呼求克蘭祖國的統一，而烏克蘭祖國指的正是包括聶伯河兩岸的哥薩克國。安德魯索沃停戰協議之後，所有的統領（包括彼得羅．多羅申科和尤里．赫梅爾尼茨基在內）都將烏克蘭祖國的利益描述為他們的最高效忠對象，高於其它任何忠誠和義務。哥薩克祖國的範圍超越了哥薩克人更傳統的忠誠對象——札波羅結哥薩克軍，它不僅包括哥薩克軍團，也包括哥薩克國的領土及其居民，統領們將這個祖國稱為烏克蘭，一六六七年之後，聶伯河兩岸的哥薩克人都開始用「烏克蘭」來稱呼他們的祖國。

最後一名嘗試將聶伯河左岸和右岸統一於自己統治之下的哥薩克統領是伊凡・馬澤帕（一六三九至一七〇九）。只有兩位統領出現在烏克蘭獨立後發行的紙幣上，一位是五荷林夫納紙幣上的博赫丹・赫梅爾尼茨基，另一位就是十荷林夫納紙幣上的伊凡・馬澤帕。在烏克蘭之外，尤其是在西方，馬澤帕可能比赫梅爾尼茨基更為知名：伏爾泰、拜倫勛爵、亞歷山大・普希金和維克多・雨果都描述過馬澤帕的生平和勛業。他出現在歐洲歌劇院和北美劇場的演出中，以Mazeppa（他的名字的法語拼寫）之名，以一位君王和一位愛人的形象在文學和文化中贏得了聲名。在馬澤帕擔任哥薩克統領期間，兩種不同的祖國概念（烏克蘭和小俄羅斯）再次展開了競爭，而他統治的結果則是一種新的小俄羅斯身分認同的形成。

馬澤帕統治哥薩克國的時間超過二十年（一六八七至一七〇九），比他的任何前任都要長，並最終得享天年。這本身就已經算是一個成就——他的前任中有兩人或是被殺害，或是被判處死刑。馬澤帕之前的兩名統領都在被控「叛國罪」後遭莫斯科派遣的軍事長官逮捕，並被流放到西伯利亞，他們的家人也遭到迫害。僅僅是得罪莫斯科的朝臣們就足以讓一名哥薩克統領丟掉職銜、自由甚至性命，並不需要他犯下陰謀反對沙皇或是嘗試與波蘭人、鄂圖曼人或瑞典人合作等罪行。

馬澤帕的生命軌跡反映了十七世紀最後數十年間哥薩克群體的普遍命運，這位將來的統領出生於左岸烏克蘭的一個東正教貴族家庭，在基輔莫希拉學院和華沙的耶穌會學校接受教育，並在西歐學習了炮兵技術。回國後，年輕的馬澤帕在波蘭國王的宮廷中開始他的外交和軍事生涯，他在後來加入了哥薩克統領彼得羅・多羅申科的陣營，卻被與莫斯科人結盟的札波羅結哥薩克人俘虜。根據那個首先由伏爾泰向西歐讀者講述、後來又被許多人重複過的故事，馬澤帕落到札波羅結哥薩克人手中是因為一件結局悲慘的風流韻事。據稱他是一名波蘭高官年輕妻子的情人，高官發現這樁情事之後，下令將馬澤帕剝光衣服綁到一匹馬身上，然後將這匹馬放入荒原。在這個故事中，札波羅結哥薩克人發現了奄奄一息的馬澤帕，並將他救活。無論故事的真相如何，可以肯定是札波羅結哥薩克人讓馬澤帕的哥薩克生涯得以平步青雲，他們將這個俘虜送到了統領伊凡・薩莫伊洛維奇（Ivan Samoilovych）那裡，而馬澤帕這位受過良好教育並見多識廣的軍官，也就獲得伊凡的任用。

在十七世紀的後幾十年中，大批哥薩克顯貴、普通士兵、市民和農民從聶伯河右岸遷到了俄國人控制的左岸烏克蘭，馬澤帕也是這股遷移潮流的一部分。政治的穩定，外加哥薩克國從沙皇那裡得到的相對廣泛的自治權，促進了這一地區的經濟和文化生活復甦；正如彼得・莫希拉時代一樣，復甦的中心仍然是都主教駐地基輔，是洞穴修道院和基輔學院。接任統領之後，馬澤帕盡其所能地推動哥薩克國的持續經濟復興以及宗教和文化生活的繁榮。

成為統領的馬澤帕，下令修復在漫長的哥薩克戰爭中年久失修的教堂，其中包含莫希拉曾經修復過的聖索菲亞大教堂，也包含聖母安息大教堂和洞穴修道院的聖三一教堂，這些教堂都是基輔羅斯時代留下的建築遺產。馬澤帕還下令修建新的教堂，包括洞穴修道院的聖母誕生教堂，還有基輔和他的都城巴圖林（Baturyn，位於哥薩克國東北部，接近莫斯科沙皇國邊境）城中的其它許多教堂。洞穴修道院之外的大部分教堂都沒能在二十世紀三〇年代倖存下來：布爾什維克們打算將基輔變成一座真正的社會主義首都，派出拆遷隊將這些教堂拆毀。然而馬澤帕在洞穴修道院內修建的那些教堂連同修道院的部分圍牆得以保存至今，成為這位哥薩克統領的慷慨和財富的證明；這是莫希拉之後基輔城中第一次大興土木，這一時期的標誌性建築風格在後來被稱為哥薩克風格或馬澤帕巴洛克風格。

不同於他之前的所有統領，馬澤帕是一名能將經濟權力和政治權力都集中到自己手中的統領。

他之所以能這麼做，是基於他從帝國權力金字塔的頂層得到了前所未有的支持。沙皇彼得一世視馬澤帕為他的忠僕，在彼得與其異母姐姐索菲亞（Sofia）的權力鬥爭中，馬澤帕選擇站在未來沙皇一邊。彼得在後來讓馬澤帕成為獲授聖安德魯勛章的第一人，那是彼得親自設立的尊崇獎勵。當哥薩克軍官們向沙皇抱怨他們的統領，並依照往例地控告他叛國時，沙皇將告發資訊交給了馬澤帕，而沒有採取莫斯科統治者們的傳統做法，也就是用這樣的控告來打擊哥薩克統領；彼得甚至允許馬澤帕處死這些來自哥薩克精英階層的告發者，向他展現出了更多的信任。

彼得—馬澤帕的同盟關係在一七〇八年秋天戛然而止，其時正值大北方戰爭（Great Northern War，一七〇〇至一七二一）的白熱化階段。戰場位於波羅的海地區，交戰雙方是莫斯科沙皇國和瑞典及它們各自的盟友。戰爭之初，瑞典似乎占有上風。在擊敗了莫斯科人的盟友、波蘭的「強者」奧古斯特二世（Augustus the Strong）並迫使他下臺後，年輕而雄心勃勃的瑞典國王卡爾十二世開始向莫斯科進軍。彼得且戰且退，使用焦土戰術來拖慢敵軍的步伐。

這種毀滅性的手段加劇了哥薩克精英階層既有的不滿，將他們從彼得一方推向卡爾。多年以來，哥薩克團長們一直向馬澤帕抱怨彼得在哥薩克國境外對哥薩克軍團的調用，尤其是利用他們來開掘聖彼德堡城內和周邊的運河（彼得在一七〇三年建立了聖彼德堡，它將成為俄羅斯帝國未來的首都。）由於嚴寒和疾病，哥薩克人在聖彼德堡大量死去。雪上加霜的是，彼得還引入了新的稅種及行政改革，讓哥薩克國面臨失去其國中之國的特殊地位、淪為莫斯科沙皇國普通省份的危險。團長們堅持認為，這一切都侵犯了博赫丹．赫梅爾尼茨基與莫斯科沙皇國之間訂立的保護盟約。

馬澤帕與卡爾十二世的波蘭盟友們取得了聯繫，對他的各種外交政策選項進行了思量，但沒有採取行動。但瑞典國王在其進軍莫斯科的路上決定繞道烏克蘭，而沙皇卻拒絕派出任何援兵，這意味著馬澤帕必須獨力保衛哥薩克國，並放火燒掉卡爾進兵路線上的村鎮。直到此時，馬澤帕才聽從了團長們的要求，倒向了戰爭的另一方。儘管莫斯科沙皇國與歷代哥薩克統領之間有眾多的協議，它卻沒有執行它的首要義務——為哥薩克國提供保護，如今連左岸烏克蘭也得考慮一下其它選項了。哥薩克軍官們開始琢磨五十年前的哈佳奇聯合中提出的條件。一七〇八年十一月，馬澤帕率領一群心腹之臣和一支哥薩克小部隊離開了都城巴圖林，加入了前進中的卡爾十二世的大軍。

為了保密起見，在突然離開巴圖林之前，馬澤帕沒有在哥薩克國內採取任何會刺激到彼得的行動。這對馬澤帕的個人安全來說是一個審慎的決定，但卻對反叛本身造成了巨大的麻煩。得知馬澤帕叛逃的消息後，彼得派他的得力將領亞歷山大．緬什科夫（Aleksandr Menshikov）率領一個軍團進入了烏克蘭，卻沒有一支哥薩克軍隊採取行動來阻止緬什科夫，於是莫斯科人的軍隊出其不意地奪取了統領的首都巴圖林，獲得馬澤帕為自己和瑞典人的軍隊準備的大量軍事物資。讓情況變得更糟的，是巴圖林的陷落對整個烏克蘭社會造成的打擊，緬什科夫不光奪取了這座城市，還下令屠城，包括婦孺在內，超過一萬名巴圖林守軍和市民慘遭殺害（巴圖林如今是一處著名的旅遊景點，也是一個考古重鎮）；在此工作的考古學家們至今仍不斷發現死者的遺骨，緬什科夫發出的信號強烈而清晰：沙皇不會容忍叛變行為。

雙方開始對哥薩克人和哥薩克國其他居民的忠誠展開爭奪戰，爭奪主要以宣言的形式進行：彼得發出宣言，馬澤帕則以宣言回敬。這場被稱為「宣言之戰」的爭奪從一七〇八年秋天持續到一七〇九年春天。沙皇給馬澤帕扣上叛國的罪名，將他稱為猶大，甚至下令準備一個羞辱性的聖猶大勛章，好讓他在馬澤帕被抓獲後給他戴上。馬澤帕則拒絕接受這樣的指控，與他之前的維霍夫斯基一樣，他將沙皇與統領之間的關係視為契約，在他看來，沙皇侵犯了曾經許給博赫丹·赫梅爾尼茨基和他的繼任者們的權利和自由；這位統領爭辯說：他的效忠對象不是君主，而是哥薩克軍團和烏克蘭祖國。馬澤帕也向他的民族宣示了忠心，他在一七〇八年十二月寫道：「莫斯科，也就是大俄羅斯民族，向來憎恨我們小俄羅斯民族。它長久以來一直滿懷惡意，一心要把我族驅向毀滅。」

由於「宣言之戰」、莫斯科軍的果斷行動，以及在彼得授意下舉行的新統領選舉，馬澤帕的陣營裡出現了一道新的裂痕。那些曾經勸說馬澤帕倒戈的團長們如今擔心遭到報復，沒有召集各自的部隊前來為馬澤帕效力，許多人加入了莫斯科人一方；在普通哥薩克士兵、市民和農民中，馬澤帕也沒有什麼支持者。比起接受天主教、穆斯林或是這一次的新教君主的統治，普通人更傾向一個信仰東正教的沙皇。當卡爾與彼得的決戰到來時，莫斯科一方比瑞典一方擁有更多的哥薩克人。

一七〇九年七月初，在波爾塔瓦城附近的戰場上，一支二萬五千人的瑞典軍團與兩倍於己的莫斯科軍相遇了。雙方陣營中都有哥薩克部隊，但都作為側翼參戰。這不光反映了他們的忠誠受到懷疑，也說明哥薩克人不是歐洲國家正規軍的對手——曾經令人膽寒的哥薩克軍已經成為了歷史。約有三千到七千名哥薩克人站在馬澤帕和瑞典人一方，而投向莫斯科人的哥薩克人要多出至少三倍以上。敵軍的數量優勢對卡爾十二世來說從來不是問題。他曾擊敗過比這更多的俄國人和波蘭人，但這一次不同了，在敵國土地上度過一個冬天之後，他的軍隊已經不像從前那樣強大。一向身先士卒的卡爾也在幾天前受了傷，他把自己的責任分派給一批軍官，而非集中在一名指揮者手上，戰鬥來臨之際，這樣的安排在瑞典軍中造成了混亂。

戰鬥以莫斯科軍取得決定性勝利而告終，卡爾十二世和馬澤帕被迫逃離烏克蘭，前往鄂圖曼人控制的摩爾達維亞尋求庇護。一七〇九年秋天，流亡中的伊凡·馬澤帕在摩爾達維亞城鎮本德爾

（Bender）死去，卡爾則直到五年後才回到他的王國。波爾塔瓦戰役常被歷史學家們視為大北方戰爭的轉捩點。命運在這裡發生了奇特的轉向：一場爭奪波羅的海控制權的軍事衝突在烏克蘭戰場上一決勝負，導致瑞典失去了它在北歐的霸主地位，並使俄國踏上了躋身歐洲大國之林的道路。然而，在波爾塔瓦戰役造成的各種後果中，最富戲劇性的無疑是戰役發生地出現的變化。

莫斯科的勝利為基輔教士階層和沙皇當局之間的關係開啟了新的篇章，一七〇八年秋天，沙皇就曾迫使基輔都主教將馬澤帕譴責為叛國者，並將他革出教門。波爾塔瓦戰役之後，曾將馬澤帕比作弗洛基米爾大公的基輔學院的院長特奧凡．普羅科波維奇（Teofan Prokopovych），在沙皇面前作了一次長篇布道，譴責他的前任金主。這些會被馬澤帕視為變節的行為，在彼得眼中卻是忠心的宣示，普羅科波維奇在後來成為彼得的改革中最重要的理論家。他將支持彼得奪取絕對權力的努力，並將提出一種論證，證明彼得有權在其君位的傳承上打破尋常的父終子及模式——彼得以叛國罪將自己的兒子阿列西（Alexei）送上了審判台，並讓他死於牢獄之中。普羅科波維奇是《靈魂規訓》（*Spiritual Regulation*）一書的主要作者，這本書以由一名世俗官員擔任主席的聖主教公會（Holy Synod）取代了牧首在俄國東正教會中的統治權。他還在幕後推動了將彼得稱為「祖國之父」的觀念；從前普羅科波維奇和其他基輔教士們用這個稱號頌揚馬澤帕，如今卻將它帶到了莫斯科沙皇國。

特奧凡．普羅科波維奇輝煌的帝國生涯反映了一個更廣泛的現象，即帝國將受到西式教育的基輔學院畢業生收入轂中的努力，彼得需要這些人來實現對莫斯科沙皇國的教會文化和社會的西化改革，基輔學院的畢業生們紛紛流向莫斯科沙皇國，一開始數以十計，後來數以百計，並在那裡開展他們的事業。他們擔任各種各樣的職務，有東正教會代理領導人，有主教，也有隨軍牧師。其中還有一名基輔人，也就是羅斯托夫（Rostov）都主教季米特里・圖普塔羅（Dymytrii Tuptalo），甚至因其對「舊信條」的鬥爭而被封聖。這些人不僅幫助彼得對俄國進行西方化改革，還通過宣傳新俄羅斯祖國乃至新俄羅斯民族的理念，將俄國改造成一個近代政治體，而烏克蘭人，或者說小俄羅斯人，則被視為這個民族必不可少的一部分。

彼得旨在加強其獨裁統治和集中國家機構的政策，為宗教領袖們帶來了令人興奮的新機遇，但在此同時，這些政策對哥薩克軍官們來說卻是一場真正的災難。馬澤帕的叛逃令沙皇更加感到將哥薩克國整合到帝國體制和行政結構中的迫切，如今的哥薩克統領伊凡・斯柯洛帕茲基（Ivan Skoropadsky）受到一名俄國人的監督，他的都城從被夷為平地的巴圖林遷到了距離俄國邊境更近的赫盧希夫（Hlukhiv），俄軍如今也在哥薩克國內長期駐紮，追隨馬澤帕流亡的哥薩克軍官的家眷們遭到逮捕，其財產也被沒收。一七二一年大北方戰爭以俄國的勝利結束後，更多的變化接踵而至：彼得沙皇將莫斯科沙皇國改名為俄羅斯帝國，並自稱為俄羅斯帝國第一代皇帝。接下來的幾年中，沙皇利用斯柯洛帕茲基去世的機會，直接取消了統領的職位，將哥薩克國置於被稱為「小俄羅斯管理委員會」（Little Russian College）的機構管轄之下，管理委員會的領導人則是彼得指派的一名帝國軍官；哥薩克人群起抗議，向聖彼德堡派出了一個請願團以爭取他們的權利，然而這些努力都落了空，沙皇逮捕了哥薩克反對者中的領袖帕夫洛・波盧博托克（Pavlo Polubotok）團長，帕夫洛在聖彼德堡的聖彼得和保羅要塞（St. Peter and Paul Fortress）的一間囚室裡死去。

馬澤帕選擇鋌而走險，但最終失敗，他一心要保護的哥薩克國同樣失敗了。我們無從知道如果卡爾十二世沒有在戰前負傷，而追隨馬澤帕的哥薩克人更多一些的話，哥薩克國的命運將會如何。我們能確知的是馬澤帕的後繼者們希望建設並在其中生活的是一個什麼樣的國家。這方面的知識來自一份呈給皮利普．俄爾里克（Pylyp Orlyk）、被稱為《共識與條件》（*Pacta et conditiones*）的文書。俄爾里克是摩爾達維亞的流亡哥薩克人在馬澤帕去世後選出的統領——不用說，這些流亡哥薩克人不會承認在彼得授意下被選出的斯柯洛帕茲基為他們的合法領袖。這份《共識》在今天的烏克蘭被稱為《皮利普．俄爾里克憲法》（*Constitution of Pylyp Orlyk*），通常被視為烏克蘭的第一部憲法，許多人驕傲地宣稱它比美國憲法更早獲得通過；事實上，與《共識》最接近的應該是波蘭議會選舉國王所依據的條款。這份文書嘗試藉由保障哥薩克軍官和普通哥薩克士兵的權利（特別是札波羅結哥薩克人的權利，他們當中有許多人追隨馬澤帕流亡），限制統領的權力。

關於哥薩克國的過去、當下和將來，《共識》為我們呈現了一種獨特的視野。俄爾里克曾擔任馬澤帕的總書記官，聚集在他周圍的哥薩克軍官們沒有去基輔羅斯和弗洛基米爾大公那裡尋找自己的起源——那已經是被基輔的沙皇擁護者們據為己有的經典神話。他們將自己的血統上溯至可薩人，也就是基輔羅斯之前的遊牧先民之一。這一觀點更多基於語言而非歷史；雖然在今天看來可笑，但以早期近代的語言學標準視之，它卻相當站得住腳。在烏克蘭語中，「哥薩克」和「可薩」這兩個詞的發音即使不是完全相同，也十分相近。當時問題的重點，在於要主張確有一個獨立而不同於莫斯科人所屬民族的哥薩克民族存在。俄爾里克和他的軍官們視情況不同會將這個民族稱為哥薩克人、魯塞尼亞人或是小俄羅斯人，然而俄爾里克的大部分觀點不為其同胞們所知或者支持。在他們的故鄉烏克蘭，哥薩克人正努力為保住他們僅存的一點自治權而鬥爭。

彼得一世在一七二五年二月去世，只比身陷囹圄的哥薩克團長波盧博托克去世晚了幾個星期，哥薩克國內的哥薩克們將這看作上天對彼得施於他們的不義作出的懲罰，也看作是拿回他們被沙皇褫奪的部分特權的良機。在他們的訴求中，恢復統領的職權成為第一要務。一七二七年，哥薩克軍官們選出彼得早年的反對者丹尼洛．阿波斯托爾（Danylo Apostol）擔任新近重設的統領一職，達成了心願。為了慶祝奪回博赫丹．赫梅爾尼茨基曾取得的這一特權，哥薩克人找出了這位老統領的一幅畫像，恢復了對他的崇拜。他們不僅將赫梅爾尼茨基視為將哥薩克人從波蘭的壓迫下救出來的解放者，也視為哥薩克人權利和自由的保衛者。赫梅爾尼茨基的這種新形象讓他成為了一個象徵，代表著哥薩克國精英們的小俄羅斯主義身分認同。這種身分認同意味著只有維持哥薩克人的特殊地位和特權，才能換取他們的政治效忠。

這一身分認同到底是什麼呢？它是一種粗糙卻有效的混合體，其中既有教士階層的親俄修辭，也有哥薩克軍官階層的自治願望。小俄羅斯主義理念最顯著的特點是對沙皇的忠誠，同時，其身分認同又強調帝國中哥薩克民族的權利和待遇。哥薩克精英階層眼中的小俄羅斯僅限左岸烏克蘭地區，在政治、社會和文化上都不同於北方的白俄羅斯地區，也不同於聶伯河右岸的烏克蘭其餘地方。這一新政治體和新身分認同的基因中，有著明顯的早期民族建構印記。在這一時期的哥薩克文獻中（在十八世紀早期，哥薩克歷史寫作的出現成為一種新的文學現象），羅斯／魯塞尼亞、小俄羅斯和烏克蘭都是可以互換的名詞，這樣的用法有其邏輯，因為這些名詞的背後是各種緊密相聯的政治體和身分認同。

要確定這些名詞以及它們所代表的現象之間的關係，我們能找到的最佳類比莫過於一副套娃玩具。最大的一個套娃是後波爾塔瓦時代的小俄羅斯身分認同，它裡面的一層是涵蓋聶伯河兩岸的哥薩克烏克蘭祖國理念；下一層是波蘭—立陶宛聯邦中的羅斯或魯塞尼亞身分認同；而在這套套娃的核心，所謂小俄羅斯身分認同中，則保存著關於古老的羅斯共同體和晚近的哥薩克烏克蘭的記憶。

波爾塔瓦戰役剛剛結束之際，當時沒有人能料想到，但烏克蘭核心終將從小俄羅斯套娃的外殼裡破繭而出，並對過去的哥薩克人曾擁有或追求的土地提出主張，這只是個時間早晚問題。

卷三　帝國之間

13

The New Frontiers

第十三章　新的邊疆

東歐和中歐的地緣政治，在十八世紀的最後四分之一裡，出現了戲劇性的變化。變化的主要特徵和原因，是俄羅斯帝國的軍事力量和地緣政治影響力的增強；在一七〇九年的波爾塔瓦戰役之後，俄羅斯帝國就走上了成為歐洲超級大國的道路。俄羅斯帝國的首席大臣（Grand Chancellor）亞歷山大・別茲博羅德科（Oleksandr Bezborodko）是哥薩克國一個顯赫軍官家族的後裔，他曾在十七世紀末對一名年輕人說：「在我們這個時代，歐洲每一發炮彈的發射都需要徵得俄國的同意。」帝國的邊界向西和向南迅猛擴張，使得鄂圖曼人不得不從黑海北岸退卻，波蘭—立陶宛聯邦也被瓜分，從歐洲地圖上消失了。

許多烏克蘭人的積極參與推動了這些巨變的發生，十八世紀八〇、九〇年代俄國外交政策的主要設計者別茲博羅德科（Bezborodko）就是其中之一，別茲博羅德科促成的變化對他家鄉的同胞也造成了影響，烏克蘭如今成為地緣政治大變革的中心，既從這場變革中受害，也從中受益。此時哥薩克國已從歐洲和俄羅斯帝國的地圖上消失。烏克蘭境內的兩條主要文化邊界，也就是東西方基督教分界線和基督教—伊斯蘭教分界線，也開始移動。俄羅斯帝國的疆域變化也改變了文化空間：在西方，俄國當局將天主教會和聯合教會的擴散阻止在聶伯河一線，並將之向後壓縮；在南方，草原邊疆的弭平成為新的刺激因素，促使烏克蘭向黑海和亞速海方向發展。

在研究政治、思想和文化的歷史學家眼中，十八世紀首先是一個啟蒙的世紀。啟蒙時代始於十七世紀中葉，一直延續到十八世紀晚期，其特點是個人主義理念、懷疑主義和理性在政治和哲學領域的興起，這也是啟蒙時代又被稱為理性時代（Age of Reason）的原因。然而，理性這個詞可以從多個角度來理解，自由理念與保護個人權利是這一時期各種著作的核心議題，然而理性統治和君主專制同樣也是，近代共和制和近代君主制同樣深深植根於法國哲學家們的思想中。十八世紀歐洲的專制君主和美國的建國者一樣，深受啟蒙思潮的影響，前者中包括三位在歷史上被稱為「開明專制」的君主——俄國的葉卡捷琳娜二世（Catherine II）、普魯士的腓特烈二世（Frederick II）和奧地利的約瑟夫二世（Joseph II）。他們除了都是自己國家第二位使用各自名字的君主以外，也都相信理性的統治、絕對的君主制和自己統治的正當性，在此之外，他們還有一個共同點：都參與了對波蘭的多次瓜分（一七七二到一七九五），由此最終摧毀了波蘭—立陶宛聯邦在啟蒙運動激發下進行的改革嘗試。為瓜分波蘭歡呼的不是別人，正是伏爾泰，他將對波蘭的宰割視為自由主義和寬容的勝利，甚至是理性的勝利，他還向葉卡捷琳娜寫信，稱俄國政府將最終為歐洲的那片地區帶來和平。

葉卡捷琳娜二世統治俄羅斯帝國超過三十年，她的思考和改革可以用如下原則來解釋：統治者的絕對權力、合理的統治，還有對帝國所有地區和所有臣民施行統一的標準。這些原則對哥薩克國來說都不是好兆頭——哥薩克國是一個自治的國中之國，其存在的基礎正是它在帝國內擁有的特殊地位。關於這一地區，女皇考慮的第一件事就是廢除帝國內部的邊界，將哥薩克國完全納入帝國。「小俄羅斯、利伏尼亞和芬蘭都是擁有獲准特殊待遇的省份，」葉卡捷琳娜在一七六四年寫道，「我們應以盡可能和緩的方式，將這些省份和斯摩棱斯克俄羅斯化，以免它們一直像狼一樣渴望回到森林。要做到這一點應該很簡單，選擇明智的人擔任這些省份的總督即可。一旦小俄羅斯沒有了自己的統領，我們不光不應拔擢新人來擔任這個職務，還要全力從他們的記憶中抹去關於統領和統領時代的記憶。」

彼得一世是第一個廢除哥薩克統領的俄國君主，他在一七二二年伊凡·斯柯洛帕茲基死後就這麼做了，彼得於一七二五年去世，兩年後哥薩克人選出一名新統領，恢復了哥薩克國的自治，然而這一次復國沒能持續多長時間；十八世紀三〇年代中期，帝國政府在哥薩克統領丹尼洛·阿波斯托爾死後禁止舉行新的統領選舉，哥薩克國再度歸於政府機構「小俄羅斯管理委員會」的管轄之下。一七五〇年，統領制度再度短暫恢復，但權杖並未落到某位哥薩克團長或是總參謀部成員手中，而是歸於俄羅斯帝國科學院院長，他的名字是基里洛·羅蘇莫夫斯基（Kyrylo Rozumovsky），是一名遊歷甚廣、多才多藝的二十二歲年輕人。

羅蘇莫夫斯基出生於哥薩克國，在哥廷根大學接受教育，最主要的身分是一位帝國朝臣。他的少年得志和輝煌生涯得益於其家族的各種關係，他的哥哥阿列克西（Oleksii）是基輔和切爾尼戈夫之間的城鎮科澤列奇（Kozelets）的一名年輕人。他的歌唱天賦讓他進入了聖彼德堡的宮廷合唱團，擔任歌手和班杜拉（bandura）琴手，阿列克西在這裡遇到了彼得一世的一名孫女、將來的俄羅斯女皇伊莉莎白（Elizabeth）。他們成為了戀人，據某些記述還祕密結了婚。無論真相如何，反正哥薩克人阿列克西·羅蘇姆變成了俄國伯爵阿列克謝·拉蘇莫夫斯基（Aleksei Razumovsky，烏克蘭語：羅蘇莫夫斯基〔Rozumovsky〕），被一些朝臣稱為「夜帝」。在「夜帝」的建議下，伊莉莎白女皇恢復了哥薩克統領職銜，並將它賜給了阿列克西的弟弟。

阿列克謝·羅蘇莫夫斯基為伊莉莎白登上帝位立下了不可或缺的功勞（一七四一年伊莉莎白登基時他是宮廷總管），基里洛·羅蘇莫夫斯基則在葉卡捷琳娜二世成為女皇的道路上扮演了重要角色。葉卡捷琳娜在宮廷衛隊的支持下透過政變上臺，他的丈夫和合法君主彼得三世（Peter III）則在政變過程中被暗殺。姑且不論謀害其夫，本名索菲·弗里德里克·奧古斯特·馮·安哈爾特—采爾布斯特—多恩堡（Sophie Friederike Auguste von Anhalt-Zerbst-Dornburg）的葉卡捷琳娜對帝位的繼承權本身也不太站得住腳，將葉卡捷琳娜擁立上臺的人認為她因此欠了他們的情。「每個衛士在看到我時都可以說：『是我讓那個女人成了皇帝』」，葉卡捷琳娜在給伏爾泰的信中說。烏克蘭的哥薩克統領基里洛．羅蘇莫夫斯基就是有這種想法的人之一，他希望得到的回報是將統領之位改為世襲，而他在哥薩克國的臣民也想要更多的自治權和本地的立法權。

哥薩克人中的一些愛國者如今也將哥薩克國稱為小俄羅斯，但將它視為與被他們叫做大俄羅斯的帝國核心平等的政治體。「我並非臣服於你，而是臣服於你的君主。」謝曼．季沃維奇（Semen Divovych）在其詩歌〈大俄羅斯與小俄羅斯之間的對話〉中寫道。這首詩寫於葉卡捷琳娜即位後不久，詩中一個擬人化的小俄羅斯向大俄羅斯說出了上面的話。季沃維奇在這句話之後繼續寫道：「不要以為你是我的主人，／你我的君主才是我們的共同統治者。」這種將小俄羅斯與大俄羅斯的合併視為王朝聯合的圖景可以追溯到哈佳奇聯合的精神。然而詩中的君主，也就是女皇葉卡捷琳娜二世本人，並無意統治一個主張特權和優待的政治聯合體；她心目中只有一個中央集權的帝國，將以合理的方式被劃分為各個行政單位，而非哥薩克國這樣的國中之國。

葉卡捷琳娜將統領召回了聖彼德堡，並在一七六四年秋天整個撤銷了哥薩克統領的職銜。希望破滅的不光是羅蘇莫夫斯基，還有哥薩克國內的許多愛國者。新任的哥薩克國（如果它還能被稱為哥薩克國的話）統治者是彼得．魯緬采夫（Petr Rumiantsev）將軍。魯緬采夫是俄羅斯人，其職銜是新創設的「小俄羅斯總督（governor-general）」，並統領著這一地區的俄國軍隊。他的統治長達二十多年，農奴制和帝國的稅務、郵政系統，也都在這段時期被引入了哥薩克國。十八世紀八〇年代初，在他的主持下，哥薩克國的領地自治權宣告取消，基於哥薩克軍團的行政和軍事體系也遭廢除，哥薩克部隊被納入了帝國常備軍，而根據葉卡捷琳娜在整個帝國推廣的新行政體制，哥薩克國的行政單位被合併成三個帝國省份。

在將她心目中那個秩序井然的帝國變成現實的過程中，葉卡捷琳娜並不急著趕進度。從廢除統領職銜到將哥薩克國在行政上納入帝國，同化哥薩克國的過程持續了差不多二十年。轉變以漸進的方式發生，沒有引起新的叛亂，也沒有製造出為烏克蘭自治獻身的烈士。這一過程也得益於許多哥薩克人的支持——他們將帝國對哥薩克國的吸納視為天命，哥薩克國的許多體制和實踐似乎都已經過時了，無法應對理性時代的挑戰。帝國的整合將哥薩克部隊變成了紀律嚴明的軍隊，還為哥薩克國帶來了學校系統和正式郵政服務等公共設施。當然，整合也帶來了農奴制，但幾乎沒有哥薩克軍官對此提出抗議，畢竟他們是農奴勞動的受益者。

哥薩克精英階層在哥薩克國和斯洛博達烏克蘭（從十七世紀開始即受俄國直接管轄的哈爾基夫和蘇米〔Sumy〕周邊地區）占有統治地位，但占這兩個地區人口大多數的卻是農民。十八世紀中，這些農民發現自己不斷失去的不光是土地，還有赫梅爾尼茨基叛亂最大的成果——自由。十八世紀下半葉，哥薩克國內近九成的農民以及斯洛博達烏克蘭境內超過一半的農民，已經生活在別人所有的田莊上，田莊的擁有者包括東正教會，以及如今已成為貴族的哥薩克軍官。葉卡捷琳娜在一七八三年五月頒布法令，禁止生活在貴族田莊上的近三十萬農民離開他們的居住地，並強迫他們為地主無償勞動，這是第三波農奴化浪潮。

一些觀點認為：哥薩克國內至少有一個人發出了反對農奴化的聲音，這個人就是瓦西里·卡普尼斯特（Vasyl Kapnist），他是波爾塔瓦地區一個哥薩克軍官家族的後裔，寫下了葉卡捷琳娜時代最知名的抗議作品——〈奴隸制頌歌〉（一七八三年）。部分學者認為卡普尼斯特抗議的是農民的農奴化，另一些學者則認為他是在反對哥薩克國體制的廢除，事實上，這兩者可能都是他的目標，它們差不多在同一時間發生，由同一位統治者的法令推行。對葉卡捷琳娜的統治為他的家鄉帶來的後果，卡普尼斯特沒有掩飾他的失望，他用詩句來描述女皇如何對待自己的子民：「而你壓迫他們，用鎖鏈束縛那些為你祈禱的手。」

眾多烏克蘭精英在聖彼德堡度過了他們生涯中的大量時光，為烏克蘭和俄羅斯的文學和文化都做出了貢獻，卡普尼斯特也是這些人中的一員。他的〈頌歌〉進入了俄羅斯文學經典的行列。在彼得大帝的時代，烏克蘭教士們紛紛遷往俄羅斯並加入帝國教會；在葉卡捷琳娜的時代，大量湧來的則是哥薩克軍官的後代和基輔學院的畢業生，這些人更傾向於選擇世俗的職業。僅在一七五四年到一七六八年間，這所高等學院就有超過三百名畢業生選擇為帝國服務，或是前往俄羅斯，他們所受的教育令他們可以輕鬆地在國外繼續學業，之後再回來為帝國工作。整個帝國裡，烏克蘭醫生的數量是俄羅斯醫生的兩倍，在這個世紀的最後二十年裡，聖彼德堡教師學院中超過三分之一的學生都來自哥薩克國。葉卡捷琳娜禁止烏克蘭教士加入俄羅斯教會（她登基時，大部分俄羅斯主教都已經是烏克蘭移民），但烏克蘭人流入帝國行政部門和軍隊的速度並沒有慢下來。

新一代哥薩克軍官將他們對哥薩克國的忠誠與為帝國服務結合起來，亞歷山大・別茲博羅德科（Oleksandr Bezborodko）的生涯就是一個很好的例子。一七四七年，別茲博羅德科出生於哥薩克國的總書記官家中，後來在基輔學院接受教育；如果他早出生幾十年，這樣的背景足以為他在哥薩克國內開始一段輝煌生涯打下很好的基礎，但時代已經不同了，別茲博羅德科成了團長，但其上司卻已經不是哥薩克統領，而是小俄羅斯的帝國總督彼得・魯緬采夫。年輕的別茲博羅德科參加了一次對鄂圖曼人的戰爭，在許多戰鬥中展現了自己的勇氣，並在擔任魯緬采夫的書記處負責人時表現優異。他在一七七四年成為團長，下一年就已經到了聖彼德堡，受女皇親自差遣。

一七六八年至一七七四年間的俄土戰爭（Russo-Turkish War）加速了別茲博羅德科的晉升，讓他從前哥薩克國來到帝國首都。不光是哥薩克國，整個烏克蘭都受到了這場戰爭的巨大衝擊，戰爭的導火線則是一七六八年春天發生在右岸烏克蘭的一場叛亂。

事實上，有兩場叛亂同時發生：第一場是一次暴動，或者用當時當地的話來說，是（波蘭的和波蘭化的）天主教貴族的反抗「同盟」，針對的則是波蘭—立陶宛聯邦議會授予宗教異見者（尤其是東正教徒）和天主教徒同等權利的決議。葉卡捷琳娜通過自己的使節迫使議會中的天主教代表們通過了這一決議——俄國使節威脅說他將調遣俄國軍隊來達成目標。對葉卡捷琳娜而言，這是證明她有資格代表俄國和東正教立場的方式。叛亂者們拒絕服從議會決議，將之解讀為一個不僅會破壞他們的宗教，也會侵害他們的國家主權的俄國陰謀。這次貴族起義在波多里亞城鎮巴爾爆發，因此得名「巴爾同盟」（Confederation of Bar）。

巴爾同盟的成員們在右岸烏克蘭地區追捕剩下的東正教徒，這種行為激起了另一場叛亂，其參加者是信仰東正教的哥薩克、市民和農民。他們受俄國政府和教會官員的鼓動，起來反抗天主教貴族，在人們心中激起對一六四八年（赫梅爾尼茨基叛亂的第一年）那種規模的屠殺再度出現的恐懼。札波羅結哥薩克人再一次與那些曾聽命於當局的哥薩克人攜手，前者的領袖是馬克沁・薩里茲尼亞克（Maksym Zalizniak），後者則以伊凡・貢塔（Ivan Gont）為首，在烏克蘭民粹主義者眼中和後來的蘇聯歷史敘事中，這兩名哥薩克領袖都將成為英雄。與一六四八年一樣，叛亂的受害者是波蘭貴族、天主教會和聯合教會牧師，還有猶太人；十八世紀中，猶太人已經回到了右岸烏克蘭，重建了他們的經濟、宗教和文化生活，他們中許多人追隨拉比（Rabbi）以色列・巴爾・謝姆・托夫（Israel Baal Shem Tov），這位拉比於一八世紀四〇年代在波多里亞城市梅德日比日（Madzhybizh）傳授哈西迪（Hassidism）教義。天主教叛亂者想要得到一個不被俄國插手的天主教國家，東正教徒想要的則是受俄國人管轄的哥薩克國，猶太人則希望不受干涉，他們都沒能得到自己想要的東西。

一七六八年夏天，俄國軍隊跨過了波蘭—立陶宛聯邦的聶伯河邊界，對巴爾同盟的天主教徒，和信仰東正教的哥薩克和農民同時發起進攻。這一行動尤其出乎後者意料，因為他們將沙皇的軍隊看作自己的解放者，但是，帝國有自己的邏輯，兩場叛亂都威脅了這一地區的穩定，也都遭到鎮壓。然而在叛亂被平定之前，一支自稱歸屬俄國的哥薩克部隊從巴爾塔（Balta）踏出波蘭邊界，進入了鄂圖曼土耳其帝國的領土，據信是要追殺巴爾同盟的成員；鄂圖曼人和法國人都對俄國在這一地區日益膨脹的影響力感到擔憂，遂利用這次事件對俄羅斯帝國宣戰。俄國接受了挑戰。

小俄羅斯總督彼得·魯緬采夫率領一支帝國軍隊和一支哥薩克部隊，進入了摩爾達維亞和瓦拉幾亞。俄軍取得了一連串勝利（別茲博羅德科在拉爾加〔Larga〕和卡古爾〔Kagul〕的戰鬥中表現突出），取得了對這兩個公國的控制，連同其各自首都雅西（Jassy）和布加勒斯特（Bucharest）在內。俄軍還攻下了鄂圖曼帝國位於多瑙河畔的要塞伊斯梅爾（Izmail）和基里亞（Kiliia），今天這兩座城市都位於烏克蘭境內。克里米亞也落入俄軍之手，導致幾乎整個南烏克蘭都被俄國人控制。鄂圖曼人兵敗如山倒，在地中海上，鄂圖曼帝國的海軍也被得到英國顧問幫助的俄國艦隊摧毀。

就俄國人在黑海地區的野心而言，一七七四年簽署的庫楚克凱納爾傑條約（Treaty of Kuchuk Kainarjae）似乎是一種倒退，帝國軍隊不得不離開多瑙河畔的摩爾達維亞公國和瓦拉幾亞公國，此外聖彼德堡還必須將其部隊撤離克里米亞。原因很簡單：許多歐洲強國不願看到俄國人在這一地區影響力的突然膨脹。然而條約在其它方面補償了俄羅斯帝國：它實際上將鄂圖曼人從黑海北岸地區和克里米亞趕了出去，俄國得以在亞速海和黑海地區建立起自己的前哨，克里米亞汗國也宣布成為獨立國家。當然這只是一面之詞：克里米亞半島雖然從伊斯坦堡手中獨立出來，卻成為聖彼德堡的附庸。

一七八三年，克里米亞正式併入俄羅斯帝國，一支俄國軍隊進入半島，將最後一位克里米亞可汗流放到俄羅斯中部地區。此時已經是俄國外交政策主導者的別茲博羅德科在這一進展中扮演了重要角色。他還是所謂「希臘方案」（Greek Project）的始作俑者，這一方案旨在瓦解鄂圖曼帝國，建立一個受俄國控制的新拜占庭帝國，並在多瑙河畔建立由摩爾達維亞和瓦拉幾亞合併而成的新國家達西亞（Dacia）。這個方案最終不了了之，但從帝國當局給克里米亞城市起的希臘式名字中，仍可以發現它的影響。這些城市包括辛菲羅波爾（Simferopol）、葉夫帕托里亞（Yevpatoria）和最有名的塞瓦斯托波爾（Sevastopol）——克里米亞歸於俄國之後兩年，俄國在塞瓦斯托波爾建立了海軍基地。

一七八七年，葉卡捷琳娜前往克里米亞視察，受到這個消息和「希臘方案」傳言的刺激，鄂圖曼人發動了一場新的戰爭，意在奪回黑海北岸的控制權，然而他們再一次失敗了，這一次輸給了俄國人和奧地利人結成的同盟。根據亞歷山大・別茲博羅德科一七九二年在雅西簽署的和約，俄羅斯帝國將其地盤擴大到整個南烏克蘭地區，鄂圖曼人承認克里米亞和刻赤海峽對岸的庫班地區（Kuban）為俄國領土。隨著別茲博羅德科的筆尖落在和約上，烏克蘭草原這條邊界從此被俄羅斯帝國闔上，然而文化意義上的邊界依舊存在，只不過被納入了帝國內部。

軍事手段消弭了草原上的邊界，同時使它向受帝國鼓勵和主導的殖民化敞開。這一地區不再需要哥薩克人。事實上，帝國當局認為哥薩克人易於引起叛亂和衝突，還容易帶來與鄰國的矛盾，因此希望他們離開。俄羅斯哥薩克人參加了一七七三至一七七四年間的普加喬夫起義（Pugachev

Uprising），讓政府更加確信這一點。下一年，從摩爾達維亞前線返回的俄羅斯帝國軍隊包圍了札波羅結哥薩克軍，將哥薩克人驅散。被驅散的哥薩克人中的一部分被招入新建的哥薩克編伍，其中包括黑海哥薩克人——他們在後來被送往毗鄰動盪不安的北高加索地區的庫班半島，其他哥薩克人留了下來，卻不再是一支有組織的力量。當葉卡捷琳娜二世在一七八七年來到克里米亞時，她的寵臣格里高利．波坦金（Grigorii Potemkin）向她展示了這些哥薩克人的定居點。「波坦金村」的說法就來自這次展示——它之所以虛假，並不是因為這些村莊不存在，而是因為這些村莊早就在那裡了，基本不是波坦金努力的成果。

烏克蘭南部草原地區的大規模墾殖，在其還處於哥薩克人控制下時就開始了，札波羅結哥薩克人就曾邀請避難的農民來到這裡，在此之後，政府則在從哥薩克人手中奪來的土地上，逐步建立起新的定居點。逃脫鄂圖曼帝國控制的塞爾維亞難民來到葉利薩維特格勒（Yelysavethrad，即今基洛沃格勒〔Kropyvnytsky〕）和巴克赫穆特（Bakhmut，今頓內次克州的阿爾喬莫夫斯克〔Artemivsk〕）以北地區，他們定居的兩個地區分別被稱為新塞爾維亞和斯拉夫塞爾維亞。隨著俄國人的堡壘向南擴散，隨著帝國從俄土戰爭和對克里米亞的吞併中取得新的領土，整個札波羅結哥薩克地區如今成了被稱為「新俄羅斯」的帝國省份的一部分。（這個省份的邊界隨時間而變遷，有時包括頓內次河地區和克里米亞，有時又將它們排除在外，與那些在二〇一四年主張分裂烏克蘭的俄國理論家們所說的不同，其實從不曾包括過斯洛博達烏克蘭的哈爾基夫地區。）新俄羅斯以從前屬於札波羅結哥薩克人的地區為中心，在十八世紀最後數十年間成為國內外移民的主要目的地。

從一七八九年到一七九〇年，為逃避強制兵役，第一批門諾派（Mennonites）教徒從普魯士遷入這一地區，在緊鄰聶伯險灘南面的霍爾蒂恰島（Khortytsia）上定居下來。更多來自他們故鄉、與他們同屬一個教派的人很快也將來到這裡，一起到來的還有德意志新教徒和來自中歐的天主教殖民者。然而，「外國人」中的大部分卻來自鄂圖曼帝國，包括希臘人、保加利亞人和摩爾達維亞人。俄羅斯帝國當局對農民和工匠的需求早有確證，它鼓勵這些人遷移，並向他們提供土地、稅收減免以及各種俄國臣民無法企及的福利。

帝國上層對定居者的多族群構成感到歡欣鼓舞，在他們看來這可以證明帝國及其統治者的偉大。「摩爾達維亞人、亞美尼亞人、印度人、希臘人，還有黑皮膚的衣索比亞人——無論他們來自世界的哪一片天空之下，都是葉卡捷琳娜的子民。」十八世紀晚期的詩人V. P. 彼得羅夫（V. P. Petrov）寫道。截至十八世紀末，這一地區總共約五十萬男性人口中，已有百分之二十是「外國人」，剩下的則是東斯拉夫人；東斯拉夫人中有一部分是被流放到邊疆地區的俄羅斯宗教異議者，然而大多數都是逃亡的烏克蘭農民——他們多來自右岸烏克蘭地區。新俄羅斯省由帝國創建，有著多族群色彩，然而這個省份的族群構成仍以烏克蘭人為主。

新俄羅斯省的人口以烏克蘭人為主，然而克里米亞韃靼人卻在包括克里米亞半島在內的陶里達省（Taurida）占有壓倒多數。聖彼德堡竭力讓克里米亞被和平納入帝國，給予克里米亞貴族以俄羅斯貴族的地位，還把從前屬於可汗的土地賜給他們。汗國中的其他社會制度，包括伊斯蘭教的統治地位在內，都未遭觸動。帝國並不急於求成，與哥薩克國的情況一樣，帝國對克里米亞汗國的吸納過程將花費超過一代人的時間；如此的謹慎有諸多原因，其中之一是人口的外流：截至十八世紀末，有近十萬克里米亞汗國的前臣民離開了克里米亞半島及其北方的黑海沿岸草原，去往鄂圖曼帝國。對這種人口流動的一種解釋是這些人希望生活在一位伊斯蘭教君主統治之下，另一種解釋則是草原邊界遭到關上，造成了此地經濟機會的流失，因為奴隸貿易和戰爭掠奪已經徹底行不通了。

別茲博羅德科簽署的雅西和約，使俄國對克里米亞和南烏克蘭地區的占領在國際法的框架內得以合法化。而第二年，也就是一七九三年，前哥薩克國的西部邊界上發生了另一起戲劇性的事件。俄國和波蘭之間那條沿聶伯河劃定的邊界由來已久，一百二十多年來一直將烏克蘭一分為二，卻突然不復存在；俄軍渡過了聶伯河向西挺進，其中部分由已經是帝國軍隊高級軍官的前哥薩克軍官們率領。他們占領了包括卡緬涅茨—波迪爾斯基要塞在內的東波多里亞，以及包括日托米爾城在內的沃里尼亞的一部分。在北方，俄軍則占領了白俄羅斯城市明斯克和斯盧茨克（Slutsk）。

這次事態的變化是對波蘭的第二次瓜分，它終結了聶伯河邊界的存在，也讓烏克蘭哥薩克人夢想已久的右岸和左岸烏克蘭的統一變成了現實。對波蘭的第一次分割發生在一七七二年，其時歐洲的三大強國（俄國、奧地利和普魯士）奪取了波蘭—立陶宛聯邦的一部分。普魯士分得了格但斯克（Gdańsk），使其核心地區和東普魯士連成了一片；俄國得到了東白俄羅斯；奧地利則分得了加利西亞。在十八世紀的大部分時間裡，俄國都藉軍事和政治壓力控制波蘭議會，進而主宰著整個波蘭—立陶宛聯邦，更近一段時間還透過一位忠順的波蘭國王來實施控制，因此這第一次瓜分對俄羅斯帝國來說是一種損失，而非收穫。實際上它是一個避免軍事衝突的策略，因為此時聖彼德堡尚未做好戰爭的準備。奧地利人對俄國在一七六八至一七七四年俄土戰爭中的勝利感到擔憂，站在了鄂圖曼人一邊，威脅要進攻俄國。因此俄國同意接受對波蘭的第一次瓜分，實則是在利誘奧地利，讓它不要插手鄂圖曼帝國和俄國之間的衝突。

奧地利人吞下了這個誘餌。他們想要西利西亞（Silesia），即以今天的弗羅茨瓦夫（Wrocław，布雷斯勞〔Breslau〕）為中心的地區，但俄國人給出的卻是加利西亞。奧地利的哈布斯堡王朝皇后瑪利亞・特蕾莎（Maria Theresa）不喜歡「瓜分」這個詞，在她看來那意味著這整個方案缺乏合法性，於是嘗試用歷史來為這次吞併正名；從歷史上匈牙利國王們對中世紀的加利西亞—沃里尼亞公國提出的領土主張中，特蕾莎找到了她想要的名義，從此這片新領土就被稱為加利西亞和洛多梅里亞王國（Kingdom of Galicia and Lodomeria）。奧地利人嚴肅對待自己捏造的奧地利與加利西亞—沃里尼亞的聯繫，一七七四年哈布斯堡家族聲稱加利西亞王公對布科維納（Bukovyna）擁有主權，從摩爾達維亞攫取了這塊地方，由於從一六九九年起整個外喀爾巴阡省（今天烏克蘭最西端的地區）就處於維也納的掌握之中，現在哈布斯堡家族得以將三個未來的烏克蘭省份集中在自己手裡，這一狀況將對近代烏克蘭和整個東歐地區產生重大的影響。

對波蘭的第一次瓜分沒有增加俄羅斯帝國手中的烏克蘭領土——俄國獲得的地盤都在白俄羅斯和立陶宛。然而到了一七九三年，華沙發生的事件引發了對波蘭的第二次瓜分，讓情況發生了變化。一七九一年五月，波蘭議會的代表們通過了一部新的、旨在讓聯邦重新站起來的憲法。新憲法是啟蒙運動和法國大革命思想的產物，注重權力集中、良好的治理和教育，並在宗教寬容領域帶來了一些進步。在波蘭周邊的瓜分勢力看來，這部憲法更重要之處則在於它承諾讓波蘭政府重新變得可以正常運轉：它強化了國王權威，移除了所有議會決議必須全票通過的規定，即著名的、或者不如說臭名昭著的「自由否決權」（拉丁語：liberum veto）。

看起來，儘管（或因為）遭遇了第一次瓜分的衝擊，波蘭—立陶宛聯邦仍試圖讓自己脫離貴族內鬥的泥沼，重新成為一個中歐強國。為了防止這種情況出現，普魯士和奧地利攫取了更多波蘭領土。俄國人也不甘人後，他們的藉口是保護傳統的波蘭權利和自由，包括「自由否決權」在內。烏克蘭境內的聶伯河邊界必須取消，新的邊界在沃里尼亞和波多里亞建立起來。俄國人將帝國國界一直推進到奧屬加利西亞的東端，這讓哈布斯堡王朝和羅曼諾夫王朝變成了鄰居。與瑪利亞・特蕾莎皇后一樣，葉卡捷琳娜也十分注重合法性的問題，第二次瓜分完成之後，俄國皇室發布了一枚紀念章，上面刻有帝國新邊界的地圖，其銘文為「我已收復失土」，意指這片地區曾經屬於基輔羅斯。

俄國的邊界還在繼續向西擴張，這已經與恢復基輔羅斯舊地無關，而是源於波蘭—立陶宛聯邦內部因第二次瓜分而發生的一次起義，起義的領袖是白俄羅斯人塔德烏什．科希丘什科（Tadeusz Kościuszko），他是巴爾同盟的老兵，參加過美國獨立戰爭，修築了西點（West Point）的防禦工事，並被大陸會議（Continental Congress）晉升為准將。一七八四年科希丘什科回到波蘭—立陶宛聯邦，在波蘭軍隊中擔任少將；一七九四年，他在克拉科夫發動起義，成為聯邦武裝力量總司令。所有的瓜分勢力（俄國、普魯士和奧地利）都派軍越過了波蘭邊界以鎮壓這次暴動，其結果是波蘭王國的徹底毀滅。

這一次，三位「開明專制」君王將第二次瓜分後波蘭剩餘的土地分了個乾淨。奧地利在與俄國對沃里尼亞（即「洛多梅里亞」）的爭奪中失敗，改為吞併包括克拉科夫在內的部分波蘭國土。為了讓吞併看似正當，奧地利將這片土地視為加利西亞的一部分。普魯士則擴大了其位於波羅的海南岸的地盤，直抵華沙。然而最大的受益者是俄國：它分得波羅的海諸省、立陶宛、西白俄羅斯，在烏克蘭則獲得了包括里夫涅（Rivne）和盧茨克在內的沃里尼亞（Lutsk）地區。

一些人將對波蘭的歷次瓜分視為烏克蘭的重新統一過程，蘇聯歷史學界無疑採取了這一立場，事實上，對波蘭的瓜分在烏克蘭造成了部分地區的統一，也造成了其它部分地區的分裂和切割。如果說在瓜分之前烏克蘭大部分土地被波蘭—立陶宛聯邦和俄羅斯帝國分享，現在分享者則變成了俄羅斯帝國和哈布斯堡帝國。就烏克蘭土地而言，俄國從小「股東」變成了大「股東」，掌握著烏克蘭族群地區的大部分。瓜分波蘭的結果之一是：俄羅斯帝國內的烏克蘭族人口占比從百分之十三上升到百分之二十二，而俄羅斯族則從百分之七十下降到百分之五十。在俄國新獲得的烏克蘭土地上，猶太人占總人口的百分之十，另有大約百分之五是波蘭人和波蘭化的天主教徒。這讓這片土地成了一張族群拼貼，與帝國在南烏克蘭地區鼓吹和引以為自豪的族群構成比起來，有過之而無不及。然而帝國新獲得的波蘭、猶太甚至烏克蘭（按當時的說法即小俄羅斯）臣民對帝國的忠誠遠非理所當然，這些多族群居民並非這片土地上的新來者，那個奪取了它的國家才是初來乍到，而這個國家只歡迎其新臣民中的一部分，而不是全部。早在一七九一年，帝國政府就實施了「定居範圍」（Pale of Settlement），將猶太人定居地區限制在前波蘭—立陶宛聯邦省份，後來又加上了其從南方新獲得的一部分地區。烏克蘭大部分地區都在「範圍」之內。

十八世紀下半葉，一系列談判導致了烏克蘭邊界的重大變動。這些談判中的關鍵人物不是別人，正是「哥薩克公爵」亞歷山大·別茲博羅德科。我們已經知道身在聖彼德堡的別茲博羅德科一直是哥薩克故鄉（他稱之為祖國）的忠誠愛國者。他推動出版了一部哥薩克編年史，並親自撰寫了從一七三四年丹尼洛·阿波斯托爾統領去世到一七六八年俄土戰爭爆發之間的哥薩克國歷史；這部編年史對哥薩克人與鄂圖曼人、克里米亞韃靼人和波蘭人之間的戰爭進行了大量描述。然而，我們所不知道的是：在他提議吞併克里米亞時，在他在雅西參加決定黑海北岸地區命運的協商時，還有在他與奧地利人和普魯士人就如何瓜分波蘭—立陶宛聯邦進行談判時，別茲博羅德科是否受到了自己「小俄羅斯」背景和身分認同的影響。在他推動將克里米亞和波蘭—立陶宛聯邦從地圖上抹去的時候，他自己的祖國也已經從那張地圖上消失了。十八世紀不僅是一個啟蒙和理性的時代，更重要的是，它是一個帝國時代。

14

The Books of the Genesis

第十四章 起源之書

「烏克蘭尚未滅亡，」這是烏克蘭國歌的開頭字句。對任何歌曲來說，這樣的開頭都難稱樂觀，但這首歌並非唯一一首無法激起樂觀情緒的國歌。波蘭國歌的開頭與此類似，是「波蘭尚未滅亡。」波蘭國歌歌詞作於一七九七年，而烏克蘭國歌歌詞作於一八六二年，因此到底是誰影響了誰，一目了然。這樣的悲觀主義從何而來？對波蘭人和烏克蘭人而言，民族滅亡的觀念都來自他們在十八世紀晚期的經歷，即波蘭的瓜分和哥薩克國的終結。

與其它許多國歌一樣，波蘭國歌原先是一首進行曲。這首歌為跟隨拿破崙・波拿巴（將來的法國皇帝）在義大利征戰的波蘭軍團而作，最初叫做「東布羅夫斯基瑪祖卡」（Dąbrowski mazurka）得名自波蘭軍團的一名指揮官揚・亨里克・東布羅夫斯基（Jan Henryk Dąbrowski）。波蘭軍團中許多軍人，包括這位指揮官在內，都曾參加科希丘什科起義。這首歌作於波蘭被瓜分勢力摧毀之後，意在鼓舞他們的情緒。歌詞的第二行即明確表示：「只要我們一息尚存」，波蘭就不會滅亡。波蘭國歌不僅將民族的命運與國家聯結在一起，也將它與自視為民族成員的那些人聯結在一起，因此不僅讓波蘭人看到了希望，也讓其他沒有自己國家的民族的代表們看到了希望。波蘭和烏克蘭的新一代愛國者拒絕把上個世紀的悲劇當作對他們民族命運的最終判決，這兩個民族的運動者開始宣傳一種新的民族國家理念：它應該是一個由愛國公民組成的民主政治體，而不僅僅是一個擁有領土的政權。

在十九世紀的第一個十年中，拿破崙和他的士兵們用歌曲和槍尖將民族和人民主權的觀念傳遍整個歐洲。一八〇七年，這位法國皇帝擊敗了普魯士，在普魯士從瓜分波蘭中獲得的土地上建立了華沙公國，波蘭軍團成員們的夢想離實現更近了一步：對他們而言，這意味著祖國復國這個令人激動的前景。一八一二年，拿破崙入侵俄羅斯帝國之後，俄國統治下的波蘭人也群起支持被他們視為解放者的法國侵略軍。這一時代波蘭首屈一指的詩人亞當·密茨凱維奇（Adam Mickiewicz）在其史詩〈塔德烏什先生〉（Sir Thaddeus）描述了法軍進入今天白俄羅斯地區時當地波蘭貴族的興奮之情。這部作品至今仍被波蘭學校列為必讀篇目（在白俄羅斯則不然）。「光榮已屬於我們，」詩中的一名波蘭人物說道，「我們的共和國很快就會重生。」

一八一五年，十五歲的密茨凱維奇在進入維爾紐斯大學學習時將自己的名字改成了亞當·拿破崙·密茨凱維奇，此時波蘭人「我們的共和國重生」的夢想早已粉碎，拿破崙和東布羅夫斯基以及他們的法軍和波蘭軍團都已從俄羅斯帝國敗退。拿破崙侵俄失敗一年多一點之後，俄軍占領了巴黎，而拿破崙被流放到厄爾巴島（Elba）。但這些努力並非全部白費，決定後拿破崙時代歐洲命運的維也納會議（一八一四至一八一五）讓波蘭再次出現在歐洲地圖上。維也納會議在拿破崙創建的華沙公國廢墟基礎上，增加了部分原被奧地利吞併的土地，建立了波蘭王國。這個波蘭王國與它的強鄰俄羅斯帝國擁有共同的君主，在俄國被稱為沙皇國（tsardom），而非王國。沙皇亞歷山大一世（Alexander I）還賜予波蘭以帝國其它部分無法企及的自治權和特殊待遇。

以帝國統一化和行政司法標準化為標誌的葉卡捷琳娜理性時代就此結束，特殊對待的時代又回來了。那些失去了特權的民族都對波蘭人滿懷羨慕，其中包括前哥薩克國的精英階層。儘管近代波蘭民族主義是在拿破崙的翼護下成長起來的，烏克蘭的民族主義最初興起時卻以反波拿巴為旗幟。在拿破崙戰爭中，俄羅斯帝國的報紙第一次開始刊登烏克蘭語而非俄語的愛國詩歌，這批詩歌中的一首出現在一八〇七年，題為「啊哈！惡棍雜種波拿巴，你搶得還不夠嗎？」無論是以哪種方式，拿破崙都激起了當地的愛國主義和民族情感。在波蘭人、德意志人和俄羅斯人用各自的母語表達這些情感的同時，一些烏克蘭人決定他們也應該用自己的語言來表達。在烏克蘭以及歐洲其它地區，語言、民間故事、文學，以及同樣重要的歷史，都成為構建一種近代民族認同的磚瓦。

近代烏克蘭文學的奠基人伊凡・科特利亞列夫斯基（Ivan Kotliarevsk），就是那些準備拿起武器抵抗拿破崙的烏克蘭人中的一員。他出生在前哥薩克國境內的波爾塔瓦地區，自己組建了一支哥薩克部隊，加入到抵抗拿破崙的鬥爭中。科特利亞列夫斯基是一名下級官員的兒子，在一所神學院接受教育，曾做過貴族子弟的家庭教師，也曾加入俄羅斯帝國的軍隊，在一八〇六至一八一二年的俄土戰爭中作戰。一七九八年，還在軍中服役的他出版了其詩作《埃內伊達》（*Eneida*）的第一部分。這部詩作是基於維吉爾的《埃涅阿斯紀》（*Aeneid*）的模仿之作，其中的主要人物並非希臘人，而是札波羅結哥薩克人。正如人們對真正的札波羅結哥薩克的期待那樣，詩中人物都說烏克蘭方言。然而，我們只有在回顧中才能理解這部詩篇的語言選擇背後的邏輯。在十八世紀晚期的烏克蘭，科特利亞列夫斯基是一位先驅——他是第一個用烏克蘭方言創作重要詩篇的作者。

科特利亞列夫斯基為什麼要這樣做？沒有任何證據表明他在嘗試表明某種政治立場。實際上，選擇「模仿」這樣的文體，正表明他是在進行一場語言和主題的遊戲，而不是要創作一部高度嚴肅的作品。很明顯，科特利亞列夫斯基不乏文學天賦，對時代精神也有精準的把握；十八世紀晚期，整個歐洲的知識分子都致力於將民族國家設想為不僅是一個人民享有主權的政治體，還是一個文化實體，一個等待被民族文藝復興喚醒的睡美人。在德意志地區，約翰・戈特弗里德・赫爾德（Johann Gottfried Herder）將語言和文化作為自己對民族的新理解的基礎。在西歐和中歐的其它國家也一樣：後來被稱為民俗學者的狂熱分子們到處搜集民間故事和歌謠，在找不到「好」樣本時，就自己創作。在英國，古代吟游詩人莪相（Ossian）的「發現者」詹姆斯・麥克弗森（James Macpherson）就成功地將愛爾蘭民間傳說變成了蘇格蘭的民族神話。

前一個時代，主宰俄羅斯文學的是教會斯拉夫語，而當科特利亞列夫斯基寫作《埃內伊達》第一部分時，正值教會斯拉夫語難以為繼的時候，各種基於方言的文學作品也因此得以以不同的方式出現在公共領域。俄國出現了其第一位真正意義上的大詩人亞歷山大．普希金，烏克蘭則有了自己的大詩人科特利亞列夫斯基。無論他用烏克蘭語寫作的初衷為何，科特利亞列夫斯基從未對這個選擇感到後悔，他還將完成《埃內伊達》的其餘五部，並成為第一批烏克蘭語戲劇的作者，這些戲劇中包括以一個烏克蘭村莊為背景的愛情故事《娜塔爾卡——波爾塔夫卡》（*Natalka-Poltavka*，即《波爾塔瓦的娜塔爾卡》）。前哥薩克國的波爾塔瓦地區（科特利亞列夫斯基的故鄉）所使用的語言將成為標準烏克蘭語的基礎，並為以聶伯河為中心，東至頓河，西至喀爾巴阡山脈的不同烏克蘭方言的使用者所接受。科特利亞列夫斯基帶來了一種新的文學，而阿列克西．帕夫洛夫斯基（Oleksi Pavlovsky）在一八一八年出版了其作品《小俄羅斯方言語法》，讓這種語言有了自己的第一套語法系統。一年後，米柯拉（尼古拉）．采爾捷列夫（Mykola (Nikolai) Tsertelev）編撰的第一部烏克蘭民歌集也得以出版。

如果不是其他數以十計（後來更發展到數以百計）富有才華的作者的作品出現，科特利亞列夫斯基及其作品完全可能只是文學史上的一個小小註腳，一個異數而已。這些作者並非都用烏克蘭語寫作，但他們大多數人都是浪漫主義者，都懷有十九世紀初那種對民間傳說和傳統的美好想像，都重視情感而非啟蒙時代的理性主義。烏克蘭浪漫主義的發源地是哈爾基夫，一八〇五年，帝國當局在這裡開辦了一所大學，邀請全國各地的教授們前來任教。在當時，身為一名教授通常意味著對地方誌和民間傳說感興趣，而哈爾基夫正有豐富的傳統；在博赫丹．赫梅爾尼茨基的年代，哈爾基夫是斯洛博達烏克蘭的行政和文化中心，居住著烏克蘭哥薩克人和逃亡的農民，到了十八世紀晚期和十九世紀初，這片土地常被人稱為「烏克蘭」。因此，一八一六年哈爾基夫開始出現的第一份文學年鑒被命名為《烏克蘭先驅報》（*Ukrainian Herald*）也就不足為怪了。雖然這份刊物以俄語印刷，但它也接受烏克蘭語投稿，它的許多作者所討論的也是烏克蘭歷史和文化主題。

哥薩克歷史成為了浪漫主義文學的興趣焦點，這在科特利亞列夫斯基的《埃內伊達》中已有所顯示，而哈爾基夫的浪漫主義者們對這一時期最具影響力的烏克蘭歷史著作《羅斯歷史》（*Istoriia rusov*）的積極歡迎和宣傳，又進一步證明了這一點。這部關於烏克蘭哥薩克人的歷史被歸為十八世紀的東正教大主教赫俄希·科尼斯基（Heorhii Konysky）的著作，但其真正的作者（或作者群）來自前哥薩克國斯塔羅杜布地區的哥薩克軍官後裔階層。無論《羅斯歷史》的作者是誰，他都對哥薩克軍官和俄羅斯貴族之間的不平等十分關切，並更加公開地主張小俄羅斯和大俄羅斯的平等。這是在十八世紀哥薩克文學中迴響的傳統主題，但現在以合乎浪漫主義時代情感的形式表現出來。

《羅斯歷史》將哥薩克人刻畫為一個獨特的民族，並藉由烏克蘭哥薩克統領們的英雄事蹟、戰鬥歷程和死於敵人之手的故事，來歌詠哥薩克歷史。這些敵人和其敘事中的反面人物大都是代表著別的民族——波蘭人、猶太人和俄羅斯人。帝國各地的浪漫主義作家和詩人們的想像力都被《羅斯歷史》點燃了，這些人中包括聖彼德堡的孔德拉季·雷列耶夫、亞歷山大·普希金和尼古拉·果戈里（Nikolai Gogol）。在哈爾基夫，這一神祕文本的主要鼓吹者是本地大學的一名教授伊斯梅爾·斯列茲涅夫斯基（Izmail Sreznevsky）。與他之前的麥克弗森一樣，斯列茲涅夫斯基同樣自己創造民間傳說，麥克弗森利用愛爾蘭神話來達到目的，斯列茲涅夫斯基則在《羅斯歷史》中尋找靈感。這部作品在十九世紀三〇、四〇年代在前哥薩克國地區風靡一時，將一段關於哥薩克社會階層的歷史，轉化為一種對一個新興民族社群的記述，邁出了近代烏克蘭民族塑造過程中極為重要的一步。

曾經存在的哥薩克國為近代烏克蘭民族的構建提供了磚石——關鍵的歷史神話、文化傳統和語言，除此之外，它還提供了建築這個民族的人：《埃內伊達》的作者伊凡．科特利亞列夫斯基、第一部烏克蘭民歌集的編撰者米柯拉．采爾捷列夫，以及寫出第一本烏克蘭語語法著作的阿列克西．帕夫洛夫斯基，全部都來自前哥薩克國。在烏克蘭民族構建的早期階段中，哥薩克國精英階層占有如此突出甚至是主導的地位，原因很簡單：在十九世紀的烏克蘭，擁有土地的精英階層與當地人口共享同一種文化的唯一地區就是前哥薩克國。在奧屬加利西亞和俄屬沃里尼亞、波多里亞和右岸烏克蘭，主導當地政治和文化圖景的是信仰天主教的波蘭人，或是波蘭化的烏克蘭貴族；在葉卡捷琳娜二世時代得到墾殖的南方草原上，處於統治地位的精英階層則是族群意義上或文化意義上的俄羅斯人；因此，哥薩克國境內的舊哥薩克民族後裔幾乎自然而然地成為了新民族塑造鬥爭的先鋒，這個新民族從其語言到其名字「烏克蘭」都來自哥薩克國，也就不足為怪了。

現代烏克蘭民族構建的初始階段被一些學者稱為遺產收集時期，濫觴於拿破崙戰爭期間及緊接其後的一段時間，而第二個階段則受到十九世紀三〇年代波蘭起義的影響，這場起義導致了早期烏克蘭民族運動政治方案的形成。

波蘭的起義早有其緣由，根據一八一四至一八一五年維也納會議的決議，開明的俄國皇帝亞歷山大一世（他剛剛把「波蘭沙皇」的稱號加入自己的頭銜）為自己新獲得的領土提供了一部歐洲範圍內最自由的憲法。然而這位沙皇很快就證明他頭銜中的「皇帝」二字並非虛設，他對波蘭王國的統治權獲得歐洲列強承認之後不久，亞歷山大的開明路線就走到了盡頭。他的代表經常無視波蘭議會，侵犯新聞自由，並不顧沙皇原先允諾的其它公民權利。當不滿的波蘭青年們組織起祕密的會社時，警察就對他們展開追捕。

一八二五年的十二月黨人起義之後，情況愈發惡化。這次起義中，包括部分顯赫哥薩克家族後裔在內的俄國軍官們，率部發動叛亂，要求制訂一部憲法。反叛被鎮壓了，皇帝尼古拉一世（Nicholas I）長達三十年的的保守統治由此拉開序幕。一八三〇年十一月，一次由年輕波蘭軍官在華沙發動的兵變很快演變成一場起義，席捲了整個王國和包括今天立陶宛、白俄羅斯和烏克蘭在內的前波蘭領土。一支波蘭軍團被派往沃里尼亞，而沃里尼亞、波多里亞和右岸烏克蘭的波蘭貴族也開始叛亂，他們號召烏克蘭農民們加入起義的隊伍，有時候甚至許諾會將他們從農奴制中解放出來。帝國以其優勢的軍力鎮壓了這次起義。起義的許多領導人、參加者和支持者，包括亞當．密茨凱維奇在內，都逃離了波蘭，其中大部分人逃往法國，運氣差一些的人則被關進俄國人的監獄，或是遭到流放。

十一月起義不僅是一場對波蘭愛國主義和民族主義的動員，它同樣在俄國土地上激起了強烈的民族主義反響。由於拿破崙戰爭而染上明顯反法國色彩的俄羅斯帝國愛國主義者，如今開始激烈地反波蘭。地位崇高如亞歷山大．普希金等的人物，開始在意識形態上，引領了對波蘭叛黨及其法國支持者的攻擊。在其作品〈致俄國的中傷者〉中，普希金要求對波蘭解放事業提供保護的法國人不要插手，把俄羅斯和波蘭之間的矛盾留給斯拉夫人自己解決。普希金在波蘭人的叛亂中看到了對俄國領土的威脅，並認為這種威脅不限於波蘭王國的範圍。在他看來，這場叛亂還是對烏克蘭的爭奪。當俄軍攻下叛黨盤踞的華沙後，普希金在一首詩中寫道：

我們將防線後撤到何處？
難道要退過布赫河？退過沃爾斯克拉河（Vorskla）？直到（聶伯）河口？
那時沃里尼亞將屬於誰？
博赫丹（・赫梅爾尼茨基）的遺產又將是誰家之物？
如果承認叛黨的權利，
那立陶宛人不也會背離我們的統治嗎？
還有基輔，那擁有金頂的老朽古城，
羅斯的萬城之祖——
難道它也要讓那些神聖的陵墓
落入野蠻的華沙之手？

在十一月起義期間，普希金甚至動起了寫作一部「小俄羅斯」歷史的心思。

在波蘭起義之後的幾十年中，俄國在烏克蘭和其它前波蘭屬地上的政策，主旨都是抵抗來自西方、尤其是波蘭的影響。羅曼諾夫王朝的帝國已經準備好「本土化」，用俄羅斯愛國主義和新生的民族主義來保衛其獲得的領土，在這段時間裡，帝國教育大臣謝爾蓋・烏瓦羅夫伯爵（Sergei Uvarov）明確提出了新的俄羅斯帝國身分認同的幾大基礎：專制政體、東正教信仰和民族。如果說烏瓦羅夫的三原則中的前兩個是俄羅斯帝國意識形態的傳統標誌，第三個原則則是對這個新興民族主義的時代作出的回應。烏瓦羅夫所謂的「民族」並非泛指，而是專指俄羅斯民族。烏瓦羅夫曾寫道：他的三原則構成了「俄羅斯的獨特本質，並專屬於俄羅斯，」它們「將俄羅斯民族身分的神聖遺緒結成一個整體」，而這個民族由俄羅斯人、烏克蘭人和白俄羅斯人共同組成。

歷史學家們至今仍對烏瓦羅夫的三原則的具體含義爭論不休，但其明晰簡潔的結構提供了一個很好的框架，便於我們討論十九世紀三〇年代之後帝國的西部邊疆政策。羅曼諾夫王朝的理想子民不僅要忠於帝國（在理性時代這一條已經足夠），還必須屬於俄羅斯民族和信奉東正教。波蘭的十一月起義讓烏克蘭農民階層對帝國的忠誠變得可疑了，在帝國當局眼中，這些人無疑屬於俄羅斯民族，卻往往不信仰東正教——大部分新領土上的居民仍留在聯合教會內。因此，要保證他們對帝國的忠誠，讓他們變成沙皇的理想子民，就必須讓他們從聯合教會改宗東正教，以打破聯合教會的農民信徒和天主教貴族之間的聯結。當局為達到這個目的而採取的策略，在本質上與布列斯特聯合的方法正好相反：帝國政府及聯合教會內部的政府支持者，沒有在個人層面上宣揚聯合教會的信徒改宗，而是要使整個教會併入東正教，這或多或少有些類似波蘭當局在十六世紀晚期和十八世紀早期針對聯合教會的做法。

一八三九年，一次聯合教會會議在政府的支持下召開，宣布了聯合教會與俄羅斯東正教會的「重新統一」，並請求得到沙皇首肯。皇帝同意了這個請求，調遣軍隊進入這一地區，以保證這次反向聯合不會遭遇新的反抗。烏克蘭和白俄羅斯境內超過一千六百個教區和（據某些估計）一百五十多萬信徒在一夜之間「回歸」了東正教。在白俄羅斯、沃里尼亞、波多里亞和很大一部分聶伯河右岸地區，東正教信仰和民族身分被結為一體，以便為專制政體服務。這是前聯合教會信徒漫長「東正教化」過程的開端，而他們在文化上的「俄羅斯化」也同時發生，東正教會的神學院都使用俄語作為教學語言，因此教會的知識精英階層不僅從聯合教會的天主教信仰改宗了東正教，在民族身分上也從烏克蘭人或魯塞尼亞人變成了俄羅斯人。

更為複雜和困難的，是如何爭取受波蘭起義威脅的領土上那些世俗精英階層的「心靈和思想」。起初，帝國採用了其通常的策略，在將波蘭貴族階層併入帝國的同時，不削減他們的法律地位和地產權利。亞歷山大一世任用波蘭貴族和知識分子來推行他的開明改革。波蘭人在教育領域起到的作用尤為突出，這是因為一七九五年亡國之前波蘭在這一領域取得了重大進步。

在帝國烏克蘭省份的新教育體系的創立過程中，出身波蘭貴族的亞當・安傑伊・恰爾托雷斯基（Adam Jerzy Czartoryski）公爵起到了關鍵的作用。在十九世紀第一個十年中，他曾擔任亞歷山大一世的顧問，並有幾年成為事實上的俄國外交政策負責人；亞歷山大還委任恰爾托雷斯基負責管理維爾紐斯教育區，這一教育區以維爾紐斯大學為中心，管轄範圍包括西烏克蘭的很大一部分。另一名波蘭貴族塞維倫・波托茨基（Seweryn Potocki）是哈爾基夫教育區的長官，該區以哈爾基夫大學為中心，管轄烏克蘭其餘地區的教育體系。在俄羅斯帝國首任教育大臣、基輔莫希拉學院畢業生彼得羅・紮瓦多夫斯基（Petro Zavadovsky）主導的教育改革中，這兩所大學的創辦和整個地區公立學校體系的建立均進入了改革的主要成就之列。

如果要說十九世紀早期的聖彼德堡有任何關於民族身分問題的政策，它必然基於斯拉夫民族聯合的理念，即俄羅斯人（烏克蘭人也被認為包括在內）和波蘭人的聯合，但十一月起義讓情況發生了變化。直至一八二三年還是維爾紐斯教育區主管的亞當・恰爾托雷斯基在一八三〇年十二月成了波蘭革命政府的領導人。後來，恰爾托雷斯基又在巴黎朗貝爾飯店套房裡領導「大移民」（Great Emigration）團體的活動（「大移民」一詞指流亡西方的波蘭起義者）。俄國專制政府和波蘭天主教貴族階層之間的聯合不復存在，而教育領域的進展也停滯了，因為教育有賴於波蘭人的參與和忠誠。帝國政府接受了十一月起義領導者發起的文化挑戰，開始對烏克蘭和帝國境內其它前波蘭領土採取俄羅斯化措施；烏瓦羅夫伯爵急切地希望發展俄語教育和俄語文化，以制衡在這些邊疆地區占統治地位的波蘭文化。

一度在招生水準上堪與牛津大學比肩的維爾紐斯大學在一八三二年被關閉，政府不再能容忍這樣一所被其視為波蘭民族主義溫床的學校；地區內其它由波蘭人管理的教育機構也被關閉，其中包括位於沃里尼亞城鎮克列梅涅茨（Kremianets）的一所學院，政府將該學院豐富的圖書館藏、雕塑藏品及其植物園中的草木都搬到了基輔，並於一八三四年在基輔建立了一所新的帝國教育中心，用以取代維爾紐斯大學。波蘭語在這裡被禁止使用，俄語成為唯一的教學語言。新的大學以弗洛基米爾（弗拉基米爾）大帝的命字命名，因為根據官方歷史的說法，他是第一位信仰東正教的君主，還是一名俄羅斯人。

此時基輔只有三萬五千居民，被普希金在將之與華沙相比時形容為「老朽」，帝國當局開始著手將基輔改造為一座位於歐洲文化邊緣的帝國堡壘和俄羅斯民族性大本營。他們根據帝國的時代潮流重建了基輔的東正教堂，並驅逐了這座城市的猶太居民；政府修建了新的街道，給城市各地冠以新的名字，其中一條街道被命名為憲兵街（Gendarme Way），以彰顯警察力量對當局在象徵和實際兩方面的重要性，以及帝國統治在這一邊疆地區的穩固。新任基輔、波多里亞和沃里尼亞總督帶著將聶伯河右岸地區「融入」帝國的使命來到基輔，並在一八三三年提議修建一座弗洛基米爾大公紀念碑。沙皇尼古拉一世親自審查了這個提議，並十分喜歡。工程耗時二十年才得以實現，一八五三年，塑像在基輔落成，至今尚存，它沒有如原計畫坐落在弗洛基米爾大學附近，而是位於聶伯河岸上。關於這座塑像的意識形態意義和歷史蘊含，人們有各種各樣的解讀：有人將之理解為俄羅斯—烏克蘭的宗教和族群統一，也有人理解為對第一個烏克蘭國家創立者的紀念。到了今天，很少有人會意識到：樹立這座塑像的最初用意是宣示帝國對聶伯河右岸原波蘭屬地的統治權。

新大學（勒維夫和哈爾基夫之後烏克蘭地區的第三所大學）在基輔的創辦成為這一地區歷史上的一個重要轉捩點，這所大學的主要目的在於培養本地骨幹，讓他們成為俄羅斯影響力的代表和俄羅斯身分的宣傳者。政府還成立了歷史委員會，專司手稿和檔案的搜集和出版，以此構建右岸烏克蘭、波多里亞和沃里尼亞自古就是俄羅斯領土的歷史敘事。剛開始時一切盡如計畫，本地人才（大多數或者來自哥薩克軍官家族，或者是牧師或是前哥薩克國下層官員的兒子）紛紛來到基輔，加入這些新機構，投入與哥薩克人的宿敵波蘭人的論戰。然而到了十九世紀四〇年代末，帝國當局發現他們的處境有些不妙：這所大學和這個歷史委員會原來被視為保衛俄羅斯身分認同、應對波蘭挑戰的堡壘，如今卻變成一種新的身分認同和新的民族主義的溫床。

一八四七年二月，一名叫阿列克謝・彼得羅夫（Aleksei Petrov）的基輔大學法學學生出現在基輔教育區的辦公室，揭發了一個以將俄羅斯帝國變成共和國為目標的祕密社團。根據彼得羅夫的告發展開的調查挖出了地下的聖西瑞爾和美多德兄弟會（Saints Cyril and Methodius）——這個名字來自那兩位不僅用宗教，還用一種新的語言和一套新的字母啟蒙了斯拉夫人的基督教傳教士。兄弟會成員包括基輔大學的歷史學教授米柯拉（尼古拉）・科斯托馬羅夫（Mykola (Nikolai) Kostomarov）——他將在後來成為現代烏克蘭史學的奠基人，還有新任的素描教師塔拉斯・舍甫琴科（Taras Shevchenko）。米柯拉・科斯托馬羅夫出身於鄰近斯洛博達烏克蘭的沃羅涅日省的一個俄羅斯貴族家庭，卻常常強調自己的母親是一名烏克蘭農婦。無論其說法是真是假，十九世紀中葉的基輔知識分子們的確把農民出身視為一種光榮——他們都希望能為人民服務，離人民越近越好。

兄弟會中沒有哪位成員，比科斯托馬羅夫的共謀塔拉斯．舍甫琴科，更有資格宣稱自己代表平民。一八一四年，舍甫琴科出生於右岸烏克蘭一個農奴家庭，他在年輕時進入一名富有的波蘭地主家中，以僕從的身分先是去了維爾紐斯，後來又到了聖彼德堡，並在那裡展現出自己的藝術才華。他在聖彼德堡著名的夏園（Summer Garden）寫生時，被那裡的一名烏克蘭畫家發現，畫家將舍甫琴科引薦給當時俄國文化舞臺上的一些領袖人物，其中包括普希金之前俄國最有名的詩人瓦西里．茹科夫斯基（Vasilii Zhukovsky）和俄羅斯浪漫派藝術開創者之一卡爾．布留洛夫（Karl Briullov）。舍甫琴科的作品、性格和遭遇震撼了聖彼德堡的藝術圈，讓他們決定不惜代價解放這名年輕的農奴。最後他們以二千五百盧布的價格換得了舍甫琴科的自由，這以當時的標準算得上是一筆驚人的鉅款。布留洛夫為了籌款，特意為茹科夫斯基繪製了一幅肖像，這筆錢正來自這幅肖像的拍賣所得。

舍甫琴科在二十四歲時成為自由人，他隨後證明自己不光是一名才華橫溢的藝術家，還是一名傑出的詩人。一八四〇年，也就是他獲得自由兩年之後，舍甫琴科出版了自己的第一部詩集，題為《科布札歌手》（*Kobzar*）。「科布札歌手」也將在未來數個世代成為他的別名。儘管詩集在聖彼德堡出版，其語言卻是烏克蘭語。舍甫琴科少年時代就離開了烏克蘭，在聖彼德堡成長為一名自由的成年人、藝術家和詩人，為何他會選擇用烏克蘭語而非俄語寫作呢？畢竟後者才是聖彼德堡大街小巷上和藝術沙龍中使用的語言。

最直接的原因之一，是聖彼德堡那些出力幫助舍甫琴科獲得自由的烏克蘭友人對他的影響。這些人中有一位波爾塔瓦人，名叫葉烏亨．赫列賓卡（Yevhen Hrebinka）。赫列賓卡遇見舍甫琴科時，正在將普希金為一七〇九年波爾塔瓦之戰所作的詩歌翻譯成烏克蘭語。他堅信烏克蘭應該有自己的母語文學，包括翻譯文學。一八四七年，舍甫琴科在《科布札歌手》新版前言內闡明了自己用烏克蘭語寫作的原因：

我的靈魂被巨大的憂傷籠罩。我聽說，有時候也讀到這樣的消息：波蘭人在出版書籍，捷克人、塞爾維亞人、保加利亞人、黑山人和俄羅斯人都在出版書籍。但我從未聽說烏克蘭人出版書籍的消息，似乎我們沒有自己的聲音。我的同胞們，這是為什麼？也許你們害怕受到外國記者的攻擊？不要害怕！不要理會他們……也不要理會俄羅斯人。讓他們愛怎麼寫怎麼寫，我們也愛怎麼寫怎麼寫。他們是有自己語言的民族，我們也是。讓人們來評判誰的作品更好吧。

舍甫琴科對尼古拉．果戈里尤為不滿。果戈里是前哥薩克國人，以其烏克蘭主題的作品（包括《塔拉斯．布林巴》在內）成為現代俄羅斯散文文體的奠基者。「他們將果戈里作為我們的典範。這個人根本不用自己的語言寫作，卻用俄語。沃爾特．史考特（Walter Scott）也是一樣，不用自己的語言寫作。」舍甫琴科寫道，這些典範沒法讓他心服口服。「為什麼V. S. 卡拉季奇（V. S. Karadžić）、沙發里克（Šafárik）和其他人沒有變成德意志人——他們要這樣做的話是多麼輕而易舉，而是仍把自己視為斯拉夫人，視為自己母親的親生兒子，並同樣獲得了榮名。」他對塞爾維亞和斯洛伐克文化運動中的巨擘發出了如此的評論。「我們是多麼可悲！然而，同胞們，不要絕望。我們要運用智慧為我們不幸的母親烏克蘭工作。」

舍甫琴科在離開聖彼德堡去往烏克蘭後寫下了以上文字，他在烏克蘭的友人中包括聖西瑞爾和美多德兄弟會的一些成員。我們雖然不知道現代烏克蘭文學的奠基者伊凡．科特利亞列夫斯基為何用烏克蘭語寫作，舍甫琴科卻在《科布札歌手》的前言中明確無疑地表達了他自己、他的友人和同黨們的動機。他們是十九世紀初因響應泛日爾曼運動而形成的泛斯拉夫運動的一部分，認為烏克蘭在自己的語言、文學和文化上都落在了後面，但同時也相信：只要像果戈里這樣的烏克蘭驕子能用其才華為祖國服務，烏克蘭也可以為斯拉夫世界的其它地區做出巨大貢獻。在他們的想像中，烏克蘭應該是更廣大的斯拉夫聯合中的一個自由共和國。

米柯拉・科斯托馬羅夫起草了兄弟會的章程，題名為《烏克蘭人民的起源之書》（*The Books of the Genesis of the Ukrainian People*），他的創作靈感來源之一是《波蘭人民和波蘭朝聖之書》（*Books of the Polish People and the Polish Pilgrimage*）。在這本書中，亞當・密茨凱維奇將波蘭歷史呈現為波蘭民族的一部彌賽亞式受難故事，在密茨凱維奇眼中，波蘭將從墳墓中重生，並為所有被奴役的民族帶來解放。科斯托馬羅夫將這個彌賽亞式的角色留給了烏克蘭：由於其哥薩克源頭，烏克蘭天生是民主主義的和平等主義的；與俄羅斯人不同，烏克蘭人沒有沙皇；與波蘭人不同，烏克蘭人沒有貴族。聖西瑞爾和美多德兄弟會的成員們視烏克蘭的哥薩克歷史為寶貴的遺產，追求廢除農奴制，並主張將帝國改造為平等共和國的聯邦，而烏克蘭將是這些共和國之一。

這個社團的成員規模很小，存在期也不到一年。它的成員們很快遭到逮捕：科斯托馬羅夫在自己的婚禮前幾天被捕，舍甫琴科則在為參加友人婚禮來到基輔時被捕。帝國官僚在兄弟會的活動中嗅出了一種新的潛在危險傾向發端的氣味，將這些嫌疑犯的觀點描述為「分離主義」，皇帝本人也將之稱為來自巴黎（指那些流亡波蘭人）的宣傳的結果；然而，其他一些人相信兄弟會成員們是帝國的忠誠子民，是為羅斯抵抗波蘭影響的真正衛士——他們只是在本地的小俄羅斯愛國主義道路上走得太遠了些，不應受到太重的懲罰。最終，政府官員決定對他們處以相對較輕的刑罰，以免讓這個兄弟會引起太多注意，也避免讓烏克蘭愛國者（這是十九世紀中葉政府人士口中出現的新名詞）與波蘭民族運動結成聯盟。

俄國當局將兄弟會的理想，描述為沙皇權杖下斯拉夫人的統一，卻隱瞞了其真正的計畫，使帝國最高層的官員都不得而知。科斯托馬羅夫獲刑一年，其他兄弟會成員受到入獄六個月到三年不等，或是國內流放的刑罰，所謂國內流放，一般指被送往偏遠省份從事案頭工作。皇帝尼古拉一世對舍甫琴科的處罰最重，派他到帝國軍隊中當了一名列兵，為期十年，期間不得從事素描、繪畫和寫作，這是因為皇帝對舍甫琴科在詩中和畫作中對他和皇后的攻擊感到震驚。舍甫琴科認為專制政府應當為他的同胞和祖國所受的苦難負責，而他的祖國不是俄羅斯，而是烏克蘭。因此他的作品攻擊了烏瓦羅夫的「官方民族主義」三要素中的兩點——專制政府和民族，而他的東正教信仰，和帝國推行的東正教信仰也不是一回事。

科斯托馬羅夫、舍甫琴科和聖西瑞爾和美多德兄弟會的其他成員透過他們的寫作和活動，拉開了今天被我們稱為烏克蘭國家構建事業的序幕。他們在歷史上第一個利用文物研究者、民俗學者、語言學家和作家的成果來構造一個政治方案，而這個方案將導致一個民族社群的出現。在下一個世紀裡，由聖西瑞爾和美多德兄弟會成員們提倡、並在舍甫琴科飽含情感的詩歌中為更廣大的人群所知的理念，將深深地改造烏克蘭和這片地區。今天這一改變最明顯的的標誌就是基輔大學主樓前方的那座舍甫琴科紀念碑——它替換了這所大學的創立者尼古拉一世皇帝的塑像。

15

The Porous Border

第十五章　多孔的國界

一八四八年，即俄國當局取締聖西瑞爾和美多德兄弟會之後一年，哈布斯堡帝國境內的烏克蘭人在勒維夫成立了他們的第一個政治組織——魯塞尼亞最高議會（Supreme Ruthenian Council）。加利西亞的烏克蘭人自稱魯塞尼亞人或盧森人，也以這樣的名字在帝國為人所知。這個議會與一八四六年至一八四七年間存在於基輔的那個組織有很大的差異：兄弟會從事地下活動，只有很少的成員，並被俄羅斯帝國當局摧毀，但最高議會卻是在奧地利的加利西亞總督的幫助和鼓勵下成立的，並擁有為數眾多的成員和廣泛的公眾支持。

儘管這兩個組織有各種不同，它們在創立時間上的巧合，卻代表烏克蘭文化、民族身分認同和政治行動的發展。這一發展沿兩條軌道進行，當其中一條軌道上的速度放慢或停滯時，另一條軌道上的運動仍能繼續，甚至加速。烏克蘭政治運動者們被俄國—奧地利邊界分成兩部分，卻在民族構建過程中有著數不清的聯繫。十九世紀中，將烏克蘭人分為兩部分的邊界已不僅是政治邊界，也變成了一條宗教邊界，將烏克蘭（聯合教會的）天主教徒與烏克蘭東正教徒分開，然而上述的那些聯繫跨越了它。與兩股互相競爭的帝國勢力所期待的相反，兩個烏克蘭政治運動者群體之間的聯繫不僅沒有中斷，反而透過多種管道得到了發展，這讓這場運動的兩個分支，得以孕育一個關於烏克蘭未來的共同圖景。

這兩個烏克蘭政治運動者群體被政治邊界分開，但在精神和國家意識形態上卻能保持一致。他們之所以能突破自身的局限，得益於一個簡單事實：兩個帝國的政府對待烏克蘭人這一少數民族的政策截然不同，其中最能彰顯這種差異的，是兩國對待它們從波蘭—立陶宛聯邦繼承而來的聯合教會的態度。與俄國當局不同，奧地利政府從未迫害聯合教會信徒，也不曾嘗試讓他們與占統治地位的「母教會」（在奧地利即天主教會）「重新統一」。事實上，他們對聯合教會信徒相當尊重，這一點從官方對這些信徒的新稱呼「希臘（即奉拜占庭儀軌的）天主教徒」就可以看出來，他們的波蘭天主教同胞則被稱為羅馬天主教徒。奧地利政府還建立了一所神學院（先是在維也納，後來在勒維夫），為希臘天主教會的教士們提供教育。十九世紀初，希臘天主教會將勒維夫主教區升級為都主教區，讓自己從留在俄羅斯帝國境內的各聯合教會教區中獨立出來。由於大多數世俗精英都傾向天主教和波蘭文化，希臘天主教會的教士們就成了魯塞尼亞社群唯一的領袖群體，並將成為現代烏克蘭民族運動的脊樑。

哈布斯堡王朝的統治者為何會採取這樣的態度？吊詭的是，他們的理由竟和羅曼諾夫們如出一轍。兩個帝國都將正在興起的波蘭民族主義視為心頭之患，只是採取了不同的策略來對付它。俄羅斯帝國政府取締了聯合教會，並出於保護帝國的俄羅斯民族不受波蘭人「蠱惑」的目的，盡力阻止烏克蘭人的民族運動。奧地利當局則不然：他們在國內培植魯塞尼亞民族運動，以反制波蘭人的宣傳。他們從未嘗試將魯塞尼亞人改造為日爾曼人，也無意干涉他們成為獨特民族的發展過程。事實上，奧地利人還鼓勵了這種發展，以使之能與發達而有組織的波蘭民族運動相抗衡。

在革命之年一八四八年，奧地利當局開始將上述政策付諸實行。其時，自由民族主義浪潮正在歐洲興起，從巴勒莫，到巴黎，再到維也納都是如此，這對維也納會議劃定的各種邊界和這些地區的政府都形成了挑戰。一八四八年三月，受到巴黎革命鼓舞的匈牙利人提出了從哈布斯堡帝國獨立出來的要求，他們將拿起武器為自由而戰，波蘭人緊隨其後，先是在克拉科夫、後來又在勒維夫揭竿而起，要求得到公民自由和自治權。這些訴求對維也納政府和至少半數的加利西亞居民來說都難以接受。加利西亞省的四百五十萬居民中，大約一半是烏克蘭人，波蘭人占百分之四十左右，還有近百分之七是猶太人。在所謂的東加利西亞（即傳統上的加利西亞地區），烏克蘭人占據了絕對多數，而波蘭人則在今天被稱為西加利西亞、包括克拉科夫在內的「小波蘭」占據多數。猶太人則散居在這個擴大之後的帝國省份各地，在東加利西亞的猶太人中，有約百分之六十居住在城市和較小的市鎮上。

加利西亞省以農業為主，經濟發展程度低於哈布斯堡帝國的大部分地區。在瓜分波蘭之後，皇帝約瑟夫二世將傳統的波蘭精英基層從政府管理崗位上剔除出來，代之以帝國官僚（其中大多是來自波西米亞的日爾曼化捷克人），以建立一套新的行政體系，他還提高了這個省份人口的整體教育和文化水準，並保護農民不受其主人的欺淩。儘管約瑟夫二世剝奪了波蘭精英們的政治權力，他剛開始時卻沒有對猶太人採取措施，任由他們保持自治權，作為他們繳納所謂「容忍稅」的回報。到了一七八九年，約瑟夫二世頒布了《容忍法令》，這是猶太人解放歷程中的一個重大進步，但他同時也解散了猶太人的傳統組織，禁止在公文中使用意第緒語和希伯來語，建起德語學校，還將猶太人納入了服兵役的範圍。當革命浪潮在一八四八年三月來到勒維夫時，許多猶太人自願加入了波蘭人反抗帝國的隊伍。不過，隨著奧地利軍隊在俄軍的幫助下鎮壓了匈牙利革命，波蘭人恢復聯邦的希望和猶太人對平等的期待也破滅了。

加利西亞居民中從革命中獲益最多的是烏克蘭人，他們很可能是對帝國忠誠度最高的人群，也是革命隊伍中最不情不願的參加者。由於波蘭人最初的訴求中沒有提到本地烏克蘭人和他們的需求，烏克蘭人對加入波蘭人的反抗行動並不熱中。一八四八年四月，烏克蘭人社群的領導者們（他們恰好全部都是聯合教會的教士）向皇帝提出了自己的請願，在請願中宣示了他們的忠誠，要求帝國保護他們不受占統治地位的波蘭人侵害，還要求使用魯塞尼亞語的權利。在奧地利的加利西亞總督弗朗茨・施塔迪翁（Franz Stadion）伯爵的許可和支持下，希臘天主教會的教士們創立了他們的魯塞尼亞最高議會。勒維夫的治安長官利奧波德・馮・紮赫爾—馬索克（Leopold von Sacher-Masoch，後來一位作家的父親）還批准了第一份烏克蘭語報紙《加利西亞星報》的出版。施塔迪翁將新議會的成立視為「抵消波蘭影響、在加利西亞恢復奧地利統治的手段」。

在神職人員們的領導下，魯塞尼亞最高議會的確成為制衡波蘭民族革命的領導組織「波蘭民族議會」的有效力量。幾乎在所有主要議題上，最高議會與波蘭民族議會的訴求都不相同。如果說波蘭人偏於激進，烏克蘭人則高度保守。關於加利西亞的未來問題，波蘭人想要的是整個省份的自治權，烏克蘭領袖們卻希望將之分割，恢復從前那個較小的加利西亞——烏克蘭人在那裡占據人口總數的百分之七十。二十萬人在一份請願上簽名，要求對加利西亞省進行分治；他們的這個願望沒能實現，加利西亞仍保持完整，然而烏克蘭人在這場革命中登上了舞臺：他們有了自己的政治組織和報紙，被空前地動員起來。

最為革命性的進步，無疑是農奴制的廢除，和農民們開始積極參與選舉政治。這兩項進展在加利西亞的出現都是為了回應波蘭人的革命訴求，但其推出者卻是奧地利當局，烏克蘭人從中受益匪淺，因為這個省份的大多數農民是烏克蘭人。在加利西亞的奧地利議會中，二十五個烏克蘭議員中有十六個是農民，布科維納地區選出的五名議會代表更是均為農民出身。烏克蘭代表被選入議會，對他們的社群帶來了巨大的衝擊，將哈布斯堡帝國中的烏克蘭人引入了選舉政治的世界，讓他們學會了如何組織起來採取政治行動而不是造反（儘管農民起義仍時有發生）。

革命的結束意味著魯塞尼亞最高議會的終結（它在一八五一年被政府廢除），但在一八四八年的事件中誕生的烏克蘭民族運動並沒有結束。在整個十九世紀五〇年代和六〇年代的大部分時間裡，同一個神職人員群體仍然領導著這場運動。他們被稱為聖喬治會（St. George Circle，這個名字來自勒維夫的希臘天主教會主堂）；他們的另一個名字「老魯塞尼亞人」則來自其族群色彩。這些領導著魯塞尼亞民族運動的希臘天主教主教和教士們忠於帝國，在政治和社會觀點上都持保守立場，並將自己和哈布斯堡帝國內的同胞們視為一個獨特的魯塞尼亞民族的成員。他們的主要敵人是波蘭人，主要盟友則是維也納。至於那些居住在俄奧國界另一側的烏克蘭同胞，或者說小俄羅斯人，似乎很少引起他們的注意。

雖然一八四八年革命推動了一個新的烏克蘭民族的形成，它卻沒有回答這是一個什麼樣的民族的問題。魯塞尼亞最高議會領導者們所代表的「魯塞尼亞」選項中包括了各種可能性，於十九世紀三〇年代出現在文學舞臺上、被稱為「魯塞尼亞三駕馬車」的一批浪漫主義作家和詩人在身分認同上所做的選擇則是這些不同可能性的最佳代表。「魯塞尼亞三駕馬車」的領軍人物是雅基夫・霍洛瓦茨基（Yakiv Holovatsky）、瑪律基安・沙什科維奇（Markian Shashkevych）和伊凡・瓦西列維奇（Ivan Vahylevych），他們都是勒維夫神學院希臘天主教分院的學生。與歐洲其他民族的覺醒者一樣，他們四處搜集民間傳說，並痴迷於歷史。他們的動力來自哈布斯堡帝國中其他斯拉夫民族文化活動，其理念則植根於聶伯河地區那些烏克蘭民族覺醒者的作品：伊凡・科特利亞列夫斯基的《埃內伊達》、俄羅斯帝國出版的烏克蘭民歌集，還有哈爾基夫的浪漫主義文學。「三駕馬車」的第一部也是最後一部年鑒於一八三六年出版於布達（Buda），題為《盧薩爾卡德涅斯特洛瓦伊亞》（*Rusalka dnistrovaia*，即《德涅斯特河的水澤仙女》）。

年鑒出版時，團體的三位領袖都將哈布斯堡帝國內的烏克蘭人視為更大的烏克蘭民族的一部分。隨著時間的推移，這一信念將發生動搖，受到挑戰。到了今天，三人中只有瑪律基安・沙什科維奇，被人們尊為加利西亞烏克蘭文學的奠基者。沙什科維奇死於一八四三年，距一八四八年革命和隨之而來的政治和知識界動盪還有一段時間。他的同仁伊凡・瓦西列維奇在一八四八年加入了親波蘭的魯塞尼亞議會，後來被烏克蘭民族運動的領導者們視為叛徒。「三駕馬車」中的第三位成員雅基夫・霍洛瓦茨基則在十九世紀五〇年代成為加利西亞親俄派（這些人把加利西亞的烏克蘭人當做更大的俄羅斯民族的一部分）的領袖之一。因此，用後來的歷史學術語來說，「三駕馬車」這幾位成員選擇的道路恰與加利西亞的烏克蘭民族運動中的三種傾向一致：烏克蘭路線（沙什科維奇）、親波蘭路線（瓦西列維奇）和親俄路線（霍洛瓦茨基）。

不同路線的選擇與對書寫烏克蘭文本的字母的選擇緊密相關。十九世紀三〇年代和五〇年代，「字母戰爭」在烏克蘭社群中兩次引起了震動。這場「戰爭」中同樣有三條路線：教會斯拉夫語所使用的傳統西瑞爾字母、普通西瑞爾字母（類似俄羅斯帝國所使用的字母），最後還有拉丁字母。奧地利官方和波蘭精英階層傾向於使用後者，因為它讓新生的烏克蘭文學更為接近帝國的標準，在文化上也更易於波蘭化。然而，政府在一八五九年試圖在烏克蘭語文本中引入拉丁字母時遭到了烏克蘭人的聯合反對。人們很快就發現，在加利西亞逐漸成型的新民族不會採用西瑞爾字母之外的任何文字，至於這個民族應該是一個獨立的整體，還是更大的俄羅斯民族或烏克蘭民族的一部分，則尚未確定。

一八五九年發生在加利西亞的「字母戰爭」在帝國邊界的另一邊造成了強烈的反響。同一年，俄國當局禁止了用拉丁字母印刷的烏克蘭語和白俄羅斯語文本的出版和進口，這一措施被視為一次反波蘭的舉動，其發起者是基輔的一名審查官員，名叫諾維茨基（Novytsky），他在一份備忘錄裡聲稱加利西亞的奧地利當局，正在試圖藉由使用拉丁字母將「俄羅斯人」變成波蘭人，而他相信在俄羅斯帝國境內使用拉丁文本也會造成同樣的效果。「當西部省份的農民們在當地遇到用波蘭字母印刷的小俄羅斯語書籍，他們自然會更傾向於學習波蘭字母而非俄國字母。」諾維茨基寫道，而這又將引領他們去讀波蘭書籍，暴露在波蘭的影響下，使他們遠離「俄羅斯文學的靈魂和潮流」，他所提倡的禁令幾乎立刻就得到了執行。

這位審查者主要關注的是農民群體，當時農民已經快要得到解放。農奴制在俄羅斯帝國境內被真正廢除是在一八六一年，比加利西亞和布科維納解放農奴晚了十二年半。這次解放沒有帶來革命，但卻於一八六三年在俄羅斯帝國境內引起了一場波蘭人的起義。與歸屬哈布斯堡王朝的烏克蘭農民一樣，俄國人統治下的烏克蘭農民獲得了個人自由，卻只得到了很少土地，這使他們不得不在經濟上依附貴族階層。然而與被哈布斯堡王朝統治的烏克蘭農民不同的是，被羅曼諾夫王朝統治的烏克蘭農民既沒有得到參與選舉政治的權利，也不能成立自己的組織。他們不能獲得大學的教席，也不能讀到用母語印刷的書籍。更有甚者，帝國政府還禁止用「小俄羅斯方言」出版宗教類和教育類的作品。

俄羅斯帝國境內對所有烏克蘭語出版物實際上的全面禁止發生在一八六三年夏天，正值當年一月開始的波蘭人起義的中期。烏克蘭農民階層對帝國的忠誠再度被當成一個問題，政府決定，對於烏克蘭語言議題，首先需要考慮的是鞏固帝國的俄羅斯民族統一，而這就要求將農民階層隔絕於不受帝國歡迎的烏克蘭愛國者群體的影響之外。「此前出版的小俄羅斯語著作的目標讀者僅僅是南俄羅斯地區的受教育階層，然而現在那些小俄羅斯民族性的宣傳者已經將他們的精力轉移到了未受教育的大眾身上。以普及讀寫能力和教育為偽裝，那些試圖實現政治野心的人已經開始印刷識字課本、字母書、語法課本和地理課本等書籍。」帝國內政大臣彼得・瓦魯耶夫（Petr Valuev）在一條禁止烏克蘭語出版物的指令中寫道；這條禁令不光禁止了拉丁字母印刷的烏克蘭語出版物，西瑞爾字母印刷的作品也未能倖免。瓦魯耶夫禁令涉及的範圍不包括虛構作品，但這類作品當時還非常少見。從一八六三年到瓦魯耶夫離職的一八六八年，烏克蘭語出版物的數量從三十八種減少到僅存一種。

出版禁令最初只是一個臨時措施，但在一八七六年五月變成了永久性的。皇帝亞歷山大二世（Alexander II）在這個月頒布了一條被稱為《埃姆斯上諭》的法令（*Ems Ukase*，他當時正在德國小鎮埃姆斯享受溫泉）。這條法令比瓦魯耶夫的禁令走得更遠，它禁止了所有出版和從國外進口烏克蘭語書籍的行為，還禁止了烏克蘭語戲劇製作和烏克蘭語歌曲的公開演唱。與瓦魯耶夫禁令一樣的是，《埃姆斯上諭》沒有對公眾公開。禁令在十九世紀八〇年代變得寬鬆，關於戲劇和歌曲的規定被取消了，然而對出版或從國外進口任何烏克蘭語書籍的禁令仍繼續存在，直到四分之一個世紀之後才被廢止。政府仍堅持那條彼得・瓦魯耶夫所提出的準則——「任何獨特的小俄羅斯語都不存在，不曾存在，也不能存在。」烏克蘭語言、文化和身分認同被視為一種對帝國統一的威脅：它威脅到整個俄羅斯民族的整體性，其嚴重程度不亞於波蘭的民族主義。

亞歷山大二世簽署《埃姆斯上諭》時身處遙遠的德國，這條法令的主要提議者和推動者則在基輔。米哈伊爾・尤瑟佛維奇（Mikhail Yuzefovich）是來自前哥薩克國波爾塔瓦地區的烏克蘭人，曾就讀於莫斯科大學的貴族寄宿學校（中學）。他在青年時代與普希金交好，也是一名詩人，曾擔任軍官在高加索地區作戰並負傷。十九世紀四〇年代，尤瑟佛維奇成為基輔教育界和文化界的重要人物：他取得了基輔教育區的一個領導職位，並積極參與基輔考古委員會的工作，主要負責從文獻角度證明右岸烏克蘭從來就是俄羅斯的一部分。從其政治和文化觀點來看，尤瑟佛維奇持典型的「小俄羅斯主義」立場：他是一位愛國者，認為自己是在為包括聶伯河兩岸的小俄羅斯的利益而工作；他也是溫和的民粹主義者，相信小俄羅斯農民階層需要得到保護，以免受波蘭貴族、猶太租戶和天主教（聯合教會）教士的侵害；最後，他還是俄羅斯民族所有「部族」統一的信仰者。尤瑟佛維奇將帝國視為他所代表的小俄羅斯愛國主義的盟友和保護者，稱得上是帝國的忠誠子民，

對那些從聖西瑞爾和美多德兄弟會時代起就被官方稱為烏克蘭愛國者的知識分子群體來說，尤瑟佛維奇既是他們的盟友，也是他們的敵人，這種關係依時間和情況的不同而變化。尤瑟佛維奇在兄弟會成員被捕事件中扮演了關鍵的角色，其立場卻與兄弟會站在一起，而非採當局的立場。他拒絕接受一名向他揭發兄弟會顛覆活動的學生提交的書面告密材料，後來又向米柯拉．科斯托馬羅夫發出員警即將前來搜查的提醒，並幫助科斯托馬羅夫銷毀了那些會被當成罪證的材料。尤瑟佛維奇不相信科斯托馬羅夫及其朋友們的活動會對國家造成危害，而是把他們當成對抗在右岸烏克蘭和沃里尼亞占支配地位的波蘭文化的盟友。在尤瑟佛維奇的積極參與下，博赫丹．赫梅爾尼茨基紀念碑得以在基輔城中樹立起來，它也成了尤瑟佛維奇的信念與忠誠的證明。紀念碑上最初的銘文如下：「致博赫丹．赫梅爾尼茨基——統一而不可分割的俄羅斯。」

紀念碑揭幕在一八八八年揭幕，此時尤瑟佛維奇已不相信烏克蘭愛國者是一個無害的群體。一八七五年，他寫了一份題為〈關於所謂的烏克蘭愛國者運動〉的備忘錄，並將之提交給帝國當局。在這份備忘錄中，那些來自烏克蘭愛國者陣營、與他觀點對立的人，被他冠以圖謀將烏克蘭從俄羅斯撕裂出去的罪名。尤瑟佛維奇聲稱：瓦魯耶夫禁令根本沒有起到作用，只是讓俄羅斯帝國內部和奧屬加利西亞的烏克蘭愛國者之間的聯繫變得更緊密，而後者正是波蘭人的代言人，因此俄國

必須採取更激烈的措施，來制止烏克蘭愛國者們的破壞活動。儘管包括基輔總督在內的本地官員們，都認為尤瑟佛維奇的控訴過於誇張，聖彼德堡當局卻認同他的論證和邏輯——他們擔心帝國統一受到威脅，也擔心來自波蘭人還有哈布斯堡王朝的各種可能陰謀。於是皇帝簽署了一道諭令，不僅禁止了烏克蘭語書籍的出版和進口，還為一份加利西亞報紙提供了補貼，希望這份報紙能在哈布斯堡帝國境內抵抗烏克蘭愛國主義的堡壘。

被尤瑟佛維奇認為對帝國構成嚴重威脅的這些烏克蘭愛國者是何許人呢？他們中有烏克蘭國歌「烏克蘭尚未滅亡」的詞作者帕夫洛・楚賓斯基（Pavlo Chubynsky），也有基輔大學的古代史教授米哈伊洛・德拉霍瑪諾夫（Mykhailo Drahomanov）。以上兩人都是基輔知識分子團體「基輔赫洛馬達」（即「基輔社團」）的成員。這個團體的興趣基本都集中於文化領域。楚賓斯基和德拉霍瑪諾夫都不曾主張烏克蘭應該脫離俄羅斯帝國，也沒有親波蘭傾向。然而他們都對烏克蘭民族運動的老一代小俄羅斯主義者領袖群體不滿，因為那一代人未能推翻瓦魯耶夫禁令。更重要的是，德拉霍瑪諾夫和他的支持者，將尤瑟佛維奇從基輔學術活動重鎮「基輔地理學會」的領導位置上趕了下來，這是《埃姆斯上諭》出臺的原因之一：尤瑟佛維奇進行了反擊，並造成了紛爭之初誰也沒能預料到的後果。

《埃姆斯上諭》讓烏克蘭愛國者們變得更加激進，使得烏克蘭愛國者和小俄羅斯主義理念支持者之間的代際矛盾，變成了意識形態上的對立。對米哈伊洛・德拉霍瑪諾夫而言尤其如此——他的大學教授資格被剝奪，隨後離開俄羅斯帝國前往瑞士，定居於日內瓦。他在這裡寫下的一批作品，使他成為十九世紀最有影響力的烏克蘭政治思想家，此外，他也是第一個接受社會主義理念的人。在十九世紀八〇年代，他為烏克蘭民族的獨特性大聲疾呼，並宣揚一個包括烏克蘭在內的歐洲聯邦的理念。這一理念可以上溯到科斯托馬羅夫的《烏克蘭人民的起源之書》中的觀點，但德拉霍瑪諾夫心目中的聯邦並不限於斯拉夫民族，而是包括整個歐洲。德拉霍瑪諾夫的著作，使得烏克蘭民族運動從聖西瑞爾和美多德兄弟會被摧毀的打擊中恢復過來，開始重新思考其政治目標和其文化活動的含義。

德拉霍瑪諾夫也是第一個以其觀點，對奧屬烏克蘭的局勢造成巨大影響的政治思想家。儘管尤瑟佛維奇對烏克蘭愛國者群體的指控大部分都不屬實，但其中也有符合事實的部分：這些人與加利西亞之間聯繫緊密，而瓦魯耶夫禁令只起到了加強這種聯繫的作用。由於在俄羅斯帝國境內用烏克蘭語出版著作完全沒有可能，烏克蘭愛國者充分利用了在加利西亞的機會。《埃姆斯上諭》在尤瑟佛維奇的檢舉啟發下出臺後，加利西亞對實現用烏克蘭語出版著作的目標變得更具吸引力了。由於俄屬烏克蘭地區的文學出版遭到禁止，烏克蘭最有名的文學人物，包括作家伊凡·涅崔－列維茨基（Ivan Nechui-Levytsky）和劇作家米哈伊洛·斯塔利茨基（Mykhailo Starytsky）在內，都在加利西亞出版他們的作品。《埃姆斯上諭》未能阻止烏克蘭文學的的發展，卻造成了一種局面：大部分最傑出的作者身處俄羅斯帝國境內，他們的讀者卻在邊界另一邊的奧地利。這些作家無法與他們的讀者直接接觸，反之亦然。頗具諷刺意味的是，這種局面竟幫助推動了一種共同的文學語言和文化在帝國邊界兩側的發展。

在東部烏克蘭人發現加利西亞這個可以自由表達思想的地方和出版市場的時候，加利西亞本地的烏克蘭人事實上已經分裂為兩個相互競爭的群體：親俄派和烏克蘭愛國者派。一八六七年哈布斯堡帝國的憲法改革之際，這道裂痕變得十分明顯。在輸掉對義大利和普魯士這兩個新興民族國家的戰爭之後，奧地利當局決定向帝國最好戰的成員匈牙利人作出重大讓步，以換取帝國的延續。「奧匈折衷方案」（Austro-Hungarian Compromise）創造了一個被稱為奧匈帝國的二元帝國，匈牙利王國擁有了自己的議會和更大的自治權，與帝國其他部分的關係僅繫於皇帝個人以及共同的外交和軍事政策。然而匈牙利人並非哈布斯堡帝國中唯一受惠於折衷方案的民族：波蘭人和克羅埃西亞人也取得了自治權。令烏克蘭人恐慌的是，他們成了波蘭人自治權的犧牲品——維也納將加利西亞省的統治權交給了本地的傳統波蘭精英階層。

烏克蘭民族運動的領袖們感到自己遭遇了背叛：哈布斯堡家族懲罰了他們的忠誠，卻獎勵了那些不安分的民族。一八六七年的妥協方案為教會主教團和「老魯塞尼亞人」的主導地位敲響了喪鐘，並使親俄運動的力量得到增強。親俄派的領袖們，包括希臘天主教會牧師伊凡・納烏莫維奇（Ivan Naumovych）在內，宣稱魯塞尼亞人的忠誠沒有得到任何回報，而如果他們還想抵抗波蘭化，就不得不改變對當局的態度。納烏莫維奇還抨擊了試圖創造一個獨特的魯塞尼亞民族的努力——在波蘭人的強大政治和文化攻勢下，這個民族事實上毫無獲勝的可能性。在納烏莫維奇看來，奧地利的魯塞尼亞人是更大的俄羅斯民族的一部分。他的支持者們將自己視為小俄羅斯人，聲稱俄羅斯書面語言其實是小俄羅斯語的翻版，一個「小俄羅斯人」在一個小時內就能學會它。然而這個目標被證明遠沒有那麼容易達成：在嘗試掌握俄語的過程中，親俄運動的領導者們創造出了一種俄語和教會斯拉夫語的混合體，並嘗試將它用於彼此交流和寫作。

十九世紀六〇年代晚期，親俄派掌握了加利西亞和布科維納大部分烏克蘭人組織的控制權。在外喀爾巴阡地區，剛剛獲得權力的匈牙利人實施積極的馬扎爾化政策，遏制了一切本地文化的發展。俄國政府則通過津貼和獎學金等方式支援親俄派的活動，自然也引起了維也納的疑慮。

一八八二年，納烏莫維奇被奧地利當局逮捕，被控叛國罪：他發起了一場農民請願運動，要求在一個擁有希臘天主教傳統的村莊建立東正教教區，這被視為一次親俄宣傳的嘗試。加利西亞和外喀爾巴阡地區親俄運動的其他領導人也與納烏莫維奇一樣遭到當局審判，他們最終被判定犯下了各種反對國家的罪行，並被送進監獄；此後，包括納烏莫維奇本人在內的許多被告都遷往俄羅斯帝國。

一八八二年的審判之後，還有其它親俄派運動者遭到起訴。當俄羅斯帝國肅清那些質疑烏克蘭是否真屬大俄羅斯民族的異議人士，同時，奧地利人則追訴那些大俄羅斯主義者。奧地利官方對親俄行為的鎮壓削弱了親俄派運動，另一群運動者借機出現在加利西亞政治舞臺的中心，這群人被稱為民粹主義者或烏克蘭愛國者。他們的根源可以追溯到「魯塞尼亞三駕馬車」及其主要理論家瑪律基安．沙什科維奇，然而其直接傳承則來自「普洛斯維塔協會」（Prosvia Society，即「啟蒙會」），該會成立於一八六八年，即奧匈折衷方案之後一年。與親俄派一樣，烏克蘭愛國者們也相信從前那種倒向帝國政府的魯塞尼亞民族運動道路已經走到了盡頭，而「老魯塞尼亞人」推崇的民族構建模式也沒有出路。然而烏克蘭愛國者們主張的前進方向與他們的對手有很大區別：他們提出哈布斯堡帝國境內的魯塞尼亞人確實上是一個更大民族的一部分，但這個更大的民族並非帝國的俄羅斯民族，而是就居住在國界另一邊的烏克蘭民族。這些烏克蘭愛國者與魯塞尼亞民族運動的傳統領導者（教士中的精英階層）發生了分歧，並將自己描述為人民利益的捍衛者，這也是他們被稱為「民粹主義者」的原因。

加利西亞的民粹主義者和他們的出版物成為俄羅斯帝國境內的烏克蘭愛國者們的天然盟友。一八七三年，在哥薩克統領伊凡．斯柯洛帕茲基的後代伊莉莎白．米洛拉多維奇（Yelyzaveta Myloradovych）的資助下，加利西亞的民粹主義者們成立了他們自己的學會。為了強調它與俄屬烏克蘭的聯繫和它對聯合所有烏克蘭人的關注和追求，這個學會在後來以塔拉斯·舍甫琴科的名字命名。基輔的烏克蘭愛國者們還幫助加利西亞的同仁，成立了為東西兩個烏克蘭人群體服務的烏克蘭語報紙和雜誌。在來自東方的援助下，加利西亞的烏克蘭愛國者以一點一滴的方式，在與親俄派的鬥爭中取得了勝利。他們在十九世紀八〇年代中期奪取了布科維納的魯塞尼亞人組織的控制權。在加利西亞和布科維納這兩個奧地利省份，來自俄屬烏克蘭的知識支持可說是烏克蘭愛國者運動興起的關鍵因素。烏克蘭民族運動的兩個分支相互依存，各自受益於雙方的合作。加利西亞的烏克蘭人將基輔的烏克蘭愛國者們的思想變得更加激進，讓一個獨立於泛俄羅斯帝國藍圖之外的烏克蘭民族進入了他們的想像。

十九世紀最後一個十年到來之際，烏克蘭仍被奧地利—俄羅斯之間的邊界分為兩部分，與一個世紀之前波蘭被瓜分時代的情況一樣，然而，此時的烏克蘭同時也以前所未有的方式聯結在一起。這個新的聯合並非源於教會的統一：東正教會與聯合教會之間的分裂仍然存在，在俄國對其治下的聯合教會信徒進行「重新統一」之後，這條分界線恰與帝國的邊界重合。新的聯合來自於新的民族觀念，那個認同哈布斯堡帝國統治、信仰希臘天主教的獨特魯塞尼亞民族概念，儘管在一八四八年的革命運動中得到加強，卻只延續了二十年，沒能挺過哈布斯堡帝國向二元帝國的轉型。從十九世紀六〇年代開始，哈布斯堡帝國內部的民族運動就擺脫了宗教意義上的排他色彩，親俄派和烏克蘭愛國者派都與邊界另一邊的東正教同胞建立了聯繫。在這兩個陣營中，人們都不懷疑哈布斯堡王朝治下的魯塞尼亞人與羅曼諾夫王朝治下的小俄羅斯人是同一個民族的組成部分，分歧只在於他們到底是哪個民族的組成部分，是泛俄羅斯民族還是泛烏克蘭民族。

身處俄羅斯一側的烏克蘭運動者們同樣分為兩派：泛俄羅斯派和泛烏克蘭派。他們也同樣嘗試回答奧匈帝國境內同胞們所面臨的問題。在十九世紀最後一段時間出現在奧匈帝國和俄羅斯帝國政治舞臺上的那一代民族運動者將會給出他們的回答。這將是一個工業進步、城市化、讀寫能力普及和平民政治得到迅速發展的時代。

16

On the Move

第十六章　前進

一八七〇年，威爾斯企業家約翰・詹姆斯・休斯（John James Hughes）率領八艘船從英國起航。船上裝載著各種冶金機械，乘客有近一百人，都是有技術的礦工和冶金工人，大部分工人與休斯一樣來自威爾斯，他們的目的地則是烏克蘭南部、亞速海以北、頓內次河沿岸的草原，這支遠征隊打算在那裡修建一座體系齊全的冶金工廠。「剛啟動這些工作時，我一心致力於培訓那些將留在這裡的俄國工人。」休斯在後來寫道。這項工程耗費了數年時間。在非專業的烏克蘭和俄羅斯勞工們的幫助下，休斯和他的部下很快就不光建起了冶鐵廠和鐵軌廠，還在工廠周圍建起了一座小鎮。這些工廠和小鎮成為尤茲夫卡（Yuzivka，即今天的頓內次克）的雛形。這座城市直到最近一段時間還擁有超過一百萬人口，是頓巴斯地區（頓內次河工業盆地）的主要中心。

休斯的到來標誌著烏克蘭歷史中一個新時代的開端，這一地區的經濟、社會結構和人口生態在十九世紀末和二十世紀初發生了巨大的轉變。轉變源於迅猛發展的工業化進程：在經濟擴張、城市化，以及俄羅斯農民（他們將為城市提供人力，並將成為工業無產階級主力軍）大量流入的過程中，東烏克蘭和南烏克蘭地區成為主要的受益者。同樣的進程也發生在加利西亞——十九世紀中葉開始，歐洲的石油工業在這裡起步。快速的工業化和城市化是這一時期歐洲歷史的普遍特徵，而烏克蘭在其中扮演了重要的角色，此後世代中的烏克蘭經濟、社會和政治圖景都因這些進程而改變。

俄屬烏克蘭地區的最初變革始於一八五四年九月英法遠征軍登陸克里米亞。一年以前，俄法之間因爭奪巴勒斯坦的基督教聖地而爆發了克里米亞戰爭，這次入侵正是那場戰爭的最新行動。此時鄂圖曼帝國已日薄西山，它的未來和列強在其廣大屬地上的影響力成為戰爭雙方爭奪的目標，英法聯軍把俄羅斯帝國海軍基地塞瓦斯托波爾，看作對它們在地中海地區利益的威脅，將之團團圍困。

漫長的圍城和軍事行動給雙方都帶來了慘重的傷亡（在巴拉克拉瓦戰役〔Battle of Balaklava〕中，英軍輕騎兵旅的災難性衝鋒震驚了英國公眾），塞瓦斯托波爾最終在一八五五年九月落入入侵者之手，這成為俄羅斯歷史記憶中抹之不去的傷痛和恥辱時刻。雙方簽署了《巴黎和約》，正式結束了戰爭，條約禁止俄羅斯帝國在塞瓦斯托波爾或黑海沿岸任何地方擁有海軍基地。

俄國在克里米亞戰爭中的失敗在帝國政府和社會中引起了廣泛的反思。俄軍曾在一八一四年征服巴黎，四十年後竟在自己視為後院的土地上戰敗，俄國皇帝尼古拉一世受到戰敗的打擊，於一八五五年三月駕崩，在位三十年。他的去世讓政策轉向變得幾乎不可避免，新君亞歷山大二世實施了雄心勃勃的改革方案，希望趕上西方的步伐，讓俄羅斯實現社會、經濟和軍事現代化。克里米亞戰爭期間，俄軍只能用帆船對陣英法聯軍的蒸汽軍艦，還不得不自沉黑海艦隊的船艦，以阻止敵艦進入塞瓦斯托波爾港。現在，俄國無論如何都要擁有一支新式海軍，此外還需要鐵路，因為在沒有鐵路的條件下將兵力、彈藥和補給運到距帝國腹地千里之外的克里米亞這樣的地方太過困難。令聖彼德堡難堪的是，在克里米亞修築第一條鐵路的不是俄國人，而是英國人——他們在圍城期間建成了連接巴拉克拉瓦和塞瓦斯托波爾的鐵路。

如果俄國還想保住克里米亞，就需要通往這個半島和其海軍基地的鐵路。於是當局決定將阿拉斯加賣給美國人，那是帝國的另一個偏遠角落，官員們認為它難於防守，很容易被英國人奪走。但俄國不會放棄克里米亞。此時克里米亞韃靼人已經在向鄂圖曼帝國遷移，俄國的艦隊和要塞都已不復存在，但塞瓦斯托波爾卻成了大眾瞻仰的目標，成了俄羅斯帝國的新聖地。帝國政府批准了連接莫斯科和塞瓦斯托波爾、途經庫爾斯克和哈爾基夫的鐵路修築方案，但問題在於資金的匱乏，國庫拿不出這筆錢，而俄國在一八六三年對波蘭叛黨的鎮壓又引發了類似後來的國際制裁的反應。法國政府說服當時法國重要的鐵路建設投資者詹姆斯・邁耶・德・羅斯柴爾德（James Mayer de Rothschild）停止借錢給俄國，而打算承擔修建工程的英國公司又無法從倫敦金融城獲得足夠的資金。莫斯科—塞瓦斯托波爾鐵路被推遲到十九世紀七〇年代才開工，但在烏克蘭南部修築鐵路的念頭已經深深植入了俄國政府、軍隊和商界精英的頭腦中。

與後來連接莫斯科與塞瓦斯托波爾的鐵路相比，本地的第一條鐵路規模相對小得多。它從克里米亞西北部黑海海濱的奧德薩（Odesa）通往波多里亞城市巴爾塔。這條新鐵路建於一八六五年，比連接勒維夫和普熱梅希爾（Peremyshl，波蘭語：Przemyśl）、克拉科夫和維也納的鐵路晚四年。與勒維夫鐵路不同的是，從奧德薩出發的這條鐵路與政治、戰略和行政都沒什麼關係，它存在的理由從頭到尾都是經濟因素。在十九世紀中期，烏克蘭的出口額占整個俄羅斯帝國的百分之七十五；帝國以西伯利亞毛皮為主要出口產品的時代已經一去不返，而西伯利亞石油和天然氣的時代尚未到來，因此烏克蘭的穀物填補了帝國財政的空缺。波多里亞是帝國境內的主要產糧區之一，而奧德薩這座一七九四年建於從前諾蓋韃靼人定居點上的城市，就成了連接帝國與歐洲市場的主要通道。

財源匱乏的帝國希望增加其出口額，這就需要有一條鐵路，而修築鐵路又需要錢，奧德薩總督提議利用俄軍中的刑徒營，解決這個難處。這不是帝國漫長的歷史上第一次用強迫勞動解決問題，也不是最後一次。在設想中，奧德薩—巴爾塔鐵路是奧德薩—莫斯科鐵路的第一段，應當經過基輔，將充斥著不安分的波蘭貴族的聶伯河右岸地區與帝國腹地連接起來，以此削弱華沙的影響。然而這個計畫在經濟上毫無意義，因為基輔地區及基輔城北的森林地區沒有什麼可供出口的產品。因此，夢想著鞏固帝國政治統一的戰略家們最終輸給了商業界的遊說團，從巴爾塔出發的鐵路沒有經過基輔，而是經過波爾塔瓦和哈爾基夫，並將在哈爾基夫與後來的莫斯科—塞瓦斯托波爾鐵路聯通。後者在長期拖延之後，於一八七五年竣工。

一八七一年，法國在普法戰爭中戰敗後，俄羅斯帝國重新取得了在黑海擁有海軍的權利，於是它在塞瓦斯托波爾建設自己的新海軍。莫斯科—塞瓦斯托波爾鐵路在這個過程中扮演了重要角色，然而其關鍵的重要性卻是經濟和文化意義上的。經濟方面，這條鐵路促進了地區貿易以及東烏克蘭和南烏克蘭的發展；文化方面，它以從前無法設想的各種方式，將遙遠的克里米亞與帝國的核心地區連接起來，推動了俄羅斯對這個半島的文化殖民過程。到了十九世紀末，原來僅是黑海岸邊一個小漁村的雅爾達（Yalta）已經成了帝國的夏都。皇帝和他的親眷們在克里米亞海岸上建起華麗的宅邸，並對此地的東正教教堂和修道院的建設提供支持；沙皇和皇族之外，為數眾多的朝臣、高級和中級官員，以及（也相當重要的）作家和藝術家也在克里米亞度過夏天。安東．契訶夫（Anton Chekhov）在雅爾達擁有一所樸素的房子，他在短篇小說〈帶小狗的女士〉（Lady with a Lapdog）中刻畫了那些來到這個克里米亞度假勝地的俄國遊客的體驗。俄國社會上層將克里米亞變成了他們視之為家的廣袤帝國的一部分。

一八九四年，沙皇亞歷山大三世（Alexander III）在雅爾達附近利瓦季亞（Livadia）的莊園中死去，人們用馬車將他的遺體運到雅爾達，再用船轉運到塞瓦斯托波爾，然而從那裡用鐵路運回聖彼德堡。到他去世之時，鐵路已經在烏克蘭大地上縱橫交錯，將奧德薩、波爾塔瓦、哈爾基夫、基輔，還有莫斯科和聖彼德堡連結起來。從奧德薩坐火車出發，還可以抵達勒維夫，而基輔也與勒維夫和華沙連通。第一條奧德薩—巴爾塔鐵路長度僅有一百三十七英里，到了一九一四年，烏克蘭境內的鐵路總長度已經超過一萬英里。鐵路推動了經濟發展，增加了流動性，也打破了舊的政治、經濟和文化邊界，而在帝國最新獲得的領土，也就是烏克蘭草原地區，這一變化的影響比在其它地區更為深遠。

曾經被遊牧民族占據的草原地區，如今已為士紳階層所控制，並變成了歐洲的麵包籃，此地什麼都不缺，只缺有能力來開墾這些處女地的人手。尼古拉．果戈里的經典之作《死魂靈》（*Dead Souls*）中的主角乞乞科夫（Chichikov）試圖通過將死去農民的「魂靈」賣給政府並將他們「遷」到此地的手段來解決這個問題。然而在現實中，「魂靈」越少而土地越多，就意味著農民階層越富裕，而在整個帝國境內，南烏克蘭地區的農民比其它任何地方的農民都過得好。在十九、二十世紀之交，包括克里米亞半島及半島以北草原地帶的塔烏里達省（Tavrida）平均每戶農民擁有四十英畝土地，而在波多里亞和沃里尼亞地區，每戶僅有九英畝。

許多世紀以來，定居人口占據的森林草原和遊牧人口占據的南方一直存在差異，而基督教世界與穆斯林世界之間的界線，以及鄂圖曼—波蘭—俄羅斯之間的國界讓它變得更加明顯。然而這一差異正在緩慢地成為歷史：鐵路將北方的產糧區與南方黑海沿岸的港口連結起來，也就成為烏克蘭腹地與地中海和富裕的歐洲市場之間的紐帶。在烏克蘭歷史上大部分時間裡受到遊牧民族威脅的聶伯河、德涅斯特河和頓河商路如今變得安全，並對這一地區的經濟復興做出貢獻。維京人曾圍繞聶伯河—黑海貿易通道建起基輔羅斯國家，此時這條通道開始兌現人們對它的期許，聶伯險灘河段成為剩下的唯一後勤障礙。

鐵路建設還為高速的城市化進程提供了動力，並因此再度讓南方受益。城市的膨脹成為烏克蘭各地的普遍現象。到了十九、二十世紀之交，基輔已經是俄羅斯帝國的第三大城市，人口從十九世紀三〇年代早期的二萬五千增加到一九〇〇年的二十五萬。然而即使是這樣的增長，在南方的發展面前也黯然失色：一八一四年奧德薩同樣只有二萬五千人，到了一九〇〇年卻已有四十五萬居民。城市發展的很大一部分原因是快速的工業化，在這一方面南方仍然走在了前面。尤茲夫卡的人口在一八九七年之前的十年終就增加了超過五倍，達到接近三十三萬人，並在接下來的二十年中又成長超過一倍，在一九一七年的革命前達到七萬人，顯示了烏克蘭東南部工業化和城市化之間的緊密聯繫。

尤茲夫卡的故事於一八六八年在倫敦發端。這一年，五十三歲的成功商人、發明家和米爾沃爾鋼鐵公司（Millwall Iron Works Company）經理約翰・詹姆斯・休斯，也就是本章開篇離開英國的那個人，決定選定一條截然不同的人生道路。在遭到克里米亞戰爭的打擊之後，俄國政府正忙於加強對進入帝國的海陸通道的防禦。戰爭期間，英國和法國的艦隊就曾從波羅的海上炮轟聖彼德堡的屏障——海島要塞喀琅施塔得（Kronstadt）。有意思的是，俄國政府打算為應對來自英國的可能攻擊而加強防禦，找來的幫手卻是米爾沃爾鋼鐵公司。俄國將軍、塞瓦斯托波爾保衛戰英雄愛德華・托特列邊（Eduard Totleben）主持了談判。休斯前往聖彼德堡安排這項工程，俄國人向休斯提供了在他們的帝國領土上修建冶金廠的特許權，而他則接受了這項挑戰。

甫一抵達亞速海岸邊的草原，這位威爾斯人和他的團隊就在奧維契（Ovechi）農莊落下了腳跟。奧維契是一七十七世紀札波羅結哥薩克人建立的一個小定居點，然而休斯對這一地區的哥薩克歷史沒什麼興趣，他買下這片土地並來到奧維契只有一個簡單的原因：四年前，俄國工程師們已經將此地劃為建立冶金廠的理想地點，因為它距離鐵礦、煤礦和水道都不遠。政府曾試圖在這裡建起一座工廠，卻因為缺少建築技術和運營冶金廠的經驗而沒有成功。休斯則在這兩方面都是專家，一八七二年一月，他新建的冶鐵廠就生產出了第一塊生鐵，十九世紀七〇年代中，他又建起了更多的高爐。這些工廠雇傭了近一千八百人，成為帝國最大的金屬生產企業。工人們聚居的地方漸漸被稱為尤茲夫卡，其名得自創始人的姓氏（「休斯夫卡」）。這座鋼鐵和礦山之城將在一九二四年被更名為史達林（Staline），在一九六一年再度更名為頓內次克。

休斯是極少數親身遷居烏克蘭的西方企業家中的一個，但從英國、法國和比利時前往烏克蘭草原的技術工人則成百上千。數以百萬計的法郎和英鎊從他們的祖國流向此地，他們則追隨而至。為改造烏克蘭南部地區提供金融資本的主要是法國、英國和比利時的銀行家。在二十世紀初，烏克蘭超過百分之五十的鋼材、超過百分之六十的生鐵、百分之七十的煤炭和所有的機械都由外國公司生產。俄國企業的資本和技術都相對有限，而且其中大部分都投入到對莫斯科和聖彼德堡的工業潛力的挖掘中。

帝國有一樣幾乎可以無限量供應的資源：非技術工人。衛生條件的改善和技術的進步讓更多的嬰兒存活下來，而活下來的人的壽命也變得更長了，一個村莊中的人口越多，就意味著每戶人家擁有的土地越少。人口的相對過剩在農奴解放之後的數十年中成為烏克蘭和俄羅斯村莊中的一大問題，在帝國姍姍來遲的工業革命意味著「過剩」的人口從此可以流向膨脹中的城市。從十九世紀七〇年代開始，烏克蘭南部勃興的工業城鎮，就成了吸引數以十萬計農民離開貧窮村莊的磁鐵。大多數來到這裡的人都來自俄羅斯的南方省份，因為那裡的土壤遠比烏克蘭貧瘠，對土地的渴望也更加強烈。

尤茲夫卡提供的工作相當危險，但以當時的標準而言報酬甚為豐厚，吸引了許多俄羅斯農民來到此地，年輕的尼基塔・赫魯雪夫（Nikita Khrushchev）就是他們中的一員。一九〇八年，十四歲的赫魯雪夫離開俄羅斯小村莊卡里諾夫卡（Kalinovka，位於從前哥薩克國的首府赫盧希夫東北面約四時英里處）來到尤茲夫卡和他的家人會合。在將全家人搬到這裡之前，赫魯雪夫的父親謝爾蓋是尤茲夫卡地區一條鐵路上的季節工，後來又成了全職的礦工。謝爾蓋從未放棄攢夠了錢之後買上一匹馬回到卡里諾夫卡的夢想，他的兒子卻沒有這樣的夢想。赫魯雪夫熱愛城市生活，成為了一名礦山機械師。他在一九一七年革命期間加入布爾什維克，從此開始他輝煌的政治生涯。一九五七年斯普特尼克（Sputnik）發射和一九六二年古巴導彈危機時，蘇聯的領導人都是赫魯雪夫。

在未來的蘇聯領導人中，尼基塔・赫魯雪夫並不是唯一一個舉家遷離某個俄羅斯村莊，並受益於南烏克蘭地區工業繁榮的人。在赫魯雪夫一家遷居之前幾年，伊利亞・勃列日涅夫（Ilia Brezhnev）就來到了烏克蘭工業城市卡緬斯克（Kamenske，即今聶伯羅捷爾任斯克），他的兒子列昂尼德（Leonid）於一九〇六年出生在這座鋼鐵之城，他將成為赫魯雪夫的親信，並最終繼承蘇聯的最高權力。赫魯雪夫一家和勃列日涅夫一家，都參與了俄羅斯農民向南烏克蘭的大遷移，而這場遷移運動是這一地區城市中烏克蘭裔人口比例下降的原因之一；一八九七年，俄羅斯帝國進行了它第一次也是唯一一次人口普查，此時帝國烏克蘭諸省的烏克蘭人數量為一千七百萬，俄羅斯人數量為三百萬，比例接近六比一。然而在城市中，兩個族群的人口數勢均力敵——俄羅斯人略多於一百萬，烏克蘭人略少於一百萬。俄羅斯人在主要城市和工業中心占據多數：他們在哈爾基夫超過百分之六十，在基輔超過百分之五十，在奧德薩則將近百分之五十。

躋身企業主階層的烏克蘭人不多，其中大多數又居住在烏克蘭中部，十九世紀下半葉，有賴於當地甜菜種植的糖業得到發展，讓一些烏克蘭企業主發了財，謝梅連科（Symyrenko）家族是這群人中的翹楚。這個家族的成員之一普拉東・謝梅連科（Platon Symyrenko）向從流放地歸來的塔拉斯・舍甫琴科提供了幫助，並資助出版了舍甫琴科的作品《科布札歌手》的一個版本。（今天，這個家族主要以雷內特．謝梅連科蘋果為人所知。普拉東的兒子列夫是這種蘋果的培植者，並以父親的名字為它命名。）謝梅連科家族的出現並非常例，而是一個異數，在企業家群體中，俄羅斯人、波蘭人和猶太人都遠多於烏克蘭人。

隨著快速的工業化和城市化的出現，同樣的族群比例也體現在產業工人階層中。產業工人大都是俄羅斯人，而同時，猶太工匠們離開了從前歸屬波蘭的烏克蘭地區，來到東部和南部的中心城市，並在手工業中占據了主導地位。東部的哈爾基夫不在猶太人的「定居範圍」（即帝國允許猶太人定居的地區）之內，但烏克蘭其它地方，包括奧德薩和卡特琳諾斯拉夫（Katerynoslav，即今聶伯彼得羅夫斯克〔Dnipropetrovsk〕），都允許猶太人定居。沃里尼亞、波多里亞和南烏克蘭地區的總人口中，猶太人的比例為百分之十二到百分之十四之間，但他們在小城鎮中占據了多數。在大城市中，猶太人雖然不占多數，卻也不可忽視：他們在奧德薩居民中占百分之三十七，在卡特琳諾斯拉夫則是第三大族群。

烏克蘭人占據了烏克蘭居民中的大半，但他們中的多數人都沒有捲入工業化和城市化過程，這是為什麼？在此，赫魯雪夫一家和勃列日涅夫一家的故事仍然可以幫助我們理解這種狀況。兩個家庭都是從俄羅斯的庫爾斯克省遷往烏克蘭東南地區的，在十九世紀下半葉，庫爾斯克省農民戶均擁有的土地不超過七英畝。他們來到的地方屬於卡特琳諾斯拉夫省，這裡的農民戶均擁有土地是二十五英畝，而且都是所謂的黑土，比庫爾斯克地區的肥沃得多。如前所述，本地的農民生活狀況遠遠好於俄羅斯帝國任何其它地區，這些農民傾向於留在家鄉，而且通常也能負擔得起；即使迫不得已，他們中的許多人也會選擇到帝國東部的偏遠草原地區重新定居，而不是到鄰近的鋼鐵工業和礦業城鎮去忍受二十世紀早期工業的惡劣條件。

烏克蘭中部和北部諸省的農民尤為符合上述情況，切爾尼戈夫省即是一例。這裡的農民戶均擁有土地不超過十七英畝，且都相當貧瘠，另一位蘇聯領導人米哈伊爾·戈巴契夫（Mikhail Gorbachev）的家族故事，讓我們得以一窺烏克蘭人遷徙史中的這一面。二十世紀早期，戈巴契夫的外祖父潘捷列伊蒙·霍普卡洛（Panteleimon Hopkalo）從切爾尼戈夫省來到斯塔夫羅波爾（Stavropol）地區的草原上。一九三四年，戈巴契夫在這裡出生。以當時的情況而言，斯塔夫羅波爾及北高加索地區與烏克蘭的環境相似程度幾乎超過人們的想像。許多不願遷往城市、希望尋找免費土地的烏克蘭農民遷移到了更遠的地方，直至俄羅斯的遠東。在第一次世界大戰之前的二十年中，超過一百五十萬烏克蘭人來到俄羅斯南部和東部邊疆定居，因為他們可以在這些地方獲得土地。

農民遷徙浪潮受對土地的渴望驅動，是一個真正意義上全烏克蘭範圍內都在發生的現象，在俄羅斯帝國之外的奧屬加利西亞、布科維納和外喀爾巴阡，這種現象甚至更加顯著。二十世紀初，東加利西亞的戶均擁有土地數量僅為六英畝，比俄屬烏克蘭人口最為過剩的沃里尼亞省的戶均數量還少三英畝。此外，喀爾巴阡山脈中的土地通常比沃里尼亞和波多里亞的土地還要貧瘠得多，該地區的農民大量流失。「這片土地無法承載如此多的人口，也無法經受如此的貧困。」加利西亞的烏克蘭作家瓦西里·斯泰法尼克（Vasyl Stefanyk）在其短篇小說《石頭十字架》中的一名角色曾這麼說；這篇小說創作於一八九九年，靈感正來自加利西亞農民大批遷居北美的浪潮。僅在斯泰法尼克出生的那個村莊，就有五百名農民為了尋求更好的生活而背井離鄉。

在一九一四年之前，約有六十萬烏克蘭人離開了奧匈帝國。他們來到美國的賓夕法尼亞（Pennsylvania）和新澤西（New Jersey），那裡的礦山和工廠雇傭烏克蘭移民；他們來到加拿大的馬尼托巴（Manitoba）、薩斯喀徹爾（Saskatchewan）和阿爾伯塔（Alberta）諸省，在那裡農民們可以得到土地，在牧場上定居下來。烏克蘭人不是唯一為了更好的生活來到北美的族群，來自加利西亞和布科維納小鎮的猶太人通常比他們來得更早，在第一次世界大戰前的數十年中，約有三十五萬猶太人離開加利西亞來到美國。原因很簡單：與農民一樣，奧匈帝國東部省份那些陷入貧困的小鎮居民們在經濟上看不到希望。來自各族群和各宗教團體的移民，為他們的新祖國作出了巨大的經濟和文化貢獻。許多好萊塢明星和娛樂圈名人的祖上都是從加利西亞遷往美國的移民，比如傑克·帕蘭斯（Jack Palance，原名帕蘭紐克〔Palahniuk〕）的烏克蘭父母，還有芭芭拉·史翠珊（Barbara Streisand）的猶太祖父母。在一九九〇年至一九九五年間擔任加拿大總督的拉蒙（羅曼）·納蒂欣（Ramon (Roman) Hnatyshyn）的父母來自布科維納，而安迪·沃荷（Andy Warhol）的父母則來自蘭科（Lemko）地區。

加利西亞是奧匈帝國最貧窮的省份，波蘭商人、帝國議會和省議會成員斯坦尼斯拉夫·斯捷潘諾夫斯基（Stanisław Szczepanowski）在其著作《加利西亞的悲慘狀況》（一八八八年出版）中對這一現象進行了譴責。他在將加利西亞的勞動生產率和消費狀況與歐洲其它地區比較時寫道：「每個加利西亞居民只能完成四分之一個人的工作，卻要吃掉二分之一個人的口糧。」加利西亞並非全未工業化，但工業化對於該地區的經濟狀況改善有限，也沒能為本地人的生計帶來多大改善。自古以來，在德羅霍貝奇（Drohobych）和伯里斯拉夫（Boryslav）等城鎮附近汩汩冒出地面的石油為當地居民帶來的只有麻煩。直到十九世紀中葉，這種令人噁心的黑色物質才第一次為當地的藥劑師們所用——他們知道如何從中提取煤油。這一新發現的首批受益者中即包括勒維夫綜合醫院的醫生和病人們：一八五三年，這所醫院成為世界上第一座全部用煤油燈照明的公共建築。

斯捷潘諾夫斯基是第一批採用蒸汽鑽探的方法從加利西亞的石油中獲得財富的企業家之一。他的工人們多為波蘭裔移民，作為一名秉持波蘭民族建構信念的理想主義者，斯捷潘諾夫斯基為他們提供醫療服務，並嘗試改善他們的境遇，最後卻破了產；在奧屬加利西亞，生意和民族建構並不總是能協調一致。在一九世紀最後數十年中，英國、比利時和德國公司都來到這裡，它們採用的是加拿大工程師和企業家威廉・亨利・麥加維（William Henry McGarvey）首創的深鑽技術。新的管理層取代了多為猶太人的小企業主，烏克蘭和波蘭農民（前者約占本地勞工人數的一半，後者約占三分之一）的非技術勞動力也不再受歡迎。到了一九一〇年，本地的石油產量已經達到二百萬噸，占全球產量的百分之四，當時最大的石油生產國則是美國和俄羅斯帝國。

石油為當地帶來了更多的財富，也帶來了更多教育機會。一所礦工學校在伯里斯拉夫開辦，那個年代修建的許多城市建築至今尚存，讓參觀者回想起那段「過去的好時光」。然而就整體而言，石油繁榮對當地經濟狀況的影響甚為有限；伯里斯拉夫是這個過程的中心，人口在十九世紀下半葉成長至原先的三倍，達到一萬五千人，整個油田區的人口也是如此，在十九世紀最後十年達到四萬二千人。但在整個加利西亞範圍內，這只不過是九牛一毛，地區首府勒維夫的人口在一八七〇年至一九一〇年間從五萬人增長到超過二十萬人，這個數字看似驚人，但若與經濟發展給聶伯烏克蘭諸城市帶來的影響相比，就不值一提。冶金繁榮的中心卡特琳諾斯拉夫的人口在五十年多一點的時間裡增長了十一倍，到一九一四年達到二十二萬人。烏克蘭最大的城市是奧德薩，人口為六十七萬。基輔緊隨其後，擁有六十三萬居民：這一數字差不多是十九世紀中葉基輔人口的十倍。

儘管俄屬烏克蘭諸省和奧匈帝國治下烏克蘭諸省的工業化和城市化水準不同，但在十九世紀晚期和二十世紀初，這兩個烏克蘭地區都經歷了巨大的經濟和社會轉型。資本、商品和人口的流動速度愈來愈快，觀念和資訊也同樣如此，這標誌著現代社會的誕生。新的勞動分工改變了傳統社會群體之間的相對重要性，並創造出新的社會群體，尤其是產業工人階級，這導致一些地區的經濟振興，另一些地區卻陷入衰落。烏克蘭南部地區是變革的受益者之一：其國際貿易額由於黑海諸港不斷增長，而其工業基地也在迅速發展之中。

一條新的經濟和文化分界線出現了，取代了那條劃分烏克蘭中北部農業地帶和南部遊牧民族地帶的舊有邊界。南方如今已是烏克蘭工業和農業的動力之源。這裡的農業人口仍記得札波羅結哥薩克時代的光景，幾乎沒有經歷過農奴制，並且比其它地區的經濟狀況要好，鐵礦和煤礦的發現又把這一地區變成了勃興的工業地帶，烏克蘭南方在俄羅斯帝國的行政管理下逐漸成熟起來。無論是族群意義上還是宗教意義上，這裡的人口構成都比更北地區的更加多樣化，此外，南方的城市化程度也是全烏克蘭最高的，而在二十世紀全國陷入的政治、社會和文化亂象中，南方也將成為整個烏克蘭的先驅。

17

The Unfinished Revolution

第十七章　未完成的革命

一九〇五年一月九日是一個星期天，在這個寒冷的冬日清晨，近二萬名工人和工人家屬從聖彼德堡郊區出發，向市中心行進。三十五歲的波爾塔瓦省人、畢業於聖彼德堡神學院神父格里高利．加蓬（Georgy Gapon）引領著這支遊行隊伍。隊伍前列的人抬著一張皇帝尼古拉二世的肖像，還舉著教會的旗幟和聖像。人們口中吟唱宗教歌曲，其中還包括為沙皇所做的禱告。工人們希望向沙皇遞交一份由加蓬神父起草的請願書，希望皇帝能保護他們不受雇主的惡劣對待。

聖彼德堡的主要工廠發動罷工，然而工廠主們拒絕滿足工人提出的訴求，包括引入八小時工作制。工人階級是隨工業革命而生的新社會現象，如今他們正請求沙皇承認其基本權利。「我們要求的並不多，我們要求的只是必需的權利，沒有它們，生活就不成其為生活，就只是艱苦的勞動和無盡的苦難。」加蓬神父寫道。然而請願中也包括了一些政治訴求，其中最主要的就是要求選舉產生憲法會議。上一次有人向沙皇提出制訂憲法的要求還是在一八二五年十二月，那一次政府鎮壓了後來被稱為十二月黨人的軍官們的叛亂，還用上了大炮。沙皇和他的政府認為他們必須再一次展示決心，以免重蹈法國國王路易十六的覆轍：在他們看來，讓路易十六在法國大革命中丟掉王冠和性命的，正是他的優柔寡斷。

當示威者們接近沙皇的冬宮（如今的艾爾米塔什博物館〔Hermitage Museum〕所在地）時，軍隊開火了，當場打死一百多人，受傷的則超過五百人。加蓬神父倖免於難，但他再也不會為沙皇禱告，也不再希望得到沙皇的保護。在當夜寫下的控訴中，加蓬將沙皇稱為畜生，並呼籲人們進行報復：「同胞們，讓我們向那受到人民詛咒的沙皇復仇，向他所有那些擁護帝制的惡毒爪牙復仇，向他的大臣們和不幸的俄羅斯國土上的強盜們復仇！」徹底的復仇要在十三年後才會到來，布爾什維克們在一九一八年七月槍殺了沙皇尼古拉二世和他的家人，但沙皇宮廷希望避免的革命在此時就爆發了。這場革命將整個帝國，包括烏克蘭諸省在內，推向了一個新的時代。這是一個平民政治的時代，其特點包括政黨的創建、議會選舉、男性公民獲得普選權，也使得政府愈來愈有賴於民族主義的支持。

聖彼德堡的「血腥星期日」之後三天，革命傳播到了烏克蘭。在星期三，也就是一月十二日，基輔南俄羅斯機械製造廠的工人們開始罷工，卡特琳諾斯拉夫、尤茲夫卡和頓巴斯其它地區的冶金工人們很快也加入了罷工，階級鬥爭的火焰席捲了此前十五年中的經濟繁榮地區。如果說一九〇五年一月之前，工人們只是表達想要更好的工作條件、更高的報酬和八小時工作制，此時他們開始用罷工、示威和對當局的公開抵抗來支持自己的訴求。說到抵抗，那些人口過剩的貧窮村莊也並沒有落在城市後面太遠，農民們開始砍倒屬於貴族的森林中的樹木，並開始襲擊貴族們的宅邸，這樣的襲擊一共發生了超過三百起，以聶伯河左岸地區從前哥薩克國境內的農民最為踴躍。農民們期待沙皇發布詔書，將屬於貴族的土地分配到他們手中。這個夢想沒能實現。政府沒有發出公告，而是派出軍隊鎮壓叛亂。一九〇五年十二月，政府軍在波爾塔瓦省的大索羅欽齊（Velyki Sorochyntsi），也就是尼古拉·果戈里（烏克蘭語讀作米柯拉·霍霍里〔Mykola Hohol〕）的出生地——打死了六十三名農民，而且，大索羅欽齊慘案遠非孤例。

一九〇五年夏天，政府開始失去軍人們（他們多為農民出身）的無條件支持。這一年六月，黑海艦隊的「波坦金」號（Potemkin）戰艦發生叛變，叛變首領和參與者中的大多數都是從烏克蘭招募的水兵，由於水兵們的「波什」（甜菜湯）中被加入了腐肉，這場原定於十月的叛變提前在六月爆發。根據一些記載，來自日托米爾地區的海軍軍士赫利霍里·瓦庫連丘克（Hryhorii Vakulenchuk）

用烏克蘭語向他的同袍們發出呼籲：「我們還要做多久的奴隸？」在一名高級軍官開槍打死瓦庫連丘克之後，叛變的領導權傳到了來自哈爾基夫地區的二十六歲水兵奧帕納斯·馬丘申科（Opanas Matiushenko）手中。叛軍殺死了他們的指揮官，升起紅旗，從公海航向奧德薩，為正在這座城市舉行罷工的工人提供支持。戰艦和瓦庫連丘克遺體的到來，在奧德薩激起了新一輪的抗議、騷亂和與員警的衝突。

俄國的哥薩克部隊封鎖了從奧德薩城前往港口的通道，其中包括著名的「波坦金階梯」（Potemkin Stairs）。在謝爾蓋·愛森斯坦（Sergei Eisenstein）的經典電影《戰艦波坦金號》（*Battleship Potemkin*，一九二五年）中，「波坦金階梯」被描述為大規模殺戮和高度戲劇性事件的發生地；沒有證據指出有人真的在這道階梯上喪生，然而在全城範圍內，的確有數以百計的人被員警和軍隊開槍打死。「波坦金」號戰艦最終離開了奧德薩，避免了與一支忠於政府的艦隊遭遇，並航向羅馬尼亞，叛變的水兵們在羅馬尼亞向當地政府投降。他們的領導者馬丘申科在歐洲和美國度過一段時間之後又回到了奧德薩，繼續革命鬥爭。他最終遭到逮捕和審判，並在「波坦金」號的基地塞瓦斯托波爾被處死。馬丘申科早已成為革命的象徵，卻拒絕加入任何政黨。他在遇難時年僅二十八歲。

一九〇五年十月，工人們的罷工浪潮達到了頂峰。一場鐵路罷工讓整個帝國陷入癱瘓。在烏克蘭地區，主要鐵路樞紐如基輔、哈爾基夫和卡特琳諾斯拉夫等地的鐵路工人都停止了工作，產業工人們也很快加入了他們。到了十月中旬，全烏克蘭有十二萬工人罷工，整個帝國的罷工人數則接近二百萬。於是皇帝尼古拉二世改變了策略，向他的叛逆臣民做出了一個重大讓步，在十月十七日發布的詔書中，尼古拉二世承認基本的公民權利，包含信仰、言論和集會結社自由，並將男性公民的普選權引入了帝國，還規定在舉行杜馬（第一屆俄國議會）選舉的過程中將保證全社會所有階級的代表權。至此，俄國距從絕對君主制向君主立憲制的轉變僅有一步之遙，自由知識分子們也對尼古拉二世的詔書感到歡欣鼓舞。

詔書發布之後，歡慶的人們湧上烏克蘭各大城市街頭，其中最為興奮的是猶太人群體。保守派的皇權支持者將猶太人視為革命的緊密同盟，並指責猶太人是工業化和快速的城市化開始以來，本地人群遭遇的一切麻煩的根源。許多烏克蘭城市中的歡慶活動最終以對猶太人的殺戮（pogrom）告終。在烏克蘭，或者在整個猶太人「定居範圍」內（包括從前波蘭—立陶宛聯邦諸省和烏克蘭南部），對猶太人的殺戮並不是什麼新鮮事。第一波大規模的迫害浪潮發生在一八八一年：皇帝亞歷山大二世被革命者刺殺之後，人們將他的死亡歸罪於猶太人。一九〇三年發生在今天莫爾達瓦境內的基希涅夫（Chișinău）殺戮持續了三天三夜，奪走了四十九人的生命，在美國媒體上引起了巨大的騷動，並觸發了新一輪猶太移民浪潮。然而與一九〇五年發生的迫害猶太人事件相比，從前的事件都黯然失色：當年十月，數百人在基輔、卡特琳諾斯拉夫和奧德薩發生的殺戮猶太人事件中喪生，受傷者達到數千人，遭到毀壞的猶太人房屋和企業則數以萬計。

在基輔，對猶太人的殺戮在一場示威後爆發。這次示威原本的目的是慶祝勝利，也為斥責沙皇的十月十七日詔書不過是當局的妝點門面。示威者們攻打市監獄，釋放政治犯，汙損基輔大學門前的尼古拉一世紀念碑，摘下將大學主樓正面的帝國國徽，毀壞帝國國旗並代之以紅旗，並要求絞死皇帝。保守立場的公眾將這一切歸罪於猶太人，第二天晚上，由外來工人、東正教狂熱信徒和徹頭徹尾的罪犯組成的團夥，開始襲擊猶太人和他們的財產。「來，這就是你們要的自由，你們要的憲法和革命，你們要的皇冠，還有我們沙皇的肖像！」一名襲擊者高喊道。二十七人在襲擊中身亡，近三百人受傷，約一千八百座猶太人住宅和商鋪被毀。基輔主要街道赫列夏季克大街上的二十八間猶太人商店中，只有一間倖免於難。

目睹了這起迫害事件後，二十世紀最著名的猶太作家之一蕭洛姆・阿列赫姆（Sholem Aleichem）離開了這座城市，也離開了這個國家，去往遙遠的紐約。在他的最後一篇關於賣牛奶的台維（Tevye the Dairyman）的小說中，對猶太迫害的預期成為一個重要的主題。這一主題在他創作的其它一些故事中也十分明顯，百老匯經典劇碼《屋頂上的提琴手》（*Fiddler on the Roof*）即基於這些作品。在這兩部作品中，基輔的員警都對猶太人抱有同情態度，實際上，一部分員警的確同情猶太人，但其他許多員警在迫害發生之時置身事外，鼓勵暴力行為。基輔發生的情況看起來即是如此。到員警對迫害的實施者採取行動時，對猶太人的殺戮已經持續了整整三天。

在許多方面，基輔的殺戮猶太人事件，足以代表烏克蘭其它大城市中的情況。襲擊的實施者通常是工人，新近從俄羅斯的貧窮村莊中遷移到這些城市，另有少部分是烏克蘭人，他們與猶太人競爭工作機會，認為自己受到城市和工廠中的官員和企業主的剝削和歧視。猶太人成為他們最軟弱的獵物和「正當」的目標：藉由對猶太人的襲擊，襲擊者可以宣示並捍衛自己的「真正俄羅斯人身分」，以及對帝國的專制政體、東正教信仰和民族性等原則的忠誠。農民們則會加入對位於小城鎮和大城市周邊的猶太人財產的襲擊，這些罪犯肆意地破壞了他們此前碰都不會碰的的財產。

暴徒們將革命事件與猶太人聯繫在一起；然而，領導那些慶祝沙皇發布詔書同時又對詔書感到不滿的群眾的，是來自各種政治組織的運動者，其中只有一小部分是猶太人。弗拉基米爾・列寧領導的布爾什維克，是俄國社會民主工黨（Russian Social Democratic Labor Party）中的激進派。他們走在了工人罷工和示威隊伍的前列，並對沙皇詔書嗤之以鼻。布爾什維克的目標是藉由全帝國範圍內的罷工和起義來推翻帝國政府。孟什維克（Mensheviks）則是同一個黨派中的另一個團體，他們反對列寧的發號施令，自行組織其宣傳活動。同樣非常活躍的還有俄國社會革命黨（Russian Party of Socialist Revolutionaries），革命爆發之前，他們就在哈爾基夫、日托米爾、切爾尼戈夫和其它一些烏克蘭主要城市建立了分支組織。許多猶太人加入社會民主黨人、孟什維克和布爾什維克的隊伍，但猶太人也有自己的政黨。在一九〇五年的革命事件中最為活躍的黨派之一即是猶太勞工同盟（Jewish Labor Bund），它是一個代表猶太工人和工匠的社會主義黨派。

猶太人對革命的投入（他們通常團結在猶太勞工同盟的旗幟下）顯示了少數民族和少數宗教團體在逐步開展的革命鬥爭中的重要性。然而，那些「全俄羅斯」的主要黨派拒絕向帝國其他民族作出任何有意義的讓步；猶太勞工同盟的領導人曾參與俄國社會民主工黨的組織工作，但當列寧對他們這個組織的自主地位及其專屬的猶太工人代表權提出質疑後，這些人就退出了社會民主工黨。布爾什維克和大多數社會民主黨人都相信工人運動統一而不可分割，正如俄羅斯帝國的統一而不可分割。社會革命黨人則更為變通，承認文化自主的重要性，並願意考慮在俄國建立聯邦制度，然而這些讓步還遠遠不足以讓帝國內的少數民族不去組建他們自己的政黨。

從十九世紀九〇年代開始，俄奧邊界兩側的烏克蘭人就都忙於建立自己的黨派。此時正是整個歐洲各路政治力量進入黨派創建階段的時代，他們走上街頭，努力動員大眾支援他們的政治目標。俄屬烏克蘭的第一個政黨建立於一九〇〇年，其動員階段始於哈爾基夫城；這一年，一群不願加入那些全俄羅斯黨派，並尋求融合社會主義和民族主義理念的當地學生，成立了他們自己的政黨——革命烏克蘭黨（Revolutionary Ukrainian Party）。運動者們在烏克蘭建起組織網路，並來到農民中間開展工作，呼籲他們起來反抗。哈爾基夫律師米柯拉・米可諾夫斯基（Mykola Mikhnovsky）寫出了一本題為《獨立烏克蘭》（*Independent Ukraine*）的小冊子，在加利西亞出版。革命烏克蘭黨人將這本書中闡述的理想當做他們的綱領。以這份綱領為本，俄羅斯帝國境內成立的第一個烏克蘭政黨宣布：他們的目標乃是烏克蘭的獨立。

「一齣宏大歷史悲劇的第五幕『民族鬥爭』已經上演，落幕很快就會到來。」米可諾夫斯基寫道。這句話幾乎是對不久以後的世界大戰將造成的災難的預言。米可諾夫斯基認為，「那些站起來反抗一切形式的外來統治，並在最近獲得自由的民族指明了」一條擺脫列強對抗噩夢的道路。「我們知道，我們這個民族同樣處於被奴役的地位。」他繼續寫道，隨後就宣布了烏克蘭民族解放運動的目標。作為一名律師，他還從法律和歷史兩方面進行論證，抨擊一六五四年由博赫丹・赫梅爾尼茨基達成的俄烏協定。米可諾夫斯基聲稱，赫梅爾尼茨基時代哥薩克軍官們得到的權利和特權已被俄國蠶食，因此俄國早已違反了協議的約定。與從前的哥薩克軍官們不同的是，米可諾夫斯基呼籲他的同胞們爭取完全的解放，而不是去接受波蘭人或是瑞典人的保護。

這本小冊子標誌著俄羅斯帝國境內烏克蘭政治思想的一次轉折。烏克蘭第一個政黨將之作為綱領，更加發揚了米可諾夫斯基的理想。然而這個政黨很快就因民族主義和社會主義孰先孰後的問題而分裂了。在接下來的十七年中，米可諾夫斯基提出的烏克蘭獨立論題退居次要，在一九一八年一月另一場革命的火焰中才重登舞臺。而在當下，即一九〇五年革命時期，多數烏克蘭政治家追求的都是在一個「解放」的民主聯邦制俄國內部實現自治，而非完全獨立。「斯比爾卡」（Spilka，即「同盟」）的成功正是這種情緒的證明：「斯比爾卡」是一個社會民主主義黨派，脫胎於米可諾夫斯基的革命烏克蘭黨，但在成員構成上卻是多族群的，並與俄羅斯社會民主主義者和猶太勞工同盟有著緊密聯繫。到了一九〇五年四月，「斯比爾卡」已經擁有七千名成員。它是俄羅斯社會民主主義的一條地方支流，這也是它獲得成功的部分原因。

沙皇的十月詔書為烏克蘭的政治舞臺帶來的變化還不只於此。詔書的發布，是沙皇為重奪政治主動權並分化反政府力量的孤注一擲，它將公民權利賦予俄國民眾，並引入了男性公民的普選權。為表示對詔書的支持，君主主義黨派「十月十七日同盟」（Union of October 17）成立起來。十月中，自由派的立憲民主黨（Constitutional Democratic Party）也應運而生，緊接著，持民族主義和反猶立場的俄羅斯人民同盟（Union of the Russian People）在十一月成立。烏克蘭的政治光譜如今呈現三種不同色彩：第一種是「斯比爾卡」以及其他一些「全俄羅斯」黨派和團體，他們代表的是社會主義者和社會民主主義者，；第二種是自由派的烏克蘭愛國主義知識分子，他們組成了一個名稱頗有誤導性的「烏克蘭激進民主黨」（Ukrainian Radical Democratic Party），與俄羅斯立憲民主主義者展開合作；最後一種則是從前的「小俄羅斯主義」的繼承者，他們構成了俄羅斯人民同盟等君主主義組織的核心。

就他們對烏克蘭民族問題的關切而言，這三個陣營都植根於十九世紀三〇年代到四〇年代間的烏克蘭文化復興，並都聲稱塔拉斯·舍甫琴科是他們的先驅。沒有一個陣營有興趣將舍甫琴科視為一名聖彼德堡藝術家和知識分子，所有人都將他想像成一個留著哥薩克式髭須、身穿農民式羊皮外套的「人民詩人」。舍甫琴科成了他們與廣大農民接觸的通行證：而在平民政治的新時代，這完全可能是一張通向勝利的門票。然而，三個陣營中只有一個，即烏克蘭自由派，在與民眾對話時使用的是舍甫琴科的語言；四十多年的禁令之後，一九〇五年革命讓他們終於可以這樣做；突破發生在一九〇五年二月：俄羅斯帝國科學院在這個月發布了一份備忘錄，呼籲廢除對烏克蘭語出版物的禁令。學術界將烏克蘭語（「小俄羅斯語」）視為一種獨立的語言，而非僅是一種方言。

一九〇五年十月，在皇帝尼古拉二世發布詔書的當天，官方對烏克蘭語出版物的禁令也解除了。到了一九〇五年十二月，已有兩家烏克蘭語報紙得以出版，一家在盧布尼（Lubny），另一家在波爾塔瓦。一九〇六年九月，烏克蘭自由派在基輔開始出版第一份烏克蘭語日報《拉達》（*Rada*，即《會議》）。一九〇七年，他們開始發行第一本烏克蘭語雜誌。第一本烏克蘭語學術期刊在下一年問世。此時總共已有九份烏克蘭語報紙，發行量達到二萬份。而這還只是開始：接下來的幾年中，烏克蘭語出版業出現了爆炸式的增長，其中最為風靡的形式是配有插圖、風格幽默的小冊子，在一九〇八年至一九一三年間總印數達到近八十五萬冊，其次是印數為近六十萬冊的詩集。事實證明，烏克蘭農民更喜歡用他們自己的語言來講笑話和朗誦詩歌。

針對烏克蘭民眾心靈和頭腦的第一場競爭發生在一九〇六年春天，第一屆俄國國家杜馬選舉之際。社會民主黨人沒有參加選舉，自由派得到很高的票數。民主主義者中的激進派與俄國立憲民主派合作，也為其成員和支持者在杜馬中獲得了數十個席位。來到聖彼德堡後，當選議員們立刻成立了「烏克蘭人俱樂部」，以推進烏克蘭的文化和政治目標。九十五名烏克蘭議員中有四十四人加入了這個俱樂部。然而，第一屆國家杜馬沒能存在多久：沙皇認為它過於傾向革命，在兩個月後將之解散。第二屆國家杜馬選舉在一九〇七年初舉行，這一次社會民主黨人也積極參加進來。「斯比爾卡」黨獲得十四個席位，在所有烏克蘭人黨派中僅次於保皇派：後者贏得了近四分之一的民眾投票。國家杜馬中的烏克蘭人組成了他們的第二個黨團，成員為四十七人，其目標之一是讓烏克蘭語進入公立學校。這個黨團同樣短命：隨著帝國內的革命活動逐漸衰退，沙皇得以再度將杜馬解散。這屆杜馬存在於一九〇七年三月到六月，比第一屆的壽命只稍長一點。第二屆國家杜馬的解散成為革命結束的標誌。

烏克蘭運動者們在一九〇五年至一九〇七年間的行動，無論是組織議會黨團，還是建立烏克蘭教育和學術機構，在很大程度上都參照他們在奧匈帝國的同胞們所取得的成就。奧匈帝國在幾十年前就進入了平民政治時代。俄奧之間的國境線並未成為烏克蘭民族解放運動的阻礙，反而是一個有利條件：當一方的情況惡化，另一方的運動者就會接過火炬，並向他們的同胞施以援手。從十九世紀六〇年代開始，當聶伯地區的烏克蘭人因烏克蘭語出版禁令而遇到麻煩時，他們總是能得到加利西亞烏克蘭愛國者的援助，也反過來向對方提供支援。而在十九世紀與二十世紀之交，加利西亞人幫助聶伯烏克蘭人的時機再度到來。

四十歲的勒維夫大學烏克蘭史教授米哈伊洛・赫魯舍夫斯基，是加利西亞經驗向聶伯烏克蘭傳遞過程中的關鍵人物。他畢業於基輔大學，在一八九四年來到加利西亞，成為俄奧邊界兩側烏克蘭學術界的領袖。他開始寫作其多卷本的《烏克蘭—羅斯史》，這是從學術上構建一個完全不同於俄羅斯版本的烏克蘭歷史敘事的開山之作。赫魯舍夫斯基還擔任了位於勒維夫的舍甫琴科科學會主席，並將其改造成一個等同於國家科學院的機構——此時的烏克蘭還沒有自己的國家科學院。當他得知「烏克蘭人俱樂部」在第一屆國家杜馬期間組成時，赫魯舍夫斯基立刻離開了他在勒維夫的學生們，前往聖彼德堡，為這個俱樂部編輯刊物，並擔任烏克蘭議員們的顧問。接下來幾年中，赫魯舍夫斯基將他在勒維夫編輯的刊物《文學和學術先驅報》（*Literaturno-naukovyi visnyk*）遷往基輔，並仿照勒維夫的舍甫琴科科學會，在基輔創建了烏克蘭學會。

「俄羅斯的解放」是革命前夕在俄羅斯帝國出現的泛自由派聯盟的目標，但赫魯舍夫斯基聲稱沒有烏克蘭的「解放」，這個目標就不會實現。他所追求的是一個存在於民主化的聯邦制俄羅斯國家內部、民主而自治的烏克蘭。赫魯舍夫斯基呼籲烏克蘭知識分子加入烏克蘭人自己的政黨，不要為實現那些「全俄羅斯」的政治目標而犧牲自己的民族訴求。他還嘗試阻止俄羅斯自由派與波蘭民族主義者可能結成的聯盟——這一聯盟將以犧牲烏克蘭的政治和文化目標為代價。他提出：民族問題上沒有私下的協議，所有民族都應受到平等對待。他的擔憂在於：一旦俄國人和波蘭人就將波蘭語引入前波蘭—立陶宛聯邦境內學校的問題達成一致，會導致烏克蘭語被這一地區的學校系統排斥在外，然後，在帝國西部省份，烏克蘭鄉村地區的俄羅斯化就會被烏克蘭農民群體的波蘭化取代。不過，隨後發生的情況表明，這種威脅並沒有變成現實。

赫魯舍夫斯基在加利西亞的經歷很好地解釋了他的焦慮。在加利西亞的烏克蘭政治舞臺上占主導地位的是烏克蘭民族民主黨（Ukrainian National Democratic Party），於一八九九年在赫魯舍夫斯基和他的親密盟友伊凡·弗蘭科（Ivan Franko，加利西亞烏克蘭人中最著名的作家）幫助下成立。烏克蘭民族民主黨聯合了激進的社會主義者，以及持烏克蘭愛國主義的民粹主義者，宣稱其最高目標是烏克蘭的獨立（比米可諾夫斯基的革命烏克蘭黨提出這一口號更早）。他們的短期目標則包括將加利西亞分為烏克蘭和波蘭兩部分，以及實現帝國內部各個族群的平等，而這兩項主張都令各個波蘭人政黨感到不快，羅曼·德莫夫斯基（Roman Dmowski）領導的波蘭民族民主黨追求將烏克蘭人融合到波蘭文化之中，而未來的獨立波蘭國家的元首約瑟夫·畢蘇茨基（Józef Piłsudski）領導下的波蘭社會主義者，則主張以聯邦的方式解決烏克蘭人問題。在波蘭人和烏克蘭人對加利西亞的不同設想之間，幾乎沒有什麼調和的餘地。

在一九〇七年的帝國和加利西亞議會選舉（奧匈帝國第一次基於男性普選權原則舉行的選舉）

中，波蘭人與烏克蘭人之間的關係惡化到了不可修復的地步。烏克蘭人在帝國議會選舉中表現不錯，卻未能打破波蘭人對加利西亞立法機構的控制：選舉法本身就有利於波蘭上層階級，又受到波蘭官員的操縱。選舉的結果是烏克蘭人的失敗，以及雙方之間導致數人死亡的暴力衝突。在大學校園裡，分屬兩個民族社群的學生之間也嚴重對立，以至於赫魯舍夫斯基感到去教授晚間課程時有帶上一支手槍的必要。一九〇八年四月，在一名烏克蘭學生刺殺了波蘭裔的加利西亞總督後，波蘭人和烏克蘭人之間的關係更是降到了新低點。

烏克蘭民族民主黨人未能實現他們的主要目標——分割加利西亞省，並在奧匈帝國內部取得烏克蘭人的自治權，但在落實他們的教育和文化目標方面做得不錯。在一九世紀九〇年代，烏克蘭愛國者和波蘭權力集團之間曾實現過一次短暫的和解，在此期間，烏克蘭語的語音字母被引入了加利西亞的學校，儘管在二十世紀的頭十年中波蘭人—烏克蘭人關係惡化了，烏克蘭語的這一地位仍然得以保留，到第一次世界大戰前夕，已經有二千五百所學校使用烏克蘭語教學。因此，對第一代普遍接受教育的加利西亞烏克蘭人來說，用烏克蘭語了解國際局勢就成了自然而然的事。在加利西亞，這一簡單事實將在未來的世代中成為一種強烈的烏克蘭身分認同的基礎。

在這場學校課綱爭奪戰中，致力於推廣某種形式的俄語的親俄主義者們失敗了。在對選票的爭奪中他們同樣一無所獲。在一九〇七年的選舉中，烏克蘭政治家們與猶太候選人結成了同盟（至少有兩名猶太代表在烏克蘭選民的支持下得以進入奧匈帝國議會）。波蘭人試圖幫助親俄主義者，卻沒能成功。烏克蘭人黨派在帝國議會中斬獲了二十二個席位，親俄主義者只得到二個。在加利西亞，親俄主義運動對烏克蘭民粹主義潮流已不再構成威脅。

一九〇五年革命之後，俄羅斯帝國內的各烏克蘭人黨派面對的情況完全不同。可以確定的是，即使在烏克蘭人群體中，這些黨派的影響也在逐漸喪失。烏克蘭語從未被允許進入學校，而隨著革命的落幕，當局也開始對各種烏克蘭人組織實施封殺，並騷擾甚至關閉烏克蘭語出版物。與此相對，俄羅斯民族主義組織卻可以不受約束地在烏克蘭農民中進行自己的宣傳。

俄國保守派首相彼得．斯托雷平（Petr Stolypin）的政府，藉著動員激進派俄羅斯民族主義，在帝國西部邊疆地區逐步贏得政治支持，民族主義傾向的候選人也在新選舉法的幫助下贏得選舉；與在帝國其它地區一樣，俄羅斯民族主義組織在烏克蘭也與俄羅斯東正教會的主教和神父們結成同盟，在烏克蘭農民和城市居民中散布俄羅斯國族主義和反猶主義。俄羅斯帝國史上最臭名昭著的審判「貝里斯案」（Beilis affair，此案中，一名猶太人被指控將一名基督徒男孩殺死獻祭）就發生在基輔。在第一次世界大戰前，沃里尼亞的波查伊夫（Pochaiv）修道院成為俄羅斯民族主義和反猶主義的溫床，而俄羅斯人民同盟在整個帝國的最大分支組織也以沃里尼亞為基地。該同盟和其它類似組織的成員宣稱自己是在保護俄羅斯人（在烏克蘭，則是指小俄羅斯人）不受波蘭人和猶太人等「外國」剝削者的壓迫，在他們的宣傳中，這些「外國人」被描述為資本主義的吸血鬼和激進的革命者。

第三屆國家杜馬（一九〇七年至一九一二年）的烏克蘭選舉結果證明了帝國俄羅斯民族主義的吸引力。在烏克蘭的四十一名勝選者中，三十六人是所謂的「真俄羅斯人」——這是當時用來定義俄羅斯民族主義者的名詞。一九一一年九月，彼得．斯托雷平在基輔遭一名俄羅斯社會革命黨人刺殺，但這並未讓帝國政治有所改變。在第四屆國家杜馬選舉中，俄羅斯民族主義黨派在烏克蘭獲得了百分之七十的選票。這是一個令人震驚的結果，因為烏克蘭人口中俄羅斯族的比例不超過百分之十三。不光是選民中的大部分，就連以俄羅斯民族主義者身分贏得選舉的人中的大部分也都是烏克蘭族，俄羅斯民族主義者基輔俱樂部的創始人、第四屆國家杜馬首席成員阿納托利・薩文科（Anatolii Savenko）就是一例。另一名烏克蘭人季米特里・皮赫諾（Dmitrii Pikhno）則是俄羅斯人民同盟基輔支部的領導人，皮赫挪擔任編輯的基輔報紙《基輔人》（*Kievlianin*）則成為這些民族主義組織的傳聲筒。小俄羅斯身分認同宣傳者群體中的烏克蘭獨特性本已所剩無幾，到了一九〇五年革命期間，這種獨特性更是在事實上已被激進的俄羅斯民族主義取代。

在不止一種意義上，一九〇五年革命都未能完成，然而它仍是俄羅斯帝國內部烏克蘭民族解放運動史上的一個轉捩點。它標誌著烏克蘭的運動者第一次成功地將他們的理念傳遞到民眾之中，第一次讓自己的力量和受歡迎程度經受考驗。這是他們史上第一次被允許用烏克蘭語向大眾傳達資訊，並利用媒體傳播自己的想法。他們在烏克蘭全國各地組織烏克蘭人俱樂部，創建普洛斯維塔（即「啟蒙」）協會，這種進入公眾生活的突破是老一代烏克蘭愛國者們難以想像的。這些運動者在短短時間內就取得了巨大的成就。然而革命的結束，以及隨後出現的、受到激進俄羅斯民族主義派別支持的官方政策倒退，讓各個烏克蘭人黨派陷入了混亂和幻滅之中。在奧屬烏克蘭地區，烏克蘭愛國者們擊敗了「全俄羅斯」理念的主張者們，卻未能打破波蘭人黨派對加利西亞政治的壟斷。兩個帝國中的烏克蘭運動者都宣稱自己的目標是烏克蘭的獨立。然而，如果不發生一些足以動搖帝國統治的經濟、社會和政治基礎的事件，他們連地方自治這樣的成就都無法取得。烏克蘭獨立（甚至自治）夢想的實現需要一場巨大的政治地震作為前提。這場地震的第一輪震波發生於一九一四年八月。

卷四　世界大戰

18

The Birth of a Nation

第十八章　一個國家的誕生

一九一四年六月二八日清晨，塞拉耶佛（Sarajevo）城內只響了兩槍。十九歲的學生加夫里洛．普林西普（Gavrilo Princip）用第一槍打傷了奧地利大公弗朗茨．斐迪南（Franz Ferdinand），用第二槍擊中大公的妻子蘇菲女公爵（Sophie），兩人都在午前不治身亡。然而這起事件的附帶後果更為嚴重：普林西普在扣動那支勃朗寧手槍扳機的同時，也扣動了第一次世界大戰的扳機。

加夫里洛．普林西普是一個塞爾維亞民族主義者團體的成員，痛恨哈布斯堡家族，夢想在巴爾幹地區建立一個統一而自由的南斯拉夫國家。奧匈帝國政府對此卻有不同的想法：它希望維持帝國的存在，決定將大公遇刺事件當做一個向塞爾維亞開戰的藉口，對這個在帝國境內煽動起斯拉夫民族主義浪潮的國家施以懲罰。俄國站在了塞爾維亞一邊，德國人支持奧匈帝國，而英國和法國則支持俄國。到了八月初，幾乎整個歐洲都燃起了戰火。全世界有多達一千八百萬軍人和平民在這場在當時被稱為「大戰」的戰爭中喪生，受傷者則超過二千二百萬人。

長久以來，歷史學家們一直對人類歷史上這第一場全面戰爭的起因爭論不休。他們通常會將之歸結於兩個軍事陣營對世界的割裂，即英國、法國和俄國組成的三國協約，和德國、奧匈帝國及義大利（後來為鄂圖曼帝國取代）組成的三國同盟（即「同盟國」）；弗拉基米爾．列寧強調大國的對抗是為了爭奪對市場和資源的控制；其它因素則包括歐洲大眾政治的興起，以及強調迅速動員和先發制人重要性的軍事原則。以上所有因素都對衝突的爆發有所貢獻，也正是這些因素使得參戰各國無法提前結束戰爭，讓這場屠殺延續了漫漫四年。

在對戰爭的潛在原因進行考察時，我們不應忽視普林西普在塞拉耶佛開槍，以及奧匈帝國決定開戰的動機——日趨激進的民族主義與迅速衰落的多民族帝國之間愈演愈烈的矛盾。這場由一個激進民族主義者引發的戰爭對各大帝國造成了嚴重的損害。被戰爭壓垮的不僅有奧匈帝國，還有鄂圖曼帝國和俄羅斯帝國，前者徹底瓦解，後兩者的君主制垮台，失去了部分領土，以新的形態存活下來。而從戰爭中得益的則是眾多民族解放運動：在從前不可戰勝的龐大帝國的廢墟上，他們開始建設自己的國家。儘管無論從哪個角度來說，烏克蘭都算不上勝利者，但它仍是那些在這場戰爭中得到創建自己國家的機會的各民族中的一員。

在最初的幾個月甚至一兩年中，這場戰爭沒有給少數族群的民族主義運動帶來任何希望，反而掀起了擁護統治王朝和帝國權利的浪潮。俄國政府利用戰爭的爆發向烏克蘭愛國者組織施加了更多限制。政府官員們將烏克蘭的運動者們稱為「馬澤帕黨」（這個名字來自十八世紀中聯合瑞典與俄羅斯為敵的那位哥薩克統領），並將他們視為哈布斯堡家族的潛在代理人。儘管這些人保證忠誠於帝國，政府仍舊封殺他們的組織團體，普羅斯維塔（「啟蒙」）協會也未能倖免。政府還強制關閉了剩下的烏克蘭語出版物，其中包括日報《拉達》——一九〇五年革命所開啟的自由主義時期的最後遺留。烏克蘭領袖們將戰爭視為在俄羅斯人國家內部創建一個統一而自治的烏克蘭國家的機會，然而政府的所有這些舉動令他們的希望破滅。烏克蘭自由派宣布保持中立，拒絕支持戰爭的任何一方。激進的左派分子則倒向奧地利人，希望以此擊敗俄羅斯帝國。

俄羅斯帝國軍隊在戰爭之初取得了輝煌的勝利，在北方突入了普魯士境內，在南方則進入了加利西亞和布科維納。一九一四年九月初，俄軍奪取了勒維夫，又在年底之前控制了喀爾巴阡山的山口通道，並進入外喀爾巴阡地區。由於俄羅斯帝國對烏克蘭人組織的新禁令，奧匈帝國境內的烏克蘭運動者們也遭到打擊。俄國對加利西亞和布科維納的占領一直持續到一九一五年五月，長得足以表明羅曼諾夫帝國將為哈布斯堡帝國的烏克蘭人帶來什麼樣的未來。占領當局升起代表泛俄羅斯民族的重新統一和解放的旗幟，將此前已被邊緣化的親俄派，重新帶回加利西亞政治舞臺的中央。俄國政府還用俄語取代了烏克蘭語作為當地學校的教學語言，並將那座被奧地利人和猶太人稱為倫貝格（Lemberg）、被波蘭人稱為勒沃夫（Lwów）、被烏克蘭人稱為勒維夫（Lviv）的城市改名為俄語的利沃夫（Lvov）。

儘管親俄派受到俄國人支持，奧地利人卻在戰爭甫一爆發就開始迫害他們。一九一四年九月四日，第一批被逮捕起來的親俄派運動者抵達施蒂里亞州（Styria）格拉茨（Graz）附近的塔勒霍夫（Thalerhof）收容營地，其他數千名被捕的親俄分子及其家屬接踵而至；他們中有不少人是社群的領袖人物，如牧師、教師和受教育階層，但大多數只是單純的農民。在整個戰爭期間，塔勒霍夫收容了接近二萬人，並獲得了歐洲第一個集中營的惡名，近三千名囚徒死於寒冷和疾病，今天，只有格拉茨機場附近的一條道路的名字，也就是拉格爾街（Lagerstrasse，即營地街），還能讓我們回想起加利西亞和布科維納親俄派的這一段悲慘歷史。其他親俄分子則被送往位於今天捷克共和國境內的要塞特萊西恩施塔特（Bykovynian，或稱泰雷津〔Terezin〕）集中營，加夫里洛·普林西普也是這座監獄的囚徒之一，一九一八年四月下旬，普林西普在這裡死於肺結核，此時距他引發的那場戰爭結束還有半年多一點的時間。在加拿大，烏克蘭人被政府視為「擁有敵國國籍的外國人」，其中近四千人遭到關押，另外八萬人則被要求定期向警方報到。由於他們都是最近從奧匈帝國移民到加拿大的，所以國籍都被認定為「奧地利人」。

與親俄派不同，奧匈帝國境內烏克蘭民族運動的領袖們宣布忠於帝國君主，這也是他們的農民階層支持者中大多數人的做法。戰爭爆發之前，這些農民最喜歡的歌謠就是關於皇帝弗朗茨·約瑟夫（Franz Joseph）之妻伊莉莎白皇后（Elizabeth，暱稱茜茜〔Sisi〕）的。這位在一八九八年遭一名義大利無政府主義者刺殺的皇后在歌中被稱為「我們的夫人」，弗朗茨·約瑟夫則被稱為「我們的父親」。隨著戰爭的爆發，烏克蘭運動者們組建了烏克蘭人最高議會，其名參照一八四八年革命期間成立的魯塞尼亞最高議會。這個議會催生了奧地利軍隊中第一支烏克蘭人部隊。當局從一萬名志願者中選出二千五百人，組成一支被稱為「錫奇步槍隊」的軍團——這個名字無疑指向札波羅結錫奇和聶伯哥薩克人的歷史，表達出一種「全烏克蘭」身分認同和加利西亞志願者們的人心所向。

奧匈帝國烏克蘭政治家們的政治藍圖有兩重目標：第一，分割加利西亞，爭取實現其烏克蘭部分的自治；第二，在俄屬烏克蘭的基礎上建立一個獨立的烏克蘭人國家。為了達成第二個目標，奧匈帝國烏克蘭人不僅加入了帝國軍隊，還實施了將俄國戰俘中的小俄羅斯人轉變成烏克蘭人的計畫。實施這一計畫最力的是烏克蘭解放同盟，這一組織成立於維也納，但大部分成員都是來自聶伯烏克蘭地區的移民，知道如何與自己的同胞對話。這個組織的成員之一，將在未來成為二十世紀二〇和三〇年代烏克蘭激進民族主義運動之父。他來自南烏克蘭，有一個俄語姓氏：德米特羅·東佐夫（Dmytro Dontsov）。

一九一五年春末和夏天，一場德奧聯合發動的攻勢讓奧地利人重新奪回加利西亞和布科維納的大部分地區。其結果是親俄派被完全從這一地區清除出去，與俄軍一起向東撤退。「他們由各自的村長率領，攜家帶眷。和他們一起的，是他們的牛馬和所有來得及帶走的財富。」報紙《基輔思考》（*Kievskaia mysl'*）這樣描述親俄派的逃亡。大部分逃難者在羅斯托夫和位於俄羅斯－烏克蘭族群邊界的頓河下游地區停下了腳步。這是親俄主義運動作為一支主要政治力量的歷史的終結：有倖免於進入塔勒霍夫集中營的親俄分子如今都離開了自己的故鄉，前往俄國。一九一六年春天和夏天，在才華過人的阿列克謝·布魯西洛夫（Aleksei Brusilov）將軍的指揮下，俄軍發起了一場大規模攻勢，重奪沃里尼亞、布科維納，還有加利西亞的部分地區，然而，這場攻勢最終被證明不過是一個瀕臨經濟和軍事崩潰的帝國的迴光返照。很快，與在哈布斯堡王朝治下的烏克蘭地區一樣，「全俄羅斯」理念在羅曼諾夫王朝的領土上也開始遭到攻擊。

羅曼諾夫王朝在一九一七年三月初走向終點，帝國本身也在同時告終。在此前的一個月中，彼得格勒（戰爭時期聖彼德堡的名稱）的食品短缺已經引發了工人罷工和軍隊中的兵變。國家杜馬的領袖們說服被長年戰爭搞得心力交瘁的皇帝尼古拉二世放棄皇位，他傳位給他的弟弟，但後者拒絕接受——杜馬領袖們預測如果他接受皇位的話，將導致一場新的叛亂。羅曼諾夫王朝就此落幕：來自街頭的壓力、士兵的叛亂和曾經忠誠的杜馬的巧妙操縱，終結了羅曼諾夫王朝。隨後杜馬領袖們著手創建一個臨時政府，這個政府的任務之一是舉行選舉，以產生一個決定俄羅斯國家未來的憲法會議。

彼得格勒發生的事變史稱「二月革命」，在烏克蘭人組織領袖們焦頭爛額之際，這場革命出乎他們的意料。加利西亞烏克蘭民族運動和聶伯烏克蘭一九〇五年革命中的關鍵人物米哈伊洛·赫魯舍夫斯基聽到窗外的喧嘩和喊聲時，正在莫斯科公共圖書館寫作一篇文章。他問圖書管理員出了什麼事，才知道發生了一場革命：莫斯科人正湧向克里姆林宮，打算奪取這座作為俄國國家象徵的建築。三月初，來自各烏克蘭人政治和文化組織的代表們，在基輔成立了一個協調各組織的機構，名為「中央拉達」（Central Rada）。他們選舉赫魯舍夫斯基為主席，並坐等他火速趕到基輔。才一趕到，赫魯舍夫斯基就對年輕一代的烏克蘭民族運動者群體表達了他的支持，而這個群體主要由學生和二十歲出頭的專業人士組成。

赫魯舍夫斯基在烏克蘭民族運動溫和派（如今被稱為烏克蘭進步主義者協會）中的老戰友，很少有人願意加入年輕革命者們的陣營。他們經歷過一九〇五年革命，了解革命總是被反革命潮流終結，因此寧願向當局輸誠，換取對方在文化空間內的讓步；對他們來說，讓烏克蘭語成為教學語言是第一要務。赫魯舍夫斯基不同意他們的看法，他認為現在已經不是爭取教育改革的時代，是時候要求烏克蘭在一個改革後的俄羅斯國家裡的領土自治權了。對許多老一輩的烏克蘭民族運動者來說，考慮到烏克蘭與帝國政府打交道的艱辛歷史，這個目標就算不是脫離現實，也太過野心勃勃，然而赫魯舍夫斯基和他那些更年輕、更富有激情的支持者們對此有不同看法。

人們在三月開始行動起來，工作地點是基輔城裡的教育博物館地下的一個房間。他們創建了一個以傑出現代主義作家弗洛基米爾・維尼琴科（Volodymyr Vynnychenko）為首的總書記處，將之作為烏克蘭的自治政府。維尼琴科用烏克蘭語和俄語兩種語言寫作，是尼古拉・果戈里之後第一位在全俄羅斯範圍內受到廣泛閱讀的烏克蘭作家。新政府宣稱對今天烏克蘭的大片地區擁有管轄權，包括基輔、波多里亞、沃里尼亞、切爾尼戈夫和波爾塔瓦的帝國省份，它在七月被彼得格勒的臨時政府承認為烏克蘭地區政府。

這一切是如何發生的？烏克蘭自治理念自一九〇五年革命後就被邊緣化，而俄羅斯自由派、社會民主主義者，以及來自「真俄羅斯」愛國者群體的大俄羅斯民族主義提倡者，也都提出了各自的未來藍圖，烏克蘭自治理念何以能在與它們的競爭中勝出？事實證明，在當時的革命氣氛中，「拉達」的年輕領袖們所鼓吹的雜糅自由民族主義和社會主義的觀念，是一種極有吸引力的意識形態。積極參與政治的民眾，開始將各烏克蘭人黨派宣傳的領土自治，視為擺脫各種淹沒這個國家的軍事、經濟和社會問題的唯一辦法。作為當時唯一能同時滿足「土地」和「和平」這兩種民眾需求的機構，「中央拉達」脫穎而出。

士兵們希望儘早結束戰爭，因此大量熱情地支援「拉達」。當彼得格勒的臨時政府忙於在東線戰場發動一場新攻勢，並懇求他們與英法盟軍一起戰鬥到最後時，「中央拉達」卻承諾將帶來和平，因而成為飽受戰火蹂躪的烏克蘭實現和平的唯一希望。俄軍中的「烏克蘭化」部隊（即由從烏克蘭諸省徵召的新兵組成並在一九一七年中被派往前線烏克蘭段的部隊）宣布向「拉達」效忠。這樣的新兵有接近三十萬人，都是身著軍裝的農民，已經厭倦了戰爭。他們不僅一心思歸，而且還希望能趕上對貴族土地的重新分配——這是「中央拉達」不顧來自地主階層的強烈反對而做出的承諾。在政治上主宰著烏克蘭農民階層的烏克蘭社會革命黨，恰好是「拉達」中的第一大政黨，農民則也成為「拉達」的堅定支持者。

「中央拉達」原本不過是協調委員會，負責協調抱持烏克蘭愛國主義立場的各政治和文化組織。然而在一九一七年夏天，由於農民、工人和士兵等群體各自的全烏克蘭代表大會紛紛向「拉達」派出代表，它已經成為這個國家的議會；少數族裔也採取了類似的行動，米哈伊洛·赫魯舍夫斯基特別呼籲支持者，不要允許一九〇五年那種對猶太人的殺戮重演，並向猶太人、波蘭人和俄羅斯人承諾讓他們在一個與俄羅斯結成聯邦的烏克蘭共和國內獲得文化自治，為了回報，猶太人的社會主義黨派加入了「拉達」並支持烏克蘭領土自治的立場，其他少數族裔的左翼代表們也同樣如此。「拉達」的成員數量超過了八百人，以致其領袖們不得不創設一個小規模的常務機構，也就是「小拉達」，來協調這個新生革命議會的各項工作。

數十名烏克蘭名流從彼得格勒和在一九一八年三月被布爾什維克們定為俄國新首都的莫斯科返回基輔，參與到新烏克蘭的建設中。富有才華、享有國際聲譽的藝術家赫奧爾希·納爾布特

（Heorhii Narbut）是這些人中的一員。他成為了烏克蘭美術學院的創建者，也成為烏克蘭國徽和這個國家第一批紙幣和郵票的主要設計者。國徽包括兩個具有歷史意義的圖案（借鑒自基輔大公弗洛基米爾時代錢幣的三叉戟和一個哥薩克人的頭像），這是因為這個新生的國家宣稱自己所繼承的是基輔羅斯和哥薩克國。國徽上的藍色和黃色則來自數百年來就將這兩種顏色用於紋章的加利西亞，色彩的選擇象徵了世界大戰東部戰線兩側的烏克蘭土地的統一。

在這個新生的烏克蘭自治國家中，並非一切都如此美好。「拉達」沒能建立起一套可以運作的國家機器，也沒能利用向這個政府宣誓效忠的數十萬官兵創建一支可靠的武裝力量；發現自己手握議會大權的作家、學者和學生們沉浸在民族革命和砸爛舊國家機器的浪漫夢想中。到了一九一七年秋天，當「中央拉達」因無法兌現從前許下的承諾而開始失去對現實局勢的控制時，缺少一個運轉有效的政府和一支忠誠軍隊就成了問題。「拉達」在各大城市的支持率下降到百分之九到十三之間（只有基輔除外，「拉達」在這裡仍擁有百分之二十五的支持率），權力逐漸轉移到布爾什維克控制的蘇維埃（即「代表會議」）手中。由於「拉達」既沒有帶來土地，也沒有帶來和平，農村局勢也變得愈來愈動盪不安。農民們開始自己發動起來，奪取國有的和貴族們的土地。

布爾什維克在彼得格勒發動的政變後來被稱為「十月革命」，對烏克蘭局勢的發展造成了巨大影響。「中央拉達」也為了回應這場政變，宣布成立了烏克蘭人民共和國（Ukrainian People's Republic），這是一個自主而仍與俄羅斯保持聯邦關係的國家。它還對東部和南部的土地提出領土主張，這包含了卡特琳諾斯拉夫省、哈爾基夫省、赫爾松（Kherson）省，以及塔夫里達（Tavrida）、庫爾斯克和沃羅涅日（Voronezh）三省中烏克蘭人聚居的部分地區。這樣的行動宣告了「中央拉達」

和布爾什維克之間短暫合作的終結，儘管他們此前還曾在基輔合力擊敗了忠於臨時政府的軍隊，基輔的烏克蘭政府與彼得格勒的布爾什維克政府之間的對立自此拉開序幕。

由工人、農民和士兵群體的代表創建的蘇維埃是一種新的政府形式，各個政黨都競逐蘇維埃的權力；取得對蘇維埃的控制之後，布爾什維克掌握了俄國的大權。第二屆全俄蘇維埃大會於十月政變期間在彼得格勒召開，並受到布爾什維克及其盟友的控制，會議走過場式地承認了這場推翻臨時政府的政變。布爾什維克打算在烏克蘭故技重施，宣布於一九一七年十二月在基輔召開烏克蘭蘇維埃大會。然而大部分出席大會的代表都是支持「中央拉達」的農民，布爾什維克在基輔策劃的政變沒有得逞。

然而這對他們只是暫時的受挫，布爾什維克組織者們離開基輔，前往哈爾基夫。十二月下旬，烏克蘭東部工業地區的蘇維埃大會在哈爾基夫召開。大會於一九一七年十二月二十四日宣布成立一個新的「國家」——烏克蘭蘇維埃人民共和國（Ukrainian People's Republic of Soviets）。一九一八年一月初，來自俄羅斯的布爾什維克軍隊進入了烏克蘭，打著在哈爾基夫（日後烏克蘭蘇維埃的首都）成立的那個虛構「國家」的旗號向基輔進發。在俄國軍官米哈伊爾．穆拉維耶夫的率領下，這支軍隊搭乘火車，一路進軍，奪取了許多主要的工業中心，並在這些地方得到被布爾什維克動員起來的工人團體的支持。「中央拉達」在事實上失去了對工業城鎮的控制——它在這些地區得到自由派知識分子擁護，卻沒能贏得工人的支持。面對俄國的入侵，「中央拉達」少得可憐的軍隊也無法為它提供保護。在一九一七年夏天曾宣布支持烏克蘭獨立的那些部隊已經被派往世界大戰前線。此時「中央拉達」的領袖們發現：他們不得不宣布自己的國家從俄國完全獨立出來，卻又沒有軍隊來保衛它。

一九一八年一月二十五日，「中央拉達」發布了其第四份也是最後一份通令（universal），宣布了烏克蘭的政治獨立。「烏克蘭人民共和國就此成為一個屬於烏克蘭人民的、獨立的、自由的主權國家，不臣服於任何人。」通令寫道。在向「拉達」提交通令草案時，米哈伊洛·赫魯舍夫斯基強調了通令的兩大立即目標：第一，促成與德國和奧地利的和約簽署——只有獨立國家才有這樣的資格；第二，保護烏克蘭不受布爾什維克入侵和赤衛隊叛亂的破壞——後者是布爾什維克在主要工業中心組織起來的工人團體。然而這第四份通令的歷史重要性遠遠超過了其緊急要務：它是自伊凡·馬澤帕時代以來烏克蘭與俄羅斯的第一次公開決裂。獨立烏克蘭國家的理念十七年前才在聶伯烏克蘭地區被首次提出，如今已經獲得了廣泛的政治正當性，獨立的精靈已經從帝國的魔瓶中逃離出來。

「我們希望與所有鄰國和平友好地共存，包括俄羅斯、波蘭、奧地利、羅馬尼亞、土耳其，以及其它國家在內，但任何鄰國都無權干涉獨立的烏克蘭共和國的命運。」通令寫道。當然，表態很容易，要把這樣的願望變成現實則不同。俄軍正從北方和東方兩路向基輔匯合，布爾什維克也在基輔城內的軍械廠掀起了暴動——這座軍械廠是基輔最主要的軍事工廠，其建築如今已成為基輔藝術中心和展覽館的場地。「拉達」缺乏可靠的部隊，而布爾什維克又作出關於土地、和平和對社會進行革命性改革的承諾，吸引許多人投向他們。「拉達」發出了總動員的號召，在切爾尼戈夫地區的克魯季（Kruty）火車站，一支由約四百名烏克蘭學生和士官生組成的部隊與來襲的布爾什維克軍交戰，後者隊伍中有波羅的海艦隊水兵，也有一支來自彼得格勒的部隊。二十七名烏克蘭戰士落入敵手，並遭到槍殺——這是為了報復他們在面對布爾什維克軍時長達五個小時不屈不撓的抵抗。在烏克蘭人的歷史記憶中，這二十七名戰士成為第一批為民族獨立事業付出生命的烈士，而他們也將有許多後繼者。

一九一八年二月九日，「中央拉達」放棄了基輔，向西撤退。同一天夜裡，在今天波蘭－白俄羅斯邊界上的布列斯特鎮，「拉達」的代表與同盟國（德國、奧匈帝國及其盟友）簽訂了和約。「拉達」在一九一七年夏天和秋天拒絕成立一支常備軍，因此如今別無選擇，只能向烏克蘭國境之外尋求保護。烏克蘭代表們向德國和奧地利請求軍事援助，並很快得到對方同意：在漫長的戰爭消耗之下，同盟國的軍隊和經濟都亟需農業產品的支撐，而烏克蘭早有歐洲麵包籃的美譽。和約規定雙方「相互交換各自盈餘的……重要農業和工業產品」。為交換烏克蘭的穀物，同盟國方將付出他們裝備精良又訓練有素的戰爭機器，和約簽署之後不到十天，同盟國軍就進入了烏克蘭，到了三月二日，同盟國軍已將布爾什維克逐出了基輔，「中央拉達」再次回到了教育博物館大樓。在克魯季戰死的學生們得到了軍葬禮的榮耀，被安葬在阿斯科爾德小丘，也就是傳說中基輔第一位維京統治者的安息之地。

布爾什維克們一路後撤，他們無法在軍事上阻擋人數約為四十五萬人的德奧聯軍的進攻，於是轉而嘗試外交和法律手段。他們開始在烏克蘭東南部地區創立各種只存在於紙面上的人民共和國並宣告它們獨立。於是，奧德薩、克里維伊里赫（Donets-Kryvyi Rih）、塔夫里達（Taurida）等「共和國」紛紛在二月和三月間宣布獨立。然而同盟國對此毫無顧忌，在烏克蘭軍的協助下，他們甚至奪取了「中央拉達」從未主張過的克里米亞地區，不過並未將其併入以基輔為首都的那個烏克蘭人民共和國。沒過多久，布爾什維克就被完全逐出了烏克蘭，並被迫承認烏克蘭獨立，以與同盟國達成他們自己的和約。

如今，新生的烏克蘭國家不僅在法理上、也在事實上獨立於俄國，然而其相對於同盟國的獨立地位卻並非必然（「中央拉達」曾承諾向同盟國提供一百萬噸穀物）。這一點在一九一八年四月下句變得十分明顯：德國軍事當局不相信社會主義者占主流的烏克蘭政府能兌現其「輸送穀物」的計畫，於是在「拉達」同意向盟軍交付上述一百萬噸穀物和大量其他農產品不過數天之後，就將其解散；德國人主導的政變，讓帕夫洛．斯柯洛帕茲基（Pavlo Skoropadsky）將軍的政府得以上臺。斯柯洛帕茲基是十八世紀一名哥薩克統領的後裔，立場極為保守，代表著烏克蘭地主階層的利益。他宣布自己為這個新生國家的統領，以此討好民眾的歷史記憶。仿照從前的統領們的傳統，他實施了獨裁統治，其權力僅受外國勢力（即德奧軍事指揮部）的約束。

在一九一七年的革命中，臨時政府委任斯柯洛帕茲基指揮其新組建的烏克蘭軍團，這是一次為讓戰爭繼續下去而綏靖少數民族的絕望嘗試；於是出身俄國文化背景的斯柯洛帕茲基迅速地烏克蘭化。他先是擁護烏克蘭自治的理念，後來又轉向支持烏克蘭獨立，並為之（也為其德國靠山）奉獻終生，直至一九四五年四月在柏林死於盟軍的轟炸。斯柯洛帕茲基的統治被證明是對烏克蘭國家和體制建設的一次巨大促進，烏克蘭第一次擁有了自己的銀行和可以運轉的財政系統，這位統領招募帝國時期的官僚們來管理各個部門，建立地方政府機構，並讓帝國軍官組建部隊。在教育領域，烏克蘭擁有了自己的科學院，有了第一座國家圖書館，也有了一座國家檔案館。此外，這個國家又出現了三所新大學，一所在卡特琳諾斯拉夫，另一所在卡緬涅茨—波迪爾斯基，還有一所在基輔。儘管斯柯洛帕茲基本人的烏克蘭語從未真正流利，他仍推動完成了「中央拉達」啟動的計畫，將烏克蘭語引入學校系統，實現了烏克蘭愛國知識分子們多年的夢想。

無論斯柯洛帕茲基在體制空間內有什麼成就，其統治仍受到「中央拉達」的社會主義領袖們厭棄。這些人拒絕與新政府合作，將之視為被布爾什維克革命趕出俄國的俄羅斯保守派為自己創造的避難所，而他們的這種看法往往也有充分的理由。許多社會主義領袖轉入地下，策劃他們的政治回歸，一場反對統領的暴動似乎就在眼前。斯柯洛帕茲基的政府在勞工階層中最不受歡迎——他們的工作時間被延長到十二個小時；農民同樣不滿，因為當局會沒收他們收穫的糧食。一九一八年夏末時，已有數千工人處於罷工之中，近四萬名加入了武裝自衛隊——一戰後的烏克蘭最不缺的就是受過訓練的軍事人員。德軍派出部隊對暴民進行懲罰，卻只讓情況變得更糟。到了秋初，當局已經陷入了垂死掙扎。它打算舉起聯邦的大旗，與一個非布爾什維克的俄羅斯結合，此舉意在討好協約國（因為協約國支持俄國統一的立場），卻事與願違。「中央拉達」那些社會主義領袖正在積極籌畫推翻統領，而當局這種在形式上放棄烏克蘭獨立的做法讓他們更加憤怒。不過，讓斯柯洛帕茲基政府走向末路的最主要原因，是世界大戰的結束。

一九一八年十一月十一日，在巴黎以北的貢比涅（Compiègne）森林，德國統帥部代表與其法國和英國對手簽署了停戰協定，敵對狀態的終結意味著德軍和奧軍將撤離烏克蘭。三天後，也就是十一月十四日，以前「拉達」政府領導人弗洛基米爾・維尼琴科為主席的革命委員會「指揮部」（這個名字來自十八世紀的法國革命政府）開始公開反對統領斯柯洛帕茲基。德奧軍隊在指揮部的允許下離開，隨後，指揮部那支主要由叛亂農民和拋棄了統領的部隊組成的軍隊在十二月十九日進入基輔，統領政府宣告落幕。這個作為戰爭產物，且以交戰國一方為靠山的政府，最終證明無法獨立生存下去。烏克蘭人民共和國又回來了，並順勢接管了其前任創建的各種機構；然而，共和國政府對基輔的控制完全談不上牢固，同年早些時候在德奧軍隊進攻下被迫撤退的布爾什維克們，此時正在準備重新奪取烏克蘭。

在戰線另一側的加利西亞，世界大戰的終結催生了另一個烏克蘭國家，它很快將就以西烏克蘭人民共和國（Western Ukrainian People's Republic）之名為世人所知。這個國家的創建始於十月，緊隨在新帝卡爾一世（Charles I）宣布將奧匈帝國聯邦化之後。烏克蘭領袖們主張加利西亞、布科維納和外喀爾巴阡為烏克蘭人的民族地區；此時奧匈帝國正在走向末日，其最後的舉動就是在一九一八年十一月三日與協約國簽署停戰協定——此時美國也加入了協約國一方。身處維也納和布達佩斯統治下的各個民族都急切的想要脫離帝國的牢籠；然而，當帝國的二元君主制崩潰，沒能熬過十一月，彼此間領土主張互相重疊的各民族，彼此間競爭也變得不可遏抑，為爭奪對加利西亞的控制權，烏克蘭人和波蘭人之間的衝突尤為激烈。儘管維也納當局有過種種承諾，它仍未能將這個省份分為東西兩半，其結果就是波蘭人對整個加利西亞提出了主張。

一九一八年十一月一日，烏克蘭人首先發起了進攻，奪取了勒維夫，這座城市被烏克蘭人占主體的鄉村包圍，但市內人口的族群構成卻以波蘭人和猶太人為主。攻下勒維夫的烏克蘭人在同一天宣布了這個全新烏克蘭國家的獨立，然而波蘭人做出了反擊，在二十天後重奪勒維夫。以傑出律師和民間領袖葉烏亨．彼得魯舍維奇（Yevhen Petrushevych）為首的西烏克蘭人民共和國領導者們不得不將其機關東遷，先是來到捷爾諾波爾（Ternopil），後來又遷往斯坦尼斯拉維夫（Stanyslaviv，即今伊萬諾—弗蘭基夫斯克〔Ivano-Frankivsk〕），這成為烏克蘭人與波蘭人之間一場漫長而血腥的戰爭的開端。一九一八年十二月一日，東西兩個烏克蘭共和國的代表決定合作，組建一個統一的國家，雙方都極度需要他們所能達成的最大程度的統一，兩個共和國的未來都布滿陰雲，被許多人認為將終結一切戰爭的第一次世界大戰，在其落幕那一刻就點燃了新的戰火。

世界大戰的起因，既是奧地利試圖維持自己對境內斯拉夫民族的控制，也是俄國以泛斯拉夫民族保護者自居，宣稱保護巴爾幹半島人民，並打算將其泛俄羅斯身分認同滲入奧匈帝國。兩個帝國政府都成為輸家，戰爭先是削弱了中歐和東歐的帝國，然後予以摧毀，同時社會革命又粉碎了舊的秩序。與歐洲其它地方一樣，烏克蘭從戰爭的廢墟中出現時已經面目全非：其國土滿布彈痕，經濟崩潰，人口銳減，各種族群身分認同都被高度動員，相互敵對的意識形態變得比從前任何時代都多。然而帝國的崩潰賦予了烏克蘭人一個新的身分，催生了一個擁有自己的政府和軍隊的烏克蘭國家，並讓烏克蘭出現在歐洲政治版圖上。戰爭造成的新政局讓從前帝國邊界兩側的烏克蘭人有了一個清晰的政治目標——獨立。在戰爭爆發之前，獨立不過是一個幻想，然而它演變成為一種理念的一部分。這是一種為「拉達」的社會主義領袖們、斯柯洛帕茲基的保守派支持者們以及加利西亞的西烏克蘭人民共和國戰士們所共用的理念。然而，獨立的目標在將烏克蘭人動員起來的同時，往往會激起其他少數族群的反抗，也會帶來與鄰國的分歧。宣布獨立是一回事，將它變成現實則是另一回事。為了獨立，烏克蘭人將不得不在不止一條戰線上進行抗爭。

19

A Shattered Dream

第十九章　破滅的夢想

一九一九年一月二十二日是星期三，基輔迎來了一個晴朗的冬日，還有些霜，但沒有下雪。我們知道這一點，是因為一個電影攝製組當天正在城裡拍攝一次公共事件，這是對這座烏克蘭首都的公共事件最早的拍攝之一。此時距「中央拉達」在其第四份通令中宣布烏克蘭獨立已有整整一年。部分前「拉達」領袖利用重新執掌權力的機會發布了另一份重要的公告，宣布將從前的俄屬和奧屬烏克蘭地區統一為一個獨立國家。他們選擇那座基輔羅斯時代的大教堂為群眾集會、教堂儀式和閱兵式的背景，建起了一座從弗洛基米爾大街通往聖索菲亞廣場的凱旋門。這些都是為慶祝統一而精心籌畫的活動，而在短短幾個月之前，在俄奧國界兩邊的烏克蘭地區，統一還不過是一小群知識分子頭腦中的夢想。

當索菲亞大教堂敲響午鐘，攝影機的鏡頭中出現了歡欣的笑容、持花的女子，還有成群身著軍裝的男子。畫面的中心被新的革命政府「指揮部」的成員們占據。他們中為首的是一名留著山羊鬍、身穿黑色皮大衣、頭戴寬邊羊毛帽的高個男子，那是從前「中央拉達」政府的總理、如今的指揮部領導人弗洛基米爾·維尼琴科。行進在他右邊的是來自西烏克蘭的代表們——從前哈布斯堡家族治下烏克蘭地區的公民會議授權他們來完成兩個烏克蘭人國家的統一事宜。然而吸引攝影師最多關注的，不是維尼琴科，也不是西烏克蘭人民共和國議會副主席列夫·巴金斯基（Lev Bachynsky）。在鏡頭中停留最久的是一名中等身材的中年男子，他和他身邊大多數軍官一樣，頭戴一頂羊皮帽，在影片的一個鏡頭中，他站在維尼琴科身邊，口含一支雪茄；另一個鏡頭裡他又在整理自己的腰帶和制服。此人名叫西蒙·彼得留拉（Symon Petliur），是指揮部軍隊的最高「俄塔曼」（otaman），也就是總司令。

彼得留拉於一八七九年生於波爾塔瓦，在這段影片拍攝時年方三十九歲。與比他大半歲的約瑟夫·史達林一樣，彼得留拉在還是一名神學學校學生時就開始參加革命活動，並從底層逐步晉升，成為烏克蘭社會民主工黨的領袖之一。在一九〇五年革命失敗之後，彼得留拉擔任了許多烏克蘭語刊物和報紙的編輯——最先是在基輔，後來轉至聖彼德堡，從一九一二年起則在莫斯科。一九一七年，他先是擔任烏克蘭總軍事委員會的主席，後來又擔任「中央拉達」的軍事事務總書記，領導俄羅斯軍隊中的烏克蘭部隊。後來，帝國當局將把這些部隊中的一支交給未來的烏克蘭統領帕夫洛·斯柯洛帕茲基來指揮。

在一九一九年一月二十二日拍攝於基輔的這部影片中，彼得留拉站在弗洛基米爾·維尼琴科身邊，但兩人並無對話。這兩位政治家之間夙怨已久，兩人的對立可以追溯到戰前時代，當時他們都是烏克蘭社會民主工黨的領導人。維尼琴科有強烈的親布爾什維克情緒，指責彼得留拉激怒了布爾什維克，導致對方對烏克蘭的入侵。一九一七年十二月，入侵發生前夕，彼得留拉被迫從政府辭職。儘管彼得留拉和維尼琴科聯手領導了反對統領斯柯洛帕茲基的起義，這兩位指揮部成員之間的矛盾仍未消弭。到了一九一九年三月，仍舊持親蘇維埃和親布爾什維克態度的維尼琴科將退出指揮部，離開烏克蘭，基本上等於退出了政治。彼得留拉則將在一九一九年五月初被選舉為指揮部領導人，並獨攬大權。

彼得留拉的崛起有其重要的政治和軍事原因。這一時期，不光是維尼琴科，一九一七年革命中另一巨頭米哈伊洛·赫魯舍夫斯基同樣流亡國外。在烏克蘭革命從議會階段進入軍事階段之際，彼得留拉先後擔任的政府軍事事務主管和總司令這兩個職位變得極為重要，從而導致了他的脫穎而出。一九一九年初烏克蘭再度遭到布爾什維克的進攻時，彼得留拉已是政府中最重要的部長。一九一九年二月二日，即《統一法案》慶祝活動之後不到兩個星期，指揮部被迫撤離了基輔，先是遷往文尼察（Vinnytsia），後來又在卡緬涅茨—波迪爾斯基（Kamianets-Podilskyi）落下腳跟，建立了機關。卡緬涅茨—波迪爾斯基位於從前的俄奧邊境、如今的西烏克蘭人民共和國邊界附近。

他們除了撤退之外別無它法，因為烏克蘭軍再一次被擊潰了。彼得留拉在一九一八年底反抗統領斯柯洛帕茲基時率領的農民部隊幾乎煙消雲散：總共十萬名農民戰士裡只有四分之一留在彼得留拉麾下，其他人則認為自己已經完成了任務，剩下的事應該交給他們幫助建立起來的政府，於是返回了各自的村莊。留下的人由各個「俄塔曼」指揮。「俄塔曼」一詞在哥薩克時代意為「指揮官」，如今則指各路獨立的軍閥。彼得留拉的頭銜「最高俄塔曼」反映出一個令人悲哀的現實：他所統率的，是一群桀驁難馴的軍閥，而非紀律嚴明的軍隊。彼得留拉和他的軍官們從未成功將這支義軍改造成一支正規軍。事實證明，烏克蘭的政治家們是成功的反叛者，但在創建國家和組建武裝力量方面卻只是業餘水準。

烏克蘭人民共和國的唯一可靠部隊由加利西亞士兵們組成，他們原是在奧軍中服役的烏克蘭人，在一戰中被俄軍俘虜，並在一九一七年的二月革命後加入烏克蘭人民共和國的軍隊。事實證明，他們是這一時期歷屆烏克蘭政府的軍隊中紀律最為嚴明的一支隊伍。一九一九年七月，彼得留拉得到了來自加利西亞的新援軍：超過五萬人的加利西亞烏克蘭軍渡過曾為哈布斯堡帝國和羅曼諾夫帝國界河的茲布魯奇河（Zbruch River），加入了彼得留拉在波多里亞的部隊。半年前，東西烏克蘭在基輔宣告統一，此時似乎終於結出了第一批果實。然而統一所面對的形勢無疑十分嚴峻：彼得留拉的軍隊和加利西亞軍都已處於潰敗的邊緣，後者正被前進中的波蘭軍隊逐出加利西亞。

這樣的情況是怎樣發生的？原因又是什麼？儘管西烏克蘭政府在一九一八年十一月讓勒維夫

落入波蘭人之手，但它仍對東加利西亞大部分烏克蘭人地區保持著有效控制。西烏克蘭政府創建了一個行之有效的行政體系，並提出一系列改革措施，其中包括重新分配土地。這一政策讓農民受益，並讓整個烏克蘭族群動員起來，團結在從波蘭獨立出來的理念之下。波烏戰爭的轉捩點發生在一九一九年四月：由約瑟夫・哈勒爾・馮・哈倫堡（Józef Haller von Hallenburg）將軍率領的一支六萬人的軍隊進入了加利西亞。哈勒爾的部隊組建於法國，由波蘭戰俘組成（他們先前為奧地利一方作戰），並由協約國加以武裝，其部分軍官還是法國人。這支部隊被派往東部前線的目的是與布爾什維克作戰，哈勒爾卻將它用來對付加利西亞的烏克蘭軍。法國人提出了抗議，並發來電報表達不滿，波蘭人則一邊向法國人保證這些烏克蘭人都是布爾什維克，一邊將裝備不良的烏克蘭軍向東驅趕。一九一九年夏天，加利西亞烏克蘭軍撤退到茲布魯奇河，並渡河加入了彼得留拉在波多里亞的部隊。

加利西亞軍兵力超過五萬人，忠於彼得留拉的部隊有三萬五千人，再加上其他同盟「俄塔曼」部下的一萬五千人，烏克蘭武裝部隊成為了一支強大的軍事力量。此時烏克蘭中部和東部地區已落入布爾什維克之手，而加利西亞人的到來讓彼得留拉獲得了重奪這些領土的機會。然而，事實證明，東西方烏克蘭人的聯盟並沒有人們所期待的那樣牢固。西烏克蘭人民共和國的領導層持保守立場，難以在目標上與東烏克蘭指揮部政府的左翼成員們達成共識，加利西亞指揮官們不能理解東部那些前叛軍的鬆散軍紀，在尋找可能的盟友的問題上，雙方也無法保持一致。

除了基輔的烏克蘭政府，前俄羅斯帝國其它地區的民族主義政府同樣抵制布爾什維克一九一七年在彼得格勒發動的政變，波羅的海地區和北高加索地區尤其如此。在俄羅斯南部，一些前帝國軍官和頓河地區的哥薩克們聯合起來，組成了白軍（White Army），為恢復前布爾什維克時期的政治和社會秩序而戰，包括英國和法國在內的西方列強，也向鄧尼金（Anton Denikin）將軍率領的白軍提供了支援。一九一九年初夏，鄧尼金在烏克蘭開始向布爾什維克發起進攻。鄧尼金在南烏克蘭地區的出現和他向北發動的攻勢向烏克蘭政府及其武裝力量提出了一個難題：他們是應該聯合鄧尼金進攻布爾什維克，還是迴避跟他打交道呢？鄧尼金的目標可不光是要取消烏克蘭領袖們主張的社會革命，還包括重建一個統一而不可分割的俄羅斯國家。

加利西亞人和聶伯烏克蘭人對這個問題做出了不同的回答。西烏克蘭人對與反布爾什維克和反波蘭的白軍結盟沒有任何意見，東部人將加利西亞人憎恨的波蘭人視為其反布爾什維克和反白軍的潛在盟友，而那些「俄塔曼」甚至不反對加入紅軍。東西烏克蘭人在理念和局勢的驅使下走到了一起，卻仍各自作戰。八月，當白軍和加利西亞部隊同時進入基輔時，加利西亞人大方地撤退了，把這座城市留給了白軍，這在彼得留拉與加利西亞軍指揮官們之間造成了激烈的衝突。關係的最終破裂發生在一九一九年十一月：一場大規模流行的斑疹傷害幾乎消滅了雙方的軍隊，迫使剩下的加利西亞人加入了白軍，而彼得留拉則與波蘭人達成了協定。

一九一九年有一個美好的開始，讓兩個烏克蘭國家都對未來抱有巨大的期望，卻在災難中走向盡頭。這一年年底，烏克蘭的武裝力量已經不復存在，其國家地位也變成了泡影。東烏克蘭人的失敗源自他們的政治分裂和糟糕的組織，而加利西亞人之所以失敗，則是因為他們的兵力和裝備都弱於敵人，同時他們的東部同胞又沒有施以援手。兩個國家和兩支軍隊的聯合更像是一個軍事同盟，而非一個統一的國家或是一支統一的軍隊。長久以來，他們分屬不同的國家、不同的政治和社會秩序，這嚴重地影響了雙方精英階層及各自支持者的政治和軍事文化，儘管他們相信彼此屬於同一個民族。不過，雖然遭遇了一九一九年的困厄，東西方烏克蘭人仍未打算放棄這一信念。

烏克蘭的軍隊退出了戰場，烏克蘭獨立的夢想似乎也漸行漸遠。此時競逐烏克蘭控制權的主要有三股勢力。其一是波蘭軍隊，他們控制著加利西亞，並進入了波多里亞和沃里尼亞，夢想著重建一個範圍盡可能與被瓜分前的波蘭—立陶宛聯邦接近的波蘭人國家。其二是以協約國為靠山的白軍，他們從南烏克蘭地區向北進軍，突入俄羅斯境內，其藍圖是重建一個沙皇時代那樣的統一並不可分割的俄羅斯國家。其三是布爾什維克們，他們的遠景理想是世界革命，迫在眉睫的目標則是在軍事上自保——正如弗拉基米爾．列寧所公開承認的那樣，沒有烏克蘭提供的煤炭和麵包，他們就無法做到任何一點。

一九一九年在烏克蘭廝殺的各路勢力和軍隊中，布爾什維克留下了最深的痕跡，控制基輔的時間也最長——從二月到八月，他們都占據著基輔，十二月又再度回到這座城市。然而，控制了首都和烏克蘭草原上的各大工業城市並不意味掌握了整個烏克蘭：鄉村地區仍在反抗新來的布爾什維克統治者。許多自由派和社會主義者在原則上接受蘇維埃權力，但不願為之犧牲他們建國的夢想。布爾什維克的統治把這些人變成了敵人。農民的情況也是一樣：他們對布爾什維克作出的土地分配承諾信以為真，到頭來卻要在槍口下被迫上繳他們的收成。在各路軍閥的率領下，農民們揭竿而起。在布爾什維克失去烏克蘭的過程中，農民的反叛成為關鍵，與鄧尼金的白軍，和彼得留拉麾下的加利西亞軍及東烏克蘭軍相同。一九一九年十二月，在擊敗鄧尼金並重奪基輔之後，布爾什維克們決定從前一年犯下的錯誤中吸取教訓。

弗拉基米爾．列寧親自就「一九一九年教訓」對其支持者們作出了闡釋，他認為此前布爾什維克忽視了民族問題。於是，布爾什維克軍在一九一九年末和一九二〇年初重歸烏克蘭時，打著的是形式上獨立的烏克蘭社會主義蘇維埃共和國的旗號，與烏克蘭人溝通時也使用他們的母語。他們在烏克蘭屏棄了「俄羅斯化」，代之以讓民族革命適應烏克蘭文化的政策。他們將入黨的大門向烏克蘭左派敞開，這一舉動讓人想起當年帝國當局吸收地方精英的做法。這些前社會革命黨成員早已接受以蘇維埃的方式組織未來的烏克蘭國家的理念，因其主要刊物《波羅特巴》（*Borot'ba*，意為「鬥爭」）的緣故，被稱為「波羅特巴黨」（Borotbists）。他們以個人身分加入布爾什維克後，為該黨提供了其亟需的講烏克蘭語的幹部和文化精英。同樣地，農民們最終也被整合了，並得到了長久以來一直被許諾給他們的土地：一九二〇年春，布爾什維克推遲了在從貴族手中沒收得來的地產上建立大型集體農莊的計畫，允許農民們分掉他們的前主人們的土地。

新策略奏效了。布爾什維克得以在一九二〇年中建立起對烏克蘭中部和東部地區的控制，將最後一個真正的威脅拒之門外。一九二〇年四月下旬，在彼得留拉殘軍的支援下，約瑟夫·畢蘇茨基的波蘭軍隊從沃里尼亞和波多里亞戰線發起了一次向基輔的進軍，畢蘇茨基的目標是在波蘭和蘇維埃俄國之間建立起一個能起到緩衝作用的烏克蘭國。波軍的進攻一開始十分順利，五月七日，彼得留拉再次作為烏克蘭政府領導人進入了基輔。然而這一次他身邊沒有了加利西亞盟軍，這是他為得到波蘭人的支持所必須付出的代價。這一代價本身並無太多實際價值，卻有著巨大的象徵意義：最高統領同意承認波蘭人對加利西亞的控制，這成為壓垮兩個烏克蘭國家之間困難重重的關係的最後一根稻草。

彼得留拉的成功並不長久，蘇維埃發起了反擊，迫使波烏聯軍於六月十三日退出基輔。在這場戰爭中蘇俄最有名的騎兵指揮官謝苗·布瓊尼（Semen Budenny）的率領下，蘇俄的第一騎兵軍突破波烏聯軍的防線，對撤退中的敵軍進行了攔截，並在他們陣地後方發起打擊。紅軍在整條戰線上全面推進，不光是烏克蘭，還有白俄羅斯，每天向前移動二十英里，很快迫近了勒維夫。時任紅軍某段前線政委的約瑟夫·史達林決意攻下勒維夫，以博取他個人的聲名。具有諷刺意味的是，不僅是波蘭人，烏克蘭軍（即彼得留拉從東烏克蘭帶來的部隊）在面對紅軍對勒維夫的進攻時同樣選擇了堅守，他們最終成功地守住了勒維夫，這一場勝利成為導致蘇俄在對波蘭的戰爭中最終失敗的重要因素。

戰爭的走向在一九二〇年八月中旬再度發生轉折。在獲得協約國的援助，並得到英國和法國軍官（其中包括後來的法國總統夏爾·戴高樂〔Charles de Gaulle〕）為其擔任顧問後，波蘭軍隊在華沙城郊那場被稱為「維斯圖拉河奇跡」（Miracle on the Vistula）的戰役中擊敗了紅軍，遏止了紅軍的進攻。在蘇俄一方，史達林是需要為這場「奇蹟」負責的人之一：他鼓動布瓊尼違抗其上級的命令去攻打勒維夫，而不是向華沙進軍。紅軍陷入了崩潰式的敗退，到了十月，也就是雙方簽署停戰協議的時候，波蘭和蘇俄的邊界在北段已經深入白俄羅斯，在南段則深入烏克蘭境內。波蘭人再度控制了烏克蘭的沃里尼亞，以及波多里亞的部分地區。不過，雖然取得了以上利益，波蘭人建立一個以基輔為首都的烏克蘭緩衝國的努力卻沒能成功，同樣落空的還有烏克蘭人重獲獨立國家地位的夢想。此外，「維斯圖拉河奇蹟」也終結了蘇俄將其革命之火傳播到歐洲腹地的計畫。

波蘇戰爭最有名的記述者，莫過於奧德薩出生的俄國猶太作家以薩克·巴別爾（Isaac Babel）。在作為布瓊尼第一騎兵軍的一員參加戰鬥的過程中，他堅持記日記，並在後來利用這些日記創作了一部題為《紅色騎兵軍》的短篇小說集。布瓊尼指責這部小說集扭曲了他麾下士兵的英雄形象，因為它描述了戰爭的殘酷、紅軍騎兵的暴力，以及烏克蘭猶太人在無休無止的戰爭中所遭受的苦難。

在差不多整整三年時間裡，各路軍隊彼此廝殺，戰線不斷移動。在世界大戰造成的災難之後，烏克蘭平民還未得到一絲喘息之機，就陷入了新的恐怖和毀滅。在所有族群中，猶太人的命運最為悲慘：他們遭到來自所有勢力的打擊，不論是紅軍、白軍、烏克蘭軍還是各路軍閥。

對猶太人的殺戮在烏克蘭乃至整個「定居範圍」內並不是什麼新鮮事，然而此時猶太人需要面對的是全副武裝的迫害者。迫害造成的的傷亡急劇增加，僅在烏克蘭就超過了三萬人。從前對猶太人的迫害不外以下幾種原因：掠奪欲、經濟衝突、基督教中的反猶太教主義，以及近代的反猶太人潮流，然而現在又多了一種原因：革命年代的意識形態和政治。在這種新的視角下，猶太人一方面被視為資本主義剝削者，而遭到共產主義者和社會主義宣傳家的仇視，在另一陣營又被視為布爾什維克主義的熱情支持者。

對猶太人的大規模殺戮始於世界大戰的最後一年，也就是德國和奧匈帝國軍隊進入烏克蘭的一九一八年春天。然而迫害實施者並非挺進中的德國人或是「中央拉達」的軍隊，而是敗退的布爾什維克們。他們以共產主義的正義感代替基督徒的狂熱，將自己對諾夫霍羅德—西沃斯基（Novhorod-Siverskyi）和赫盧希夫（即從前哥薩克國的都城）猶太人的攻擊，辯解為對資產階級的進攻。一九一九年春，當彼得留拉的軍隊在布爾什維克的進攻下向西撤退時，烏克蘭部隊同樣實施了對猶太人的殺戮，其中最嚴重的一次發生在普羅斯庫里夫（Proskuriv，即今天的赫梅爾尼茨基〔Khmelnytskyi〕），導致近一千七百名猶太人喪生。這一年晚些時候，心思主要放在劫掠上、對各種口號沒有多少興趣的軍閥們，又率領他們軍紀渙散的部隊，對猶太人定居點進行了洗劫。到了秋天，鄧尼金的軍隊打著「痛揍猶太人，挽救俄羅斯」的反猶新旗號，也對猶太人展開了屠戮，其中規模最大的行動發生在基輔以南的城鎮法斯蒂夫（Fastiv），死者接近一千名。總體而言，在所有對猶太人的殺戮行動中，約百分之二十是白軍所為，紅軍的比例約為百分之十，軍閥們約占百分之二十五，而彼得留拉的部隊約占百分之四十。後者在戰爭期間實施了最多的反猶殺戮，白軍則是唯一一支有組織的軍隊，其士兵對猶太人的殺戮都得到了上級軍官的清晰授意，加利西亞的烏克蘭戰士們則是僅有的未參與反猶殺戮的群體。

烏克蘭猶太村莊的居民們也組織起自衛部隊，他們在抵禦軍閥勢力方面卓有成效，但面對大規模的軍隊時卻無能為力。也有大量猶太年輕人加入了紅軍。紅軍的政治領袖列昂·托洛斯基（Leon Trotsky）出生於烏克蘭，常被視為猶太布爾什維克主義的象徵，然而紅軍在猶太人中的受歡迎的程度遠非托洛斯基一人所能代表。猶太革命家們從前就積極參與了社會民主主義運動，或是加入孟什維克，或是加入布爾什維克。此外，就實施反猶屠殺的次數多寡而言，紅軍似乎是對猶太人最為友好的，因此吸引了許多猶太年輕人。從這個角度來說，以撒·巴貝爾的經歷在奧德薩的猶太年輕人中並不算出奇：他先是在列寧的祕密警察機構契卡（Cheka）中工作了一小段時間，後來又以政委和隨軍記者的身分加入了布瓊尼的騎兵軍。

一九一九年的反猶殺戮終結了革命初期形成的烏克蘭人—猶太人同盟，也讓西蒙·彼得留拉成為烏克蘭反猶主義的恐怖象徵。一九二六年，流亡巴黎的彼得留拉被前紅軍士兵沙洛姆·施瓦茨巴爾德（Sholom Schwartzbard）槍殺，讓他的這一形象更加得到了強化。許多人相信施瓦茨巴爾德是在蘇俄祕密警察的指派下刺殺了這位烏克蘭移民政治領袖，但施瓦茨巴爾德本人聲稱刺殺是他的自發行動，是為他那些在烏克蘭反猶屠殺中死去的猶太親屬復仇。巴黎的法庭無罪開釋了這名刺客。

彼得留拉真的應該為那些反猶殺戮負責嗎？他在革命前是一個社會民主主義者，又在左翼的指揮部中擔任領導人，無論從其觀點還是政治背景來看，彼得留拉都是一名國際主義者。他與米哈伊洛・赫魯舍夫斯基和中央拉達的其他領袖們一樣，認為猶太人是烏克蘭人反抗民族壓迫和社會壓迫事業中的天然盟友。這一立場在他向其部屬發出的命令中也有所體現。「是時候認識到全球的猶太人，包括他們的兒女，他們的妻子，都和我們一樣，被剝奪了民族自由，身受奴役之苦了，」彼得留拉在一九一九年八月簽署的一道命令中這樣寫道，「我們不應讓他們與我們疏離——千百年來他們一直和我們生活在一起，分享我們的命運和不幸。我在此嚴正下令：任何煽動你們去殺戮猶太人的人，都將被逐出我們的軍隊，並將被視為祖國的叛徒而接受審判。」

在彼得留拉的意識中，攻擊猶太人等於背叛烏克蘭。問題在於，儘管他發出了命令，但他極少懲罰那些反猶行為的實施者，或者太過緩慢才做出懲罰。「俄塔曼」伊凡・塞米中科（Ivan Semesenko）的部隊是一九一九年二月普羅斯庫里夫反猶屠殺的執行者，而彼得留拉在一九二〇年三月才下令對塞米中科進行審判和處決。這一懲處來得太晚，未能在反猶迫害達到高潮時對他的軍隊產生更廣泛的影響。由於彼得留拉對其軍隊的控制力有限，他並不願意真正執行自己的命令。烏克蘭軍隊參與反猶迫害的理由與其在爭取獨立的鬥爭中失敗的理由是一樣的：這支軍隊紀律渙散，缺乏組織。彼得留拉這種持社會主義立場的烏克蘭領導人是在農民革命的大潮中湧現出來的，然而從烏克蘭民族解放運動的角度而言，農民革命來得太早了。在他們的國家陷入革命浪潮、外國干涉和內戰之前，烏克蘭的運動者們從來沒有機會對農民大眾展開工作，沒能在農民中普及社會主義的基本理念。在一戰前夕，有機會在烏克蘭進行自由宣傳的黨派都是小俄羅斯理念的鼓吹者，以及各種俄羅斯民族主義組織，而反猶主義乃是他們的理念中的關鍵元素。右岸烏克蘭地區在世界大戰之前是俄羅斯民族主義的堡壘，在一九一九年也是最駭人聽聞的反猶殺戮的發生地。

唯一一個曾經嘗試約束部隊不去參與反猶屠殺，並在自己的農民軍隊伍中對反猶主義進行了鬥爭的軍閥是涅斯托爾・馬赫諾（Nestor Makhno），而他也只取得了有限的成功。馬赫諾身材不高，而且很瘦弱，留著唇髭和一頭長髮。他曾是從前俄羅斯帝國規模最大的「私人」部隊的指揮官，富於領袖魅力，其部屬在全盛時有四萬人。馬赫諾出身農家，在政治立場上是一名無政府主義者，在烏克蘭的各路軍閥中最具理想主義色彩。他的根據地和活動區域是南烏克蘭的胡利艾波勒（Huliaipole），此地位於頓巴斯的煤礦和克里維伊里赫鐵礦之間，是典型的農業地帶。在十九世紀和二十世紀之交，一條鐵路將上述兩個地區連接起來，與莫斯科—塞瓦斯托波爾鐵路相交於亞歷山德羅夫斯克（Aleksandrovsk，即今天的札波羅結），此地正離馬赫諾的故鄉不遠。鐵路的位置讓馬赫諾和他的軍隊成為爭奪的焦點。

馬赫諾手下的農民戰士們對他的無政府主義原則和夢想並不買帳，也看不上那群受意識形態驅動而圍繞在他們的「巴特科」（bat'ko，即「父親」，這是他們根據農村的家長制傳統對馬赫諾的稱呼）身邊的無政府主義者。農民們反對任何形式的國家控制（這種態度正吸引了馬赫諾身邊的無政府主義理論家），並希望沒收並重新分配土地。與早期近代的札波羅結哥薩克們一樣，在從前的哥薩克—韃靼人邊界地區活動的馬赫諾軍與北方的各個烏克蘭政府保持著距離，並經常與他們作戰。儘管絕大多數馬赫諾的戰士都是烏克蘭族，而馬赫諾對烏克蘭民族解放的目標也並不陌生（他那個做教師的妻子就是這一目標的積極宣傳者），這位軍閥的無政府主義革命理想大體上仍舊是國際主義的。

在對烏克蘭展開爭奪的所有勢力中，被馬赫諾視為潛在盟友的只有布爾什維克。馬赫諾幫助布爾什維克擊敗了他們的大敵——彼得・弗蘭格爾（Petr Wrangel）將軍率領的白軍，讓克里米亞成為後者殘部的最後陣地，然而布爾什維克卻立刻對馬赫諾反戈一擊。弗蘭格爾政權是不到三年的時間裡克里米亞地區的第八個政府——第一個則是克里米亞韃靼人在一九一七年十二月二十五日成立的克里米亞人民共和國。在兩次大規模向鄂圖曼帝國移民的浪潮之後，韃靼人還占克里米亞半島總人口的近百分之三十（其餘人口則包括俄羅斯人、烏克蘭人、希臘人、保加利亞人、猶太人和其他一些民族）。韃靼人的共和國是一個伊斯蘭民族建立世俗國家的最早嘗試之一，這是上一代克里米亞韃靼人中的運動者們開展的各種文化和教育活動的結果。這些運動者以伊斯梅爾·伽斯皮拉里（Ismail Gaspirali）為首，他也被稱為現代克里米亞韃靼民族之父。然而，克里米亞人民共和國很快就夭折了。一九一八年一月，半島的控制權落入布爾什維克手中，他們宣佈成立獨立的陶里達（Taurida，即克里米亞）共和國，不過很快又被烏克蘭軍和德軍擊潰。

在德國占領時期，克里米亞保持了對烏克蘭的獨立地位，但統領斯柯洛帕茲基在一九一八年九月宣布對克里米亞半島實施經濟封鎖，迫使克里米亞政府作為自治地區加入了烏克蘭。這一狀態也未能持續多久：隨著德國人的撤軍，以出身猶太教伽來特派（Karaite）的自由主義政治家所羅門·克里姆（Solomon Krym）為首的新政府上了台。克里姆政府的司法部長是弗拉基米爾·納博科夫（Vladimir Nabokov），一位著名作家的父親。然而此時布爾什維克已經在進軍途中，一九一八年七月，他們在烏拉山中處死了皇帝尼古拉二世和他的家人，一九一九年四月七日，羅曼諾夫皇族的倖存者們逃離他們位於雅爾達附近的莊園，搭乘英國的無畏級戰艦「瑪律伯勒」號（Marlborough）前往西方避難。從一九一九年六月開始，克里米亞就落入了白軍之手，先是由鄧尼金將軍掌管，在鄧尼金於一九二〇年四月辭職後，又成為弗蘭格爾將軍的地盤。

弗蘭格爾聲稱自己是南俄羅斯地區政府的長官，然而他實際控制的區域只有克里米亞半島以及半島以北的一小片草原。他與他的部長們希望光復整個俄羅斯帝國，然而這個目標在嘴上說起來比實現起來容易得多。儘管他背後有協約國的支持，弗蘭格爾在與布爾什維克的戰爭中仍節節敗退。一九二〇年十一月八日，紅軍及其盟友馬赫諾的部隊從大陸開始了對克里米亞的攻勢。他們冒著嚴寒涉過錫瓦什潟湖（Syvash lagoon）的淺水，對白軍位於彼列科普地峽（Perekop isthmus，寬四英里，是連接半島與大陸的橋梁）的工事發起猛攻。十一月一七日，他們進入了雅爾達城，弗蘭格爾將軍將其殘部撤退到伊斯坦堡，被遺棄在前線的近五萬名軍官和士兵慘遭屠戮，這也是這場戰爭中最大規模的屠殺行動。然而，這並非是這場血腥的革命戰爭中最後一次屠殺，而只是一支序曲，預示著布爾什維克對這個廣袤國家的統治的來臨；布爾什維克日後統治的殘酷程度較之以上屠殺毫不遜色，而烏克蘭大部分地區都將被迫成為這個國家的一部分。

一九二一年三月，蘇維埃俄羅斯、烏克蘭蘇維埃和波蘭三方在拉脫維亞的里加簽署和約，確認了一條新的波蘭—蘇俄邊界。根據這份和約，波蘭不僅保有加利西亞，還取得了從前歸屬俄國的沃里尼亞。此時的烏克蘭不再像一戰之前那樣只分屬兩個國家，而是被四國瓜分：一九一八年被羅馬尼亞占領的布科維納仍在布加勒斯特手中，而戰敗的匈牙利不得不把外喀爾巴阡交給新成立的國家捷克斯洛伐克。烏克蘭人西面的鄰居（捷克人、斯洛伐克人、波蘭人和立陶宛人）此時都擁有了自己的獨立國家。然而，除了在一個由俄羅斯領導的政治體內的自治權外，為創建自己的國家不斷努力的烏克蘭人幾無所獲。

為什麼會有這樣的結果？原因多種多樣。其中之一就是那些更強大、侵略成性又聲稱對烏克蘭土地擁有主權的鄰國的存在，然而最關鍵的因素在於烏克蘭民族解放運動的不成熟，以及獨立國家理念在分屬哈布斯堡帝國和羅曼諾夫帝國的烏克蘭地區的姍姍來遲。儘管烏克蘭身分認同和全俄羅斯身分認同之間的分歧在一九一八年的奧屬加利西亞已不存在，在聶伯烏克蘭地區，這種分歧卻貫穿了整個戰爭和革命。地方主義是烏克蘭各地不同歷史軌跡的產物，也是存在於奧屬烏克蘭和聶伯烏克蘭地區的一大障礙：在奧屬烏克蘭，加利西亞、布科維納和外喀爾巴阡的民族建構機制各不相同；在聶伯烏克蘭，烏克蘭國家理念在前哥薩克國和波屬右岸烏克蘭地區受到的支援遠較東部和南部的草原地區為多。城市地區，尤其是有大量非烏克蘭人口居住的大城市，均不屬於烏克蘭人的獨立追求所能涵蓋的範圍——這種追求幾乎完全依賴於農民群體的支持。

考慮到烏克蘭民族解放事業所背負的各種限制，我們需要回答另一個重要問題：這一民族運動明明尚處於繈褓之中，在十九世紀和二十世紀之交才第一次形成獨立的政治目標，遲至一九一八年才真正擁抱這個目標，那麼，在這片被從前的帝國勢力和其它更發達的民族運動所主宰的政治版圖上，烏克蘭民族運動何以能走得這麼遠？第一次世界大戰和兩個帝國的崩潰帶來的革命性衝擊為一九一七年和一九一八年的烏克蘭民族運動創造了意想不到的機遇，而烏克蘭民族運動也充分利用了這些機遇。烏克蘭人的民族解放事業誕生於第一次世界大戰的血腥漩渦之中，誕生於遠比從前更成熟的獨立鬥爭中。儘管它沒能在奧屬烏克蘭和聶伯烏克蘭大地上成功建立一個能有效運轉的國家，卻已讓獨立統一國家的理想成為新烏克蘭信念的核心。

20

Communism and Nationalism

第二十章　共產主義與民族主義

在兩次世界大戰之間的時期（一九一八至一九三九），烏克蘭人成為了民族問題仍有待解決的最大歐洲民族。烏克蘭沒有自己的國家，其土地分屬歐洲四國——布爾什維克的俄國、波蘭、羅馬尼亞和捷克斯洛伐克。蘇維埃烏克蘭在一九二二年成為俄羅斯領導下的蘇聯的一部分，其領土包括烏克蘭中部和東部地區。根據一九二一年的里加和談結果，蘇維埃烏克蘭與波蘭的邊界位於沃里尼亞和波多里亞，與羅馬尼亞之間則以德涅斯特河為界。前協約國同盟在一九二〇年的巴黎和會中承認了這後一條烏克蘭與羅馬尼亞的邊界，但蘇聯當局對它提出了挑戰。

每一個控制著烏克蘭國土的政府都以各自的方式嘗試解決烏克蘭問題，使用了從融合到鎮壓等各自不同的策略。在東歐地區，共產主義和民族主義這兩種意識形態和信仰體系的競爭，貫穿了整個二十世紀，與其它許多地區一樣，在烏克蘭，民族主義和共產主義不僅會相互衝突，也會以民族共產主義這樣的雜糅形式來尋求相互妥協。對烏克蘭人政治認同和文化認同的動員方式各有不同，導致各種旨在替代戰前的自由主義和社會主義方案的烏克蘭民族方案浮出了水面，其中兩種新方案最具影響力：其一是蘇維埃烏克蘭（即烏克蘭社會主義蘇維埃共和國〔Ukrainian Socialist Soviet Republic〕，或烏克蘭SSR）的蘇維埃版民族共產主義，其二則是主要植根於波屬加利西亞和沃里尼亞的激進民族主義。二十世紀烏克蘭歷史，在很大程度上將取決於這兩種類型的烏克蘭身分認同之間的交互關聯。

一九二二年十二月，烏克蘭社會主義蘇維埃共和國（它將在一九三七年更名為烏克蘭蘇維埃社會主義共和國），一個以烏克蘭中部和東部地區為領土範圍的共產主義政治體，與俄羅斯聯邦、白俄羅斯共和國和外高加索（Transcaucasia）共和國正式達成協議，組成蘇維埃社會主義共和國聯盟（即蘇聯）。蘇聯的創立，源自弗拉基米爾．列寧干預約瑟夫．史達林和烏克蘭與喬治亞的布爾什維克領袖們之間的爭論。當時史達林擔任俄國共產黨中央委員會新設立的總書記職務，他希望烏克蘭和其它共和國加入俄羅斯聯邦，在聯邦內各自保留自治地位；烏克蘭的共產主義領袖們對此表示拒絕，這些人中有老一代的布爾什維克，也有那些相信社會革命本身就意味著民族解放的社會主義者，他們相信建立一個主權蘇維埃共和國聯盟是達成這兩個目標的最好辦法。列寧支持烏克蘭方面的立場，因為他的夢想是世界革命，在其藍圖中，中國、印度、德國、法國和美國都將加入聯盟。

烏克蘭情勢是聯盟創立時重要的考量，聯盟的直接目的在於接納烏克蘭人，排斥波蘭人，並限制俄羅斯人。莫斯科當局認為烏克蘭人是其治下最不安分、最叛逆的少數族群——以西蒙．彼得留拉為代表的烏克蘭領袖已經被證明擁有發動大規模農民起義的能力，當局同時也認為俄羅斯民族主義者的訴求對這個多民族國家的統一是一個威脅，而波蘭則是毫無疑問的敵人，在西方的支持下很可能對聯盟發起另一場進攻，並將烏克蘭的一部分從聯盟奪走。於是，身處聯盟條約所代表的聯邦主義和占主導地位的共產黨所代表的集權主義之間，烏克蘭享有事實上的自治權，其擁有的特權可能比一戰前數十年間烏克蘭主流政治家們，乃至一九一七年革命初期「中央拉達」領導人們所夢想的更多。

在自稱「無產階級專政」的蘇維埃當局建立的政治和法律框架內，烏克蘭將實現新一階段的國族建構。二〇年代初，當局試圖鞏固其對這個被戰爭、革命和內亂摧毀的國家的控制，允許部分市場元素藉由「新經濟政策」（New Economic Policy）這道後門重新進入其高度集中的蘇維埃經濟體系。在政治和文化領域，蘇維埃領導人也在尋找各種能讓自己保住羅曼諾夫帝國遺產的新方法。對這後一個問題，他們在本土化（korenizatsiia）政策中找到了臨時的解決辦法。這種政策重視非俄羅斯的邊緣地區的經濟建設，以及對本地文化的支持和發展。一九二三年四月，即蘇聯成立數個月之後，在莫斯科召開的第十二次黨員代表大會決定將本土化列入黨和政府的官方政策。

莫斯科打算利用本土化政策達成的目標之一，在於培養忠誠的地方精英階層。羅曼諾夫王朝曾透過將地方精英階層納入帝國體制的辦法來開疆拓土，這一手段在革命時代已不再適用。對地方革命精英的籠絡始於一九二〇年，開始允許前社會革命黨成員加入烏克蘭共產黨，然而這種做法損害了黨在意識形態上的統一性，能成就的也有限，此外，烏克蘭本土的共產主義精英在數量上也不足以保證布爾什維克統治的穩定性。二十世紀二〇年代中期，蘇維埃烏克蘭的總人口不到三千萬，其中烏克蘭人約占百分之八十，俄羅斯人不足百分之十，猶太人約占百分之五點五，黨員的族群構成卻與此大相逕庭，一九二二年，在總計約五萬五千名烏克蘭共產黨員中，俄羅斯人以百分之五十三的比例占據絕對多數，烏克蘭人卻不足百分之二十四，與其他所有族群代表（這些代表又以猶太人為主）占比差不多。這個新的政權在烏克蘭農民眼中與外國占領者沒什麼兩樣，莫斯科的共產黨當局希望改變這種觀點，以建立對烏克蘭農民階層的控制。

烏克蘭共產黨領導層中有一派是民族共產主義者，將革命視為讓俄羅斯統治下的少數民族獲得社會解放和民族解放的手段，他們提出：要彌合以無產階級為主的城市與小資產階級的農村世界之間的鴻溝，黨必須接受占烏克蘭人口主體的族群的語言和文化，而在烏克蘭，這一主體族群就是烏克蘭人。由於共產主義意識形態很大程度上還只是一種城市現象，農村在共產主義者對烏克蘭化問題的思考中，就被視為一種阻力，正如在革命時期和內戰時期那樣。烏克蘭的民族共產主義者主張的策略與西元第一個千年末期拜占庭的改宗勸導者們的做法相似：透過接受本地語言和文化，來實現推廣新宗教的目標，只是此時的新宗教變成了共產主義。歷史上，最終拜占庭策略勝利，壓倒了堅持所有真信徒都應使用同一種通用語的羅馬帝國策略，而這也使得民族共產主義者們主張的立場變成了黨的官方路線，然而，這仍然是一項困難的任務。

最大的阻力來自烏克蘭共產黨本身——它的大部分黨員都不是烏克蘭人，根據一份報告，在所有烏克蘭公務員中，嫻熟掌握烏克蘭語者的比例為百分之四十四，而在擔任公務員的烏共黨員中，這一比例僅為百分之十八。以亞歷山大．舒姆斯基（Oleksandr Shumsky）為首的烏克蘭民族共產主義者們要求以更強硬的手段來推行烏克蘭化，舒姆斯基本人希望讓烏克蘭裔的烏克蘭政府領導人弗拉斯．丘巴爾（Vlas Chubar）擔任烏共總書記，取代史達林的親信拉紮爾．卡岡諾維奇（Lazar Kaganovich），後者是出生於烏克蘭的猶太人，卻一直未能熟練掌握烏克蘭語。舒姆斯基還要求史達林在工人中推行語言上的烏克蘭化，一開始，烏克蘭化政策的推廣範圍僅限於烏克蘭族，而烏克蘭的俄羅斯人以及其他族群則不在其內——這些族群也自有其本土化方案。黨十分不情願在俄羅斯裔或高度俄羅斯化的工人階級中推行一種很可能受到他們抵制的語言政策，舒姆斯基在這場鬥爭中完全處於劣勢。

史達林拒絕撤掉卡岡諾維奇，聲稱這一提議時機不對。儘管在一九二四年一月列寧去世後，史達林正在爭奪黨的控制權，而作為蘇聯中最大黨組織的烏克蘭共產黨的忠誠對他來說至為重要，他的態度仍十分強硬。對在工人階級中推行烏克蘭化的問題，史達林同樣拒絕讓步。「我們的黨、國家以及其它服務人民的機關，可以、也必須以一定的速度烏克蘭化，」史達林在一九二六年四月給烏共政治局（烏克蘭最高的布爾什維克領導層）的信中寫道，「但無產階級不應被由上而下地烏克蘭化，俄羅斯裔的勞動大眾不能被強迫丟棄俄羅斯語言和文化，不能被強迫改以烏克蘭語言和文化，為他們的語言和文化。」對將烏克蘭文化與俄羅斯文化拉開距離的呼聲，史達林的批評態度尤為嚴厲，並將這種呼聲與俄羅斯裔烏克蘭作家米柯拉・赫維洛維（Mykola Khvyliovy，原名尼古拉・菲季列夫〔Nikolai Fitilev〕）的作品聯繫起來。「當西歐的無產階級和共產黨對國際革命運動和列寧主義的堡壘『莫斯科』無比贊同時，當西歐的無產階級將支持的目光投向莫斯科舉起的大旗時，烏克蘭共產黨員赫維洛維卻不為莫斯科說話，反而勸告烏克蘭運動者們『逃離』莫斯科……越快越好。」史達林寫道。

史達林決意從烏克蘭民族共產主義者中奪回主動權，命令他的親信卡岡諾維奇親自領導烏克蘭化運動，對舒姆斯基關於烏克蘭化步調太慢的焦慮作出回應。卡岡諾維奇遵命而行，將一九二六年前「依法」推行的烏克蘭化轉變為一種有效得多也全面得多的政策。一九二七年，卡岡諾維奇成功地在烏共黨代會上用烏克蘭語發言；關於在教育機構以及對工人階級的文化宣傳工作中使用烏克蘭語的問題，他也採取了更強硬的立場。卡岡諾維奇在一九二八年被召回莫斯科。他的波蘭裔繼任者斯坦尼斯拉夫・科蕭爾（Stanislav Kosior）延續了他的路線。根據官方統計，一九二六至一九二七學年烏克蘭高等教育機構中使用烏克蘭語教學的比例為百分之三十三，到了一九二八至一九二九學年，這一比例已提高到百分之五十八。到了一九三二年，烏克蘭語報紙在全部烏克蘭報紙中的比例已從一九二六年的百分之三十提高到百分之九十二。一九三二年六月，向礦工發表的演說有百分之七十五都使用烏克蘭語。

儘管烏克蘭化是烏克蘭本土化政策的核心，但本土化涉及的並非只有烏克蘭族；猶太人、波蘭人、希臘人和保加利亞人的民族自治地區，在烏克蘭紛紛建立起來，出版社用民族語言印刷書籍，學校也使用民族語言來對學童們進行教育。然而，這一政策的效果大體上仍局限於農村地區。在城市中，少數族裔俄羅斯化的速度比烏克蘭化的速度更快，一九二六年，百分之六十二的哈爾基夫烏克蘭裔居民將烏克蘭語作為自己的母語，但只有百分之四十一的猶太人這樣做。一些猶太知識分子歡迎烏克蘭化，並選擇使用烏克蘭語寫作，如出生於涅斯托爾・馬赫諾（Nestor Makhno）的都城胡利艾波勒（Huliaipole）的格里高利・科爾內爾（Grigorii Kerner，或赫里茨科・科爾內連科〔Hrytsko Kernerenko〕）；然而，更多人則選擇俄語，將之視為更直接的通往現代性的途徑。許多人離開烏克蘭前往莫斯科，在那裡取得了更顯赫的成就。分別來自烏克蘭兩個最著名猶太重鎮奧德薩和別爾基切夫（Berdychiv）的作家伊利亞・伊利夫（Ilia Ilf，法因茲爾貝格〔Fainzilberg〕）和瓦西里・格羅斯曼（Vasilii Grossman）選擇的就是這條道路。

史達林對烏克蘭化的支持只是暫時的，也只是出於策略考量。他相信俄羅斯人和烏克蘭人根本就是同一個民族。蘇共在二十世紀二〇年代末決定：其政權的存續有賴於最大族群俄羅斯人的支持，因此必須壓制烏克蘭人創造一種完全獨立文化的野心。

一九二九年，為了舉行蘇聯歷史上第一批走過場式公審中的一場，蘇聯祕密警察展開了一系列逮捕行動。烏克蘭知識分子領袖們成為這場在哈爾基夫舉行的公審的主要目標：他們被控屬於一個子虛烏有的組織「烏克蘭解放同盟」。檢方指控他們與流亡海外的烏克蘭人和波蘭政府接觸，密謀掀起一次以建立獨立的烏克蘭國家為最終目的的起義。排在這份「密謀者」名單前列的，是烏克蘭科學院負責學術事務的秘書長、曾任「中央拉達」副領導人的謝爾赫・葉夫列莫夫（Serhii Yefremov），以及曾任烏克蘭人民共和國總理的弗洛基米爾・切希夫斯基（Volodymyr Chekhivsky），後者還是烏克蘭自主東正教會（Ukrainian Autocephalous Orthodox Church）的領袖之一，該教會獨立於莫斯科牧首區，被檢方認定為密謀者組織的一個分支機構。這些指控均為不實，但被告中卻有十五人被判處死刑，一百九十二人被處以不同刑期的監禁，另有八十七人被判國內流放。這場審判直接打擊了站在烏克蘭化運動最前沿的知識分子群體，並透露出一個信號：黨的政策正在發生變化，它的打擊對象不再是俄羅斯霸權沙文主義，而是變成了地方民族主義。烏克蘭民族共產主義者們，包括頗有影響力的教育部長米柯拉・斯克里普尼克（Mykola Skrypnyk）在內，向莫斯科提議針對俄羅斯「霸權沙文主義」進行一次類似的審判，卻沒有成功。

語言和文化上的烏克蘭化運動沒能改變共和國東部和南部工業地區的文化。這一狀況在烏克蘭的新首都哈爾基夫表現得最為明顯。從一九二六年到一九三九年，哈爾基夫居民中將烏克蘭語當做自己母語者的比例僅僅從百分之二十四增長到百分之三十二，考慮到對這座城市進行烏克蘭化的巨大努力，這樣的增長微不足道。然而更讓人憂慮的是，這段時間內哈爾基夫的人口從四十一萬七千人增加到了八十三萬三千人，幾乎增長了一倍，而其中烏克蘭人所占的比例也從百分之三十九增長到了百分之四十九，將俄語當做自己母語的居民比例卻保持不變，仍為百分之六十四；在實現這座城市的烏克蘭化之前，烏克蘭化政策的勢頭就遭到了遏止，這一失敗將對烏克蘭東部地區的自我認同造成深遠的影響。然而，烏克蘭化政策也在烏克蘭社會中留下了另一道印記：它創造出了一種局面，讓愈來愈多的烏克蘭城市居民宣稱自己的民族身分是烏克蘭人而非俄羅斯人，儘管他們在大多數時候都使用俄語。說俄語的烏克蘭人的數量愈來愈多，在說烏克蘭語的烏克蘭人和說俄語的俄羅斯人之間形成了一條關鍵的文化紐帶。事實上，這三個群體共同擁有一種由烏克蘭語和俄語雜糅而成的通用方言——「蘇爾日克」（surzhyk）。

在二十世紀二〇年代，蘇聯領導人們致力於發動世界革命，在鄰國的烏克蘭人群體中積極展開祕密行動，試圖動搖並削弱這些多民族的東歐國家。另一方面，法國以及其它西方列強則打算將這些國家變成阻止布爾什維克主義向歐洲擴散的緩衝區。蘇維埃烏克蘭的領袖們將自己的共和國，描述為一個烏克蘭版本的新「皮埃蒙特」（Piedmont），一個將為暫時處於外國資產階級統治之下的烏克蘭人帶來民族解放和社會解放的國家。「皮埃蒙特」這個詞源於義大利統一運動時期——在統一的義大利民族國家誕生過程中，皮埃蒙特地區走在了其它地區的前列。波蘭人首先將「皮埃蒙特」這個比喻用於加利西亞，烏克蘭人緊隨其後——這兩個族群都將加利西亞視為各自民族運動的中心，烏克蘭布爾什維克們再次拾起了這個概念。隨著烏克蘭化運動的進行，將蘇維埃烏克蘭描述為烏克蘭民族性的燈塔十分容易，因為西方的許多烏克蘭人地區開始意識到自己正處於事實上的被占領狀態，並在幾乎所有社會生活和文化生活方面遭到壓迫。

波蘭人統治下的加利西亞的政治和文化局勢最為艱難。加利西亞的總人口約為五百萬，其中烏克蘭人有近四百四十萬。《凡爾賽和約》、《里加和約》以及《波蘭憲法》保證波蘭境內的烏克蘭少數民族享有法律上的平等權，並有權開辦自己的學校，在公共領域使用烏克蘭語。然而現實的情況與新生的波蘭國家承諾盡到的國際義務並不一致。波烏戰爭的慘痛記憶宛在昨日：波蘭當局在戰爭期間和戰爭結束後關押了近七萬烏克蘭人，烏克蘭人抵制當局在加利西亞的各種機構，自己開辦地下大學，並對當局的一九二〇年普查和一九二二年選舉選擇忽視。然而，一九二三年三月之後，這些戰術不再有效：巴黎和會創立的大使會議做出決議，承認了波蘭對加利西亞的統治。加利西亞的烏克蘭人原本指望來自西方的干涉可以改善他們的處境，這一決議卻讓他們徹底失望，讓他們不得不靠自己的最大努力來適應這種新的政治局勢。

大使會議認為烏克蘭人將會得到某種形式的自治，因而做出了上述決議，然而烏克蘭人自治並未變成現實。新生的波蘭人國家的民族政策打算不僅在政治上，也在文化上實現對少數族群的同化，波蘭於一九二六年從共和國轉變為某種形式的獨裁政權，其當局將少數族群（除了烏克蘭人，還有白俄羅斯人、德意志人和猶太人）視為對波蘭政權穩定的最大內部挑戰。一九二四年通過的所謂「格拉布斯基法」（Lex Grabski）即體現出對在加利西亞占多數的烏克蘭人的歧視。這條法案得名於後來的波蘭教育部長，他在教育系統內限制烏克蘭語的使用，並啟動了將烏克蘭語學校轉變為波蘭語─烏克蘭語雙語學校的政策。

語言成為在文化上對少數族群實行波蘭化的政策中的關鍵因素。一九一〇年，東加利西亞的人口中烏克蘭人占百分之六十五，波蘭人占百分之二十一。到了二十世紀三〇年代初，這一地區烏克蘭人（精確來說，是將烏克蘭語視為自己母語的人）的比例已經下降到百分之五十九，而說波蘭語的比例則上升到百分之二十九。這種變化的部分原因在於當局鼓勵波蘭語學校並打壓烏克蘭語學校的教育政策，一九三〇年，加利西亞的烏克蘭人地區共有五十八所國家創立的波蘭語高中（gymnasiums），而烏克蘭語高中只有六所。儘管烏克蘭人創辦私立高中，卻仍在數量上處於劣勢：在同一年，該地區的私立波蘭語高中為二十二所，而私立烏克蘭語高中只有十四所。新教職幾乎都被波蘭人獲得。在加利西亞的一萬二千名教師中，只有不到三千人是烏克蘭人，其餘則都是波蘭人，近六百名烏克蘭教師因無法在家鄉找到工作而被遷移到波蘭人聚居地區。

統計資料中波蘭人口的增長不僅源於官方對波蘭語的支持，也因為政府鼓勵波蘭人向東加利西亞（如今被稱為「東方小波蘭」）地區移民的政策。波蘭獨立後不久，其領導集團就決定分割大土地擁有者的地產，將之分配給普通農民。在加利西亞和波蘭的其它烏克蘭人聚居區，這樣的改革意味著擁有土地最多的波蘭地主遭受損失，而烏克蘭農民階層將從中受益。為了解決這個問題，政府又引入了對遷居到加利西亞的波蘭退伍軍人和農民的優待政策，同樣的政策也在沃里尼亞施行。沃里尼亞從前屬於俄羅斯帝國，這裡的波蘭人口比例向來低於從前屬於奧匈帝國的加利西亞地區，然而政府將從土地改革中獲得的可分配土地的百分之四十都分給了新來的波蘭遷居者。在兩次世界大戰之間的時期，有近三十萬波蘭人遷移到波蘭境內加利西亞、沃里尼亞和帕得拉夏等烏克蘭人地區。

烏克蘭人在加利西亞的村莊中占絕對多數，猶太人則在這一地區的小城鎮人口中占百分之七十以上，然而局勢的進一步發展卻讓他們離開這一地區，甚至離開這個國家。應為這一不斷增長的移民浪潮負主要責任的，是經濟的停滯不前以及政府對東部邊疆地區的忽視。加利西亞的石油產量從第一次世界大戰前夕的最高點下降了百分之七十，然而除了小規模的林業和農業之外，沒有其它產業來填補石油產業的衰落。到了二十世紀三〇年代末，加利西亞烏克蘭人地區的工人數量還沒有超過四萬五千人。為了改善自己的處境，烏克蘭族農民們嘗試恢復奧匈帝國時期曾經出現過的合作社運動，酪農業聯盟是這場運動中最成功的合作組織，其不光在本地競爭中勝出，還將產品出口到捷克斯洛伐克、奧地利、德國和其它歐洲國家。幾乎所有烏克蘭族農民都加入了酪農業聯盟，然而，合作化組織所能做到的也只是緩解烏克蘭人聚集的鄉村地區的困厄。在城鎮中，工作機會仍然極為稀少，而缺少耕地的農民（大約半數農場只擁有不到五英畝耕地）往往別無選擇，只能離開這個國家。

在兩次世界大戰之間的時期，足足有二十萬烏克蘭農民離開了波蘭，他們中的許多人去了美國，在二〇年代中期美國停止接受移民之後，他們又轉投加拿大和阿根廷。大約同樣數量的猶太人也離開了波蘭，其中許多人（數量約為七萬五千人）去了巴勒斯坦，其他人則前往阿根廷和美國。猶太人移民的驅動力來自經濟狀況的惡化（大部分生活在加利西亞和波蘭其它地區的猶太人都處於貧困狀態）和日益嚴重的反猶主義——波蘭民族主義者對猶太人店鋪的抵制和對猶太社區的攻擊，即源於這種潮流。波蘭國家元首約瑟夫．畢蘇茨基曾嘗試抑制反猶主義，然而在他去世後，二十世紀三〇年代下半葉波蘭各地發生了許多暴動和衝突，導致數十名猶太人死亡和數百名猶太人受傷。波蘭政府請求西方列強和這些國家的猶太社群幫助在波蘭陷入貧困的猶太人或者接受猶太難民，打算以這樣的方式「解決」「猶太人問題」。然而西方各國政府對此根本無動於衷。

二〇年代波蘭當局在烏克蘭人地區實施的經濟和文化政策，與同一時期蘇維埃烏克蘭的布爾什維克們所追求的目標恰好相反。波蘭政府沒有尋求快速的工業發展，而是以農業為根本；它也沒有嘗試將烏克蘭人納入國家體制，而是鼓勵他們離開，並促使波蘭人（不光是波蘭行政官員，還有波蘭遷居者）流入這一地區。然而波蘭擁有一個蘇聯從來不曾擁有的條件：基於選舉民主原則的政治體系。即使在一九二六年約瑟夫．畢蘇茨基發動政變之後，波蘭仍然保留了政治多元主義和宗教寬容等元素，讓烏克蘭人得以建立自己的政黨、教會和文化組織。

在加利西亞的烏克蘭國家於一九一九年失敗之後，希臘天主教會重新成為加利西亞地區主要的民族機構，教會領袖安德列．舍普提茨基（Andrei Sheptytsky）都主教則被普遍承認為民族領袖。前一種狀況不是什麼新鮮事（至少從一八四八年革命開始，教會就曾履行過這種職能），然而舍普提茨基成為民族領袖這件事卻甚不尋常。他是一個魯塞尼亞貴族世家的後裔，其家族早在十八世紀就曾為該教會貢獻過一位都主教。在不止一代人之前，他的家族在文化上就已經波蘭化，所以舍普提茨基生下來就是一名羅馬天主教徒。在他於二十世紀初取得希臘天主教會主教團中的最高職位後，烏克蘭社群中的許多人認為他投身希臘天主教會是波蘭人企圖奪取本地區最後的烏克蘭「全國」機構控制權的陰謀。然而舍普提茨基本人卻自認為奧匈帝國的忠誠子民，而非波蘭之子。他盡了最大努力保護他的教會及其成員不受新生的波蘭國家的波蘭化政策影響。由於波蘭語愈來愈普及，而當局又拒絕將民族作為人口普查的一個分類，宗教（在此特指希臘天主教）就成為兩次世界大戰之間加利西亞烏克蘭人身分認同的主要標誌之一。

兩次世界大戰之間，在一戰前就深有根基的黨派全國民主同盟（National Democratic Alliance）成為加利西亞政治舞臺上的主導者，其領袖來自奧匈帝國時期的烏克蘭全國民主黨（Ukrainian National Democratic Party）。一九二九年，由葉烏亨·科諾瓦列茨上校（Yevhen Konovalets，他在一九一八年至一九一九年間曾積極參與東烏克蘭地區的獨立鬥爭）領導的地下網路「烏克蘭軍事組織」（Ukrainian Military Organization）被改組為政黨「烏克蘭民族主義者組織」（Organization of Ukrainian Nationalists，OUN），令加利西亞政壇進入了一個新時代。這個新組織從其前身繼承了烏克蘭獨立和民族統一的目標，也繼承了為實現這些目標而採取的祕密組織方式和恐怖主義戰術。它的新特點則是一種激進的民族主義意識形態，這一點為那些在一九一八年至一九二一年間參加烏克蘭獨立戰爭的前輩們所無。這種新的理念唾棄戰前那些烏克蘭民族運動領袖們的自由派民族主義立場：烏克蘭民族主義者組織指責前人將自己的鬥爭局限於語言問題，培養出一種失敗主義文化。他們宣稱民族優先於一切其它價值，並致力於創造一種「新人」。出生於東烏克蘭的前社會民主黨人德米特羅·東佐夫（Dmytro Dontsov）是這種意識形態的始作俑者。他從未加入烏克蘭民族主義者組織，但他的寫作卻塑造了組織的新一代領導人和運動者。

在烏克蘭政治舞臺上，烏克蘭民族主義者組織至多也不過是一支邊緣力量，然而它幾乎立刻就在這個舞臺上表現出一種遠超其實際政治分量的影響力。一九三四年六月，烏克蘭民族主義者組織名聲大噪，因為其成員刺殺了波蘭內政部長布洛尼斯拉夫．皮爾拉基（Bronisław Pieracki），稱他在「平亂行動」（Pacification，一九三〇年秋天針對烏克蘭激進分子的一系列鎮壓行動）中扮演了關鍵角色。而在皮爾拉基遇刺之前的一九三三年，為了報復一九三二至一九三三年間蘇維埃烏克蘭發生的饑荒，一名蘇聯外交官也在勒維夫遇刺。兩次刺殺的策劃者是同一個人——勒維夫理工學院的二十五歲學生、於一九三三年六月成為加利西亞烏克蘭民族主義者組織領導人的斯捷潘．班德拉（Stepan Bandera）。在班德拉被波蘭警方逮捕並被起訴後，公眾對他和烏克蘭民族主義者組織的理念有了更多的了解。班德拉因皮爾拉基遇刺事件在華沙受審。對他的第二場審判則於一九三六年在勒維夫舉行，這一次是因為勒維夫一所高中德高望重的烏克蘭校長在一九三四年七月（班德拉被捕之後）遇刺身亡——烏克蘭民族主義者組織認為這位校長與波蘭警方合作。

在勒維夫審判的總結陳詞中，班德拉解釋了為何他和他的同志們不僅不惜奪取他人的生命，也不惜犧牲自己的生命：「烏克蘭民族主義者組織非常珍視其成員的生命，但在我們看來，我們的理念是如此偉大，為了它的實現，僅僅犧牲個人的生命是不夠的，還需要犧牲成百上千人的生命。」班德拉口中的「理念」即是指烏克蘭的獨立。因為他在皮爾拉基遇刺事件中扮演的角色，班德拉被判處死刑，但在後來被改判為七次終身監禁。他將在一九三九年九月重獲自由——德國和蘇聯對波蘭的侵略讓波蘭監獄陷入混亂，也讓包括班德拉在內的許多囚犯大搖大擺地走出了監獄大門。

「烏克蘭民族主義者組織」明顯植根於加利西亞，然而在二十世紀三〇年代，它開始滲透到加利西亞之外的烏克蘭地區，尤其是從前的俄國省份沃里尼亞。沃里尼亞的族群關係與加利西亞相當不同，根據一九三一年的普查資料，百分之六十八的沃里尼亞人把烏克蘭語當做自己的母語，百分之十七的人選擇波蘭語，另有百分之十選擇意第緒語。第一次世界大戰之前，沃里尼亞曾是俄羅斯民族主義的溫床，當地農民缺乏明顯的民族身分意識，還將俄羅斯人民聯盟及其兄弟組織的成員選入俄國國家杜馬。在被納入波蘭後，這個省份成為波蘭集中殖民化的目標，同時也成為兩種烏克蘭民族建構路線的搖臺。這兩條路線都屬於烏克蘭人，然而前一種成型於加利西亞，有強烈的反波蘭色彩，後一種在文化和語言上仍舊是烏克蘭的，但在政治上卻忠於波蘭當局。

波蘭政府竭盡全力將沃里尼亞隔離在加利西亞民族主義的「有害」影響之外，它建立了所謂的「索卡爾邊界」（Sokal border，其名得自加利西亞與沃里尼亞邊界上的一個小鎮）以限制加利西亞烏克蘭人組織的活動，不得超出其邊界。烏克蘭希臘天主教會也被禁止向沃里尼亞、波利西亞、帕得拉夏或霍爾姆地區派遣代表，因為這些地方的希臘天主教徒從屬於波蘭羅馬天主教會。在索卡爾邊界以北，政府禁止普羅斯維塔協會（即啟蒙協會）開展活動，也限制來自加利西亞的文學作品的流傳。烏克蘭民族主義者組織在沃里尼亞發展網路的活動更是被政府嚴加禁止。

索卡爾邊界最堅定的支持者和推行者之一是亨里克．約瑟夫斯基（Henryk Józewski），他曾擔任波蘭政府內政部長，並在一九二八年到一九三八年間擔任沃里尼亞總督。他是波蘭人，卻出生於基輔，在基輔接受教育，並在西蒙．彼得留拉的烏克蘭政府中出任內政部副部長。一九二一年，約瑟夫斯基成為彼得留拉—畢蘇茨基聯盟的支持者。作為畢蘇茨基的總統辦公廳領導人和內政部長，他還主導了波蘭烏克蘭融合計畫——他認為：只要讓沃里尼亞免受加利西亞的破壞性影響之外，這樣的融合就能變成現實。約瑟夫斯基與所謂「好烏克蘭人」密切合作，這些人是彼得留拉流亡政府在波蘭的代表，也是他在聶伯烏克蘭時的戰友，他希望在沃里尼亞培植出一種忠於波蘭的烏克蘭民族主義版本。他支持一個獨立於莫斯科、歸屬華沙都主教區和君士坦丁堡牧首區的烏克蘭東正教會，也在選舉中支持那些立場溫和的烏克蘭政治家，其中包括彼得留拉的外甥斯捷潘・斯克里普尼克（Stepan Skrypnyk）。斯克里普尼克曾擔任波蘭議會議員，在後來成為一名東正教主教，並將在一九九一年烏克蘭獨立之後被選為獨立於莫斯科的烏克蘭東正教會的牧首。

沃里尼亞境內的民族主義思潮和反波蘭思潮不僅來自加利西亞的烏克蘭民族主義者組織成員，也來自蘇維埃烏克蘭的那些西烏克蘭共產黨（Communist Party of Western Ukraine，CPWU）的追隨者，後者人數遠多於前者。二十世紀三〇年代中期，西烏克蘭共產黨擁有約一千六百名成員，烏克蘭民族主義者組織只有八百人。兩個群體都向烏克蘭農民們兜售一種雜糅了社會革命和民族革命的意識形態產品。到了三〇年代末期，當局同時加強了對共產主義者和民族主義者的鎮壓。自然，被捕的共產主義者也遠比民族主義者為多：警方逮捕了近三千名共產主義組織的支持者，卻只逮捕了約七百名民族主義者。儘管史達林政權在三〇年代大肆實行政治迫害，在一九三九年九月蘇聯入侵波蘭前夕，沃里尼亞青年們仍然收聽蘇聯廣播，並對蘇維埃烏克蘭充滿憧憬。

約瑟夫斯基對蘇聯的影響展開了反擊。他嘗試封鎖布爾什維克對波蘇邊境的滲透，並鎮壓了沃里尼亞親蘇農民的暴動。他還從蘇聯的烏克蘭化政策中得到啟發，打算將沃里尼亞變成一個烏克蘭的「皮埃蒙特」。約瑟夫斯基支持在沃里尼亞創辦烏克蘭語學校，這與波蘭政府在加利西亞實行的教育政策截然不同，他還推動烏克蘭語成為波蘭烏克蘭雙語學校中的必修課程。隨著約瑟夫斯基在一九三八年辭去總督職務，以及一九三五年畢蘇茨基死後，波蘭官方對少數族群的態度普遍趨於強硬，沃里尼亞的實驗終結了。儘管約瑟夫斯基做出了種種努力，他仍然未能阻止民族主義思潮在沃里尼亞的擴散。這個省份在一九一四年前深受俄羅斯帝國主義潮流影響，約瑟夫斯基對烏克蘭語言和身分認同的寬容，反而幫助它變成了一座有著強烈反波蘭色彩的烏克蘭民族主義堡壘。

無論是國內（比如波蘭境內的索卡爾邊界）還是國際的（以兩次世界大戰之間時期的國界為代表）障礙，民族主義者和共產主義者們都能突破穿越，大戰之間時期羅馬尼亞境內烏克蘭人的狀況，即證明了這兩個群體無視國際邊界的能力。這段戰間時期，有近一百萬烏克蘭人生活在羅馬尼亞北部的布科維納、南部的比薩拉比亞（Bessarabia）和馬拉穆列什（Maramureş）等地區。與同時期的波蘭一樣，羅馬尼亞對不同的烏克蘭人群體也採取了不同政策。

羅馬尼亞政府對從前在彼得留拉軍中服役的老兵表示歡迎，還允許前俄屬烏克蘭地區（尤其是比薩拉比亞南部）創辦烏克蘭語學校。然而前奧屬烏克蘭地區地方的族群動員程度要高得多，官方政策也隨之截然不同。在從前屬於奧匈帝國的北布科維納，獨裁傾向日趨嚴重的羅馬尼亞當局對烏克蘭人文化和政治活動的限制，較之波蘭政府在加利西亞實施的政策有過之而無不及。除了實行以犧牲烏克蘭農民的利益為代價、鼓勵羅馬尼亞人到當地定居的農業改革外，當局還對烏克蘭人進行大規模的羅馬尼亞化，將他們當做忘記了自己母語的羅馬尼亞人來對待。羅馬尼亞語成為北布科維納唯一的公務和教育用語，就連東正教的禱文（東正教是該地最主教的宗教）也被要求使用羅馬尼亞語而非教會斯拉夫語。

羅馬尼亞當局在烏克蘭人中極不受歡迎，他們開始尋找更能代表自己的意識形態和政黨。南比薩拉比亞對共產主義宣傳的態度更為開放，同時，北布科維納則成了適合民族主義思想傳播的土壤。北布科維納最大的烏克蘭政黨全國民主黨竭盡所能地發展各種文化組織，並在議會中維護烏克蘭族群的利益。他們在二十世紀二〇年代末期取得了一些成功，但大部分時候都無法改變政府的決策。這導致立場更為激進的群體的出現，其中就包括烏克蘭民族主義者組織成員群體——烏克蘭民族主義者組織於一九三四年在布科維納建立了其第一個分支機構。民族主義者們大部分都是學生。他們很快就在比薩拉比亞和馬拉穆列什積極活動起來，出版了廣受歡迎的報紙《自由報》（*Svoboda*）。在其於一九三七年被羅馬尼亞當局禁止之前，這份報紙的訂戶數已經達到七千人，這一年，官方的鎮壓措施讓民族主義者們不得不轉入地下活動，直到第二次世界大戰爆發時，他們的地下組織仍然存在。

二〇年代以及三〇年代早期，面對另一個歐洲國家，也就是捷克斯洛伐克，共產主義者滲透的成果比民族主義者更加出色。前哈布斯堡帝國的瓦解，讓約五十萬生活在外喀爾巴阡地區（奧匈帝國中匈牙利的一部分）的烏克蘭人來不及決定自己是要做俄羅斯人、烏克蘭人，或是另一個獨立的族群魯塞尼亞人。他們與十九世紀下半葉的加利西亞魯塞尼亞人面臨相同的選擇，但他們的選擇過程更為漫長，也更為艱難。一九一九年，這一地區自願加入了新成立的泛斯拉夫國家捷克斯洛伐克，並從此被稱為下喀爾巴阡羅斯（Subcarpathian Rus'）。捷克斯洛伐克政府一度在民族身分問題上保持中立，但逐漸也開始支持發展一種政治中立的魯塞尼亞身分認同。較之奧匈帝國時期企圖對當地人口進行「馬扎爾化」的布達佩斯當局，這也算得上是一種進步。布拉格當局還支持當地的經濟發展——這一地區的經濟以農業為主，停滯不前，在製造業產出方面僅占全國的百分之二。然而，與波蘭和羅馬尼亞的政府一樣，捷克斯洛伐克政府把大部分管理職位都交給了捷克人和斯洛伐克人而不是烏克蘭人，並且也在這裡推行再定居計畫，把許多土地都留給外來的遷居者。

在兩次世界大戰之間的時期，捷克斯洛伐克是東歐唯一一個不僅在口頭尊奉民主價值，也在現實中踐行民主價值的國家。在外喀爾巴阡地區問題上，這就意味著自由和公平的選舉。由於本地艱難的經濟狀況、農民手中土地的匱乏，以及隨之而來的、愈來愈緊張的社會矛盾，從布拉格當局賦予的民主自由上獲益最多的是持共產主義立場的激進左翼黨派：一九二四年，共產主義者獲得了百分之四十的選票。外喀爾巴阡地區的民族建構者們則陷入了無可救藥的分裂境地，親俄、親烏和魯塞尼亞這三種不同的烏克蘭民族身分的支持者們相互競爭，其中最強大的是親俄派和親烏派。親烏的普羅維斯塔（啟蒙）協會在這一地區建立了九十六個閱讀室，而親俄的杜赫諾維奇協會（Dukhnovich Society）則有一百九十二個閱讀室。親俄派把持了東正教會，而親烏派則滲透到傳統上由親匈牙利群體控制的希臘天主教會。現代烏克蘭身分認同在外喀爾巴阡地區屬於後來者，但在二十世紀二〇年代卻已成為當地最為活躍的政治力量，它將外喀爾巴阡地區與其它烏克蘭人地區聯繫起來，團結到各有特色卻又緊密相聯的現代烏克蘭民族建構事業中。

在兩次世界大戰之間時期占據著部分烏克蘭土地的所有政權裡，只有莫斯科的共產黨當局允許烏克蘭民族事業擁有某種形式上的國家地位，並對烏克蘭文化的發展給予支持。共產黨的烏克蘭民族建構事業不僅在蘇維埃烏克蘭，也在周邊擁有大規模烏克蘭族群的東歐國家中擁有廣泛的吸引力。然而，民族共產主義這種解決烏克蘭問題的手段在執行中遇到了巨大的困難，在東歐地區，共產主義烏克蘭的支持者需要跨越各種各樣的障礙：各國政府的反共和反烏克蘭政策、來自尋求與現政權和平共處的主流烏克蘭人黨派的反對，還有來自崛起中的激進烏克蘭民族主義理念的競爭。不過，民族共產主義失敗的最主要原因在於二十世紀三〇年代中蘇維埃政權的戲劇性政策變化。這些變化將原本被想像為共產主義皮埃蒙特的蘇維埃烏克蘭變成了共產主義龐貝：史達林主義的火山爆發之時，烏克蘭民族建構者們對莫斯科的革命政權曾經抱有的憧憬灰飛煙滅。

21

Stalin's Fortress

第二十一章　史達林的堡壘

一九二九年十二月二十一日是史達林的五十歲生日，這一天蘇聯舉國慶祝，弗拉基米爾．列寧的接班人們長達近十年的鬥爭，終於產生了一名新的最高領袖，蘇聯國內和國外的人們對這一點都再無懷疑。在通往勝利的歲月中，史達林將黨的總書記這一原本處於次級地位的職務變成了蘇聯最有權勢的角色：他用黨的機器接管了政府及其鎮壓機構國家政治保衛局（Chief Political Directorate〔GPU〕，也就是祕密警察的委婉說法）。

一個人的思想、行為和衝動就決定了許多事情，這是此前的和平時代從未曾有的。史達林的權力和影響力超過了列寧，也超過了包括彼得一世在內的所有帝國時代統治者。儘管將二十世紀三〇年代蘇聯發生的一切都歸於史達林一人未免有失偏頗，畢竟他也經常被動因應局勢，而非主動改變局勢，但無疑這一時期蘇聯的所有重大決策都是由史達林及其身邊的幕僚小圈子做出的，這些幕僚大都臣服於史達林的權威和智慧，隨著時間推移，他們往往變得不再敢對領袖發出反對的聲音，因為整個三〇年代中，對這位領袖的個人崇拜與日俱增。在他們眼中，革命政權正遭到外部的西方資本主義世界和國內占人口大多數的農民（他們認為農民的思想是小資產階級式的）的圍攻，而史達林是革命政權存續下去的最大希望。

在《真理報》（*Pravda*）為史達林華誕出的特刊中，大量出自史達林忠誠幕僚筆下的文章不僅將他譽為卡爾．馬克思、弗里德里希．恩格斯和弗拉基米爾．列寧開創的事業的繼承者，還將他稱為「社會主義工業化和集體化的組織者和領袖」。第一個名詞「社會主義工業化」指一種蘇聯式的工業革命，即由政府出資、由國家運營、旨在為工業生產帶來革命性增長的計畫，其中重工業、能源產業和機械製造產業的發展處於優先地位。第二個名詞「集體化」指建立國營集體農莊，國營集體農莊的土地來自革命戰爭期間及之後分配給農民的小塊土地（這一爭取農民支持布爾什維克事業的手段在當時取得了成功）。二〇年代末期，這兩項計畫齊頭並進，實質上標誌著新經濟政策的終結：新經濟政策將國家的管控限制在部分關鍵產業，並在農業、輕工業和服務業領域允許市場經濟元素的存在。

在蘇聯領導層看來，工業化與集體化方案，外加文化革命（即為培訓新一代幹部以取代舊的管理和官僚階層而制訂的一系列政策），是保證共產主義政權在充滿敵意的資本主義國際環境中生存的最好辦法。這三套方案是布爾什維克將一個傳統農業社會改造為現代工業強國的藍圖中的核心要素。整個二十世紀二〇年代，蘇聯的領導人們一直對應該以什麼樣的步調來實現他們的設想爭論不休。一開始就明確的一點是，他們只能依靠國內的資金來支援工業化（西方世界對支援一個滿腦子都是世界革命的國家毫無興趣），而所謂社會主義資本積累的唯一國內來源就是農業，用另外的話來說，就是農民階層。史達林最初支持的是「自然的」、進化式的工業化，但是他後來改變了立場，堅決主張以更快的速度實現經濟和社會轉型。

烏克蘭是人口第二多的蘇聯加盟共和國，雖然只占蘇聯領土的百分之二多一點，卻擁有全國人口的近百分之二十。在克里姆林宮看來，烏克蘭的農業產量和潛力讓它成為工業化的資金來源，而其東部和南部既有的工業潛力又讓它成為合適的投資地區。然而，由於資源完全被中央掌握，烏克蘭的領導層不得不靠說服莫斯科來為烏克蘭的城市爭取投資，而這些資金原本就是從烏克蘭的村莊中抽走的。在第一個五年計畫（一九二八至一九三三）中，烏克蘭的表現還不錯，獲得了全國總投資中的約百分之二十，與其人口在整個蘇聯中所占的比例相稱。然而一九三二年之後，烏克蘭開始遭到苛扣：資源的分配開始朝烏拉地區和西伯利亞的工業化傾斜——這些地區位於蘇聯更東部，距離危險的波蘇邊界更遠，而大部分分配給烏克蘭的資金又都流入離邊境更遠的東南部傳統工業地區，聶伯河右岸地區仍然以農業為主，投入這裡的資金基本都花在了紅軍防線的修築上。

第一個五年計畫中，在烏克蘭啟動的最大規模的建設項目無疑是聶伯羅赫斯（Dniprohes），即位於聶伯險灘下端的聶伯河大壩和水電站。工程位址位於亞歷山德里夫斯克（Oleksandrivsk）。為了紀念當地的哥薩克歷史，也為表達對哥薩克神話在革命年代中的重要性的承認，此地在一九二一年被改名為札波羅結，意為「險灘下游之地」。札波羅結原是一座寂靜的小城，如今卻成為一個重要的工業中心。水電站成為工業化的頓巴斯地區和克里維伊里赫地區主要的能源提供者，其周邊建起了各種冶金綜合項目。除了生產電力之外，大壩還增加了聶伯河的水深，淹沒了險灘，完全打開了這條河流的航道，從而解決了阻礙本地經濟發展的一個主要障礙。聶伯河水電站成為蘇聯第一個五年計畫的樣板，而札波羅結的人口也在十年中增加三倍，從一九二六年的五萬五千人增長到一九三七年的二十四萬三千人。

與其同時代的大多數馬克思主義者一樣，列寧相信技術的變革力量，曾在一次有記錄的談話中提到：共產主義就意味著蘇維埃的統治加上全國的電氣化。蘇聯的宣傳機構聲稱聶伯河水電站是邁向共產主義的第一個重要進展，然而位於權力頂層的那些人很清楚，他們不僅需要蘇維埃的統治，還需要資本主義的效率才能達成目標。「俄國式的革命性橫掃，加上美國式的效率，就是黨和國家行為的列寧主義精髓所在。」史達林在一九二四年如此斷言。一些美國顧問住在擁有兩座網球場和一座高爾夫球場的「美國花園城市」中的新磚房裡，向聶伯河水電站的管理者和工程師們提供美國的專業經驗。這些美國顧問中為首的是土木工程師休．林肯．庫珀（Hugh Lincoln Cooper）上校，他在尼亞加拉大瀑布上的多倫多水電站和田納西河谷管理局（Tennessee Valley Authority）的威爾遜水壩工程上一鳴驚人，庫珀是自由企業的支持者，曾在國會面前作證反對美國政府直接介入各種經濟工程。在就他在聶伯河水電站工程的服務範圍進行談判之前，布爾什維克就向庫珀的帳戶中存入了五萬美元，他立刻接受了對方的邀請。

在史達林希望用來與美國式效率結合的「俄國式的革命性橫掃」之下，數以萬計的烏克蘭農民來到了聶伯河水電站，這些農民並無技能，卻迫切地需要養家糊口。大壩和水電站建築工程雇傭的工人從一九二七年的一萬三千人增長到一九三一年的三萬六千人。儘管蘇聯政府放棄了早期那種所有門類工人報酬相同的政策（頂層管理者的收入達到非技術工人收入的十倍，而技術工人的收入也是後者的三倍），工人流動率仍然高得驚人。農民們要成為工人，除了必須學習技術，還不得不學會遵守上工時間，不得隨意休息，還有服從上級命令。這對許多剛剛來到這座共產主義建設工程上的新人而言，並不那麼容易做到。僅在一九三二年，聶伯河水電站管理局就雇傭了九萬名工人，同時裁掉了六萬人。

一九三二年五月一日，在長達五年的建設之後，工程師們對水電站的水輪機和發電機進行了第一次測試。這些設備由美國公司製造，其中包括紐波特紐斯造船及船塢公司（Newport News Shipbuilding and Drydock Company）和通用電氣公司（General Electric）。同年十月，這座全新的工廠正式啟動並投入運營。它的原計畫投資是五千萬美元，然而竣工時投資已經增長了八倍。蘇聯名義上的國家元首、最高蘇維埃主席米哈伊爾．加里寧（Mikhail Kalinin）親臨現場主持儀式。人們發表講話，對共產主義大加讚揚。過後不久，庫珀上校和其他五名美國顧問都被頒發了勞動紅旗勛章，以表彰他們對共產主義建設事業的貢獻。

聶伯河水電站的建設在不止一個意義上創造了歷史。這是烏克蘭的工業發展開始以來工人群體第一次主要由烏克蘭人而非俄羅斯人構成——烏克蘭人占了約百分之六十，而俄羅斯只有百分之三十。任何人只要在一九三二年十月離開聶伯河水電站工地，到周邊的鄉村考察一番，就不難發現這一轉變的原因：烏克蘭鄉村地區正在準備迎接那場即將到來的、人為造成的饑荒。

二十世紀二〇年代末，烏克蘭的村莊開始變得不再宜於村民們居住，與革命前的俄羅斯村莊中發生的情況一樣，甚至更加嚴重。這不是因為土壤的貧瘠或是氣候的惡劣，而是政治氛圍的急劇轉變，讓烏克蘭的鄉村變成了農民的地獄，迫使他們離鄉背井，去往聶伯河水電站工地這樣的地方。這是史達林的強制集體化政策帶來的後果：這種政策在榨幹了鄉村一切可用資源的過程中，將農民趕出了他們的自然棲居地。

一九二九年秋，在烏共前總書記拉紮爾・卡岡諾維奇（他在前一年被召回莫斯科，負責農業部門）的支持下，史達林開始實施對土地和家庭的集體化，並要求這項政策得到全面執行，這場席捲了整個蘇聯的運動對糧食產區造成了最大的衝擊，而烏克蘭正是最主要的糧食產區之一。數以萬計的國家政治保衛局官員、黨的幹部以及普通黨員來到鄉下，強迫農民們加入集體農莊，這意味著農民必須放棄他們自有的小塊土地、馬匹和農具。一九三〇年三月的官方報告顯示全部可耕地中已有百分之七十實現了集體化，比前一年增長十倍還多——那時只有不到百分之六的土地屬於集體農莊和國營農場。大部分農民在脅迫之下加入集體農莊，然而仍有許多人反抗。到了一九三〇年春天，烏克蘭鄉村地區已被農民起義的浪潮吞沒，僅在一九三〇年三月，官方就記錄了超過一千七百次農民暴動和抗議，叛亂者殺死了幾十名蘇維埃政府官員和基層，並攻擊了更多的人。在烏克蘭鄰近波蘭邊境的地區，整村整村的人暴動起來，朝邊境進發，逃離史達林集體化政策的恐怖。

具有戰略重要性的邊境地區的農民們暴動起來，而農村的動盪浪潮還在向蘇聯其它地區蔓延，政府開始出動軍隊和祕密警察對付叛亂者。他們的主要目標是富裕農民階層——這些農民沒有加入集體農莊的動力，往往成為反對農民財產強制集體化的抗議領袖。當局不僅將反抗領袖逮捕起來送進監獄，還將所有被定性為「富農階級」（kurkul'，俄語音譯「庫拉克」〔kulak〕）驅離烏克蘭，並強迫他們到別的地方定居——這個詞原指富裕農民，後來其意義擴展到包括農村人口中所有不屬於最貧困階層的人。一九三〇年，有多達七萬五千人個家庭被指控為富農階級，從而被蘇維埃政府驅逐出烏克蘭，遷往哈薩克和西伯利亞的偏遠地區。政府將許多人送上火車，送往遙遠的森林地區，並任由他們在那裡死於疾病和營養不良。

然而農村的反抗浪潮太過巨大，僅憑鎮壓無法消弭，當局決定戰術性撤退。一九三〇年三月，史達林發表了一篇文章，將強制集體化歸咎於地方官員的過度狂熱。文章的標題為〈勝利衝昏頭腦〉（Dizziness with Success），可謂意味深長，黨內基層將這篇文章解讀為黨發出了停止集體化的命令。在接下來的幾個月中，半數此前被集體化的土地回到了離開集體農莊的農民手中。然而撤退僅僅是暫時的，到了一九三〇年秋天，強制集體化運動再度啟動。這一次農民們大部分選擇了消極形式的抵抗，包括拒絕栽種超過生存所需的穀物和其它農產品，宰殺家畜以防止它們被國家徵收，以及逃離村莊。許多逃離者去往札波羅結等工業中心，在那裡加入新的社會主義無產階級。

面對這種新形式的農民抗爭，史達林和他的助手們拒絕承認失敗，轉而指責農民故意破壞，稱他們企圖讓城市陷入饑餓，進而損害工業化進程。當局宣布農民們私藏穀物，並提高了對農民的徵糧額，無論他們是參與了集體化還是拒絕加入集體農莊。烏克蘭對莫斯科的經濟計畫而言至關重要，因而受到當局特別的嚴苛對待。到了一九三二年中，百分之七十的烏克蘭家庭已經被集體化，而同期全蘇聯的集體化程度只有百分之六十。這個加盟共和國的穀物產量占蘇聯全國的百分之二十七，卻被要求上交占全國總量百分之三十八的糧食。新政策對烏克蘭森林草原地帶人口最稠密的農業地區造成了打擊。饑荒在一九三二年冬季和第二年春季來到烏克蘭，大量人口食不果腹。

數以十萬計的烏克蘭人陷入了饑餓，一九三二年僅在基輔地區就有超過八萬人餓死。位於基輔西南面的城市比拉采爾科瓦和烏曼（Uman）周邊的甜菜產區受到的打擊尤為嚴重。烏克蘭政府領導人弗拉斯・丘巴爾在一九三二年六月承認過度的徵收讓農民們沒有糧食可以充饑，正是饑荒的原因。他在給史達林的信中寫道：「糧食徵收計畫在整體上無法完成，最基本的原因在於烏克蘭全國的產量減少，而在收割時又有巨大的損失（這是集體農莊低下的經濟組織水準以及來自中央和地區的管理嚴重不足造成的）有鑑於此，我們採取了一套方案，徵收個體農民生產的所有穀物——包括他們儲備的種子在內，並對集體農莊的幾乎全部產出實施徵收。」

按照丘巴爾的說法，在饑荒中受到打擊最大的，是那些未參加集體化的個體農民，由於無法交足徵糧份額，他們的財產也被沒收。緊接在後的則是家庭人口眾多的集體農莊成員。到了一九三二年三月和四月，數以百計的村莊中有成千上萬人忍饑挨餓，垂死掙扎。一九三二年五月，一名來自基輔的共產黨中央委員會代表在烏曼地區隨機挑選了七個村莊。僅在當月，這些村莊就登記了二百一十六起餓死人的事件，還有六百八十六人被認為將很快死去。這位黨幹部寫信到哈爾基夫（烏克蘭社會主義蘇維埃共和國首都），向他的上級們報告說：「已有近百人死亡；每天的死亡人數為八到十二人；總計六百個家庭裡，有一百個因饑餓出現了浮腫現象。」丘巴爾請求史達林向烏克蘭提供饑荒援助，然而那位總書記置若罔聞。他拒絕承認饑荒的真實性，甚至禁止官方文告中使用「饑荒」這個詞。

對其政策的失敗，史達林不僅歸咎於農民對集體化和糧食徵收額度的抵制，也歸咎於烏克蘭黨幹部群體的暗中違抗。「如今烏克蘭乃是重中之重，」他在一九三二年八月給卡岡諾維奇的信中寫道：

他們說烏克蘭兩個州（我想應該是基輔州和聶伯羅彼得羅夫斯克州）有約五十個地區黨委公開反對徵糧計畫，認為它不切實際……如果我們不立即開始處理烏克蘭的這種情況，就可能會失去烏克蘭。一定要記住，畢蘇茨基可沒有閑著……另外也不能忘記在烏克蘭的共產黨組織內（哈哈，他們可有整整五十萬黨員）不乏（沒錯，不乏！）腐敗分子、不乏現行的和潛藏的彼得留拉分子，另外，也不乏徹頭徹尾的畢蘇茨基間諜。只要情況一變得糟糕，這些傢伙就會毫不猶豫地在黨內（以及黨外）對黨開戰。

這位克里姆林宮的主人無疑是在擔憂其政權的未來命運。他一刻也沒有忘記波蘭人和烏克蘭人的軍隊在一九二〇年春天對基輔發起的突然進攻，前烏克蘭社會革命黨人在那次進攻中加入了約瑟夫·畢蘇茨基和西蒙·彼得留拉的進攻部隊，史達林擔心一九二〇年的事件會以更大的規模重現。三〇年代初，烏克蘭共產黨黨員人數已經接近五十萬，其中百分之六十都是烏克蘭裔——這一點要感謝烏克蘭化政策。如果畢蘇茨基再度來犯，這些幹部會對史達林保持忠誠嗎？史達林對這一點表示嚴重懷疑。一九三二年七月，蘇聯與同一個畢蘇茨基簽署了一份互不侵犯條約，確保接下來的三年中不會遭到來自西面的進攻。在史達林看來，對烏克蘭的糧食進行徵收，讓那些抵制集體化的農民得到教訓，對那些拒絕服從他的命令的人控制的烏共機關進行清洗，從而「確保不失去烏克蘭」，現在正是時候。

史達林在一九三二年八月寫給卡岡諾維奇的信中包括了一份關於如何防止「失去」烏克蘭的詳盡計畫。他建議用新的幹部來替換時任的烏共和烏克蘭政府領導人，以及烏克蘭祕密警察的負責人。「我們應該把目標定為將烏克蘭變成一座真正的蘇聯堡壘，一個真正的模範共和國。」他寫道。十一月，史達林向烏克蘭派出一名全權代表，接管了那裡的祕密警察機關；十二月，他讓一個討論糧食徵收的政治局會議，成為了抨擊烏共領導集體的會場，批評他們不僅沒能完成徵糧份額，還歪曲黨的烏克蘭化路線。「中央委員會和人民代表蘇維埃注意到，」在史達林授意下做出的會議決議稱，「在烏克蘭的許多地區，布爾什維克的民族政策沒有得到正確的執行。相反，烏克蘭化政策只是被機械地實施，沒有考慮到每個地區的具體特點，沒有對烏克蘭族的布爾什維克幹部進行仔細挑選。這使得資產階級民族主義分子、彼得留拉分子和其他敵人輕易地取得合法偽裝，建立起他們的反革命分支和組織。」

這份政治局決議宣告了烏克蘭人定居的北高加索地區和遠東地區烏克蘭化運動的終結，也成為對烏克蘭境內的烏克蘭化政策及其執行幹部進行批判的基礎，它導致數以千計的黨員幹部被免職或逮捕，烏克蘭負責教育的人民委員、全國烏克蘭化運動的主要推動者米柯拉·斯克里普尼克也因此自殺。史達林指責國內外的烏克蘭民族主義者，是烏克蘭農民破壞黨的政策、私藏糧食、從而損害工業化運動的罪魁禍首，對烏克蘭農民的攻擊與對烏克蘭文化的攻擊雙管齊下。當蘇共政治局發布這份關於糧食徵收和烏克蘭化的決議時，饑荒現象剛剛開始在烏克蘭出現。饑荒不僅源於史達林對待烏克蘭農民和黨機關的政策，也是他的民族政策調整的結果，這一調整在農民對糧食徵收的抵制與民族主義之間畫上了等號。

一九三二年十二月，史達林派遣卡岡諾維奇和蘇聯政府領導人維亞切斯拉夫・莫洛托夫（Viacheslav Molotov）前往烏克蘭，確保完成那份不切實際的徵糧計畫。在來自莫斯科的全權代表的領導下和國家政治保衛局的威脅下，烏共幹部從正忍饑挨餓甚至瀕臨死亡的農民手中奪走了他們能奪走的一切。當局藉由切斷基本生活物資（諸如火柴和煤油）來懲罰那些無法完成徵糧份額的村莊。遭到沒收的不光是糧食，還有家畜，以及一切可以被當做食物的東西。新饑荒造成的第一批人員死亡在一九三二年十二月出現，到了一九三三年三月，饑餓導致死亡已經成為大規模的現象。烏共的領導們如夢初醒，向哈爾基夫和莫斯科發出了雪片一樣的援助請求。援助物資到來了，然而數量不足，也來得太晚，無法挽救數百萬在死亡線上掙扎的饑餓農民。大部分犧牲者死於當年春末和夏初，也就是食物供應完全斷絕的時候。很多人的死亡原因是吃野草和未成熟的蔬菜——經歷了幾個月的饑餓之後，他們的胃無法消化這些粗糲的食物。

受災最嚴重的是基輔州和哈爾基夫州的稀樹草原地區，這兩個地方在此前的春天已經遭遇了饑荒，農民們身體過於虛弱，無法正常播種，又幾乎沒有任何物資，因此成為第一批餓死的人。截至一九三三年底，基輔州和哈爾基夫州的人口已經分別減少了近一百萬，而烏克蘭草原上的主要產糧州奧德薩和聶伯羅彼得羅夫斯克則各自損失了超過三十萬人，受影響較小的頓巴斯工業地區在一九三三年也有十七萬五千人餓死。乾草原地區由於沒有在前一年遭遇饑荒，損失較稀樹草原地區為小，即使情況真的變得過於糟糕，這些地區的農民也可以前往札波羅結、克里維伊里赫和頓巴斯地區的建築工地避難。此外，在一九三三年春，莫斯科當局向烏克蘭南部提供救援糧的意願也比對中部地區的大得多：莫斯科需要更多的糧食，而讓主要產糧區的居民能夠活下來收割作物是達到這一目的的唯一辦法。至於其他人，則可以任由他們餓死——這一點也變成了現實。最終，在烏克蘭總計有近四百萬人死於這場饑荒，死亡人數超過了全部人口的十分之一：從一九三二年到一九三四年，每八個人中就有一個餓死。

饑荒讓蘇維埃烏克蘭變得面目全非，史達林從烏克蘭的黨和政府機關中清洗了那些不願站到自己同胞對立面，不願奪走瀕臨餓死者最後一口糧食的幹部，從而成功把烏克蘭保留在自己的控制之中。在總計五百多個地方黨委書記中，有超過一半人在一九三三年上半年被撤職，其中許多人遭到逮捕和流放，剩下的人則無條件地遵循黨的路線，這些人才是史達林希望留下的幹部——至少暫時來說。他還有了一個「社會主義的」新農民階級。有幸在饑荒中活下來的農民都得到了教訓：只有加入被黨控制的集體農莊才有活路，因為集體農莊繳納的稅賦更低，也是僅有的在一九三三年春天得到政府救助的農莊。對絕大部分家庭和土地的集體化如今都已完成，並極大地改變了烏克蘭鄉村的經濟結構、社會結構以及政治。

烏克蘭大饑荒（烏克蘭語稱之為「霍洛多摩爾」，Holodomor）是否是一場早有預謀的、針對烏克蘭及其人民的種族滅絕？二〇〇六年十一月，烏克蘭議會對這個問題給出了肯定的答案。部分其它國家的議會和政府也通過了類似的決議，然而俄羅斯政府卻發起了一場國際行動，抨擊烏克蘭的主張。圍繞烏克蘭大饑荒性質產生的政治鬥爭和學術爭論延續至今，其焦點在很大程度上已經轉變為對「種族滅絕」的定義。然而在對一九三二至一九三三年饑荒部分關鍵事實及其解讀方面，一種廣泛的共識正在形成。大部分學者都同意這場饑荒的確是由官方政策導致的人為現象。儘管北高加索、窩瓦河下游和哈薩克也發生了饑荒，但只有烏克蘭的饑荒是由明顯具有民族（ethnonational）色彩的政策所導致。饑荒發生於史達林決定終止烏克蘭化政策之後，並與烏克蘭共產黨幹部遭到的打擊同步發生。這場饑荒為烏克蘭社會留下了深重的創傷，讓它在未來數代人的時間裡都失去了公開抵抗蘇聯當局的能力。

史達林利用大饑荒將烏克蘭變成了一個他在給卡岡諾維奇信中所說的「模範蘇維埃共和國」。一九三四年，烏克蘭首都從哈爾基夫遷回基輔，此時基輔的知識分子階層受到清洗的沉重打擊，已經不再對烏克蘭的蘇維埃政權構成威脅。這次遷都標誌著烏克蘭從一個自治的、經常有自己想法的共和國，終於轉型為一個單純蘇聯的省份。

正如克里姆林宮的主人所期待的那樣，烏克蘭成為了蘇維埃工業化和集體化的範本。到了三〇年代末，烏克蘭的工業產量較之一九一三年已經增長了八倍，這一成就僅比蘇聯最大的共和國俄羅斯略微遜色。農業部門的集體化已經完成，百分之九十八的農村家庭和百分之九十九點九的可耕地成為了集體財產。問題在於，完美無瑕的集體化資料掩蓋了農業部門令人失望的成績。一九四〇年，烏克蘭的糧食產量為二千六百四十萬噸，僅比一九一三年多出三百三十萬噸，也就是說農業生產的增長幅度還不到百分之十三。受到大饑荒和集體化摧殘的鄉村地區無法跟上工業城市高速成長的步伐。儘管烏克蘭經歷了快速的工業化和現代化，卻為這一「躍進」付出了沉重的代價。從一九二六年到一九三七年，蘇維埃烏克蘭的人口從二千九百萬下降到二千六百五十萬，在一九三九年才回升到二千八百萬多一點。

來自不同族群背景的許多烏克蘭人都死於大清洗（Great Purge），大清洗指一九三六年至一九四〇年間席捲了整個蘇聯的多次逮捕、處決和流放浪潮，其中尤以一九三七年為甚。從一九三七年到一九三八年，烏克蘭有二十七萬人遭到逮捕，其中近半數被處決。大清洗與史達林在三〇年代的其它許多政策有著相同的目標——確保蘇維埃政權的延續、確保史達林的最高領袖地位。史達林那些仍然在世的前盟友和前敵人都遭到處決，其中包括列夫・加米涅夫（Lev Kamenev）、格里高利・季諾維也夫（Georgii Zinoviev）和尼古拉・布哈林（Nikolai Bukharin）。在大饑荒期間向史達林展示了忠誠的烏克蘭黨、政府和祕密警察等機關領導人同樣難逃厄運。當局需要的是馴順且對之前的罪行一無所知，從而能效忠領袖的新幹部；烏共幹部群體之外，遭受打擊最重的是非布爾什維克黨派的前成員們和少數民族群體。烏克蘭是一個位於邊疆地區的共和國，擁有為數眾多的少數民族。當局無法信任這些族群對蘇維埃政權的忠誠。因此烏克蘭再一次成為嚴苛審查的對象。波蘭裔和德裔族群排在敵人名單的前兩位，在遭到逮捕的人中，近百分之二十是波蘭裔，而德裔則占約百分之十。這兩個族群在總人口中所占比例不足百分之一點五，卻被蘇聯當局當做為其當時主要敵人（波蘭和德國）服務的潛在間諜和「第五縱隊」。

一九三八年，史達林認為一場戰爭即將到來，將他的新幹將尼基塔・赫魯雪夫派往烏克蘭執行最後的鎮壓措施，以讓這個共和國為戰爭做好準備。赫魯雪夫的任務與他的前任們一樣——將烏克蘭變成一座社會主義的堡壘。「同志們，」赫魯雪夫在一九三八年六月烏共黨代會上宣布，「我們將不遺餘力，確保全蘇聯共產黨（布爾什維克）中央委員會和史達林同志的交給我們的任務和指示，亦即將烏克蘭變成一座敵人無法攻破的堡壘，得以光榮完成。」接下來的幾年中，這座烏克蘭要塞的強度將受到考驗。

一九三八年十月，已經殘缺的捷克斯洛伐克（當時這個國家正遭到希特勒的宰割）政府任命烏克蘭運動者、主教奧古斯丁・沃羅申（Avhustyn Voloshyn）為自治的外喀爾巴阡地區政府領導人領導人。外喀爾巴阡地區即從前的下喀爾巴阡羅斯，如今被改名為喀爾巴阡—烏克蘭。在此之前，政府將外喀爾巴阡地區中匈牙利人聚居部分（連同這一地區的兩大城市中心烏日霍羅德〔Uzhhorod〕和穆卡切烏（Mukacheve）轉交給匈牙利。新的外喀爾巴阡地區政府取代了一個短命的親俄派政府，將烏克蘭語定為其官方語言，這個政府還創建了自己的准軍事部隊，以抵抗來自匈牙利和波蘭的民兵進攻。這些部隊被稱為喀爾巴阡錫奇（Carpathian Sich），其名來自加利西亞的「錫奇步槍隊」和聶伯烏克蘭的錫奇哥薩克人，其成員多是烏克蘭民族主義者組織（OUN）的年輕人，他們來自波蘭，為創建一個烏克蘭人國家的事業而戰鬥。

一九三九年初，歐洲各國外交部中泛起傳言，稱希特勒打算將喀爾巴阡—烏克蘭當做進攻蘇維埃烏克蘭的跳板，進而將所有烏克蘭人聚居地區「重新統一」起來。當年一月，希特勒向來訪的波蘭外交部長約瑟夫·貝克（Józef Beck）表示他將進攻蘇聯，將從蘇聯奪得的烏克蘭領土用來交換但澤和連接波蘭與波羅的海的走廊地帶。貝克拒絕了這一提議。希特勒無視貝克的立場，決定至少暫時不對史達林使用烏克蘭這張牌。一九三九年三月，希特勒的軍隊開進布拉格，終結了捷克斯洛伐克的存在。他決定不建立一個獨立的烏克蘭人國家，而是把外喀爾巴阡地區送給他的盟友匈牙利，這一決定讓外喀爾巴阡地區的自治政府陷入了震驚和失望。

三月十五日，也就是希特勒的軍隊進入布拉格的那一天，喀爾巴阡—烏克蘭議會宣布獨立。這個新國家選擇藍色和黃色作為國旗的顏色，並將〈烏克蘭尚未滅亡〉定為國歌，然而獨立宣言沒能阻擋匈牙利軍隊的步伐。匈牙利人在進入這一地區時沒有遇到捷克斯洛伐克軍隊的抵抗，唯一與他們作戰的是喀爾巴阡錫奇部隊。「八百萬捷克人向德國屈服，沒有絲毫抵抗，然而成千上萬的烏克蘭人卻站了出來，與成千上萬匈牙利士兵作戰，」當時的一名烏克蘭記者寫道。喀爾巴阡錫奇總共擁有約二千名戰士，雙方差距懸殊，烏克蘭人的抵抗力量很快就被擊潰。沃羅申主教的政府逃離了這個國家。許多活下來的烏克蘭民族主義者組織成員在返回加利西亞的途中被匈牙利部隊或波蘭邊防軍抓獲。這是這些烏克蘭民族主義戰士經歷的第一場戰火洗禮，更多的戰鬥即將到來。

史達林對外喀爾巴阡地區地局勢變化感到十分焦慮，以致在一九三九年三月於莫斯科舉行的一次黨代會上嘲諷了關於德國人支持烏克蘭獨立的看法。大片的烏克蘭人地區處於蘇聯之外，可能會被希特勒用於挑戰史達林對蘇維埃烏克蘭的控制權，這成為第二次世界大戰前夕史達林的「堡壘建設者」們考慮的主要問題。他們的防禦性壁壘上似乎出現了一道裂縫——來自烏克蘭民族統一主義的威脅。

22

Hitler's Lebensraum

第二十二章　希特勒的「生存空間」

在其作品《我的奮鬥》（*Mein Kampf*）中，希特勒描述了他對世界未來的設想。這本書寫於巴伐利亞的蘭茨貝格監獄（Landsberg Prison），當時希特勒因為參與了一九二三年十一月的慕尼克啤酒館政變（Munich Beer Hall Putsch），正在該地服刑。在囚室中，這位前哈布斯堡帝國子民發誓要對所謂猶太人主宰世界的陰謀發起鬥爭，並提出建立一個能為雅利安種族在東歐提供「生存空間」（Lebensraum）的德意志帝國。希特勒只在監獄裡待了一年。從一九三三年開始，希特勒成為德國總理，他的納粹黨也掌握了大權，這讓他擁有了足夠的資源來實現自己的計畫。希特勒於一九二三年首次提出的理念對整個世界造成了深遠的影響，然而，就這些理念所造成的毀滅性衝擊和悲劇後果而論，很少有地方能與烏克蘭比肩——希特勒心目中「生存空間」的中心正是烏克蘭。

德國人的「生存空間」理念並非希特勒首創。它在一戰前已經成型，設想了德國在全球各地攫取領土的前景；德國在一戰中的失敗，令其突破英國控制的海路進行殖民擴張的計畫變得不可能，於是希特勒發現：只有東歐還有擴張的空間。「在歐洲通過軍事鬥爭來擴大領土，比在海外發動戰爭奪取地盤要更加現實。」他在《我的奮鬥》中寫道。一九一八年的《布列斯特—立陶夫斯克條約》（*Treaty of Brest-Litovsk*）承認了處於德奧軍隊占領下的烏克蘭從俄國獨立出來，為德國向東擴張提供了一種可能性。然而希特勒對於在東方建立國家毫無興趣，他的目標不在於此，而是打算消滅遠至窩瓦河的所有現存人口，將東歐（尤其是烏克蘭）的肥沃土地變成德國遷居者的家園。「健康的農民階級乃是民族共同體的基礎。我們亟需採取足以維持這樣一個階級存在的政策。這種需求太過重要，無論如何強調都不過分，」希特勒在《我的奮鬥》中寫道，「我們社會中現存的許多罪惡完全源於城市人口和農業人口的比例失調。」

希特勒心目中的德國人農業烏托邦不僅需要攫取更多的土地，還需要對新的領土進行去城市化和去人口化，他對東歐的設想與由布爾什維克們引入、由約瑟夫·史達林推行的計畫完全不同，兩名獨裁者都打算使用暴力手段來建設他們的烏托邦，也都需要烏克蘭的國土、沃野和農業來達成目標，然而他們對待城市和當地人口的態度則相去甚遠。在一九四一年到一九四四年被納粹德國占領的三年中，烏克蘭將會從現實中認識到這種差異，並對兩個強權之間的不同做出評估。在一九一四年之前，烏克蘭享有「歐洲的麵包籃」的美譽，同時也是歐洲猶太人口最為稠密的地區之一，因此，它將成為德國擴張主義的首要目標，也將躋身於納粹德國的主要受害者之列。從一九三九年到一九四五年，烏克蘭將損失近七百萬公民（其中近一百萬是猶太人），這個數字比其戰前人口的百分之十六還要多。只有白俄羅斯和波蘭（希特勒的「生存空間」中的另外兩個國家）的人口損失比例超過烏克蘭。

在《我的奮鬥》中，希特勒設想了與英國結盟擊敗法國、與俄國立約摧毀波蘭的前景。在這份藍圖中，最終俄國（或者說蘇聯）將向希特勒提供他想要的東西：定居所需的土地和豐富的自然資源。這些土地和資源將讓德國變成一個大陸帝國，而英國海軍將無法動搖帝國與其殖民地之間的聯繫。與英國的聯盟從未變成現實，然而在一九三九年秋天，希特勒的確與蘇聯達成了協定，並摧毀了波蘭。

一九三九年九月一日，德國向波蘭發動進攻，拉開了第二次世界大戰的帷幕。此時希特勒和史達林已經基於不到十天前簽署的《莫洛托夫—里賓特洛甫條約》（*Molotov-Ribbentrop Pact*）就瓜分波蘭領土達成了共識。史達林延遲了蘇聯參戰的時間，因為他擔憂英國和法國的反應，同時也受到正在蒙古上演的蘇日衝突困擾，德國外交官們打出了烏克蘭這張牌，以促使蘇聯早日進攻波蘭。他們宣稱如果蘇聯繼續拖延對波蘭的入侵，德國將別無選擇，只能在約定劃歸蘇聯的土地上建立新的國家，而加利西亞和沃里尼亞出現一個由德國撐腰的烏克蘭人國家是史達林最不願意在這一地區看到的事。史達林最終派遣軍隊越過了波蘭邊界，他的軍隊所打的旗號是為烏克蘭和白俄羅斯「同胞」們提供保護。

一九三九年十月初，遭到兩大強鄰夾擊的波蘭軍隊已經不復存在。蘇聯俘虜了大部分波蘭普通士兵，隨後又將他們釋放，然而，波蘭軍官們則遭遇了不同的命運，蘇聯將近一萬五千名波蘭軍官扣押在三個羈留營中，其中一個在烏克蘭，另兩個在俄羅斯；一九四〇年春天，這些被俘軍官中的大部分人會在斯摩棱斯克附近的卡廷森林（Katyn Forest）和其它屠殺地點被殺害。然而，最初很少有人猜到蘇聯人的邪惡意圖，那些非波蘭族群尤其如此。蘇聯紅軍在機械化程度上無法與德軍相比，卻展示出遠遠高於波蘭軍隊的裝備水準，他們擁有新式坦克、飛機和現代化的槍械，這些都是史達林的工業化努力的成果。許多人沒有想到的是，蘇軍官兵多半著裝粗劣不堪，伙食也相當糟糕，以致波蘭商店中相對豐裕的食品和貨物就讓他們大吃一驚。當地人認為蘇聯軍官都受到意識形態的灌輸，沒有什麼修養，也沒什麼頭腦。在接下來的許多年裡，他們都會反復講述紅軍軍官的妻子們把睡衣當成晚禮服，穿著睡衣上劇院的傳說。然而前波蘭國家的非波蘭裔族群卻已經準備好接受這群武裝精良的土包子「解放者」——只要這些「解放者」承諾改善他們的生活，而這些「解放者」一度似乎也真的會這樣做。

紅軍在加利西亞和沃里尼亞奪取了勒維夫和其它重鎮之後，就開始在當地舉行蘇維埃式的選舉，組成了西烏克蘭國民大會，大會旋即請求基輔和莫斯科將加利西亞和沃里尼亞併入蘇維埃烏克蘭。新獲任命的烏克蘭共產黨領導人尼基塔·赫魯雪夫堅持認為，包括布列斯特城在內的北波利西亞也應劃歸烏克蘭，然而史達林決定將這片土地交給白俄羅斯共和國。新政權允許當地烏克蘭人和猶太人進入政府機關，擔任教育、醫療以及其它在波蘭人統治時期他們無法獲得的職位。他們對待本地猶太人尚算得上友善，但往往拒絕那些被德國人逐出波蘭的猶太人進入邊境。當局發動了一場全面的烏克蘭化運動，要求那些使用波蘭語的大學、學校、劇院和出版社都改用烏克蘭語。他們還將大地主的地產收歸國有，分配給貧苦農民。各個共產主義和左翼黨派組織的成員本就有濃厚的親蘇傾向，如今這種傾向變得更加強烈。

然而蘇維埃政權與當地烏克蘭人之間的蜜月關係沒能持續多久。在前波蘭共和國，有組織的宗教是烏克蘭身分認同的體制性基礎，然而蘇維埃政權對其從無好感，它沒收了希臘天主教會的地產，並試圖限制傳統教會（包括東正教會和希臘天主教會在內）在公共生活中扮演的角色。蘇維埃當局對待西烏克蘭共產黨的前領導人和普通成員的態度更加令人震驚：這些人往往被懷疑為民族主義者，並最終成為蘇維埃祕密警察關注的對象，同樣的懷疑很快就落到了那些在本地政府和教育機構中升至高位的烏克蘭幹部們頭上。

占領當局在一九四〇年對當地人群展開了大規模的逮捕和驅逐。驅逐的目的地包括極北地區、西伯利亞和中亞。在當局的「人民之敵」名單上，兩次大戰之間時期來到這裡的前波蘭政府和警察機構官員、波蘭政黨黨員和武裝定居者占據了前列。一九四〇年二月，史達林的祕密警察機構內務人民委員部（NKVD）執行了對第一批近十四萬波蘭人的大規模驅逐行動，近五千名被流放者在途中死於寒冷、疾病和營養不良，沒能抵達他們的流放地。從一九三九年秋天開始，到一九四一年六月德國進攻蘇聯為止，蘇聯祕密警察將總共近一百二十萬人驅逐出了烏克蘭。內務人民委員部還對烏克蘭民族主義組織的成員展開搜捕，包括斯捷潘·班德拉在內的烏克蘭民族主義者組織領袖們逃往德國占領的波蘭地區，史達林將這些人視為對其政權明顯而緊迫的威脅。

一九四〇年六月，巴黎落入了前進中的德軍之手，令史達林大為吃驚，他開始認為希特勒將很快將矛頭轉向東方，對蘇聯展開進攻。蘇聯當局必須將對其新獲領土的控制變得更加穩固，消滅那些潛在的「第五縱隊分子」。他同時決定對《莫洛托夫—里賓特洛甫條約》劃給他的東歐勢力範圍進行全面占領。這些地區包括愛沙尼亞、拉脫維亞和立陶宛等波羅的海國家，也包括了含比薩拉比亞和布科維納在內的羅馬尼亞部分地區。一九四〇年八月，這位蘇聯領導人將有大量烏克蘭人定居的南比薩拉比亞和北布科維納併入了蘇聯。與其早些時候在加利西亞和沃里尼亞實施的政策一樣，蘇聯當局在這些地區實行土地國有化，提拔非羅馬尼亞裔的幹部，並對各種機關進行烏克蘭化，逮捕和放逐接踵而至。

史達林開始防範來自其盟友希特勒的攻擊，他認為進攻會在一九四二年發生，然而德國人的行動比他的預計早了一年，令這位蘇聯領導人措手不及。希特勒急需蘇聯的資源，包括烏克蘭的小麥和煤炭。在他與英國作戰時，這樣的需要變得愈發緊迫，英國已經成為不列顛群島上的困獸，但它的身後是更大的美國——世界上最強大的經濟體。德意志帝國最優秀的經濟學家們堅持認為入侵蘇聯無法解決德國的任何問題，只會讓德國經濟流血，然而希特勒不顧他們的勸阻，悍然對蘇聯發動了進攻；此外，德國軍方高層更傾向與蘇聯而不是與西方作戰，希特勒樂得滿足他們的願望。

一九四〇年十二月，希特勒簽署了準備向蘇聯開戰的直接指令。行動代號是「巴巴羅薩」（Barbarossa），其名得自那位領導了第三次十字軍東征的一二世紀日爾曼人國王和神聖羅馬帝國皇帝。巴巴羅薩最後淹死在一條河裡，因為他身穿重甲，卻選擇涉水過河，而不是跟他的部下一樣使用橋梁。這無疑是一個不好的兆頭，然而此時「巴巴羅薩計畫」的知情者們並不在意歷史上的先例。與在他之前的巴巴羅薩一樣，希特勒已經準備好走一條捷徑，並不憚於承擔風險。計畫制訂者們的目標是在一場不超過三個月的戰役中擊敗蘇聯人，將他們驅趕到窩瓦河以東。希特勒希望他的軍隊首先奪取列寧格勒，隨後拿下頓巴斯的煤礦，最後再攻下莫斯科。德國國防軍在沒有為士兵們配備冬衣的情況下就把他們送往前線，這個策略最終被證明是個錯誤，不過它在短時間內起到了誤導史達林的效果——史達林不相信德國人在沒有做好冬季戰役準備時就發動進攻，因此在德國人入侵時毫無防備。

一九四一年六月二十二日淩晨，入侵行動在北至波羅的海、南至黑海的戰線上展開，德國和及其盟友（包括羅馬尼亞和匈牙利）投入了三百八十萬兵力。德國南方集團軍的攻擊目標是烏克蘭，他們從波蘭境內的駐地出發，沿著喀爾巴阡山脈北麓和普里皮亞季沼澤之間的古道進軍。羅馬尼亞人則在更南方發動攻勢，他們進入烏克蘭的路線位於喀爾巴阡山脈南麓和黑海之間。西元五世紀的匈人和十三世紀的蒙古人都曾藉由這些路線入侵中歐，此時的入侵者則反向而行。他們腳下仍是那些未經鋪設的道路，但這次揚起煙塵的不再是騎兵，而是機械化部隊。德國人在蘇聯前線上集中了約四千輛坦克、超過七千門火炮，空中則有四千多架飛機執行掩護任務。制空權幾乎全在德國人手中，因為大部分蘇聯戰機還未能起飛，就被突襲的德國空軍炸毀。

紅軍在蘇聯西部邊界上的兵力人數大致與德國相當，坦克、大炮和飛機的數量則比德國人多出不少，然而蘇聯人的裝備在先進程度上與德軍的新式裝備無法相比；此外，率領蘇軍加入戰鬥的軍官們也缺乏經驗（他們剛剛取代了那些被史達林清洗掉的富有經驗的指揮官），以致出現了指揮官遺棄自己的部隊的情況，士兵們也士氣不振——他們中有許多人是在饑荒和集體化運動中劫後餘生的農民。德國人利用突襲優勢，以驚人的速度攻占蘇聯領土，給後撤中的蘇聯部隊造成巨大傷亡，這讓蘇軍的士氣每一天都變得更加低落。蘇聯在《莫洛托夫—里賓特洛甫條約》簽署後獲得的新領土曾被史達林視為他的勝利，如今卻被證明是個陷阱。在德軍入侵之前一個月，史達林為保衛新的國界，已經將自己的軍隊調撥到此前十年內修築的防線以西，現在蘇軍不得不保衛一條根本來不及設防的邊界。與閃電戰戰術制定者們所設想的一樣，德軍的裝甲部隊撕破了蘇聯人的防線，將敵軍成建制地分割包圍，並在紅軍後方大肆破壞。

紅軍指揮官們在西烏克蘭的盧茨克、布羅德（Brody）和里夫涅發起了一場大規模反攻，將他們全部的坦克編隊送上了戰場，卻被一支小得多的德國國防軍（Wehrmacht）坦克部隊以策略擊敗。此後局勢每況愈下，德國國防軍在三個星期之內向東挺進了三百至六百公里，蘇軍不僅將他們剛剛占領的加利西亞和沃里尼亞拱手送人，還丟掉了右岸烏克蘭的大片土地。蘇軍的二千五百多輛坦克和近二遷架飛機在戰鬥中被摧毀，人員傷亡則難以估計。八月，德軍部隊在波多里亞城市烏曼附近包圍並俘虜了超過十萬名紅軍戰士。然而，下一個月在基輔附近德國人才取得了他們的最大勝利。考慮到基輔重要的象徵意義，史達林不顧包括總參謀長格奧爾基·朱可夫（Georgi Zhukov）在內的紅軍將領們的建議，拒絕從基輔地區撤軍，因而導致了也許是整個戰爭期間蘇聯所遭遇的最大軍事失敗。

紅軍部隊的指揮官是出生於切爾尼戈夫地區的米哈伊洛·基爾波諾斯（Mykhailo Kyrponos）將軍。紅軍面對德國的機械化部隊，雖然竭力抵抗，卻無能為力。一九四一年九月十九日，基輔落入德國人之手。第二天，基爾波諾斯將軍在洛赫維察（Lokhvytsia）附近陣亡。在基輔包圍圈中，德國國防軍圍困並俘虜了超過六十六萬名紅軍戰士。十月，同樣的命運降臨到南烏克蘭梅利托波爾刻赤附近投降。截至當年年底，紅軍已經被迫放棄了幾乎整個烏克蘭，超過三百五十萬官兵成為戰（Melitopol）和別爾江斯克（Berdiansk）之間的十萬紅軍頭上，另外十萬人於十一月在克里米亞的俘。撤退中的蘇軍採取了焦土戰術，從他們即將離開的地區帶走工業設備、牲畜、物資和人口，總計將約五百五十萬座大型工廠和三百五十萬技術工人帶往東方。

在一九四一年夏天，許多烏克蘭居民歡迎德國人的到來，盼望就此終結蘇聯占領當局在戰前歲月中實施的高壓政策。不僅新近被蘇聯占領的西烏克蘭地區如此，就連中烏克蘭和東烏克蘭也是一樣——那裡的人們從未原諒饑荒和集體化的恐怖。一些人期待「國家社會主義」可以帶來真正的社會主義，另一些人則只希望能夠提高生活水準。由於人們從蘇聯政府領到的薪水連買雙鞋都不夠，我們也就不難理解他們會懷有錯誤的期待，會想像「從歐洲來的」德國人將會改善他們從莫斯科的掌控下「解放」出來的人們的生活。許多人還記得一戰之前的奧地利人，也記得一九一八年中德國人對烏克蘭的占領——跟史達林的恐怖政策相比，當時的德國人算得上是相當溫和。一些人將德國人的再次到來視為恢復烏克蘭國家的前奏，正如統領帕夫洛·斯柯洛帕茲基統治時期那樣。不論他們出於何種原因，他們都相信德國的占領會帶來更好生活，但懷著這種期望等待德國人到來的人們很快就被證明犯了錯誤，而且往往是徹底的錯誤。

擔任德國東部占領區事務部長的是阿爾弗雷德·羅森貝格（Alfred Rosenberg）。他是一名波羅的海德意志人，在包括莫斯科在內的多個地方接受教育，是德國關於烏克蘭的計畫的始作俑者。他打算支持烏克蘭人、波羅的海人、白俄羅斯人、喬治亞人和其他蘇聯民族對獨立國家地位的追求，以打擊蘇聯。在他的設想中，一個獨立於俄羅斯的烏克蘭政治體可以和波羅的海聯邦、白俄羅斯和芬蘭一樣，成為第三帝國的傀儡國。事實上，羅森貝格手下的專家甚至鼓吹將烏克蘭領土拓展到窩瓦河。然而羅森貝格在這場政治角力中輸給了德國安全部隊領導人和後來的內政部長海因里希・希姆萊（Heinrich Himmler）、國會議長和航空部長赫爾曼・戈林（Hermann Göring），以及其他急於實施他們的種族理念、急於從新征服領土上榨取最後一滴經濟資源的納粹領袖們。一九一八年的《布列斯特—立陶夫斯克條約》中關於由德國控制包括烏克蘭在內的東歐諸國的設想在一九四一年夏天被另一種模式取代，這種模式植根於希特勒的《我的奮鬥》，其特點是殖民肢解和殖民剝削。

德國人將他們控制下的烏克蘭領土分割為三個部分：加利西亞被併入曾經的西加利西亞和華沙地區，組成一個被稱為總督府（General Government）的行政區；從西北部的沃里尼亞到東南部的札波羅結之間的大部分烏克蘭地區，加上平斯克（Pinsk）和霍梅爾（Homel）周邊的白俄羅斯南部地區，組成了烏克蘭總督轄區（Reichskommissariat Ukraine）；而在東烏克蘭，從北方的切爾尼戈夫到南方的盧甘斯克和史達林城（Stalino，即尤茲夫卡，也就是後來的頓內次克）仍屬於軍事管理區，因為這裡過於靠近前線，無法設立文官管理機構。德國人對加利西亞和沃里尼亞進行了分割，並將沃里尼亞併入聶伯烏克蘭，這反映出德國人對這一地區的觀念仍基於十八世紀晚期建立起來的那條俄國—奧匈帝國邊界。這樣的劃分並非那些先前深受蘇聯之苦的烏克蘭人的唯一失望之處。他們很快就會發現：一九四一年的德國人和一九一八年的德國人沒有絲毫共同點。

第一批在納粹統治下嘗到失望滋味的人是烏克蘭民族主義者組織的成員們。一九四〇年，就在其最激進的領袖之一斯捷潘・班德拉於一九三九年九月大搖大擺走出波蘭監獄之後不久，烏克蘭民族主義者組織發生了分裂。班德拉掀起了一場反對老派組織骨幹的運動，很快成為烏克蘭民族主義者組織最大派別和最激進成員群體的領袖。一九四一年二月，他的組織與德國軍事情報機構（Abwehr）達成協議，在支持者中組建起兩支特別行動部隊；其中一支部隊代號「夜鶯」（Nachtigall），是在當年六月二十九日首批進入勒維夫城的德軍部隊之一，第二天，「夜鶯」參加了班德拉派烏克蘭民族主義者組織成員舉行的宣告烏克蘭獨立的活動，這為德國人與班德拉支持者之間的合作畫上了句號。對烏克蘭有完全不同計畫的德國人開始清算這些前盟友，逮捕了包括班德拉本人在內的數十名班德拉派成員，並要求班德拉譴責獨立宣言。班德拉拒絕了，隨後被送往薩克森豪森（Sachsenhausen）集中營，班德拉在那裡度過了二戰中的大部分時間，他的兩名兄弟同樣被逮捕，並死於奧斯維辛（Auschwitz）。

一夜之間，烏克蘭民族主義者組織的班德拉派從德國人的忠誠盟友變成了他們的敵人。以安德里·梅爾尼克（Andrii Melnyk）上校為首的烏克蘭民族主義者組織溫和派，試圖利用德國人與其競爭對手之間的衝突，向烏克蘭中部和東部地區派出自己的遠征隊，在那裡建立組織網路，對占領當局對烏克蘭骨幹分子的選拔施加影響，並在當地人群中進行教育和宣傳活動。一九四一年底，隨著德國占領當局對烏克蘭總督轄區的控制愈加嚴密，這一派的活動也戛然而止。納粹員警在基輔和其它烏克蘭城鎮槍殺了數百名烏克蘭民族主義者組織成員。到了一九四二年初，烏克蘭民族主義者組織的兩個派別都陷入了與德國人的衝突之中。

對於烏克蘭中部和東部居民而言，納粹對待蘇聯戰俘的做法則釋放出另一個信號，再度證明一九四一年的德國人與一九一八年的德國人沒有任何共同點。如果說一九一八年的德國人僅僅是占領者，一九四一年的德國人則是不把被征服者當人看的殖民者。

戰爭之前，史達林曾拒絕簽署一九二九年的《日內瓦公約》（*Geneva Convention*）：這份公約對如何對待戰俘做出了規定，然而蘇聯是一支革命力量，不願遵守資本主義者制定的行為規範。他在一九四一年夏天改變了主意，然而為時已晚。德國人不同意向蘇聯戰俘提供他們給予西方戰俘的待遇，德國人對待西方戰俘還有幾分尊重，承認對方的軍階，為他們提供醫療服務，也提供定量的食物和衣物，卻拒絕給予蘇聯戰俘任何上述優待。此外，並不是每個願意投降的人都能活命——許多人被直接槍殺。一九四一年六月六日，也就是德國入侵蘇聯之前兩個多星期，德軍總部已經下令各部對俘獲的紅軍政委、政治軍官、內務人民委員部人員和猶太人執行當場槍決。不能證明自己的割禮與猶太教無關的穆斯林往往因此送命，而被俘紅軍指揮官遭到處決的情況也時有發生。活下來的人則被送往各個臨時集中營。這些集中營有時是廢棄的工廠，有時是學校，有時則只是用帶刺鐵絲網圈起來的空地。

在被迫前往這些集中營的死亡行軍中，看守會射殺那些因負傷、生病和疲勞而無法繼續行走的俘虜。當地人努力為疲憊的戰俘送來食物，並盡自己所能幫助他們。人們這樣做，是因為他們自己的兒子、丈夫或父親也在戰前被徵入紅軍，很可能正經歷著同樣的苦難，而他們期待也會有別人餵飽和幫助自己的親人。進入集中營之後，俘虜們往往得不到食物和飲水，陷入饑餓，甚至餓死，最終導致人吃人的慘劇，那些靠著一點點可憐的配給勉強活下來的人，又難逃疾病的魔爪。納粹的宣傳將蘇聯戰俘描述為一群低等人，而他們所得到的待遇也堪稱真正非人。意識形態的差異只是其中的一部分原因，德國人從未打算接收數十萬乃至上百萬戰俘，在戰爭開頭的幾個月裡，死掉的戰俘越多，德國國防軍的壓力就越小。直到一九四一年十一月，第三帝國經濟上的領導人們才開始考慮把戰俘當做勞動力來使用的問題——當時德國正面臨勞動力的短缺。在整個戰爭期間，東線戰場上的戰俘有百分之六十死於牢獄之中。

與其他受蘇維埃統治的蘇聯西部民族成員一樣，烏克蘭人在戰俘營中受到的待遇普遍要好於俄羅斯人和穆斯林。一開始德國人甚至允許他們離開，認為他們不像俄羅斯人那樣有威脅性。基於這樣的考慮，納粹在一九四一年九月發布命令，允許釋放戰俘中的烏克蘭人、白俄羅斯人和波羅的海人，如果他們是來自某一特定地區，或是有親人來認領，這些囚徒就可以離開集中營（以致一些婦女將陌生人認作自己的丈夫）。這一政策在十一月被廢除，然而也許有數萬（甚至數十萬）被征入紅軍隊伍並在一九四一年夏秋之際被俘的烏克蘭人因此得以渡過劫難，與家人團聚。到了戰爭後期，烏克蘭人、白俄羅斯人和波羅的海人也比俄羅斯人更容易被召入治安部隊接受訓練，以保衛那些因本地居民被清除而被德國遷居者占據的東歐土地。當第三帝國領導層意識到那應許給德國人的東歐殖民天堂的到來已經無限期延遲之後，納粹還讓其中一些人擔任了位於波蘭的集中營和滅絕營的看守。

在納粹占領區這個扭曲的世界裡，大屠殺將曾是蘇聯戰俘的人從受害者變成了加害者。在最臭名昭著的奧斯維辛集中營，第一批死於毒氣室中的人就是蘇聯戰俘——德國人在一九四一年九月用他們來測試齊克隆B型毒氣（Zyklon-B）的效果。後來，又是那些從戰俘營中招募來的衛兵（他們在特洛尼基受訓，被稱為特洛尼基人〔Trawniki〕）幫忙把抵達集中營的猶太人送進毒氣室，先期抵達的囚犯中被挑出來的猶太人則負責對死者的衣物進行收集分類。在集中營裡，活下來往往也意味著參與對同類的毀滅。德國占領之下的烏克蘭就是一座尺度更大的集中營，與在那些真正的集中營裡一樣，在烏克蘭，抵抗與合作、受害與共謀之間的分界線並不清晰，然而也不是完全無法分辨。每個人都做出了自己的選擇，而活下來的人必須在戰後面對自己的抉擇。許多人能夠坦然，一些人永遠生活在痛苦之中，然而幾乎每個人都為倖存者的負罪感所折磨。

被納粹占領期間的烏克蘭發生了無數恐怖的事件，然而大屠殺無疑是其中最駭人聽聞的事件。許多成為受害者的猶太人根本沒有抵達奧斯維辛或是其他滅絕營，在由德國占領當局組建的地方員警的幫助下，海因里希・希姆萊的「特別行動隊」（Einsatzgruppen）在這些猶太人生活的城市和村鎮外將他們槍殺。在德國國防軍從撤退的蘇軍手中奪取的地區，槍決的做法從一九四一年夏天開始全面執行。到一九四二年一月，也就是納粹高官們在柏林郊區的萬湖（Wannsee）討論如何協同實施「最終解決方案」（Final Solution，即徹底消滅歐洲猶太人）時，納粹行刑隊已經殺害了近一百萬猶太男女和兒童。他們在光天化日之下執行這樣的行動，有時甚至公開行刑，而且行刑地點幾乎都在當地非猶太居民能聽見槍聲的距離之內。烏克蘭和其它蘇聯西部地區發生的大屠殺，不僅毀滅了當地的猶太族群及其社會生活（與整個歐洲範圍內一樣），還重創了目擊者的心靈。

每六個死於大屠殺的猶太人中就有一個來自烏克蘭，總計達到近一百萬人。其中最著名也是犧牲者最多的，無疑是發生在基輔郊外的巴比亞爾（Babi Yar，烏克蘭語發音為「巴比恩亞爾」〔Babyn Yar〕，意為「娘子谷」）的屠殺事件。在德國和當地員警的幫助下，第三特別行動隊的四 a 特遣隊在兩天之內用自動武器槍殺了三萬三千七百六十一名基輔猶太居民。這起槍殺事件發生於一九四一年九月二十九日和三十日，下令者是基輔的軍事長官庫爾特・埃伯哈德（Kurt Eberhard）少將，戰爭結束後，此人將在被美國人關押期間自殺。

埃伯哈德下令實施這場大屠殺的用意，在於打擊蘇聯特務的破壞活動。九月十九日，即基輔落入德國人之手五天之後，蘇軍撤退前埋下的炸彈被引爆了，摧毀了基輔城中的幾座標誌性建築。不出意料，當時的德軍指揮部正設於這些建築中，因此爆炸導致不少德國高級軍官喪生。納粹在宣傳中聲稱德國人在東方的戰爭是為了打擊所謂的猶太人公社——指的就是蘇維埃政權，因為他們將猶太人的起源與其部分早期領袖的共產主義思想聯繫了起來。在德國當局眼中，蘇聯特務與猶太人之間有著直接的聯繫，並且他們已經在勒維夫、克列梅涅茨以及其它西烏克蘭城鎮讓這種聯繫顯露無遺。在離開這些城市向東撤退之前，蘇聯的內務人民委員部射殺了數萬名囚犯，其中許多人是當地烏克蘭人和波蘭人。當時德國人曾鼓勵實施對猶太人的殺戮，以「反擊」蘇聯人的暴行。然而，從八月開始，德國人改變了政策。黨衛隊（Schutzstaffel，SS）領袖海因里希·希姆萊業已授權對猶太婦女、兒童進行屠殺，對猶太社群實施整體毀滅。反猶殺戮已經不夠了，猶太人必須滅亡。

「基輔城區及周邊的猶太人！」九月底在基輔城中散發的一張傳單上寫道，「你們必須在星期一（九月二十九日）早上八點之前，帶上自己的財物、金錢、證件、細軟和禦寒衣物到多洛霍茲希茨卡大街的猶太公墓旁集合。未能到場者將被處死。」此時基輔的猶太市民大都是婦女、兒童和老人，因為男丁們已被徵召入伍，他們以為這次集合是為了遷居，不會受到傷害。第二天是猶太人的贖罪日（Yom Kippur），響應傳單號召的人們被帶到猶太墓地大門口，被勒令交出他們的證件和細軟並脫光衣服，隨後每十人一組，被槍殺在一條山谷的斜坡上。娘子谷大屠殺在歷史上有著特殊的地位，因為它是歐洲首次對一個主要中心城市的全部猶太人社群採取的滅絕行動。然而，在娘子谷大屠殺之前和之後，都有許多規模驚人的屠殺事件發生。八月底，一支德國治安部隊槍殺了二萬三千多名猶太人，其中大多數都是來自匈牙利統治下的外喀爾巴阡地區的難民。十月，聶伯彼得羅夫斯克的近一萬二千名在城郊的一個山谷中被槍殺，屠殺的發生地在後來成為聶伯彼得羅夫斯克大學的校址。十二月，哈爾基夫的約一萬名猶太遭到了同樣的命運，他們遇難的地點是哈爾基夫拖拉機廠——蘇聯工業化事業的明珠。

羅馬尼亞的獨裁者揚．安東內斯庫（Ion Antonescu）奪回了史達林在一九四〇年迫使他交出的北布科維納和比薩拉比亞，並將奧德薩和波多里亞的一部分置於自己掌控之下。他對猶太人的蔑視和野蠻程度與他的納粹主子如出一轍。一九四一年十月，在蘇聯人引爆奧德薩的羅馬尼亞軍事指揮部駐地建築，殺死一名羅軍高級指揮官之後，安東內斯庫為了反擊，對娘子谷大屠殺如法炮製，下令處死一萬八千名猶太人。在羅馬尼亞人占領奧德薩及周邊地區期間慘死的當地猶太人總數約為十一萬五千到十八萬之間。此外，還有約十萬至十五萬名布科維納和比薩拉比亞猶太人死於羅馬尼亞對希特勒的大屠殺的效仿。與居住在總督府地區的波蘭猶太人一樣，大多數加利西亞猶太人在納粹下令修建的貧民窟中度過了幾個月的隔絕生活之後，在一九四二年紛紛死去。在德國治安長官們的命令下，他們被猶太人和烏克蘭人組成的治安部隊聚集起來，送往各個滅絕營，當地人往往會試圖從自己的猶太鄰居們的不幸遭遇中牟利，或是向當局告發他們，或是搶奪他們的財產——這樣的行為與其說出於反猶主義，不如說出於貪婪。不過，大多數人只是選擇袖手旁觀。

在烏克蘭發生的對猶太人的大屠殺還有一點與中歐和西歐的大屠殺不同：在這裡，試圖搭救猶太人的人不僅會被逮捕，還會遭到處決，他們的家人也不能倖免；雖然如此，仍有許多人努力搭救他們的猶太鄰人。截至今日，以色列已經將超過二千五百名烏克蘭公民認定為「國際義人」（Righteous Among the Nations），因為他們在大屠殺期間保護了猶太人。這份名單並不完整，還在增長之中，烏克蘭天主教會的都主教安德列．舍普提茨基就是被這份名單漏掉的人之一。他曾將數以百計的加利西亞猶太人藏在自己的居所和修道院中。一九四二年二月，他還向希姆萊寫信，抗議德國使用烏克蘭治安力量來圍捕和滅絕加利西亞猶太人。這封信並沒有起到作用，代希姆萊向這位都主教傳話的人告訴舍普提茨基：如果不是因為年邁，他也難逃被槍決的命運。幾個月之後，舍普提茨基發布了他最著名的一封主教信〈不可殺人〉，就人類生命的尊嚴進行了討論。這封信在所有烏克蘭天主教堂中被人們誦讀，並被視為他對大屠殺的譴責。舍普提茨基的名字沒能出現在「國際義人」名單上，因為他在一九四一年夏天曾歡迎德國人接管已被蘇聯人占領兩年的加利西亞。無論舍普提茨基和他的同胞們對德國統治抱有何種期待，這些希望都很快就成為泡影。

在希特勒的烏克蘭「生存空間」中，占領當局的殘酷程度根據地區的不同而有差別。羅馬尼亞人根本不想要奧德薩及其周邊地區，只想用它來交換匈牙利手中的北特蘭西瓦尼亞，他們只管從南烏克蘭地區掠奪一切他們能得到的東西。相比之下，德國人的政策在某種程度上更為溫和，而生活在軍管區和前奧屬烏克蘭地區的烏克蘭人得到的待遇也更為人道。

烏克蘭總督轄區的情況最為糟糕，納粹的烏克蘭總督埃里希·科赫（Erich Koch）正是烏克蘭納粹占領當局所犯下的一些最可怕罪行的罪魁禍首。科赫時年四十五歲，是東普魯士地區的納粹黨領導人。他身材粗壯，言語粗野，留著希特勒式的唇髭，以殘暴和辦事果決聞名。在烏克蘭時，他被委以掠奪這一被征服地區的資源並削減其人口的任務。他對待當地烏克蘭人的態度與歐洲殖民者對待其海外殖民地上的黑人和亞洲人的態度沒有兩樣，科赫曾言：「這些低劣民族永遠不值得任何一個德國士兵為他們犧牲。」他不希望烏克蘭人接受超過小學四年級程度的教育，並關閉了大學和其它十五歲以上學生就讀的學校。「如果我發現有哪個烏克蘭人竟有資格和我坐在同一張桌子旁，我必定讓他死在槍下。」他曾在一個場合這樣說道。他的部下們也的確槍殺了許多人，其中一些處決就發生在娘子谷山谷，也就是幾個月前德國人屠殺了近三萬四千名基輔猶太人的地方。到一九四三年十一月德軍對基輔的占領結束時，在巴比亞爾死於納粹屠刀之下的冤魂又增加了六萬人，其中包括蘇聯戰俘、烏克蘭民族主義者、蘇聯地下黨員和羅姆人。

科赫將他的總部設在沃里尼亞的里夫涅城，這裡在兩次世界大戰期間屬於波蘭。在二十年多一點的時間裡，里夫涅已經是那個被稱為「烏克蘭」的政治體的第三個首都：蘇聯人在二〇年代選擇了高度俄羅斯化的工業城市哈爾基夫，而不是被他們視為「民族主義堡壘」的基輔；德國人則偏愛地處鄉野的里夫涅，而不是那個規模龐大，如今已嚴重蘇維埃化的基輔。陷於封鎖和饑餓中的基輔出現了一九三三年以來的第一場饑荒。納粹的「生存空間」想像包括對烏克蘭的田園化，也包括對烏克蘭各大中心城市的清除——否則他們就不得不供養這些城市人口，並導致第三帝國及其軍隊所需的資源流失。因此納粹的政策正是讓這些城市陷入饑餓：一旦城市居民被饑餓驅往鄉下，就能成為一支生產力量，不僅能養活自己，還能為帝國提供糧草。德國人沒有改造那些集體農莊，而是從這種榨取農村人口資源的蘇聯發明中牟利。他們拒絕對大型企業實行私有化，而是通過新設立的銀行、新發行的殖民地貨幣和價格控制來規劃殘存的烏克蘭經濟。至於人口的流動，他們則使用身分證制度來管理。

從一九四二年開始，納粹對烏克蘭資源的掠奪就不再限於農業產品，而開始包括強迫勞動。就在這個月，第一列運送所謂「東方工人」（Ostarbeiter）的火車離開基輔前往德國，車上都是受到工作承諾、優越生活和遊歷歐洲等機會誘惑的烏克蘭年輕人。「德國在召喚你！美麗的德國在歡迎你！」基輔一家報紙上的廣告如是說。一份海報的標題是「高牆已經倒塌」，描繪了烏克蘭人從那道將蘇聯同歐洲隔絕開來的高牆上的裂縫向外張望的畫面，地平線上是德國城市的天際線。「史達林在你們周圍築起了一道高牆，」海報上這樣寫道，「他很明白，任何人只要看到牆外的世界，就會完全明白布爾什維克政權的可悲狀況。現在高牆已經打開，去往更新更好未來的道路已經開放。」對年輕一代來說，這是一個離開鄉村去看世界的機會。許多人表露出了他們的興趣，甚至是熱情。

然而這些廣告被證明是個陷阱。無論這些年輕的烏克蘭男女是在德國人的工廠還是家庭裡做工，他們最終都成了奴工：他們被迫戴上寫著「OST」字樣的牌子，被德國當局和德國社會中許多人視為低等人。他們在德國受到血汗剝削的消息傳到烏克蘭後，占領當局每個月徵召四萬名烏克蘭勞工的任務愈發難以完成，於是他們開始隨意抓捕當地人，將他們強迫送往德國。從一九四二年到一九四三年，總計有近二百二十萬烏克蘭人遭到逮捕並被押送去德國。其中許多人死於營養不良、疾病，以及盟軍對他們所在的兵工廠和軍需廠的轟炸。那些倖存下來並在一九四四年底和一九四五年被紅軍解放的人（戰爭結束時，只有十二萬人被登記為流散人口）往往被視為叛徒，其中一些人被直接從德國人的集中營送往蘇聯人的古拉格（Gulag）系統集中營。烏克蘭並非德國人實施奴工抓捕行動的唯一蘇聯地區，但它無疑是這些「獵場」中最大的一個，整個戰爭期間，德國人從東歐占領區掠往德國的所有「東方工人」中，烏克蘭公民占了近百分之八十。

到了一九四三年夏天，原來那個在烏克蘭建設德國農民天堂的計畫幾乎已成泡影。一九四二年夏秋之際，希特勒在烏克蘭逗留了不少時間。利用蘇聯戰俘的苦役，德國工程師們在烏克蘭文尼察附近的松林中為希特勒建起了他最東的一座指揮部，其代號為「狼人」（Werwolf）。一九四三年春天，希特勒仍曾在這裡逗留，然而他在當年九月十五日最後一次離開「狼人」，再也沒有回來。這一天，他下令烏克蘭的德軍後撤到聶伯河防線。一週後，蘇軍從基輔以北渡過聶伯河，第一次打破了希特勒的東方防線。德國人將在一九四四年春天從這一地區撤離時將「狼人」的整個地下結構全部炸毀。

那個關於征服與「生存空間」的幻夢已經破滅，然而它帶來的恐怖仍未消散。烏克蘭成為數以百萬計的烏克蘭人、俄羅斯人、猶太人和波蘭人的墳場（此處僅僅列出了最大的幾個受難族群）。大部分烏克蘭猶太人在大屠殺中死去。在南烏克蘭和沃里尼亞定居的德意志人和門諾派教徒也消失無蹤——如果他們沒有在一九四一年被蘇聯人遣送出境，如今也只能跟隨撤退的德國國防軍逃之夭夭。沃里尼亞和加利西亞的波蘭族群也受到烏克蘭民族主義者的攻擊。紅軍在一九四三年七月的庫爾斯克會戰中取得勝利，隨後開始挺進烏克蘭。此時蘇聯領導層面對的，是一個與他們在一九四一年夏天和秋天匆忙拋棄的烏克蘭完全不同的國家，城市變得空空蕩蕩，其中的工業企業已被夷為平地。

活下來的人將紅軍視為解放者，熱烈地歡迎他們。然而蘇聯官員們卻不信任這些倖存者的真誠。歡迎者在敵人的統治下活了下來，在蘇聯掌控之外生活了那麼長時間，這足以讓他們對史達林主義的體制產生懷疑。東正教信徒們已經習慣了希特勒帶給他們的唯一自由，即信仰自由。那些原先不太從民族角度定位自身的人也開始轉變——畢竟，在納粹占領期間，族群問題往往可以決定一個人的生死。以上這些情況都對取得戰爭勝利的共產黨政權構成威脅。直到二十世紀八〇年代，蘇聯公民仍需要填寫各種各樣的表格，回答諸如自己或自己的親屬有無在德占區生活過之類的問題，此類問題在表格上緊挨著那些關於個人犯罪記錄的問題。

23

The Victors

第二十三章　勝利者

蘇聯軍隊於一九四三年十一月六日從撤退的德軍手中奪回了基輔。時年四十九歲的烏克蘭第一方面軍（進入基輔城的部隊）政治委員尼基塔．赫魯雪夫中將大喜過望。作為戰前烏克蘭的共產黨領導人，他對基輔及其周邊地區十分熟悉，他的進城路線也是戰前他往返自己鄉間別墅時走的那條路。赫魯雪夫發現基輔城中的建築幾乎沒有變化（與一九四一年撤退時的蘇聯人不同，德國人並沒有炸掉這些建築），然而整座城市卻完全被遺棄了，因為他在前一天曾下令炮轟這座城市，以促使德國人加速撤離。

儘管蘇聯人在一九四一年試圖炸毀基輔城中心的歌劇院，它卻奇蹟般地倖存了下來。當赫魯雪夫在烏克蘭共產黨領導人們的陪同下走近這座建築時，他看到一名男子高叫著向他跑來，口中喊著「我是最後一個猶太人！我是基輔最後一個活著的猶太人！」赫魯雪夫努力讓這名男子變得平靜，然後問他是怎麼活下來的。「我妻子是烏克蘭人，」男子答道，「她把我藏在閣樓上，給我送來食物並照顧我。」此時人們開始從藏身之處走出。幾分鐘過後，另一名基輔市民、一名留著大鬍子的老人上前擁抱並親吻赫魯雪夫，赫魯雪夫在後來的回憶中表示當時他「受到極大感動」。在一九四一年夏天，許多人只希望當局的戰士打敗仗，然而這些戰士在歸來時卻成了拯救者，倖存者們的態度發生了改變，讓他們把紅軍戰士不僅當做勝利者，也當做解放者來歡迎。這種改變與其說是由於蘇聯人在歸來後做了什麼，不如說是由於德國人在占領期間做了什麼。那些持不同意見的人，包括烏克蘭知識分子中的很大一部分，都已經隨著德國人離開了。

在接下來的一年中，紅軍將會把烏克蘭其餘領土從德國人的占領下解放出來，然而直到盟軍在一九四五年五月取得對德國的最後勝利，蘇聯人才真正完全地控制了這些地區。蘇聯政府將會在一九四五年六月劃出一條新的烏克蘭西部邊界，不僅併入了《莫洛托夫—里賓特洛甫條約》中蘇聯主張的土地，還併入了兩次大戰之間時期屬於捷克斯洛伐克的外喀爾巴阡地區。這是一種無情的、典型蘇聯式的勝利者正義。

從一九四一年九月讓基輔落入德國人之手開始，尼基塔・赫魯雪夫就一心想著重返這座城市。一九四二年春天，紅軍遏制了德國人向莫斯科的進軍之後不久，赫魯雪夫就力主在烏克蘭發動一場旨在奪取烏克蘭舊都哈爾基夫的反攻，並向工業中心聶伯羅彼得羅夫斯克推進。反攻的號角在一九四二年五月十二日吹響，蘇聯坦克編隊衝破敵軍防線，越過哈爾基夫，進入了左岸烏克蘭的草原地區。然而，蘇軍向西南方向繼續前進時幾乎沒有遇到任何抵抗，這時他們才意識到自己掉進了德國人的圈套。德軍的部隊已經合攏，形成了前一年裡讓紅軍吃盡苦頭的那種包圍圈。赫魯雪夫央求史達林停止進攻，卻遭到拒絕。此時無論怎樣補救，都已無濟於事。在一場持續十八天的災難性作戰中，蘇軍損失了二十八萬人，這些人或是陣亡，或是失蹤，或是被俘。當史達林向赫魯雪夫問起德國人公開的二十萬戰俘這個數字是否謊言時，赫魯雪夫回答說數字大體準確。史達林將這場失利歸罪於他，然而當史達林拒絕赫魯雪夫的提議，拒絕終止那次無望的作戰行動時，正好有別的政治局委員在場，只是因為這一點，赫魯雪夫才逃脫了可能被處決的厄運。

對烏克蘭的爭奪漫長而血腥。一九四三年二月，紅軍在史達林格勒擊敗了上百萬人的德軍及其盟軍，扭轉了戰爭的局勢。史達林格勒戰役甫一結束，紅軍就繼續進攻，從德國人手中重奪庫爾斯克、別爾哥羅德和哈爾基夫。然而德國陸軍元帥埃里希・馮・曼施泰因（Erich von Manstein）發動了反攻，奪回哈爾基夫和別爾哥羅德，並擊潰了蘇軍五十二個師的部隊。直到一九四三年八月二十三日在庫爾斯克取勝之後，紅軍才又一次奪取了哈爾基夫。九月八日，蘇軍在史達林城（即從前的尤茲夫卡和未來的頓內次克）上空升起了紅旗，接下來的幾個月中，蘇軍奪取了左岸烏克蘭的其餘地區，他們的戰線長度超過一千四百公里，將希特勒為阻止蘇軍攻勢而在右岸烏克蘭建立起來的防線「東牆」撕開了多個缺口。紅軍在戰場上投入了二百五十萬兵力，德軍則有一百二十五萬人。戰鬥的過程異常激烈，根據保守的統計數字，蘇聯在這次戰役中死傷人數超過一百萬，而德軍的損失也超過五十萬人。平民人口的損失同樣龐大，然而沒有人去進行統計。

身為烏克蘭被占領區的共產黨領導人，赫魯雪夫深深地涉足到德軍後方的游擊隊建設之中。納粹在占領區的政策激起了人們的怨恨、憤怒，最終導致了反抗，並驅使人們加入抵抗組織的隊伍。城市中出現了眾多抵抗團體，而鄉村則是大規模游擊組織的天然庇護所；游擊隊對占領者發動了長期的消耗戰爭。生態學是導致這種情況出現的關鍵因素：草原無法為抵抗戰士們提供很好的掩護，因此他們選擇基輔以北和切爾尼戈夫地區的林地、沃里尼亞北部的森林和沼澤，以及喀爾巴阡山脈的丘陵地區作戰。讓這些游擊者聯合在一起的，除了他們的活動區域之外，還有他們宣傳的烏克蘭愛國主義和對納粹占領的仇恨。然而，意識形態以及從前的蘇聯—波蘭分界線又讓他們分裂：在這條線以西，游擊組織的領導力量是民族主義者，共產黨人則在東部的游擊組織中占據主導地位。

按照常規，共產黨游擊隊的組織者是蘇聯的祕密警察，他們從一個被稱為「烏克蘭游擊運動參謀部」的機構接受命令和補給。這個機構受一名內務人民委員部的將軍領導，是莫斯科的「游擊運動中央參謀部」的組成部分。烏克蘭游擊者最著名的領袖之一是西迪爾·科夫派克（Sydir Kovpak），他曾在戰前擔任一個市政府的長官，科夫派克早在一九一八年德國占領烏克蘭期間就有游擊隊指揮官的經歷，並畢業於內務人民委員部開辦的一所專門訓練游擊戰幹部的學校。蘇聯游擊隊從一九四二年初開始活動，在戰線後方和占領政府的各個中心地區對德軍部隊發起攻擊。隨著時間推移，以及史達林格勒戰役之後紅軍的向西推進，蘇聯游擊隊的人數和活動範圍也擴大了。一九四二年只有五千名游擊戰士，到了一九四四年，他們的人數已經增長了幾乎十倍。

德國人試圖對付日漸高漲的游擊運動——游擊戰不僅對德國對烏克蘭的控制構成挑戰，也擾亂了通訊和物資運輸。於是他們開始使用恐怖手段對當地人群實施統治，其中包括焚毀那些被占領當局認為受到游擊隊控制或被懷疑支持游擊隊的村莊；當德國人自己的人手不足時，他們開始依靠從當地人群中招募的治安部隊，治安部隊成員很少有人是因為意識形態緣故而加入，其中有許多還是尋求免於被占領當局迫害甚至處決的前共產黨員和共青團員（Komsomol）。對立的兩個陣營中都有當地人，因此游擊戰往往演變成野蠻的仇殺，而游擊隊員和治安警察的親屬們則為他們親人的選擇付出了最慘痛的代價。隨著戰爭的天平在一九四二年向不利於德國的方向偏轉，愈來愈多的治安警察轉投游擊隊陣營。有時甚至難以分辨一個人到底是通敵者還是抵抗戰士。這是一場漫長的戰爭，許多人在戰爭期間都發生了角色的轉變。

奪回基輔之後，赫魯雪夫立刻投入到對當地的治理工作中，將前蘇維埃政權控制的領土重新整合為烏克蘭蘇維埃社會主義共和國（烏克蘭SSR），並將戰前還不受蘇維埃政權控制的地盤再次納入。這是一項冗長而艱巨的任務，將會占據他大部分的時間和精力。到了一九四四年初，戰線已經推進到到聶伯河以西。三月，蘇軍已經奪回了右岸烏克蘭，並越過戰前的國界進入了羅馬尼亞。一九四四年十月，紅軍翻過喀爾巴阡山脈，奪取了外喀爾巴阡地區，官方宣傳將這一勝利稱為重新統一烏克蘭國土的最後一步。沒有人提到這些土地也許應該歸還給匈牙利或是捷克斯洛伐克，畢竟，在奪取西烏克蘭的戰鬥中，超過五十萬名紅軍戰士付出了生命。

「在將德國人向西驅趕時，我們遭遇了烏克蘭民族主義者這一舊敵，」赫魯雪夫在講述一九四四年至一九四五年間他為將西烏克蘭重新納入蘇維埃統治而付出的努力時回憶道。蘇維埃當局往往將這些民族主義者統稱為「班德拉分子」，因為民族主義反抗行動幾乎由烏克蘭民族主義者組織（OUN）中斯捷潘・班德拉的派別全盤主導。「班德拉分子」逐漸被用來指任何在班德拉支持者控制的烏克蘭反抗軍（Ukrainian Insurgent Army，UPA）中作戰的人員。這個稱呼在不止一層意義上具有誤導性：首先，並非所有烏克蘭反抗軍戰士都認同民族主義理念或屬於烏克蘭民族主義者組織。其次，在一九四一年夏天被德國人逮捕之後，班德拉從未回到烏克蘭，對這支以他的名字命名的武裝力量也沒有實質上的控制力。他成了一名象徵意義上的領袖和徒有其名的民族之父，然而在戰爭中的大部分時間裡都身陷德國人的監牢之中，隨後又成為一名生活在西德的移民。

烏克蘭反抗軍在一九四四年夏天的巔峰時期擁有近十萬名戰士。他們在蘇軍戰線後方作戰，擾亂紅軍的通訊，攻擊那些遠離前線的紅軍部隊。這支軍隊有一批指揮官，其中最重要的莫過於曾擔任「夜鶯」部隊長官的羅曼・舒赫維奇（Roman Shukheych）。與舒赫維奇一樣，烏克蘭反抗軍的許多指揮官都在作為輔助員警部隊成員時接受過德國人的訓練，他們在一九四三年初離開了這些部隊，也帶走了武器。烏克蘭反抗軍將德國人視為自己的首要敵人，然而一九四三年的大部分時間裡他們的作戰對象卻都是波蘭反抗軍。在沃里尼亞與加利西亞地區，烏克蘭人與波蘭人之間的仇怨由來已久，此時更因對彼此意圖的猜疑愈來愈強而惡化，終於在一九四三年春天和夏天導致了大規模的種族清洗行動，其中包括焚毀村莊和大批屠殺無辜平民。

蘇聯在一九四三年二月的史達林格勒戰役中獲勝後不久，西迪爾・科夫派克率領的蘇聯游擊部隊就進入了沃里尼亞，引發了烏克蘭人與波蘭人之間的衝突。他們從沃里尼亞的一些波蘭遷居者那裡獲得支持，因為後者將蘇聯人視為共同對抗烏克蘭人的潛在盟友。關於烏克蘭民族主義者組織領導層是否鼓勵過，以及在何種程度上鼓勵過烏克蘭人對波蘭村莊進行攻擊，烏克蘭和波蘭的歷史學家們至今仍爭吵不休。可以確信的是，這場種族清洗大部分的受害者都是波蘭人。據估計，在加利西亞和沃里尼亞死於波蘭人行動的烏克蘭人數量大約在一萬五千到三萬之間，而波蘭死難者的數量則在六萬到九萬之間，是前者的兩到三倍。德國人並未積極地參與到烏克蘭人與波蘭人的衝突中，卻煽動雙方繼續廝殺，有時還向雙方戰鬥人員提供武器——即使他們無法控制鄉村地區，至少還可以讓敵人保持分裂；此外，德國人還受益於烏克蘭反抗軍對挺進中的紅軍的作戰。

烏克蘭反抗軍所取得的重大勝利之一是殺死了蘇軍的重要指揮官尼古拉·瓦圖京（Nikolai Vatutin）將軍，一九四四年二月二十九日，瓦圖京結束了與部下的會議，從曾是納粹德國烏克蘭總督轄區首府的里夫涅返回，在途中遭到烏克蘭反抗軍戰士的伏擊並受傷，隨後在四月中旬於基輔去世。赫魯雪夫出席了瓦圖京的葬禮，並將他的這位朋友安葬在基輔的政務中心。戰後，他為瓦圖京的紀念碑想出了一條碑文：「烏克蘭人民紀念瓦圖京將軍。」赫魯雪夫相信這條碑文會激怒烏克蘭民族主義者，然而莫斯科的共產黨官員們卻將之視為一種烏克蘭民族主義的宣言。赫魯雪夫直接請示了史達林，後者同意他繼續原來的方案，這條烏克蘭語碑文被刻在了一九四八年樹起的瓦圖京紀念碑上。這座紀念碑至今仍佇立在基輔市中心，標誌著烏克蘭關於二戰的歷史記憶的複雜性。

在二戰中，烏克蘭人加入的陣營不止一個。他們中的絕大部分人加入了紅軍一方作戰，莫斯科從烏克蘭徵召的各族士兵總計超過七百萬人——每五個或六個蘇聯士兵中就有一個是烏克蘭人。戰爭爆發之初被徵召的烏克蘭人超過三百五十萬，戰爭進行期間又有差不多同樣數量的烏克蘭人被徵召入伍。許多在德國人的進攻和囚牢中倖存下來的士兵獲得釋放，與家人團聚，卻在紅軍重奪他們居住的地區後很快被迫再次入伍。他們逐漸被稱為「黑衣軍」，這是由於他們中的大多數人被徵召後立刻被投入戰場，沒有正規的制服，沒有接受訓練，沒有彈藥，甚至連武器都沒有。由於曾生活在德占區，他們被指揮官們視為叛徒和可犧牲的力量。「黑衣軍」中的大部分人在期待已久的「解放」之後不久，就戰死在他們家鄉的村鎮郊外。

在將烏克蘭人徵召入伍並送上戰場這個問題上，蘇聯人從無疑慮，德國人卻長期拒絕從被自己征服的領土上補充常備軍兵員，不過德國人歡迎他們成為輔助力量，即志願者（Hilfswillige，簡稱Hiwis）。約有一百萬前蘇聯公民加入了德國人的志願者輔助部隊，其中烏克蘭裔和烏克蘭居民約占四分之一。史達林格勒戰役之後，德國人開始遭遇人力短缺，開始改變上述政策。新組建的非德國人部隊直接受海因里希・希姆萊監督，成為希姆萊殘暴的治安力量黨衛隊中軍事部門黨衛軍（Waffen-SS）的一部分。黨衛軍中包含了幾乎所有歐洲民族成員組成的部隊，有法國人、瑞典人、俄羅斯人，也有烏克蘭人。戰爭期間，近二萬名烏克蘭人在被稱為「加利西亞師」的黨衛軍第十四擲彈師中服役。

加利西亞地區的德國總督奧托・馮・瓦赫特（Otto von Wächter）是建立加利西亞師計畫的推動者。作為一名維也納人，他使用了從前奧地利人支持烏克蘭人打擊波蘭人的伎倆。在他統治期間，加利西亞的烏克蘭語學校數量出現了增長。他主導的德意志政權在當地禁止政治組織，搜捕烏克蘭民族主義者組織（ＯＵＮ）成員，但對烏克蘭人的福利、文化乃至學術機構表現出了寬容。這一點與烏克蘭其它所有地區的情況截然不同。瓦赫特相信烏克蘭人足夠忠誠，可以被委以武器。然而在柏林有許多人對他們的忠誠度和種族性質持懷疑態度。最終，德國領導層決定將這個師稱為加利西亞師，而非烏克蘭師，這是因為他們認為加利西亞人是從前奧地利的臣民，較之廣義的烏克蘭人，是一個更「文明」、更可靠的族群。柏林不僅用從前的俄奧分界線來劃分烏克蘭人，還沿用從前奧地利人的方式來執行對烏克蘭不同地區的政策。加利西亞師只能由加利西亞人組成，其代號和標誌都與烏克蘭和烏克蘭人無關。

加利西亞師徵召志願者的計畫在一九四三年四月宣布，並立刻在民族主義者地下組織中造成了分裂：班德拉派激烈反對加入加利西亞師，然而班德拉的對手安德里・梅爾尼克上校的支持者們卻對之表示支持。包括天主教會主教們在內的主流烏克蘭政治領袖們也陷入了分裂，支持成立加利西亞師的人與決定創建它的德國人一樣，考慮到的是加利西亞在奧地利人統治期間的歷史。在一九一八年，奧軍中的烏克蘭軍團讓烏克蘭人得以訓練自己的幹部，並得到他們後來在獨立戰爭中使用的武器。烏克蘭社群中許多人認為歷史將會重演。他們中很少有人喜歡德國人對烏克蘭人的統治，支持納粹理念的人則更少。在史達林格勒戰役和庫爾斯克戰役之後，還對德國人統治下的未來抱有信心的人更是一個也沒有。除了出於實際的算計之外，讓烏克蘭政治家和德國當局走到一起的，就只剩下他們共同的反共產主義立場。

加入加利西亞師受到烏克蘭主流政治家的支持，並且為烏克蘭年輕人提供了一個另外的選項，不再只能逃往森林地區加入班德拉派抵抗組織，或者坐等即將到來的蘇聯占領，因此在將自己的兒子送進這支部隊的父母眼中成為一個不那麼糟糕的選擇，現實很快就會讓他們中的許多人感到後悔。加利西亞師在德國人手中受訓，並受德國人指揮。一九四四年七月，他們在加利西亞城鎮布羅德首次經歷了戰火的考驗。這是一次洗禮，也是一次葬禮。加利西亞師與另外七個德國師一起陷入了蘇軍的包圍。德軍的損失高達近三萬八千人，其中一萬七千人人被俘。加利西亞師原有近一萬一千人，在這一戰中幾乎被完全消滅，只有約一千五百人逃出，布羅迪之戰標誌著加利西亞師作為一支戰鬥部隊的終結。當年晚些時候，在補充了新的兵員之後，加利西亞師先是被調往斯洛伐克，隨後又被調往南斯拉夫同游擊隊作戰。歷史的確重演了，然而卻是以一場鬧劇（或者說是悲劇）的形式：一九一八年身著奧地利軍服的烏克蘭部隊幫助烏克蘭獲得獨立的故事已成為記憶中的陳跡，在一九四四年讓位給烏克蘭人佩戴納粹黨標誌鎮壓其斯拉夫同胞的解放運動這一現實。

一九四四年七月二十七日，紅軍重奪了勒維夫。奪取這座城市和西烏克蘭地區，為尼基塔·赫魯雪夫和蘇維埃烏克蘭的領導層帶來了一系列新的挑戰，對勒維夫的最大擔憂是這裡可能出現一個向遠在倫敦的波蘭流亡政府效忠的市政府。赫魯雪夫匆匆趕往這座被撤退的德國人拋棄的城市。「我們擔心一些地方組織可能在此崛起，並反對蘇維埃的統治，」他在後來回憶道，「我們必須儘快行動，讓我們的人掌管這座城市。這也正是我們做到的。」在一九四四年，勒維夫是一座以波蘭人為主的城市，處於以烏克蘭人為主的鄉村地區的包圍之中。它成了史達林與受到西方同盟國支持的波蘭流亡政府之間爭奪的焦點。赫魯雪夫在勒維夫建立起蘇維埃行政機構，意味著史達林不打算滿足波蘭人保有這座城市的希望。

奪取勒維夫之前兩天，史達林就已經強迫波蘭民族解放委員會（一個由蘇聯人創建的待位共產黨政府，旨在代替倫敦的波蘭流亡政府）的成員們同意了將來的波蘭國家邊界。這條邊界大致基於一九三九年的莫洛托夫—里賓特洛甫分界線，將勒維夫劃入了蘇聯一側。此前幾天赫魯雪夫寄來的一封信為史達林的這一努力提供了幫助，那位烏克蘭共產黨領導人不僅希望將勒維夫和其它莫洛托夫—里賓特洛甫分界線移動的地區納入他的共和國，還想取得霍爾姆城（波蘭語：海烏姆

〔Chelm〕）；這座城市絕大多數是烏克蘭人的區域，赫魯雪夫的妻子尼娜．彼得雷芙娜．庫哈爾丘克（Nina Petrivna Kukharchuk）即來自這一地區。史達林用赫魯雪夫的要求對他的波蘭傀儡發出威脅，讓對方明白如果不同意放棄勒維夫，他就進而索求霍爾姆。波蘭人屈服了，留下了霍爾姆，放棄了他們對加利西亞首府的要求。紅軍在七月二十三日奪取了霍爾姆，這是蘇聯人在莫洛托夫—里賓特洛甫分界線以西攻下的第一座城市，也成為附庸於莫斯科的波蘭政府的第一個政府所在地。

一九四四年九月，共產黨人主導的波蘭政府和赫魯雪夫領導的蘇維埃烏克蘭政府簽署了關於新邊界和人口交換的協議。以使新的國界不僅成為政治邊界，也成為族群邊界。這一協議背後的想法很簡單：波蘭人應該去往莫洛托夫—里賓特洛甫邊界以西地區，而烏克蘭人應該到邊界的東面來。為了讓未來的邊界安定，為了去掉那些少數民族，從而杜絕蘇聯境內任何民族統一運動的可能性，史達林不僅急於移動國界，也急於對人群進行遷移。儘管民族主義者們也打算讓戰前的國界與族群邊界變得一致，史達林卻比他們走得更遠：他調整族群邊界來適應自己用武力建立起來的國界。

一九四五年二月，當美國總統佛蘭克林．德拉諾．羅斯福和英國首相溫斯頓．邱吉爾來到克里米亞的雅爾達，與史達林商談戰後世界的未來時，這位蘇聯領導人堅持要求沿著莫洛托夫里賓特洛甫分界線建立蘇聯與波蘭之間的新邊界。兩位西方領導人同意了，為業已在進行之中的人口遷移補上了正當性。史達林還確保擁有新的西部邊界的烏克蘭和白俄羅斯成為聯合國成員，使新的蘇聯邊界變得更加正當。在擊敗德國並終結歐洲的敵對狀態之後，美國、英國和蘇聯的領導人們又於一九四五年夏天參加了波茨坦會議；這次會議同意了史達林的要求，將從前屬於德國的西方土地劃歸波蘭，以補償波蘭在東方的領土損失。莫斯科將超過七百五十萬德意志人從新成立的波蘭國家領土上驅逐出去，騰出土地讓東部來的波蘭人定居；早在紅軍奪取德國東部土地之前，蘇聯就開始了將波蘭人向西輸送的工作，正因如此，在一九四四年九月，那些居住在勒維夫、原本要前往布雷斯勞（波蘭語：弗羅茨瓦夫〔Wrocław〕）的波蘭公民才會被臨時「安置」在盧布林附近的前馬伊達內克（Majdanek）納粹集中營和滅絕營裡。過了一段時間之後，他們才到達位於前德國領土的最終目的地。

烏克蘭人與波蘭人的地下組織之間的戰鬥已經公開化，種族清洗現象也隨之出現；因此，許多波蘭人和烏克蘭人對離開家鄉沒什麼意見——就算不能保住財產，至少還能保住性命。仍有一些人拒絕離開，不過這不要緊，史達林和他的波蘭代理人，已經迫不及待要用上內務人民委員部在戰爭期間取得的大規模人口驅逐經驗，來達成他們創造「無少數民族」國家的目標。蘇聯官員把驅逐行動稱為「遣返」。然而「被遣返者」卻是虛構出來的——許多遭到驅逐的人不是返回家鄉，而是從家鄉被趕走。僅在烏克蘭，就有約七十八萬波蘭人被「遣返」到莫洛托夫—里賓特洛甫邊界以西。從白俄羅斯和立陶宛被遷移到新生波蘭國家境內的人口大約也是這個數目；被驅逐者中包括近十萬名在大屠殺中倖存下來的蘇聯猶太人，這些人大多數被重新安置在史達林取得西方領導人勉強同意後劃給波蘭的前德國領土上。

波蘭人和猶太人向西而去，烏克蘭人則向東而來。從一九四四年到一九四六年兩年間有近五十萬烏克蘭人，從莫洛托夫—里賓特洛甫邊界以西被驅往烏克蘭蘇維埃社會主義共和國。差不多在同一時間裡，由於與民族主義地下組織同謀，或僅僅是有嫌疑，西烏克蘭地區有超過十八萬烏克蘭人遭到逮捕，被送往西伯利亞和蘇聯內陸地區。另有七萬六千烏克蘭人在一九四七年十月也遭到流放。流放行動的主要目的在於削弱烏克蘭民族主義抵抗力量，戰爭結束之後很長一段時間裡，這些抵抗者仍在西烏克蘭堅持鬥爭，尼基塔·赫魯雪夫後來曾聲稱史達林已經準備好要將所有烏克蘭人遷往東方，只不過他們的數量實在是太多了。

然而，對烏克蘭人全體驅逐對波蘭的共產黨政權來說是個可行的選項，只是在規模上要小一些。一九四七年，在一次代號「維斯圖拉河」的行動中，波蘭人從自己的東部邊疆地區趕走了仍留在波蘭境內的所有當地烏克蘭男女和兒童，共計十四萬人，並用波蘭人取代了他們。他們把這些被驅逐者從家鄉趕走，安置到波蘭西部和北部的前德國領土上；由於當地人口混雜的族群和宗教狀況，波蘭—烏克蘭的邊界一度錯綜複雜，此時卻開始變成一條清晰的蘇聯—波蘭邊界，一側是波蘭人，另一側是烏克蘭人。由於猶太人遭到滅絕，波蘭人和德意志人遭到驅逐，在其歷史中大部分時間裡都是一個多族群地區的烏克蘭，也開始成為一個烏克蘭族和俄羅斯族共居多數地位的國家。

史達林實行人口大遷移的目的不是要滿足民族主義者的要求，而是打擊民族主義，並強化自己對邊疆地區的控制。他封鎖蘇聯邊界的手段不僅是新的界線和邊防哨兵，還有針對資本主義西方的漫長對抗。他把烏克蘭通往歐洲的大門關得比兩次世界大戰之間時期更緊，甚至可以說比歷史上任何時期都緊。納粹占領期間的現實已經粉碎了烏克蘭知識分子群體加入歐洲的夢想，德國人帶到烏克蘭的歐洲以殖民帝國的面目出現，驅動這個帝國在烏克蘭的代理人的則是種族、剝削和滅絕「低劣人種」（Untermenschen）等概念。蘇聯人對這種新近的對西方的失望加以利用，為冷戰期間的宣傳添磚加瓦。在很長一段時間裡，他們都會不斷將烏克蘭抵抗者稱為「德意志—烏克蘭民族主義者」，以將烏克蘭民族主義與德國法西斯綁定在一起。

為抹殺由來已久的文化邊界，蘇聯當局同樣投入了大量精力。一九四六年三月，內務人民委員部通過其代理人召集了一次烏克蘭天主教會特別會議，與會者被迫解散教會，加入俄羅斯東正教會。這次會議沒有主教出席，因為主教們早在一年前就被內務人民委員部逮捕。雅爾達會議之後不久，蘇聯就做出了摧毀烏克蘭天主教會的決定，並在三巨頭會議所確定的國界內實施。由於此時外喀爾巴阡地區尚未正式成為蘇維埃烏克蘭的一部分，烏克蘭天主教會得以在那裡繼續存在了三年時間，直到一九四九年冷戰開始時才被取締。蘇聯懷疑天主教會在整體上都受梵蒂岡和西方勢力的指使，一切體制上、宗教上和文化上與西方的的聯繫都必須被切斷，由此造成這個長久以來一直充當天主教西方和東正教東方之間橋梁的團體的毀滅。短短幾年之內，超過五百萬烏克蘭天主教徒成為了名義上的東正教徒。

到了一九四五年，獲勝的蘇聯藉著武力，將其邊界深深推進到歐洲中東部腹地。蘇聯人從烏克蘭民族主義學到一招，將名義上的烏克蘭共和國加以擴展，囊括原屬波蘭、捷克斯洛伐克和羅馬尼亞的各個烏克蘭人傳統聚居地區。

這些新的領土對烏克蘭的蘇維埃政權構成了新的挑戰。一九一七年革命之後，烏克蘭東部和南部往往是俄羅斯人聚居的地方，但蘇聯當局因為承認烏克蘭對於東部和南部的工業重鎮的主張，已經將聶伯烏克蘭與蘇聯綁定在一起。在奪取了兩次世界大戰之間時期歸於波蘭、羅馬尼亞和捷克斯洛伐克的前奧匈帝國烏克蘭人聚居地區之後，史達林又將發展成熟的自治、議會民主、社群和民族自主組織傳統帶進了烏克蘭，而這些傳統在烏克蘭中部和東部地區並不存在。此外，烏克蘭的蘇維埃當局還要面臨一種新的意識形態威脅——激進民族主義。這種潮流以擁有良好政治組織和自己的游擊武裝的烏克蘭反抗軍為代表。

蘇維埃烏克蘭和蘇聯對上述新領土的完全納入，包括經濟、社會和文化等各方面的整合，需要數十年的時間才能完成。莫斯科還需要將民族主義反抗組織驅入地下，最終消滅他們，才能平定這些地區，僅這一過程就延續到五〇年代。這些地區要實現完全蘇維埃化，還必須經歷集體化和工業化的過程，此外還必須向這些地區的年輕人灌輸蘇聯式馬克思主義的常識。然而，即使在很長時間之後，蘇聯新獲得的這些領土與歐洲中西部地區之間的歷史聯繫仍未斷絕。蘇聯邊界的西進，讓那些此前不屬於蘇聯的烏克蘭地區，變成了國內的分界線，在數十年的時間裡，當局在這些地方實施的政策都與烏克蘭其它地區的政策不同。

蘇聯使用烏克蘭這張牌的目的，不僅在於正當化對這一地區的戰友，還在於在這裡實現蘇維埃化。莫斯科重拾其二〇年代的烏克蘭化政策，允許這一地區在政治和文化上實現烏克蘭化後加入蘇聯社會；然而，由於對當地骨幹群體不抱信任，當局對他們的吸納進展相當緩慢，因此改從烏克蘭的中東部地區調來烏克蘭人，這拖延了整個地區的完全融合。同時，以烏克蘭文化換取政治忠誠的做法，也讓烏克蘭其它地區的俄羅斯化進程慢了下來。這種勉強的烏克蘭化，以及前奧匈帝國（以及後來的波蘭）境內高度發達的民族動員歷史傳統，再加上對民族主義反抗運動的記憶，讓西烏克蘭（尤其是加利西亞）在後來的整個蘇聯時期，都成為烏克蘭民族文化和政治運動的中心。

卷五　獨立之路

24

The Second Soviet Republic

第二十四章　第二個蘇維埃共和國

一九四五年四月的舊金山和會（San Francisco Conference）承認了烏克蘭的聯合國成員地位，並將之視為創始成員。這將烏克蘭的國際地位提高到與加拿大和澳大利亞等英國自治領，乃至比利時和巴西等主權國家比肩的程度。儘管如此，此時烏克蘭距離取得國家獨立，以與其聯合國成員地位的要求相稱，還有接近半個世紀的路要走。全世界的獨立國家數量從一九四五年的七十個，增加到今天的一百九十多個，翻了將近三倍，這是一個帝國瓦解、並在帝國的廢墟上創立新的民族國家的過程，而在這條道路上，烏克蘭也有所貢獻。

儘管烏克蘭擁有了聯合國席位，地位也有了提高，但戰爭結束之際的烏克蘭卻是一片凋敝。從地圖上看，烏克蘭似乎已經躋身戰爭的主要受益者之列，其領土增加了超過百分之十五，然而這個共和國實際上卻是戰爭的最大受害者之一。它失去了多達七百萬人口，占其總人口的百分之十五以上。在剩下的三千六百萬烏克蘭人中，約一千萬人沒有住房，約七百座城鎮和二萬八千個村莊已成廢墟。烏克蘭損失了百分之四十的財富和超過百分之八十的工農業設備。一九四五年，這個共和國的工業品產量只有戰前水準的四分之一，而農業產量也不過戰前水準的百分之四十。

烏克蘭的工業基地已被蘇聯的焦土戰術、德國人的去工業化和去城市化政策以及兩軍的激烈交戰摧毀，在某些地區，烏克蘭的建設甚至幾乎需要從零開始。西方的顧問們建議說修建新廠比修復舊廠更容易，然而當局決定重建其在三〇年代曾為之付出巨大犧牲的工廠；與從前一樣，蘇聯將重工業置於優先地位，在克里姆林宮看來，其它領域都沒有那麼緊迫。

到了一九四八年，蘇聯與英美之間的戰時同盟，已經為莫斯科與西方之間的冷戰取代。西方在伊朗、土耳其和希臘的前哨，以及蘇聯對歐洲中東部地區的控制，都可能受到威脅。由於蘇軍已經部署在西至德國的地區，烏克蘭不再像兩次大戰之間時期那樣是一個緊鄰西方敵人的邊疆共和國，然而其在整個蘇聯工農業生產力上的重要性，仍和二戰之前一樣巨大。為了應對許多人眼中共產主義東方和資本主義西方之間迫在眉睫的衝突，烏克蘭必須生產武器、食品和士兵。對烏克蘭人而言，這就意味著大量的槍炮和少得可憐的奶油。到了一九五〇年，烏克蘭已經恢復了其經濟潛力，但它的農業生產卻延宕到六〇年代才重新達到戰前水準。

重建破碎的經濟、重新安置受到震驚和創傷的社會，以及重建黨對戰爭期間一度落入德國人及其盟友之手的地區的意識形態和政治控制，是戰後的第一個十年中烏克蘭的主要工作。在西烏克蘭，也就是那些從前屬於波蘭、羅馬尼亞和捷克斯洛伐克的省份，由於德國入侵之前蘇維埃的統治只維持了不到兩年時間，所謂恢復黨的控制事實上是引入黨的控制。這段時間裡，三〇年代建立起來的政治、社會和經濟模式在整個烏克蘭範圍內得到（重新）執行。史達林在其生命的最後幾年裡不再熱中於實驗——史達林主義在其晚期顯然已經耗盡了革命激情。史達林及其幕僚們所做的大部分政治、社會和文化決策都受到剛剛結束的戰爭體驗和針對西方的備戰（克里姆林宮相信戰爭很快就會到來）的影響。

札波羅結的聶伯河水電站是戰前蘇聯工業化的重大成就之一，也是被蘇聯政治金字塔頂層人士賦予高度優先地位的重建專案。蘇軍在一九四一年撤退時，曾炸毀札波羅結水壩的一部分。在一九四三年，當德國人打算完成蘇軍的未竟工作時，蘇聯人卻挽救了這座大壩的殘留部分——他們的間諜剪斷了用來引爆炸藥的線路。大壩和水電站的重建成為新任札波羅結地區共產黨領導人、也是未來的蘇聯領導人列昂尼德．勃列日涅夫的工作重點。勃列日涅夫在一九四六年來到札波羅結，發現這座水電站和那些環繞它修建的工業企業已成為一片瓦礫。「磚塊和鋼鐵的縫隙裡長出了青草，野狗的嚎聲從很遠之外就能聽見，周遭除了廢墟一無所有，燒焦的樹枝上掛著烏鴉的窩巢，」這是勃列日涅夫對一九四六年夏天他參訪札波羅結工業基地時的第一印象的回憶，「在內戰之後我也曾看到過類似的景象，然而當時最令人恐懼的是那些工廠的死寂，此時它們卻已完全化為瓦礫。」

根據一個政府委員會的報告，此時的札波羅結市沒有電力供應，也沒有自來水。超過一千棟公寓、七十四所學校、五個電影院、二所大學和二百三十九家店鋪被徹底摧毀。然而莫斯科將勃列日涅夫派往札波羅結的主要目的並不於重建城市，而是讓那座水電站和被稱為札波羅結斯塔爾的鋼鐵廠重新運轉起來。勃列日涅夫以創紀錄的時間完成了任務，一九四七年三月，札波羅結水電站開始發電，同年九月，鋼鐵廠生產出第一批鋼材。為了獎勵勃列日涅夫的功勞，克里姆林宮在一九四七年十一月將勃列日涅夫從札波羅結召回，提升他為鄰近的聶伯彼得羅夫斯克地區（烏克蘭經濟的主要引擎之一）共產黨的領導人。勃列日涅夫離開札波羅結時，此地已經在生產電力和鋼材，然而仍是一片廢墟。這就是烏克蘭的戰後重建模式——工業優先，民眾的苦難甚至死亡則被置之不理。

在其首次出版於一九七八年的回憶錄中，勃列日涅夫提到了當時城市中的艱難形勢，卻對鄉村的狀況不置一詞。一九四六年和一九四七年，鄉村地區再次出現了規模堪比一九三二年和一九三三年的饑荒，近一百萬人在這場饑荒中死去。受災最重的是烏克蘭南部，包括勃列日涅夫領導的聶伯彼得羅夫斯克和札波羅結地區。毫不意外，由於他自己身處高位，勃列日涅夫對當局這樁導致數十萬公民餓死的新罪行緘口不言。另一名高官則拒絕保持沉默，他就是當時勃列日涅夫的上級尼基塔・赫魯雪夫。赫魯雪夫的回憶錄通過地下管道流入西方，並於七〇年代在美國出版，然而蘇聯讀者直到八〇年代晚期才能讀到它（與之相較，勃列日涅夫的回憶錄在七〇年代的印量就達到近一千七百萬冊）。赫魯雪夫在回憶錄中不僅描述了饑荒的景象，還描述了共和國領導層在救助受難者時所表現出的無能——在影響烏克蘭人生死的問題上，莫斯科仍是唯一的決策者。

正如他對三〇年代和四〇年代中發生的許多其它事件做出的解釋一樣，赫魯雪夫將這場新的烏克蘭饑荒歸咎於史達林，在這件事上，他無疑是找對了目標。一九四六年夏天，烏克蘭發生了半個世紀以來最嚴重的乾旱，然而莫斯科當局仍從被戰爭和糟糕收成破壞的烏克蘭鄉村徵糧。再次工業化各個城市，以及蘇聯控制的東歐地區，此時都需要糧食；史達林向東歐輸糧數以百萬噸計，以使這些地區新成立的共產黨政權保持運轉。為阻止即將到來的災難，赫魯雪夫直接向史達林提出請求，要求像對城市居民一樣給農民發放配給卡，他的請求被置若罔聞；此外，更有人開始散布流言，指控赫魯雪夫支持烏克蘭民族主義，因為他對他的共和國及其民眾表現出了過度的保護。赫魯雪夫很快就失去了史達林的寵信，並遭到降職，儘管他仍保留了烏克蘭政府領導人的職務，卻失去了烏克蘭共產黨領導人的位置。他的新上司、烏共黨委第一書記職務的接任者是拉紮爾·卡岡諾維奇——二〇年代烏克蘭化政策的推行者，也是造成三〇年代大饑荒的人之一。

卡岡諾維奇將自己在烏克蘭的新使命，視為加強莫斯科在意識形態上的控制。新古典主義詩人、烏克蘭作家協會主席馬克沁·雷利斯基（Maksym Rylsky）成為卡岡諾維奇的意識形態政治迫害的主要受害人，他在媒體上被指控為烏克蘭民族主義者，並在一九四七年秋天被撤職。儘管史達林很快就將卡岡諾維奇召回莫斯科，赫魯雪夫也奪回了他的黨內職務，對烏克蘭文化界人物的攻擊仍在繼續。這是史達林的意識形態領域負責人安德列·日丹諾夫（Andrei Zhdanov）發起的全國性運動的一部分。日丹諾夫給蘇聯的作家和藝術家們扣上「資產階級個人主義」、「意識形態不清」和「向西方獻媚」等罪名，日丹諾夫發起的這場運動的受害者包括俄羅斯諷刺作家米哈伊爾·左琴科（Mikhail Zoshchenko）和烏克蘭諷刺作家奧斯塔普·維什尼亞（Ostap Vyshnia）；作家們在作品中只能描述一種衝突：好和更好之間的衝突，這等於捆住了諷刺作家的手腳。對意識形態異見者的搜尋範圍從作家群體擴大到音樂家和歷史學家群體。在烏克蘭，迫害「民族主義者」的行為在一九五一年達到頂峰：這一年，《真理報》對重要詩人弗洛基米爾・索休拉（Volodymyr Sosiura）寫於一九四四年的愛國詩歌〈熱愛烏克蘭〉（Love Ukraine）發動了批判。當局尋求強化對從前德國占領區的控制，在戰爭期間有助於動員烏克蘭愛國主義反抗德國侵略的作品，如今卻被貼上了民族主義的標籤。

蘇聯將一九四一年到一九四五年間的蘇德戰爭稱為「偉大的衛國戰爭」（Great Patriotic War）。由於蘇聯政權在戰爭中沒有倒下，並擊退了侵略者，因此這場戰爭為當局賦予了新的正當性。然而戰爭同樣改變了蘇聯的政治局勢，讓民眾獲得了革命年代以來從未有過的政治力量。莫斯科重建意識形態統一性及中央集權水準的努力，只取得了部分成功，在烏克蘭這樣的共和國尤其如此；進入五〇年代之後很長時間，烏克蘭民族主義者對蘇維埃政權的反抗仍在繼續。西烏克蘭（尤其是加利西亞和沃里尼亞）在戰後多年仍處於事實上的軍事占領狀態，並受到與烏克蘭其它地區不同的對待。

直到五〇年代，烏克蘭反抗軍仍在加利西亞鄉間挑戰蘇維埃的統治，比東歐其它蘇占區任何武裝反抗力量堅持的時間都長得多。在一九四七年左右，烏克蘭反抗軍的指揮官們改變了戰術，將大型部隊拆分為不超過五十人的小部隊，後來又進一步拆分為不超過十人的小組。他們避免與人數優勢巨大的蘇軍進行大規模軍事對抗，保存力量，等待在他們看來隨時可能發生的蘇聯與西方之間的新戰爭。與此同時，這些小規模反抗軍部隊仍為蘇維埃當局帶來麻煩，他們攻擊共產黨的代表，攻擊國家機器，並破壞當局的農業集體化努力，和當局通過教育系統實施的對當地的蘇維埃化。當局則以鎮壓手段回應，其中包括對數十萬被懷疑支援地下組織的烏克蘭人的流放。

直到一九五〇年春天，蘇聯安全部門才追查到烏克蘭反抗軍總司令羅曼·舒赫維奇的下落，並將他殺死。另一名指揮官接替了舒赫維奇的位置，然而在接下來的幾年中，有組織的抵抗運動遭到大幅摧毀，而小股的地下部隊彼此之間也失去了聯繫。一些反抗隊伍設法穿過波蘭和捷克斯洛伐克國境來到西方，在西德加入斯捷潘·班德拉領導下的流亡民族主義者群體。一九五一年，為了搜集情報，英國和美國開始將班德拉組織和其他民族主義組織的成員空投回烏克蘭；作為回應，蘇聯加強了對班德拉和其他在德國的烏克蘭流亡者領袖的暗殺努力，並在一九五九年秋天取得成功：一名蘇聯間諜用一支填充了氰化物的噴槍殺死了班德拉。刺客於一九六一年叛逃到西方，承認了其刺殺班德拉和在一九五七年刺殺另一名烏克蘭流亡者領袖的行為；他在西德法庭上的證詞充分證明，殺害流亡者領袖的命令出自蘇聯政府的最高層。

在史達林統治期的最後幾年中，烏克蘭民族主義者（無論是真正的還是僅僅只是受到懷疑的）並非蘇聯宣傳機構和祕密警察的唯一打擊目標。就在這段時間裡，蘇聯猶太人在蘇聯的敵人名單上進入了前列。在三〇年代的史達林主義清洗行動中，猶太人就是受害者之一，然而直到四〇年代晚期，他們才作為一個整體成為打擊目標。這一轉折與冷戰的開始和以色列國的建立同步發生。此時蘇聯的猶太公民開始被懷疑為兩面派，與西方站在一邊反對他們的蘇維埃祖國。

一九四八年一月，蘇聯猶太人領袖之一、著名演員和藝術指導所羅門·米霍埃爾斯（Solomon Mikhoels）在史達林的授意下被殺害。當年年底時，史達林已將他的得力幹將維亞切斯拉夫·莫洛托夫的猶太裔妻子波利娜·熱姆丘任娜（Polina Zhemchuzhina）投入了監獄。熱姆丘任娜出生於烏克蘭南部，是米霍埃爾斯的積極支持者。蘇聯媒體向所謂「世界主義者」（即「猶太人」的隱語）宣戰，將許多猶太人從黨的機構和安全機構驅逐出去。烏克蘭猶太人成為這場歧視運動的主要目標之一。一九五二年，隨著許多猶太醫生的被捕，這場反猶運動達到了新的高潮。這些猶太醫生與他們的斯拉夫同事們一樣，被控謀害包括安德列・日丹諾夫在內的蘇聯領導人，而事實上日丹諾夫在一九四八年自然老死。直到史達林死去，這場反猶運動才被終結。蘇聯領導層為這場運動踩了煞車，並從監獄裡釋放了那些倖存下來的醫生。然而，反猶主義仍在莫斯科、基輔和其它蘇聯中心城市的權力機關中陰魂不散。

約瑟夫・史達林死於一九五三年三月五日。他的死宣告了蘇聯歷史上最恐怖年代的終結，他所留下的遺緒，將持續影響接下來數代人的繼任者們，和他們領導下的國家產生影響，反猶運動正是這筆遺緒之一。對史達林遺產的鬥爭將成為史達林的繼承者尼基塔・赫魯雪夫主政時期的重要特徵。然而，這位烏克蘭共產黨前領導人需要花費很長時間，才能完全掌握黨和國家的權力，進而開闢其反史達林主義的路線。

尼基塔・赫魯雪夫登上蘇聯權力之巔的歷程始於一九四九年十二月。當時史達林將正在勒維夫與民族主義地下組織作戰的赫魯雪夫召回莫斯科，並將他此前擔任過的莫斯科地區共產黨領導人職務交還給他。盛大的史達林七十周年華誕慶祝活動在赫魯雪夫抵達莫斯科之後幾天舉行。在官方慶典上，那位獨裁者讓赫魯雪夫坐在自己身邊，而另一邊則安排了從中國來訪的貴賓毛澤東。

史達林死後，赫魯雪夫很快成為四名最有權力的蘇聯領導人之一。一九五三年六月，他策劃了對其最危險的競爭者、安全機構領導人拉夫連季・貝利亞（Lavrentii Beria）的逮捕行動。一九五五年二月，他除掉了貝利亞曾經的盟友、蘇聯政府領導人格奧爾基・馬林科夫（Georgii Malenkov）。

一九五七年六月，他又粉碎了史達林的前幕僚維亞切斯拉夫．莫洛托夫和拉紮爾．卡岡諾維奇的反抗。一九五八年三月，赫魯雪夫成為蘇聯共產黨和蘇聯政府的領導人。他的成功離不開他在烏克蘭的代理人的幫助：由於俄羅斯共產黨人沒有自己的黨組織，烏克蘭共產黨就成了全蘇聯最大的共產黨組織（以人口計），因此在蘇共中央委員會中擁有最多的票數。

赫魯雪夫慷慨地回報了他的烏克蘭代理人，將他們召回了莫斯科。第一個回到莫斯科的是阿列克謝．基里琴科（Oleksii Kyrychenko），他是革命之後第一個擔任烏克蘭共產黨領導人的烏克蘭人。一九五七年，基里琴科成為蘇共中央委員會書記和蘇聯權力第二大的人，赫魯雪夫的親信們還包括札波羅結和聶伯彼得羅夫斯克的前黨委書記列昂尼德．勃列日涅夫——他成了最高蘇維埃主席，也就是赫魯雪夫統治下的蘇聯名義上的國家元首。烏克蘭黨組織的另一個產物是尼古拉．波德戈爾尼（Nikolai Podgorny，烏克蘭語：米柯拉．皮德霍爾尼〔Mykola Pidhorny〕），他曾經擔任烏共中央的第一書記，在一九六三年被赫魯雪夫提拔進了蘇共中央委員會，以上這些人以及赫魯雪夫的其他幾十名親信，也都將自己的代理人從烏克蘭提拔到中央。史達林在其生涯的大部分時間裡都依賴來自高加索地區的幹部，赫魯雪夫依賴的則是從烏克蘭來的人。藉由將烏克蘭共產黨的幹部提拔到莫斯科的實權崗位上，赫魯雪夫讓烏克蘭共產黨精英階層成為俄羅斯共產黨的新搭檔，以及管理蘇聯這個多民族帝國的政府領導人。這個階層的成員們取得了對中央決策的影響力，也在烏克蘭內部事務的決策上獲得了更多自主權。

從一九五四年一月的全蘇聯佩列亞斯拉夫會議（一六五四年）三百周年慶典開始，烏克蘭逐步在蘇聯各加盟共和國間的層級中，取得了僅次於俄羅斯的光榮地位。佩列亞斯拉夫會議批准將哥薩克國置於莫斯科沙皇的保護之下，黨的官方宣傳機構將它歌頌為「烏克蘭與俄羅斯的重新統一」，這一口號植根於十九世紀俄羅斯帝國那套「羅斯的重新統一」話語，要藉專制的俄羅斯國家的努力，並在其保護實現統一。莫斯科的中央委員會正式批准了一份特別文告——〈關於烏克蘭與俄羅斯重新統一三百周年的決議〉，對這一口號在新形勢下的意義做出了解釋，這份文告以將俄羅斯人視為「蘇聯所有民族的領導力量」（這是一九四五年五月史達林在慶祝蘇德戰爭結束的宴會上祝酒時創造的說法）的史達林主義政策為基礎。它將烏克蘭人提升為蘇聯第二重要的民族。根據這份文告的說法，俄羅斯人和烏克蘭人是不同的民族，卻因為歷史和文化的緣故緊密聯繫在一起。

蘇聯當局下令為該紀念日建造一批紀念碑，並用「烏克蘭與俄羅斯重新統一三百周年」這一冗長而彆扭的字眼為許多機構命名，其中包括聶伯彼得羅夫斯克的一所大學。頗具諷刺意味的是，這所大學由統領帕夫洛·斯柯洛帕茲基在一九一八年創建，其時俄軍已被趕走，烏克蘭正處於德國控制之下。最為鋪張的象徵性姿態，則是俄羅斯聯邦管轄的克里米亞半島在一九五四年二月被移交給了烏克蘭。此前十年，克里米亞韃靼人由於被指控全體與德國人合作，被遷出了克里米亞。儘管官方宣傳機構竭力把克里米亞半島的移交描述為兩個民族兄弟情誼的證明，這一行動的真實原因卻沒有那麼浪漫，關鍵的原因在於地理因素：克里米亞半島與俄羅斯之間被刻赤海峽隔開，卻藉由交通線與烏克蘭本土連接在一起，戰爭、德國的占領和克里米亞韃靼人被驅逐等事件破壞了克里米亞半島的經濟，其重建需要來自烏克蘭的協助。

克里米亞在一九五〇年向國家上繳的糧食、菸草和葡萄數額分別只有一九四〇年的五分之一、三分之一和二分之一。從俄羅斯聯邦來到克里米亞半島的遷居者們無法適應當地的環境，對當地經濟的重建也沒起到什麼作用。當赫魯雪夫在一九五三年參訪這個半島時，沮喪的遷居者們將他的轎車團團圍住，要求得到援助。赫魯雪夫從克里米亞直奔基輔，開始關於將克里米亞移交給烏克蘭的談判——他認為烏克蘭有辦法幫助這個陷於經濟困境中的地區，也相信烏克蘭的農業專家們知道該如何對付乾旱，知道怎麼在乾草原地區種出糧食。赫魯雪夫在烏克蘭的代理人和莫斯科的同僚都同意了。到了一九五四年二月，烏克蘭、俄羅斯和全蘇聯的最高蘇維埃已經簽署了移交協定。

克里米亞成了烏克蘭的一部分。這是烏克蘭領土第一次基於地理和經濟考慮而非出於族群因素的擴張，也是最後一次；在克里米亞的一百二十萬居民中，俄羅斯人占了百分之七十一，烏克蘭人只有百分之二十二。新的安排，以及來自烏克蘭政府的投資和技術，對這個半島不無助益：從一九五三年到一九五六年，克里米亞的葡萄酒產量增長了一倍，發電量則增長了近百分之六十。不過，克里米亞經濟的主要增長發生在下一個十年中，其原因是北克里米亞運河的修建——這條運河的第一期工程在一九六三年完成。隨著工程在接下來的年頭裡繼續推進，這條運河讓聶伯河百分之三十的總水量得以進入克里米亞，灌溉了超過六千平方公里的農業用地；此外，運河還成為費奧多西亞、刻赤和蘇達克的用水來源。

蘇共第二十次黨代會於一九五六年二月在莫斯科舉行，赫魯雪夫在這次會議上發表的祕密講話，為蘇聯及其加盟共和國的命運開啟了一個新紀元。這位新領導人抨擊約瑟夫·史達林掀起的對黨員的清洗運動，違反了社會主義法治原則；他並沒有提到數百萬非黨員所受到的迫害，沒有提到一九三二年和一九三三年的大饑荒，也沒有提到對許多民族進行的整體人口遷移。隨著赫魯雪夫講話啟動的去史達林化運動不斷推進，許多烏克蘭前領導人都在政治上重獲新生，這包含斯坦尼斯拉夫·科蕭爾、弗拉斯·丘巴爾和米柯拉·斯克里普尼克。烏克蘭的國家安全委員會部門（KGB，蘇聯祕密警察機構的新名字）和烏克蘭檢察總長重新審查了近一百萬件政治恐怖受害者的案件，平反了近三十萬人。被控持烏克蘭民族主義立場、參加民族主義者地下組織和與德國人合作等罪名的人所受的起訴和判決則仍然有效，不過，仍有數以萬計的烏克蘭民族主義地下組織成員從古拉格系統中被釋放出來，那些倖存在世的烏克蘭天主教會主教和神父們也同樣獲釋。這些人一經獲釋，國家安全委員會就對他們中的大多數實施了監控。

赫魯雪夫本人是一名信徒——他相信共產主義是一種更高級的社會形態。他在六〇年代初公開向他的人民和全世界宣布：共產主義社會的基礎將在接下來的二十年中奠定。用當時的馬克思—列寧主義話語來說，這就意味著生產大量消費品的能力，而當時蘇聯正處於消費品供應短缺之中。赫魯雪夫還在黨內通過了一份新的共產主義建設綱領。現在，共產主義這個世俗宗教，已經有了確定的天堂降臨之日，而對這個世俗宗教的推動，與對傳統宗教的鬥爭同步展開。赫魯雪夫推翻戰後的史達林主義政策，對宗教團體實施了新的壓迫，承諾在共產主義到來之前消滅宗教，還保證會在不遠的將來在電視上播出最後一名宗教信仰者的鏡頭。二〇年代和三〇年代的反宗教運動得以復興，成千上萬的東正教教堂、清真寺、猶太會堂和祈禱所遭到關閉。從一九六〇年到一九六五年，烏克蘭的東正教教會數量從八千二百〇七個下降到四千五百六十五個，減少了接近一半。烏克蘭東部和中部的宗教組織受到的打擊最為嚴重，當局在加利西亞則比較謹慎，不想因為關閉太多教會，而驅使新改宗的東正教信徒們轉投處於地下狀態的烏克蘭天主教會。

許多人都明白對「共產主義即將到來」的鼓吹不過是一種宣傳手段，然而史達林式恐怖統治的結束、某些類別的政治犯的獲釋，以及揭露史達林統治罪惡的作品得以出版（其中包括曾在一九四五年至一九五三年間淪為古拉格囚犯的亞歷山大・索爾仁尼琴〔Aleksandr Solzhenitsyn〕的作品）等現象都製造出一種被稱為「赫魯雪夫解凍」（Khrushchev thaw）的相對自由氣氛。在烏克蘭，

「赫魯雪夫解凍」的標誌是在史達林統治晚期作品被禁的一批作家和藝術家重歸公眾視野，其中包括烏克蘭最著名的電影製作人亞歷山大・杜輔仁科（Oleksandr Dovzhenko）——他終於得以結束自己在莫斯科的流放，回到家鄉重新開始工作。在四〇年代和五〇年代曾遭到批判的詩人馬克沁・雷利斯基和弗洛基米爾・索休拉也重新活躍起來。他們促進了新一代烏克蘭詩人的成長，其中包括伊凡・德拉奇（Ivan Drach）、維塔利・柯洛迪奇（Vitalii Korotych）和莉娜・科斯堅科（Lina Kostenko）等「六〇一代」詩人中的領軍人物，這一代詩人不斷尋求突破社會主義—現實主義文學和文化的限制。

面對那些感到焦慮的幹部，黨的新路線則被包裝成向「列寧主義原則」的回歸。這意味著許多事情，其中包括終結對黨機關的清洗，以及某種程度上的權力去中心化，這兩項轉變都令各地區和各共和國精英階層的力量得到增強。烏克蘭的幹部們非常歡迎這樣的新機遇，各地建立了負責經濟發展的地方委員會（另一項二〇年代政策的回歸），這讓烏克蘭的當權者掌握了位於本國境內企業的百分之九十以及全部農業設施。較之他們的前任，此時的當權者們獨立於中央的程度大大提高了。從五〇年代初開始，烏克蘭的管理者們就變成了當地官員，幾乎不再有來自俄羅斯或其他蘇聯加盟共和國的黨政官員流入。地方幹部們互相之間連接成一種裙帶網絡，而黨機關領導人的位置，則由他（當時的黨機關中很少有女性身影）對其上級的個人忠誠決定。烏克蘭共產黨的這張網絡一直延伸到克里姆林宮，由此變得比蘇聯其它加盟共和國中的網絡更加穩定和獨立。

赫魯雪夫的改革促進了蘇聯工業的驚人發展，也讓蘇聯社會的城市化程度不斷提高。他提出的五層廉價公寓（後來被稱為赫魯雪夫公寓，khrushchevki）建設計畫改變了每一座蘇聯城市的天際線，讓數以十萬計的市民得以從臨時居所和狹小的社區公寓搬進配備了暖氣、自來水和室內廁所的獨立公寓。在赫魯雪夫時代，儘管大部分國家資源都流向了對哈薩克的處女地和西伯利亞自然資源的開發，烏克蘭仍是新的工業增長最大的受益者（同時也是受害者）之一。

在五〇年代和六〇年代，聶伯河上又出現了三座新的水電站，改變了自然的河水流向，形成了巨大的人工湖，淹沒農田和附近的礦山，並永久性地改變了當地的生態。為生產農業殺蟲劑和大眾消費品而建起的化工專案，增強了烏克蘭的經濟實力，卻也增加了烏克蘭生態系統的壓力。烏克蘭還深深地參與到蘇聯的核計畫和太空計畫中，這兩項計畫都是伴隨了幾乎整個冷戰時期的軍備競賽的產物。鈾礦在一六四八年博赫丹・赫梅爾尼茨基與波蘭王室軍隊之間的第一次戰役發生地附近的城鎮若夫季沃季被發現，並得到開採，歐洲最大的導彈工廠則興建於附近的城市聶伯羅彼得羅夫斯克。烏克蘭對蘇聯實現進入太空的突破同樣貢獻巨大。為了回應這樣的貢獻，並認可烏克蘭在蘇聯加盟共和國中高低排列中的象徵性地位，第一名搭乘蘇聯火箭進入太空的非俄羅斯太空員就是烏克蘭人，這名太空員名叫帕夫洛・波波維奇（Pavlo Popovych），出生於基輔地區，他在一九六二年首次進入太空，並在一九七四年再次實現太空之旅。

可以預見，蘇聯的太空計畫發展和軍工專案並未為民眾帶來多少福祉，反而讓他們在六〇年代初瀕臨饑荒。這次食品短缺的直接原因是蘇聯農業生產遭遇了一系列旱災。這一次，政府不再像一九三二至一九三三年間和一九四六至一九四七年間那樣繼續出口糧食，而是決定從國外進口糧食，從而避免了重複上述時期的災難，這一舉動成為與史達林時代分道揚鑣的標誌。藉由大幅提高農業產品的收購價（其中糧食價格提高了七倍），赫魯雪夫努力減輕農民們的困境，增加集體農莊的生產效率。他還將加入集體農莊的農民們的自留地削減了一半，認為這樣可以讓他們免於家中的額外勞動，有更多的時間和精力從事集體農莊的耕作。

然而赫魯雪夫出於善意的政策沒能帶來他期待的結果，他繼續保留著集體農莊應該種植什麼作物以及如何種植的決定權，努力推動玉米產量的增長，然而玉米無法在莫斯科的共產黨官僚們所選定的地區生長，最終也沒能長出來。赫魯雪夫試圖讓農民獲得更多休息時間，卻因此削弱了自留地上的農業產出。從一九五八年到一九六二年，農民們個人擁有的家畜數量從二千二百萬頭下降到一千萬頭，減少了超過一半。旨在增加生產力、提高鄉村地區生活水準的改革反而讓城市中的農業產品價格飛漲：奶油的價格增長了百分之五十，肉類價格則增長了百分之二十五。五〇年代成為許多城市居民記憶中失去的天堂，而農民們則更喜歡六〇年代。

一九六四年十月，赫魯雪夫身邊小圈子的成員們（包括他來自烏克蘭的親信列昂尼德．勃列日涅夫和尼古拉．波德戈爾尼在內）藉由一場宮廷政變將赫魯雪夫趕下了台。赫魯雪夫是蘇聯最了不起的改革者之一，卻沒有多少蘇聯公民為他說好話。他們反而充分利用赫魯雪夫的去史達林化政策提供的機會，公開對這位被推翻的領袖和他的經濟政策提出抱怨，因為他的經濟政策讓商店的貨架空空如也，讓農業產品的價格高居不下。

蘇聯的新領導人們發動政變的部分目的，在於擔心赫魯雪夫會將經濟困境歸咎於他們，並剝奪他們的權力。他們決定放慢腳步，廢除了地區經濟委員會，在莫斯科重建全國性的政府部門，將之作為蘇聯經濟的主要管理機構，從而回到了三〇年代建立的中央計畫經濟模式。不過他們並未觸動高價的農業產品收購價格，因此，農業在史達林時代是收入來源，現在卻變成了一個不斷需要新補貼的經濟黑洞。集體農莊中的農民們的生活從來不易，此時也有了小小的改善，然而他們的生產效率卻未能提高。此外，新領導人們一直沒有恢復農民的自留地份額，而是繼續壓制農業領域中個人的積極性。與赫魯雪夫一樣，他們將提高民眾生活水準作為官方目標，卻又擔心私有財產和個人積極性帶來的威脅。

赫魯雪夫下臺了，接替他成為黨領導人的是缺乏意識主義色彩的列昂尼德·勃列日涅夫，這使得赫魯雪夫的「共產主義明天」宣傳運動逐漸降溫，史達林時代那種對公共討論的管制也得以恢復，高壓政治捲土重來。可想而知，新的領導層釋出轉變訊號的方式，是逮捕了兩名在西方出版作品的作家——安德列·西尼亞夫斯基（Andrei Siniavsky）和尤里·丹尼爾（Yulii Daniel），並以從事反蘇活動的罪名起訴他們。逮捕發生在一九六五年秋，即赫魯雪夫被解職之後一年。一九六六年初，這兩名知識分子被分別判處七年和五年苦役，這場審判意味著「赫魯雪夫解凍」壽終正寢。

在烏克蘭，逮捕行動始於一九六五年夏天，比上述事件還要早上幾個月。基輔和勒維夫的年輕知識分子在「解凍」時期開始進行文學和文化活動，如今卻成為國家安全委員會的目標。烏克蘭持反對運動的早期運動者葉烏亨·斯維爾斯丘克（Yevhen Sverstiuk）在後來將他們的活動定性為一場為「年輕的理想主義……對真理和正直的尋覓……以及對官方文學的拒斥、抵抗和反對」所驅動，是主要發生在文化領域的運動。這些年輕知識分子關注烏克蘭民族及其文化的命運，使用馬克思—列寧主義的語言進行論爭，不斷挑戰赫魯雪夫的去史達林化和「重歸列寧主義」運動的邊界。這一點在烏克蘭持不同政見者運動第一批「薩姆維達夫」（samvydav，俄語讀作samizdat，意為「自行出版」）文本之一〈國際主義還是俄羅斯化〉中表現得尤為明顯。這篇文章寫於一九六五年針對烏克蘭持不同政見者的第一次逮捕行動之後不久，作者是年輕的文學批評家伊凡·久巴（Ivan Dziuba）。文章認為史達林式的蘇維埃民族政策已經脫離了列寧主義方向，成為國際主義的敵人，並為俄羅斯沙文主義所綁架。

當局在政治上愈來愈僵化，對各種形式的反對也愈來愈不能容忍，然而，在烏克蘭，「赫魯雪夫解凍」卻並未隨著第一批年輕知識分子的被捕而結束，並在某些方面一直持續到七〇年代初期，這一點至少在烏克蘭民族共產主義的復興上體現得十分明確。這場復興運動擁有一位強有力的支持者——烏共中央第一書記、蘇共中央政治局成員彼得羅・謝列斯特（Petro Shelest）。謝列斯特出身於烏克蘭東部哈爾基夫地區的一個農民家庭，在二〇年代加入共產黨。與同時代的民族共產主義者們一樣（米柯拉・斯克里普尼克就是其中之一，他不僅獲得平反，還在六〇年代的烏克蘭受到紀念），謝列斯特相信自己的主要任務不是聽從莫斯科的命令，而是推進烏克蘭的經濟發展，並支持烏克蘭的文化。此時俄語給烏克蘭語造成的壓力與日俱增：從二戰前開始，烏克蘭語學校的學生數量就不斷下降，而俄語學校學生所占的比例卻從一九三九年的百分之十四升高到一九五五年的百分之二十五，在一九六二年更是超過了百分之三十。

這樣的數據讓彼得羅・謝列斯特感到不安，他主導了一場新的烏克蘭身分認同建構運動，這種身分認同以烏克蘭在擊敗德國侵略中作出的貢獻為榮，以其在蘇聯中提高的地位為傲，將對社會主義實驗的忠誠、烏克蘭本土愛國主義和對烏克蘭歷史文化的推崇融為一體，堪稱二〇年代形成的蘇維埃身分認同和兩次世界大戰期間在波蘭、羅馬尼亞乃至外喀爾巴阡地區形成的民族認同的結合。儘管蘇維埃元素在這種身分認同中仍占據主導地位，卻也不得不做出調整，在文化上變得比在別的情況下更有烏克蘭色彩，變得更加自信。

這一時期莫斯科的政治局勢與二〇年代頗有相似之處，讓謝列斯特得以回歸民族共產主義理念，並在赫魯雪夫下臺後仍長期保有實踐這種理念的能力。與二〇年代一樣，六〇年代有許多政治派系參與到對黨和政府的控制權的爭奪中，來自烏克蘭共產黨幹部的支持在莫斯科變得十分重要。當時勃列日涅夫集團正面臨以國家安全委員會前領導人亞歷山大・謝列平（Aleksandr Shelepin）為首的幹部集團的競爭，謝列斯特樂得以向勃列日涅夫提供支援，來為烏克蘭換取有限的政治和文化自治權。這一非正式的合作關係在一九七二年走向終點。其時勃列日涅夫已經將謝列平邊緣化，決定開始對付謝列斯特。謝列斯特在一九七二年被調往莫斯科，儘管他仍是位於莫斯科的蘇共中央政治局委員，卻因他的著作《啊，烏克蘭，我們的蘇維埃故鄉》（*O Ukraine, Our Soviet Land*）而被批判為倒向民族主義，因為這本書充滿了對烏克蘭歷史和烏克蘭在社會主義時期的成就的驕傲之情。

勃列日涅夫以他的忠誠黨羽弗洛基米爾·謝爾比茨基（Volodymyr Shcherbytsky）替代了謝列斯特，謝爾比茨基來自勃列日涅夫的家鄉聶伯彼得羅夫斯克地區，聶伯彼得羅夫斯克派在莫斯科和基輔排擠了其他烏克蘭幹部，對黨和國家機器的控制愈來愈牢固。隨著謝列斯特離開烏克蘭，他的追隨者遭到清洗，而烏克蘭知識分子群體也受到攻擊。「民族共產主義」文章〈國際主義還是俄羅斯化〉的作者伊凡·久巴由於他在一九六五年的這部作品，被判五年勞改外加五年國內流放。米哈伊洛·布萊切夫斯基（Mykhailo Braichevsky），以及其他許多研究一九一七年之前的烏克蘭歷史、尤其是「民族主義」的哥薩克時期的歷史學家和文學學者，也被逐出了烏克蘭科學院等機構。國家安全委員會補上了它在彼得羅·謝列斯特掌管烏克蘭時無力完成的任務。然而，高壓措施所能做的僅限於此，並且總會結束。下一次，當烏克蘭共產黨精英階層和烏克蘭知識分子建立起反抗莫斯科的共同陣線時，他們已經不再需要團結在重歸列寧主義理想的口號之下。

25

Good Bye, Lenin!

第二十五章　再見，列寧

一九八二年十一月十五日，烏克蘭和蘇聯其它加盟共和國的公民們，都緊緊盯著他們的電視機螢幕，每個頻道都在播放一條從莫斯科發出的消息：蘇聯領導人、眾多外國和國際組織的代表以及數以萬計的莫斯科人都聚集在紅場上，送別列昂尼德．勃列日涅夫——一個統治這個超級大國長達十八年的烏克蘭人。他身患慢性病已經有相當長一段時間，幾天前在睡夢中死去，許多從不知有其他領導人的電視觀眾難以相信「列昂尼德．伊里奇．勃列日涅夫、為了世界和平不知疲倦的戰士」（這是官方宣傳機構對他的頌詞）就這樣走了。他的老人政治凍結了蘇聯社會向上爬升的空間，讓所有改變的希望破滅，似乎擁有讓時間停止的力量。對此，官方使用的術語是「穩定」，很快勃列日涅夫時代就將被人們稱為停滯時期。

在一九六六年到一九八五年的二十年間，烏克蘭的年度工業增長率從百分之八點四下降到百分之三點五，而表現向來不佳的農業的增長率則從百分之三點二下降到百分之〇點五。這還只是官方數字，在一個充斥著虛假報導的時代裡沒有太多意義，現實的情況更為嚴峻。蘇聯愈來愈依賴其通過向海外出售石油和天然氣獲得的強勢貨幣，在七〇年代初，當蘇聯和西方的工程師們還在忙於修建將天然氣從西伯利亞和中亞送往歐洲的管道時，產自烏克蘭達沙瓦（Dashava）和謝別林卡（Shebelynka）的天然氣被運往中歐而不是國內消費者家中，以換取強勢貨幣。隨著這些氣田的枯竭，烏克蘭很快就會成為一個天然氣進口國。

赫魯雪夫曾向蘇聯民眾承諾他們將會生活在共產主義時代，這一承諾從未變成現實，並已被當局的宣傳家們徹底遺忘。蘇聯人生活水準的下降有如自由落體，唯一讓下降減緩的力量是國際市場上的高油價。到勃列日涅夫去世之時，精英階層和大眾都完全不抱有希望，不僅針對共產主義，也針對「發達的社會主義」——這個詞取代了共產主義成為官方對蘇聯社會形態的定義。隨著勃列日涅夫的棺材被放進克里姆林宮圍牆附近新開掘的墓穴，克里姆林宮的鐘樓報出下一個時辰，禮炮也齊聲鳴放，宣布一個時代的終結和新時代的到來。激進的改革嘗試、急劇的經濟下滑和強大蘇聯在政治上的分崩離析都將在這個新時代出現。在這個崩解過程中，烏克蘭將走在前列，迎來自己以及其它那些較為猶豫的蘇聯加盟共和國的獨立。

在那些站在列寧墓前的主席臺上、為已故的勃列日涅夫致禱詞的蘇共中央政治局委員中，有一個人顯得與眾不同，他就烏克蘭共產黨的領導人弗洛基米爾・謝爾比茨基。此時是十一月，天氣寒冷，然而滿頭銀髮的謝爾比茨基為了表對對勃列日涅夫的敬意，一直沒有戴上帽子。謝爾比茨基在其政治生涯大部分時間裡都是勃列日涅夫的代理人，因此有理由感到悲傷。在勃列日涅夫意外辭世之前，克里姆林宮內部已有傳言說勃列日涅夫會在即將到來的中央委員會全會上宣布辭職，將權力移交給謝爾比茨基，以此保證聶伯彼得羅夫斯克派在這個國家的領導集團中的優勢地位。謝爾比茨基是聶伯彼得羅夫斯克本地人，在被調往基輔前就是聶伯彼得羅夫斯克的共產黨領導人。然而勃列日涅夫死在了全會召開之前，新任的黨領導人是國家安全委員會前領導人尤里・安德羅波夫（Yurii Andropov）。安德羅波夫與聶伯彼得羅夫斯克派毫無瓜葛，很快就會對勃列日涅夫的黨羽們展開貪腐調查。

葬禮之後，謝爾比茨基將會返回烏克蘭，在那裡韜光養晦，以求平安渡過這段難以預測的時間。身體狀況良好的他此時才六十四歲，在政治局成員中算得上年輕人。他的直接競爭對手們年齡都比他大，健康狀況也不佳。此外，在他執掌烏克蘭共產黨最高權力的時期，謝爾比茨基已經建立起一個忠於自己的代理人群體。安德羅波夫於一九八四年二月❶死去，而他的繼任者康斯坦丁・

契爾年科（Konstantin Chernenko）死於一九八五年三月。謝爾比茨基活到了他們去世之後，然而此時他攀上莫斯科權力之巔的機會已經過去了。由尼基塔．赫魯雪夫建立、由勃列日涅夫加強的俄羅斯—烏克蘭上層間合作關係，此時幾乎已經蕩然無存。新的蘇聯領導人米哈伊爾．戈巴契夫在一九八五年三月上臺。他精力過人，與烏克蘭共產黨機構沒有任何關聯。戈巴契夫的父親是俄羅斯人，母親是烏克蘭人，在俄羅斯人和烏克蘭人混居的北高加索地區長大，從小就對烏克蘭民歌耳熟能詳，然而他首先是一位蘇聯愛國者，對俄羅斯之外的任何加盟共和國都沒有特別的感情，並將勃列日涅夫的盟友們在各加盟共和國創建的代理人網絡，視為對他的權位的威脅，也是對他上臺伊始就啟動的改革計畫的威脅。

那條在此前三十年中不斷將烏克蘭幹部向莫斯科輸送的輸送帶，很快就停止了運行。戈巴契夫從俄羅斯各地區調來新人，其中包括他後來的敵人伯里斯．葉爾欽（Boris Yeltsin）。一九八六年十二月，戈巴契夫打破了自史達林去世以來中央與各加盟共和國之間的默契——每個加盟共和國的共產黨領導人都必須是本地人，且須來自本地第一民族。他將俄羅斯人根納季．科爾賓（Gennadii Kolbin）「空降」到哈薩克，替換了忠於勃列日涅夫的哈薩克人丁穆罕默德．科納耶夫（Dinmukhamed Konayev）。與葉爾欽一樣，科爾賓是斯維爾德洛夫斯克（即今位於烏拉山區的工業城市葉卡捷琳娜堡）的黨組織培養出來的官員，與哈薩克從無關係，也不曾在那裡工作。他的任命讓哈薩克學生們走上街頭，掀起了蘇聯戰後歷史上第一次民族主義暴動。

一九八六年四月，距基輔不到七十英里的的車諾比（Chernobyl）核電廠發生爆炸，在烏克蘭造成了世界歷史上最大的科技災難。此後不久，莫斯科的新領導集團與烏克蘭領導層之間的裂痕就公開化了。提議將核能帶到烏克蘭的是烏克蘭科學家和經濟學家，而當時擔任烏克蘭共產黨領導人的彼得羅·謝列斯特希望為烏克蘭迅速發展的經濟提供新的電力，在六〇年代努力鼓吹這一方案。一九七七年車諾比核電站開始並網發電時，包括「六〇一代」領軍人物之一伊凡·德拉奇在內的烏克蘭知識分子都對烏克蘭進入核能時代表示歡迎。對德拉奇和其他烏克蘭愛國者而言，車諾比意味著烏克蘭向現代化更進了一步。然而，德拉奇和其他熱情的核能鼓吹者沒有留意到：這個專案的運行權力掌握在莫斯科手中，而電廠大部分的技術人員和管理人員都來自烏克蘭之外。烏克蘭從車諾比獲得電力，卻對核電廠內部事務幾無發言權。與蘇聯其它所有核設施以及烏克蘭大部分工業企業一樣，這座核電廠歸屬蘇聯政府部門管轄。這座核電廠與在這裡發生的那次事故都以俄語對附近那座城市的拼寫命名，並為世界所知——即車諾比（Chernobyl），而非烏克蘭語的喬爾諾貝利（Chornobyl）。

一九八六年四月二十六日，由於一次失敗的渦輪機測試，車諾比核電廠第四號反應爐發生了爆炸。直到此時，烏克蘭領導人們才突然意識到他們對自身的命運以及這個共和國的命運多麼缺乏掌控。一些烏克蘭官員被邀請加入中央政府負責處理事故後果的委員會，卻幾乎沒有發言權，只能聽從莫斯科以及莫斯科派出的現場代表的指令。他們負責組織核電廠周圍三十公里範圍內居民的重新安置工作，卻不被允許將事故的規模和它對自己同胞健康的威脅告知全體烏克蘭人。這個加盟共和國的政府對烏克蘭命運掌控權的有限程度在一九八六年五月一日早上變得昭然若揭，這一天發生了風向改變，原本向北和向西的風向轉為向南，使輻射雲飄向烏克蘭首都，這座城市擁有超過二百萬

❶ 譯註：原文作十二月，有誤。

人口，而輻射狀況正在發生快速變化，考慮到這一點，烏克蘭當局試圖說服莫斯科取消原計畫的國際勞動節遊行，卻沒能成功。

五月一日，當黨的組織者們讓組成佇列的學生和工人走上基輔大街，準備開始遊行時，共和國領導人中有一位非常引人注目地缺席了，那就是弗洛基米爾·謝爾比茨基，這是他漫長的政治生涯中第一次在五一節遊行時遲到。當他乘坐的豪華轎車最終出現在基輔的主要街道和遊行的核心路段赫雷夏蒂克大街時，烏克蘭共產黨的高層們發現謝爾比茨基流露出明顯的不安。「他告訴我：要是你搞砸了這次遊行，就請直接退黨吧，」這位烏克蘭共產黨領導人對他的幕僚們說。沒有人不明白這句話裡那個沒被提到名字的「他」是誰——整個國家裡只有一個人有資格威脅將謝爾比茨基開除出黨，那就是米哈伊爾·戈巴契夫。儘管輻射量正在快速上升，戈巴契夫仍舊命令他的烏克蘭下屬照常執行任務，以向全國和全世界顯示一切都在掌握之中，而車諾比的爆炸也不會威脅到民眾的健康。謝爾比茨基和其他烏克蘭共產黨領導人很清楚事實並非如此，卻覺得除了聽從莫斯科的命令之外別無選擇。遊行按原計畫舉行，他們只能將它從四個小時縮短到二個小時。

車諾比核電廠第四號反應爐的爆炸和部分熔毀將約五千萬居禮的輻射量釋放到大氣中，這相當於五百顆廣島原子彈釋放出的輻射量，僅在烏克蘭就有超過五萬平方公里的土地受到輻射汙染，比整個比利時的面積還要大。光是反應爐周圍的隔離區面積就達二千六百平方公里。爆炸發生後一週之內，有九萬多居民從隔離區被疏散出來，其中大部分人從此再也不能回到自己的家。近五萬名核電廠建築工人和運營人員居住在普里皮亞季城（Prypiat），這座城市至今仍處於遺棄狀態，成為一座現代的龐培城和蘇聯最後歲月的紀念碑。在普里皮亞季城中的屋牆上，至今仍能看到弗拉基米爾·列寧和共產主義建設者們的肖像，也能看到讚美共產黨的口號。

在烏克蘭，有二千三百個定居點和超過三百萬人受到輻射塵的直接影響，因依賴聶伯河和其它河流水源而受到這場爆炸威脅的人口則有近三千萬。這次事故對烏克蘭北部的森林地帶也是一場災難，這裡是烏克蘭最古老的定居區域，千百年來當地居民一直在這裡躲避來自草原的入侵者。現在這些曾讓人們免於遊牧民族傷害，曾為一九三二至一九三三年大饑荒倖存者提供食物的森林，卻變成了毀滅之源。樹葉成為了輻射源，而輻射這一看不見的敵人讓人無從躲避。這是一場世界級的災難，而烏克蘭是除了毗鄰的白俄羅斯之外對這場災難感受最為痛切的地區。

輻射影響了從黨的領導層成員到普通大眾的每一個人，因此車諾比核事故讓烏克蘭黨內和社會各界對莫斯科及其政策的不滿急劇增長。當烏克蘭共產黨的領導人們動員烏克蘭人面對這場災難的後果，並打掃中央留下的爛攤子時，許多人不禁要問自己：為何他們要拿自己和自己家人的生命來冒險？他們在餐桌旁抱怨中央的失敗政策，向他們信任的人吐露失望情緒。然而烏克蘭的作家們不願保持沉默，在一九八六年六月的一次烏克蘭作家協會會議上，許多在十年前曾為核能的到來歡呼的人開始將它譴責為莫斯科用來控制他們的國家的工具。伊凡·德拉奇（Ivan Drach）是引領這場攻擊的人之一，他的兒子是基輔一所醫學院的學生，在事故後不久就被派往車諾比，沒有得到充分的指示，也沒有防護設備，並因輻射而中毒。

車諾比的災難讓烏克蘭覺醒了，讓人們開始思考諸如加盟共和國與中央的關係，和共產黨和民眾的關係等這些基本的問題，並促成了勃列日涅夫時代的多年死寂之後的第一場公共大討論——這個社會正在努力奪回自己的發言權。「六〇一代」站在了這場運動的最前列，他們中包括作家尤里·謝爾巴克（Yurii Shcherbak）。謝爾巴克在一九八七年末成立了一個環保團體，後來發展為綠黨。環保運動將烏克蘭視為莫斯科所作所為的受害者，因此成為戈巴契夫改革時期烏克蘭最早的民族動員形式之一。克里姆林宮的新主人不僅讓烏克蘭共產黨領導層與他疏遠，還讓擁有民主思想的知識分子和充滿民族意識的知識階層動員起來反對身為統治上層的精英。結果證明，烏克蘭的這兩個彼此衝突的群體，即共產黨體制內集團，以及新生的民主反對派，將會在反對莫斯科統治集團、尤其是反對戈巴契夫中找到共同利益。

米哈伊爾・戈巴契夫在許多方面都稱得上是「六〇一代」的成員，他的世界觀在很大程度上受到赫魯雪夫的去史達林化運動的影響，也受到蘇聯和東歐的自由派經濟學家和政治學家在六〇年代宣傳的社會主義改革理念啟發。一九六八年布拉格之春（Prague Spring）的主要理論家之一茲德涅克・姆利納日（Zdeněk Mlynář）正是戈巴契夫五〇年代在莫斯科大學法學院讀書時的室友。戈巴契夫與他的幕僚們希望對社會主義進行改革，讓它變得更有效率，「對用戶更友善」，或者如一九六八年蘇聯入侵之前布拉格人所說：要創造一種有人性面孔的社會主義。

戈巴契夫首先從「加快」蘇聯經濟發展著手，這不需要根本性的改革，卻強調對現有機構和資源進行更有效率的利用。然而此時的蘇聯經濟能加快的只有衰落的速度。正如勃列日涅夫時代的一個笑話所說：「我們曾站在深淵邊緣，不過那以後我們向前跨越了一大步」。「加速」的話語很快就讓位於「重整」（perestroika）政策，要求莫斯科的各政府部門放棄決策權，並且不像赫魯雪夫時代那樣將之轉交給各地區和各加盟共和國，而是交給各個獨立的企業。這令中央的官僚機構和各地的領導人感到頭痛，而戈巴契夫的「公開化」（glasnost）政策更讓他們寢食難安。如今下層也可以對他們發出批評，並且受到莫斯科媒體的鼓勵。「重整」政策在一開始讓這位新領導人和他的改革派觀點，獲得了來自知識分子和城市知識階層的支持，這些人已經受夠了勃涅日涅夫時代對公共生活的控制和官方宣傳中的謊言。

戈巴契夫的改革為從社會下層進行政治動員創造了機遇。在烏克蘭，那些六〇年代和七〇年代的異議者剛剛從古拉格系統中被放出來不久，就成為利用這種新的政治和社會氣氛的先鋒。一九八八年春，他們建立起「重整」時期烏克蘭第一個公開的政治組織——烏克蘭赫爾辛基同盟（Ukrainian Helsinki Union）。這個同盟的大部分成員此前都屬於勃列日涅夫時代的烏克蘭赫爾辛基小組，包括其領導者、在莫斯科接受律師訓練的律師列夫科・盧基揚年科（Levko Lukianenko）在內——他在監獄裡和國內流放中度過的歲月超過四分之一個世紀。烏克蘭赫爾辛基小組是一個創建於一九七六年的異議組織，以監督蘇聯政府履行一九七五年夏天在芬蘭首都赫爾辛基召開的歐洲安全與合作會議所確定的人權義務為己任。赫爾辛基小組和後來的赫爾辛基同盟的許多成員，在六〇年代時都還是馬克思主義者，期待恢復「列寧路線」的民族政策，但一九七二年彼得羅・謝列斯特被調離烏克蘭和同期發生的逮捕行動，讓他們的共產主義理想徹底破滅。赫爾辛基運動為烏克蘭的持異議者們提供了一種新的意識形態，即人權理念，其中包括個人和民族在政治和文化領域的權利。

在「重整」時期的頭幾年，對民族文化、尤其是語言的保護，是業已被動員起來的烏克蘭社會關注的焦點之一。烏克蘭第一個真正意義上的大眾組織就是烏克蘭語言（保護）協會（Society [for the Protection] of the Ukrainian Language），這個協會創建於一九八九年，而到了當年年底，它已經擁有十五萬會員。烏克蘭知識分子們認為烏克蘭民族的根本，也就是烏克蘭的語言和文化，正在受到威脅，其中語言受到的挑戰尤其突出。根據一九八九年的普查結果，烏克蘭五千一百萬人口中有百分之七十三是烏克蘭族，然而這部分人中只有百分之八十八稱烏克蘭語為他們的母語，而將烏克蘭語當做常用語言的更是只有百分之四十。造成這種情況的主要原因是城市化進程——當烏克蘭人從鄉村遷入城市，他們在文化上就被俄羅斯化了。截至八〇年代，大部分烏克蘭城市的人口仍以烏克蘭人為主（像頓內次克這樣以俄羅斯人為主的城市是極為少見的例外），然而，除了位於西烏克蘭的勒維夫之外，所有烏克蘭主要城市的常用語言都是俄語。烏克蘭語言協會希望逆轉這一進程，將那些不常說烏克蘭語，卻自稱烏克蘭人並認為自己的子女應當說烏克蘭語的人，當做首要的宣傳目標，而這是一場艱苦的戰鬥。

到了八〇年代晚期，蘇聯往往被描述為一個不僅未來難以預測，連過去都難以預料的國家。與其他非俄羅斯民族一樣，烏克蘭人努力嘗試恢復被蘇聯官方史學和宣傳掩蓋數十年之久的歷史。米哈伊洛·赫魯舍夫斯基的歷史著作重新進入了公共領域，印刷達到數十萬冊，成為這場「恢復」運動的起點。作品得到重印的還包括二〇年代的一批作家和詩人——他們是所謂「被砍頭的烏克蘭文藝復興」的代表人物，其中許多人沒能活過三〇年代的恐怖時期。與在俄羅斯和其它加盟共和國一樣，記憶協會（Memorial Society）在烏克蘭也成為挖掘大清洗時代史達林罪行的領導者。在這一方面，烏克蘭知識分子們有許多獨一無二的、屬於他們的祖國的故事要講。其中第一個故事就是此前被當局完全掩蓋的一九三二至一九三三年大饑荒，第二個故事則是烏克蘭民族主義者組織和烏克蘭反抗軍戰士們在四〇年代末和五〇年代初進行的武裝抵抗蘇聯運動。

大饑荒是烏克蘭東部記憶的一部分，而民族主義抵抗和暴動則是西烏克蘭的特徵，然而某一歷史敘事想像的復活卻能將東部和西部聯合起來，那就是關於哥薩克歷史的故事。彼得羅·謝列斯特在一九七二年被調離之後，當局曾對歷史學家和作家群體中所謂的「親哥薩克派」進行了一次清洗，將對哥薩克歷史的興趣等同於民族主義思想的表達。此時，隨著官方歷史世界觀的崩潰，哥薩克神話重回公眾視野。確實，正如勃列日涅夫的宣傳家們所認為的，這一神話的確與民族主義思想緊密相關。

烏克蘭運動者們當中許多人來自加利西亞和西烏克蘭，而這群運動者在一九九〇年夏天組織了一場「東進」，即對聶伯河下游地區札波羅結和哥薩克遺跡的一次大規模朝聖活動，旨在「喚醒」這個加盟共和國東部地區民眾的烏克蘭身分認同。活動取得了巨大的成功，將成千上萬的民眾動員起來，並普及了另一版本的烏克蘭歷史——與那個在仍舊十分親共的南烏克蘭地區占統治地位的版本不同。第二年，原本反對這次「東進」的當局決定加入日漸崛起的哥薩克神話潮流，在東烏克蘭和西烏克蘭都舉辦了哥薩克歷史紀念活動，卻沒能收穫期待中的政治紅利，黨和黨的信用正在急劇崩潰之中。

「得有多白痴才會想出『重整』這個詞？」第一次聽說這個字眼時，謝爾比茨基對他的下屬們說道。戈巴契夫在一次對基輔的訪問中，要求經過國家安全委員會篩選的民眾向地方領導層施加壓力。謝爾比茨基當時在場，他轉向自己的幕僚，指向自己的腦袋，暗示戈巴契夫頭腦混亂，並問道：「那他到底還有什麼人可依賴呢？」一九八九年九月，戈巴契夫認為自己已經足夠強大，可以對付勃列日涅夫政權在政治局中的最後遺老，也就是謝爾比茨基本人。他在當月來到基輔，告知當地共產黨領導層：蘇共中央政治局已經表決同意將謝爾比茨基趕出政治局。於是烏共中央委員會也別無選擇，只能免除謝爾比茨基的第一書記職務。不到半年之後，謝爾比茨基病死，他無法面對自己政治生涯的終結，也無法面對他一生維護的那個政治和社會體制的終結。

在不止一個意義上，一九八九年都是烏克蘭政治歷史上的轉捩點：首先，隨著第一次半自由的蘇維埃議會選舉，大眾政治得以興起；其次，第一個大眾政治組織「人民重整運動」（The Popular

Movement for Perestroika）得以出現，這個被簡稱為「運動」（Rukh）的組織的成員數量在一九八九年秋天就達近三十萬，到一九九〇年底又翻了一倍還多；最後，曾被史達林政權趕入地下烏克蘭天主教會也在這一年被合法化，其成員數以百萬計。一九九〇年，新的烏克蘭議會選舉更是戲劇性地改變了烏克蘭的政治版圖，民主派代表們組成了被稱為「人民會議」的黨團。儘管「人民會議」的成員僅占議會代表總數的四分之一，卻改變了烏克蘭政治的基調。同年夏天，烏克蘭議會追隨波羅的海諸加盟共和國議會和俄羅斯議會的腳步，宣布烏克蘭為主權國家。這次宣言並未確定烏克蘭退出蘇聯，卻將烏克蘭法律置於蘇聯法律之前。

中央無力制止各加盟共和國對自己主權的主張。蘇聯改革之父戈巴契夫此時自身難保，共產黨上層已經離他而去，中央和各加盟共和國的知識階層也不再支持他。他的經濟改革讓整個經濟體系失去了平衡，讓產量數據出現螺旋下降，並讓已經很低的生活水準進一步惡化。共產黨巨頭們認為這場改革威脅他們的權力，被他們認為註定失敗，並將進一步讓他們的地位難保，因此對之十分不滿。另一方面，知識分子們則認為這場改革還不夠激進，實施得也過於緩慢。具有諷刺意味的是，這些相互敵對的群體都將戈巴契夫、進而將整個中央視為共同的敵人。對主權和最終的完全獨立的追求，成為這些在烏克蘭政治光譜中處於對立的勢力的共同政見，讓他們得以合作。

由於歷史的原因，烏克蘭各個地區的大眾動員模式各有不同。在加利西亞和沃里尼亞，以及（或許還可以加上）布科維納（也就是基於莫洛托夫—里賓特洛甫條約被劃歸蘇聯的地區）大眾動員模式，更接近在二戰初期遭蘇聯吞併的波羅的海諸國的模式。在這些地區，從前的持異議者和知識分子打著民主民族主義的旗號，成為運動的領導者，並取得了地方政府的控制權。在烏克蘭其它地區，共產黨中的精英集團儘管滿心困惑，卻仍然能繼續抓緊權力——由於戈巴契夫的緣故，他們的繼續存在，取決於他們在共和國議會和地方議會中贏得選舉的能力。當烏克蘭最高蘇維埃選舉五十六歲的沃里尼亞人列昂尼德．克拉夫丘克（Leonid Kravchuk）為其新主席時，這名新領導人來自西烏克蘭的事實，看上去仍無足輕重。然而時代正在發生變化。戈巴契夫的改革，讓議會在政府體系中的重要性遠遠超過其它機關。到了一九九〇年底，老謀深算的克拉夫丘克已經成為烏克蘭權力最大，也最受歡迎的領導人。他是唯一一名能與正在興起的、主要植根於西部地區的反對運動對話的烏克蘭官員，在共產黨上層集團中也有相當多的支持者——這些人謀求烏克蘭的政治和經濟自治，被稱為「持主權立場的共產黨人」。

在接下來的一年中，克拉夫丘克展現出真正的政治才能。他在各個議員群體中遊刃有餘，操縱議會，向取得主權並最終取得獨立的方向前進。克拉夫丘克遭遇的第一次能力考驗發生在一九九〇年秋天，由於受到立陶宛在當年三月宣布獨立的警示，也由於其它加盟共和國中日漸興起的獨立運動，戈巴契夫屈服於來自其政府中強硬派的壓力，默許了民主自由的倒退。在烏克蘭，占議會多數的共產黨通過了一條法律，禁止人們在議會大廈附近示威，並批准逮捕了議會中「人民會議」的一名成員。然而事態的演變讓共產黨強硬派們大吃一驚，一九九〇年十月二日，數十名來自基輔、勒維夫和聶伯彼得羅夫斯克的學生沖進了基輔城中的十月革命廣場（即後來的獨立廣場，又被稱為「瑪伊當」〔Maidan〕）開始絕食抗議。他們提出了一系列要求，其中包括烏克蘭政府總理辭職以及烏克蘭退出新的聯盟條約談判——那是戈巴契夫為挽救蘇聯而提出的方案，將賦予各加盟共和國更大的自治權。

面對學生的絕食，當局內部出現了不同的反應。政府出動了員警以驅散抗議者，基輔市議會卻允許抗議繼續。在接下來的幾天裡，絕食抗議者增加到一百五十人，當政府組織其支持者驅趕學生時，近五萬名基輔人來到廣場上保護絕食的學生。很快，基輔的所有大學都開始罷課，抗議者們向議會進發，占領了議會大廈前的廣場。一方面受到街頭抗議的壓力，一方面被克拉夫丘克和議會溫和派勸說做出讓步，議會中占多數的共產黨最終決定讓步。他們允許學生在電視上提出自己的訴求，還解除了參與新聯盟談判的政府領導人的職務，這是烏克蘭學生和整個烏克蘭社會取得的一次重大勝利。一九九〇年十月在基輔市中心發生的事件在後來被稱為「第一次瑪伊當」(「瑪伊當」在烏克蘭語中意為「廣場」)。「第二次瑪伊當」將會出現在二〇〇四年，第三次則會在二〇一三年和二〇一四年發生。

一九九一年八月一日，美國總統喬治・H・W・布希從基輔飛往莫斯科，以促成烏克蘭留在蘇聯內部。此時烏克蘭的政治團體因目標不同已分為兩派。持民族民主主義立場的少數派希望完全獨立——烏克蘭國內的獨立呼聲在一九九〇年三月立陶宛宣布獨立之後日益高漲。議會中占多數的共產黨人想要的則是在一個改革後的聯盟中擁有更大的自治權——這也是戈巴契夫的目標。戈巴契夫嘗試用武力阻止立陶宛、拉脫維亞和愛沙尼亞等波羅的海共和國的獨立行動，卻在一九九一年初失敗。隨後他呼籲用全民公投來決定聯盟是否應該繼續存在，公投於一九九一年三月舉行，投票者中有百分之七十支持成立一個經過改革的新聯盟。戈巴契夫也重啟了與各加盟共和國領導人的談判，談判對象包括俄羅斯的伯里斯・葉爾欽和哈薩克的努爾蘇丹・納紮爾巴耶夫，試圖說服他們組成更鬆散的聯盟。他與這些人於一九九一年七月下旬達成協議，然而烏克蘭卻不打算簽字。列昂尼德・克拉夫丘克和他的代表團主張的是另一種解決方案，即由俄羅斯和其它共和國組成一個邦聯，而烏克蘭的加入需要滿足它自己提出的條件。

在對烏克蘭議會發表的演講中，布希選擇站在戈巴契夫一邊。他的講話被美國媒體稱為「軟弱的基輔講話」（Chicken Kyiv❷），因為這位美國總統竟然不願支持烏克蘭民族民主主義派代表們對獨立的追求。布希傾向於讓波羅的海諸國獨立，但仍將烏克蘭與其它加盟共和國結為一體。他不願在世界舞臺上失去一個可靠的夥伴——戈巴契夫和他所代表的蘇聯。此外，蘇聯出現不受控制的解體的可能性也讓布希和他的幕僚們感到擔憂，因為這可能導致各個擁有核武器的共和國之間的戰爭——除了俄羅斯之外，烏克蘭、白俄羅斯和哈薩克領土上都有核武器部署。布希在對烏克蘭議會的演講中呼籲他的聽眾放棄「自殺式的民族主義」，並避免將自由與獨立混為一談。占多數的共產黨人對布希的演講表示熱烈歡迎，而占少數的民主派則感到失望：華盛頓、莫斯科和烏克蘭議會中的共產黨代表結成的聯盟對烏克蘭的獨立構成了巨大障礙。誰也不會想到，就在這個月結束之前，烏克蘭議會竟以幾乎一致通過的方式選擇了獨立，到了十一月底，原先擔心這個後蘇聯國家出現混亂和核戰爭的白宮也對這次投票表示了支持。

促使烏克蘭議會中的保守派代表改變想法，乃至在後來讓整個世界改變想法的，是一九九一年八月十九日強硬派在莫斯科發動的反對米哈伊爾．戈巴契夫的政變。這次政變事實上在前一天開始於烏克蘭，更準確地說，是在克里米亞——當時戈巴契夫正在此地避暑。八月十八日傍晚，政變者出現在位於福羅斯（Foros）附近的戈巴契夫的海濱別墅門口，要求他實行軍事戒嚴。戈巴契夫拒絕簽字，迫使他們自己採取行動。第二天，政變者們在國家安全委員會領導人、國防部長和內政部長

❷編按：雙關，一道菜餚的名字，chicken又有軟弱膽小的意思。

的領導下，宣布全蘇聯進入緊急狀態。以克拉夫丘克為首的烏克蘭領導層拒絕在烏克蘭實行緊急狀態措施，然而與俄羅斯總統伯里斯．葉爾欽截然不同，他們沒有對政變提出反對。當克拉夫丘克呼籲烏克蘭人民保持冷靜時，葉爾欽卻帶領他的支持者走上街頭，並在軍隊與抗議者之間的第一場流血衝突發生後迫使軍隊撤出了莫斯科。政變方退縮之後終告失敗，這場政變開始之後不到七十二小時就結束了，政變者們也遭到逮捕。莫斯科人走上街頭，慶祝自由戰勝了獨裁，也慶祝俄羅斯戰勝了蘇聯中央政府。

戈巴契夫回到了莫斯科，卻無法奪回他的權力。事實上他已成了另一場政變的犧牲品，這一次的政變領導者是葉爾欽，他利用中央的衰弱，開始了俄羅斯接管聯盟的過程。葉爾欽迫使戈巴契夫撤回將自己的親信任命為軍隊、警察和安全部隊領導人的命令，並中止了蘇聯共產黨的活動，這讓戈巴契夫別無選擇，只能辭去蘇共中央總書記的職務。俄羅斯正在成為聯盟的實際控制者，這一意外的轉折讓一九九一年八月之前仍希望成為聯盟一部分的各共和國對聯盟失去了興趣，此時烏克蘭成為了脫離聯盟的領導力量。

一九九一年八月二十四日，也就是葉爾欽接管聯盟政府之後一天，烏克蘭議會就獨立問題舉行了投票。「鑒於一九九一年八月十九日的政變為烏克蘭帶來的致命威脅，也鑒於烏克蘭千年以來的國家建構傳統，」由列夫科．盧基揚年科（古拉格系統中服刑最長的囚犯，此時的烏克蘭議會成員）起草的〈獨立宣言〉這樣寫道，「烏克蘭蘇維埃社會主義共和國最高蘇維埃慎重宣布烏克蘭從此獨立。」投票結果出乎包括盧基揚年科在內的所有人意料：三百四十六名代表贊成獨立，五人棄權，只有二人反對。一九九〇年春天議會第一次會議以來一直反對獨立的共產黨多數派似乎消失了。克拉夫丘克和他的「持主權立場的共產黨人」團體由於沒有反對政變而遭到反對派的抨擊，選擇了向民族民主主義者靠攏，還將強硬派也一併帶了過來——後者感到自己被莫斯科背叛，而且受到葉爾欽對黨發動的攻擊的威脅。當投票結果出現在螢幕上，會場爆發出熱烈的掌聲。議會大廈外聚集的人群也陷入了狂喜：烏克蘭終於獨立了！

盧基揚年科的宣言在提到烏克蘭國家的千年歷史時，指的是由基輔羅斯所開創的傳統。事實上，他的宣言是二十世紀以來烏克蘭人的第四次宣布獨立的嘗試：第一次於一九一八年發生在基輔及隨後的勒維夫；第二次是在一九三九年的外喀爾巴阡；第三次是在一九四一年的勒維夫。以上的獨立嘗試都發生在戰爭時期，最後都以悲劇收場，這一次的結果會有不同嗎？答案將在接下來的三個月中揭曉。全民公投定於一九九一年十二月一日舉行，與之前確定的第一屆烏克蘭總統選舉在同一天。這次公投將會確認或是推翻議會選擇獨立的投票結果。公投方案的重要性體現在不止一個方面，在八月二十四日，這個方案讓占議會多數的共產黨人中那些對獨立心存疑慮的人選擇了投下贊成票，因為他們的投票畢竟還不是最終決定，仍有可能在將來被推翻。此外，公投還為烏克蘭提供了一個脫離聯盟同時又不與中央發生公開衝突的機會。在戈巴契夫於一九九一年三月舉行的前一次公投中，約百分之七十的烏克蘭人選擇留在一個經過改革的聯盟內，而這一次公投將讓烏克蘭徹底獨立出來。

戈巴契夫相信支持獨立的烏克蘭人絕不會超過百分之七十，葉爾欽卻沒有這樣的信心。一九九一年八月底，也就是烏克蘭議會投票選擇獨立之後不久，葉爾欽就吩咐他的新聞發言人發出一份聲明：如果烏克蘭和其它加盟共和國宣布獨立，俄羅斯將有權對這些共和國與俄羅斯之間的邊界提出質疑。葉爾欽的新聞秘書暗示克里米亞和包括頓巴斯產煤區在內的烏克蘭東部將成為可能的爭議地區，如果烏克蘭堅持獨立，它將面臨被分割的威脅。隨後葉爾欽又派出了以他的副總統亞歷山大・魯茲科伊（Aleksandr Rutskoi）將軍為首的高級代表團，以迫使烏克蘭扭轉立場。然而烏克蘭人守住了自己的陣地，讓魯茲科伊兩手空空地回到莫斯科。恐嚇沒能奏效，而葉爾欽既沒有足夠的政治意願，也沒有足夠的政治資源來兌現他的威脅。

一九九一年九月，烏克蘭進入了一個政治新紀元。六名候選人參選總統，而且這六人都參與獨立運動。克拉夫丘克說服克里米亞當局暫時擱置將克里米亞半島從烏克蘭獨立出來的計畫，留待另一次公投來決定。民意調查顯示：在所有民族團體和所有地區，獨立的支持率都在上升。俄羅斯人和猶太人是烏克蘭最大的兩個少數民族群體，分別有超過一千一百萬人和近五百萬人，而這兩個團體也都表達了對烏克蘭獨立想法的支持——在一九九一年十一月，有百分之五十八的烏克蘭俄羅斯人和百分之六十的烏克蘭猶太人支持獨立。少數民族也開始擁護烏克蘭的國家路線。他們對莫斯科的擔憂和疑慮，比對自己的共和國的首都來得多，這是一九一八年不曾出現的現象。

一九九一年十二月一日，各種族群背景的烏克蘭人都走進投票站決定他們的命運。面對投票結果，哪怕是最樂觀的獨立派也感到難以置信——投票率高達百分之八十四，其中支持獨立的選民超過百分之九十。西烏克蘭地區走在了前面：加利西亞的捷爾諾波爾州有百分之九十九的投票者選擇獨立。然而中部、南部乃至東部也並未落後太多。中部的文尼察州、南部的奧德薩州和東部的頓內次克州的獨立支持率分別高達百分之九十五、百分之八十五和百分之八十三。哪怕是克里米亞，支持獨立的選民也超過了半數：塞瓦斯托波爾有百分之五十七的人選擇獨立，整個克里米亞半島的獨立支持率也有百分之五十四。（當時克里米亞人口中俄羅斯人占百分之六十六，烏克蘭人占百分之二十五，而不久前剛剛開始返回故鄉的克里米亞韃靼人只占百分之一點五。）在中部和東部，許多人既投票選擇獨立，也支持克拉夫丘克競選總統。克拉夫丘克在普選中贏得了百分之六十一的選票，在除加利西亞之外的所有地區取得多數。加利西亞地區的勝利則歸於勒維夫地區政府領導人、在古拉格系統中被囚禁多年的維亞切斯拉夫・喬爾諾維爾（Viacheslav Chornovil）。烏克蘭選擇了獨立，將其未來託付給一名被許多人認為既能在烏克蘭眾多宗教派別和民族之間取得平衡，也能在這個共和國的共產主義歷史和獨立未來之間取得平衡的候選人。

烏克蘭的獨立投票宣告了蘇聯的終結。公投的參與者們不僅改變了自身的命運，也改變了世界歷史。那些尚依附於莫斯科的蘇維埃加盟共和國也因烏克蘭而獲得解放。一九九一年十二月八日，葉爾欽在白俄羅斯貝拉維察森林（Belavezha Forest）的一座狩獵屋裡與克拉夫丘克會面，最後一次嘗試說服克拉夫丘克簽署一份新的聯盟條約。克拉夫丘克拒絕了，並將包括克里米亞和東部地區在內的烏克蘭各州的公投結果告知葉爾欽。葉爾欽只得放棄，他告訴新當選的烏克蘭總統：如果烏克蘭不打算簽字，那麼俄羅斯也不會簽。葉爾欽曾不止一次向美國總統解釋說：如果聯盟中缺少了烏克蘭，俄羅斯就會在數量和選票上被各個以穆斯林為主的加盟共和國壓倒。烏克蘭和俄羅斯擁有豐富的能源資源，一個聯盟如果既沒有烏克蘭也沒有俄羅斯，則無論在政治上還是經濟上都對別的加盟共和國沒有吸引力。於是，三個以斯拉夫人為主的加盟共和國的領導人（葉爾欽、克拉夫丘克，和白俄羅斯的舒什克維奇）在貝拉維察創建了一個新的國際性政治體，即獨立國家國協（Commonwealth of Independent States，獨立國協）；中亞各共和國於十二月二一日加入獨立國協，蘇聯從此不復存在。

一九九一年十二月二十五日，耶誕節，戈巴契夫在國家電視臺發表了他的辭職講話。蘇聯的紅旗從克里姆林宮元老院的旗杆上降下，被俄羅斯的紅藍白三色旗代替，基輔選擇的國旗則為藍黃兩色，莫斯科與基輔之間的象徵關聯不復存在。不同的烏克蘭政治力量曾在各種情勢下進行過四次失敗的獨立嘗試，而今卻不僅結成一體，還獲得了獨立，從此走上自主道路。幾個月前還看似不可能的事情變成了現實：帝國已煙消雲散，一個新的國家已經誕生。從前的共產黨上層，與年輕而雄心勃勃的民族民主主義領袖們攜手創造了歷史，讓烏克蘭成為歐洲最後一個帝國的掘墓人。現在，他們還需要找到辦法，創造一個未來。

26

The Independence Square

第二十六章 獨立廣場

米哈伊爾．戈巴契夫的辭職講話，標誌著蘇聯的正式終結，然而它的解體過程在那一天才剛剛開始。蘇聯的遺緒不僅是凋敝的經濟，還有一套社會經濟基礎結構，以及軍隊、思想方法，加上被共同的歷史和政治文化綁在一起的政治精英和社會精英。取代這個失落帝國的，究竟會是一個由真正獨立國家組成的聯合體，還是一個新版本的以俄羅斯為主導的政治體，結果還並不確定。戈巴契夫辭職之後，新當選的烏克蘭總統列昂尼德．克拉夫丘克和他的幕僚們面臨的第一個挑戰就包括說服他們的俄羅斯同儕，不要讓獨立國協變成蘇聯的化身，而這並非易事。

一九九一年十二月十二日，在俄羅斯議會批准獨立國協協議之際，伯里斯．葉爾欽對議會發表講話說：「鑒於當今的局勢，唯有一個獨立國家國協才能讓那在許多個世紀中建立起來、如今卻幾近喪失的政治、法律和經濟空間得以存續。」二〇一四年三月，在俄羅斯吞併克里米亞時，葉爾欽的繼承者弗拉基米爾．普對他的前上司的這番話做出了回應：「在獨立國協誕生之初，俄羅斯、烏克蘭和其它共和國都有許多人希望它能成為一個新的主權聯盟。」然而，就算當時烏克蘭真有一部分人這樣想，他們也沒有進入烏克蘭議會，因為烏克蘭議會在一九九一年十二月二十日發表了一篇立場相反的聲明：「因其法律地位，烏克蘭乃是一個獨立國家，受國際法之約束。烏克蘭反對將獨立國家國協變成一個擁有自身統治和行政機關的國家結構。」

無論葉爾欽的意圖為何，烏克蘭在獨立問題上的立場是堅定的，並打算利用獨立國協建立的協商機制來討論「離婚」的條件，而不是「重婚」的條件。俄羅斯將獨立國協視為一個重新整合後蘇聯時代空間的工具，烏克蘭則堅持從莫斯科完全獨立出來。一九九三年一月，烏克蘭拒絕簽署《獨立國協憲章》（Statute of the Commonwealth），因而沒有成為這個它在兩年前參與創建的組織的正式成員，這讓兩國之間的緊張關係浮出了水面。烏克蘭將在經濟方面積極參與獨立國協的統籌和行動，但在軍事方面則不會如此。《獨立國協憲章》從未得到烏克蘭的簽署，在整個九〇年代期間，基輔方面還多次拒絕與其它獨立國協成員國簽署各種共同安保協議。在蘇聯武裝力量的將來、核武器庫控制權以及蘇聯黑海艦隊處置方案等問題上，基輔都與莫斯科有著嚴重的分歧。

烏克蘭領導層在早些時候，已經決定以駐紮在烏克蘭境內的蘇聯陸軍和海軍部隊為基礎，建立自己的武裝力量和海軍。波羅的海諸國要求蘇聯軍隊離開，並從零開始創建自己的軍隊，而烏克蘭人卻不能這樣做：駐紮在烏克蘭的部隊規模龐大，擁有超過八十萬官兵，並不打算自願離開。他們無處可去，因為俄羅斯當時，已經被數以十萬計從中東歐地區回歸的部隊人員的安置問題，搞得焦頭爛額——為獲取完全的主權，那些中東歐國家正在脫離莫斯科的影響範圍，並一去不返。

烏克蘭領導層把轉化蘇聯軍事力量為烏克蘭部隊的任務交給了時年四十七歲的科斯坦丁·莫洛佐夫（Kostiantyn Morozov）將軍。他當時是駐紮在烏克蘭的一支空軍部隊的司令，在一九九一年秋天成為烏克蘭首任國防部長。莫洛佐夫出生於東烏克蘭的頓巴斯地區，有一半俄羅斯血統，但他在一九九一年十二月六日（貝拉維察會議和獨立國協成立之前不久）宣誓忠於烏克蘭，將自己的命運與烏克蘭獨立的前景連結在一起。一九九二年一月三日，第一批蘇聯軍官向獨立的烏克蘭宣誓效忠。烏克蘭對八十多萬蘇聯陸上武裝力量的接收在一九九二年春天全部完成，軍官們可以自由選擇效忠烏克蘭並留在軍中服役或是遷往俄羅斯或其它前蘇聯地區。駐烏蘇軍部隊中總計有七萬五千俄羅斯人，大約一萬名軍官拒絕宣誓，選擇了退役或是調往它國。蘇軍中的普通士兵和士官各自返回家鄉——無論他們來自何處。新兵則都從烏克蘭招募。

一九九二年一月，蘇聯黑海艦隊各部也開始宣誓效忠烏克蘭。然而黑海艦隊司令伊戈爾·卡薩托諾夫（Igor Kasatonov）上將命令所有人員登船，並離港出海，為烏克蘭對黑海艦隊的接收造成了一個大問題，這在一九九二年五月導致了俄烏關係上的第一次主要危機。當年九月，兩國總統克拉夫丘克和葉爾欽達成協議，決定對黑海艦隊進行分割，從而避免了兩國之間的直接衝突。然而分割也是一個漫長的過程，這支擁有超過八百艘艦艇和近十萬軍人的艦隊一度完全處於莫斯科的控制之下。俄羅斯在一九九五年將艦隊中百分之十八的艦艇交給烏克蘭，卻拒絕離開塞瓦斯托波爾。一九九七年，兩國簽訂了一系列協定，為俄國艦隊（包括三百多艘艦艇和二萬五千名軍人）二〇一七年之前繼續在塞瓦斯托波爾駐紮提供了法律基礎。儘管烏克蘭在對黑海艦隊的爭奪中落敗，協定卻為簽署保障烏克蘭領土完整的俄烏友好條約奠定了基礎。雙方在一九九七年簽署條約，然而俄羅斯議會卻花了兩年時間才將之批准。隨著這一過程的結束，烏克蘭與其俄羅斯鄰居和前帝國主宰的「和平分手」似乎終於得以完成。

到九〇年代末，烏克蘭已經解決了它與俄羅斯之間的邊界和領土問題，創建了自己的陸軍、海軍和空軍，並在外交和法律上奠定了加入歐洲政治、經濟和安全性整合組織的基礎。長久以來，讓烏克蘭成為歐洲民族和文化大家庭的成員一直是烏克蘭知識分子們心中的夢想——從十九世紀的政治思想家米哈伊洛·德拉霍瑪諾夫到二十世紀二〇年代的民族共產主義領袖米柯拉·赫維洛維都是如此。一九七六年，烏克蘭赫爾辛基小組的第一份正式宣言中就體現了這樣的歐洲觀點：「我們烏克蘭人生活在歐洲」，赫爾辛基小組宣言的開篇就發出了這樣的聲音。烏克蘭是聯合國的正式創始成員，卻未能受邀參加赫爾辛基歐洲安全與合作會議。然而，烏克蘭的持異議者們仍舊相信蘇聯在赫爾辛基承諾的人權義務同樣適用於烏克蘭，因為堅持這樣的看法，他們被關入監獄，在古拉格系統中或是國內流放中度過了漫長的歲月。

烏克蘭在一九九一年成為一個獨立國家，讓那些異議者的夢想可以變成現實。就制度上來說，獨立意味著烏克蘭可以加入歐盟，與其蘇維埃歷史分道揚鑣，也可以對其經濟和社會進行改革，並抵消莫斯科對其前屬地依舊擁有的巨大政治、經濟和文化影響力。烏克蘭主權的完全實現，與其加入歐洲國家大家庭的追求緊密地聯結了起來。在這一系列彼此相關的任務中，即將受到考驗的，是烏克蘭精英階層的政治技能、烏克蘭各地區的統一一致，以及關於烏克蘭與其最大、淵源最深的鄰國俄羅斯之間兄弟關係的蘇聯時代論述。

一九九四年一月，在美國的調解下，烏克蘭與西方簽署了一項協議，成為烏克蘭與西方的政治關係正式開啟的標誌。根據協定，烏克蘭放棄了它從蘇聯繼承的核武器——可能是世界上第三大的核武器庫。同年十二月，美國、俄羅斯和英國在布達佩斯簽署了一份備忘錄，向作為無核國家加入了《核不擴散條約》（Treaty on the Non-proliferation of Nuclear Weapons）的烏克蘭提供安全保證。儘管基輔有許多人認為放棄核武器不夠審慎（二〇一四年，曾在《布達佩斯備忘錄》〔Budapest Memorandum〕中承諾保證烏克蘭的主權和領土完整的俄羅斯入侵烏克蘭，佐證了這些懷疑者的看法），但這一做法在當時仍可以帶來重大利益：曾經拒絕加入《核不擴散條約》的烏克蘭終結了其在國際上的事實孤立狀態，並成為接受美國外援第三多的國家，僅次於以色列和埃及。

一九九四年六月，烏克蘭政府與歐盟簽署了一項合作協定，這是歐盟與後蘇聯國家之間達成的第一個此類協議。同年，烏克蘭成為獨立國協正式成員和參與成員中第一個與北大西洋公約組織（北約）達成和平夥伴關係（Partnership for Peace）協議的國家。北約是西方國家在一九四九年冷戰開始之際為保護西歐不受蘇聯威脅而建立的軍事同盟，如今卻開始改造自身。它開始在機制上與從前的東歐敵手（包括俄羅斯在內——在烏克蘭與北約簽署和平夥伴關係協定之後一個月，俄羅斯也簽署了同樣的協議）建立溝通橋梁。一九九七年烏克蘭與北約又簽署了《特殊夥伴關係綱領》（*Charter on Distinctive Partnership*），進一步加深了與北約的合作，並在基輔創建了一座北約情報中心。一九九八年，烏克蘭與歐盟在四年前簽署的合作協定生效，情況看起來令人樂觀，然而，烏克蘭知識分子關於讓烏克蘭成為歐洲國家一員的理想仍面臨著巨大障礙，這些障礙大多來自烏克蘭自身。

與許多後蘇聯國家一樣，在其獲得獨立之後的頭五年，烏克蘭遭遇了因經濟衰退和社會混亂導致的巨大政治危機，並一直忙於解決總統府與議會這兩個誕生於蘇聯最後歲月的政治動盪中的機構之間的關係問題。俄羅斯在一九九三年九月解決了這一矛盾：當時葉爾欽總統命令坦克向俄羅斯議會大廈開炮，俄羅斯副總統和議長也被控煽動反對總統的政變，遭到當局逮捕。葉爾欽的幕僚們改寫了憲法，對議會的權力進行限制，將其變得更像是俄羅斯政治舞臺上的一個橡皮圖章，而非一個積極的參與者。烏克蘭則以妥協的方式解決了總統與議會之間暴露出來的矛盾，克拉夫丘克總統同意提前舉行總統大選，並在選舉中失利。一九九四年夏天，他與他的繼任者前總理列昂尼德・庫奇馬（Leonid Kuchma）實現了權力的和平交接，庫奇馬是前任的總理，也曾一名火箭設計師，領導過歐洲最大的導彈工廠。

在二十世紀九〇年代的動盪中，烏克蘭不僅成功做到了第一次讓兩名總統職位的競爭者交接權力，還保留了競爭性政治制度，並在法律上為一種可運作的民主制度奠定了基礎。一九九六年，庫奇馬總統修改了蘇聯時期的憲法，但他是在與議會的合作中完成這一任務的，而議會也仍在烏克蘭政治進程中保有其重要地位。烏克蘭在民主政治上取得成功的原因之一在於其地區多樣性，這種多樣性是烏克蘭的早期和晚近歷史共同留下的遺產。它體現為種種政治、經濟和文化上的差異，在議會中得以表達，在政治角力場中以協商的方式得到解決。工業化的東部地區成為重生的共產黨的根據地，而持民族民主主義立場、由前古拉格系統囚犯維亞切斯拉夫・喬爾諾維爾領導的「人民重建運動」中則有大量來自從前屬於奧地利和波蘭的西烏克蘭地區的議會代表。然而，無論誰在議會中獲得多數，其多數地位都是某種聯合協議的結果，並必須與難以滿足、不願被收編的反對派打交道。沒有哪一個政治團體能強大到將另一個團體摧毀或迫使其出局的程度。那段時期的烏克蘭民主往往被稱為「當然的民主」（democracy by default），並被證明是一件好事。在後蘇聯地區，完全出自政治設計的民主難以維持很長時間。

前殖民地官員往往會有一種強烈的自卑情結，基輔的精英階層在面對其俄羅斯同儕時也是如此。一開始他們會以俄羅斯的方式來面對自己的政治、社會和文化挑戰，直到一段時間之後，他們才意識到俄羅斯模式在烏克蘭行不通——烏克蘭與俄羅斯是不同的，這一點在烏克蘭的宗教問題上體現得最為明顯。烏克蘭東正教會曾負責前蘇聯地區百分之六十的東正教社群，然而到了一九九二年它已經分裂為四個派別：脫離地下狀態的希臘天主教徒、仍處於莫斯科管轄下的東正教徒、從屬於獨立的烏克蘭東正教基輔牧首區的教徒，最後還有烏克蘭自主（Autocephalous）東正教會——它起源於二十世紀二〇年代，同樣不承認莫斯科的權威。克拉夫丘克總統嘗試仿照俄羅斯對莫斯科牧首區的做法，將基輔牧首區轉為事實上的國教會，卻沒能取得成功。庫奇馬總統的選擇則是莫斯科牧首區下屬的烏克蘭東正教會，而他的努力同樣失敗。

在二十一世紀來臨之際，烏克蘭的政治舞臺仍如其剛剛宣布獨立之後那樣多元。如果說有什麼變化，那也只能是它的多樣程度比從前更甚。最終，各股政治勢力不得不接受現實：俄羅斯式的政治解決方案大部分時候都不適用於烏克蘭。庫奇馬總統在二〇〇四年他第二個任期將近結束之際出版的一本書中對此做出了解釋。這本書的書名本身就說明了一切——《烏克蘭不是俄羅斯》。

烏克蘭政治進程的民主性質所面臨的主要挑戰，是其宣布獨立後陷入的災難性經濟衰退，民主也往往因此受到指責。跟這種衰退比起來，列昂尼德·勃列日涅夫時期乃至米哈伊爾·戈巴契夫的改革時期看上去都像是失去的天堂。從一九九一年到一九九七年的六年間，烏克蘭的工業產量下降了百分之四十八，國內生產毛額（GDP）則驚人地縮水百分之六十。最嚴重的衰退發生於一九九四年（這一年的國內生產毛額較上一年減少了百分之二十三），正是烏克蘭舉行總統選舉和與歐盟簽署第一份協議的那一年。這樣的數據堪與美國在大蕭條時期遭遇的衰退相比（大蕭條時期美國的工業產量下降了百分之四十五，國內生產毛額則下降了百分之三十），而在嚴重性上則更勝一籌。

二十世紀九〇年代的烏克蘭遭遇了巨大困難。這十年接近尾聲之際，近半數烏克蘭人表示自己的錢幾乎不夠買吃的，而生活水準相對舒適的人只占總人口的百分之二到三。這種狀況導致了更高的死亡率和更低的出生率。烏克蘭的死亡率在一九九一年首次超過出生率。十年後，烏克蘭政府進行了獨立後首次人口普查，得到的人口資料為四千八百四十萬，比一九八九年最後一次蘇聯人口普查所得的人口數五千一百四十萬少了三百萬。

烏克蘭再一次成為人口對外遷移的源頭。為了賺得在國內無法掙到的收入，許多人常年累月在國外工作。他們的主要目的地包括富有石油和天然氣財富的俄羅斯、中東歐國家和歐盟地區。另一些人則一去不返，烏克蘭猶太人是這些人中的先行者，他們中的許多人在八〇年代被禁止離開蘇聯，成為所謂「不准離境者」（refuseniks），當局拒絕向這些人發放離境簽證，將他們從大學開除，不允許他們進入政府工作，讓他們成為二等公民。現在他們終於可以離開了，而離開的人數也達到了驚人的程度。從一九八九年到二〇〇六年，超過一百五十萬前蘇聯猶太人離開了他們所在的國家，其中很大一部分是烏克蘭猶太人。從一九八九年到二〇〇一年，烏克蘭的總人口下降了約百分之五，而烏克蘭猶太人的數量則令人震驚地減少了百分之七十八，從四十八萬七千三百人下降到十萬五千人。Paypal公司的共同創始人馬克斯．列夫琴（Max Levchin）一家和WhatsApp公司共同創始人揚．庫姆（Jan Koum）都在這一時期離開了烏克蘭。然而猶太人並非唯一希望離開的族群。許多烏克蘭人、俄羅斯人和其他族群的成員同樣向外遷移。此外，烏克蘭還是來自獨立國協其它地區和阿富汗、巴基斯坦等國的非法移民的中轉站。

造成這種急劇經濟衰退的原因不勝枚舉。蘇聯經濟的崩潰不僅破壞了連接各個加盟共和國的經濟紐帶，也宣告了前蘇聯軍方採購的終結。由於擁有高度發達的軍事工業體系，烏克蘭在這方面遭到的損失尤為慘重。與俄羅斯不同，烏克蘭沒有石油和天然氣收入來緩和這種打擊。此外，挺過了蘇聯經濟崩潰、並成為烏克蘭政府預算主要資金來源的烏克蘭冶金工業體系，完全依賴俄羅斯的天然氣供應，不得不接受這種寶貴商品不斷走高的價格。然而，導致烏克蘭經濟衰退的最重要原因在於：烏克蘭亟需一場經濟改革，政府卻裹足不前，並繼續通過釋放信用和發行更多貨幣的方式，對虧損的國有企業進行補貼。通貨膨脹不可遏抑，在一九九二年達到了驚人的百分之二千五百，最終將經濟送上了急速下滑的軌道。

獨立之後的最初幾年，烏克蘭政府不願放棄對蘇聯時期的工農業企業的所有權和控制權，而這些企業對國家補貼的需求愈來愈高。當政府最終決定放棄它們時，在議會中卻遭到反對。反對者大多是被稱為「紅色主管」的大型企業管理者。一九九五年，議會讓六千三百個國有企業免於私有化，此時已實現私有化的工業企業數量尚不足總數的三分之一。私有化第一階段以向全民發行票券的方式實行，「紅色主管」們從這種方式中獲益甚多，他們擁有了資產，卻沒有誘因促使他們真的改變什麼，而缺少投資和重組的私有化無法振興烏克蘭的經濟。到了一九九九年，近百分之八十五的烏克蘭企業已成為私有，而它們的產值卻不足全國工業總產量的百分之六十五。全國工業企業中有半數處於虧損狀態。企業不論大小，最終都落入蘇聯時代的管理者和在政府中有關係的人手中。這些人維護壟斷，限制競爭，讓經濟危機變得愈發嚴重。

烏克蘭需要新的資產所有者和一個新的管理階層來讓經濟走出泥潭，一個年輕、富於野心、冷酷無情的商人群體應運而生，滿足了這兩種需求，這些人與蘇聯時期的舊式計畫經濟沒有瓜葛，而是在「重組」時期的經濟亂局和九〇年代的黑幫鬥爭中出人頭地。與俄羅斯的情況一樣，這些人在烏克蘭被稱為「寡頭」（oligarchs）。寡頭們成了私有化第二階段的主要受益者——這一階段國有資產的出售價格僅為其實際價值的一小部分。寡頭們的財富不僅來自於創新和冒險，也來自逢迎、賄賂和躋身「紅色主管」階層的努力。由於烏克蘭的軍工體系急劇衰退，冶金工業成為九〇年代和二十一世紀初烏克蘭最為有利可圖的領域。在這段時間，全國超過半數的工業產值都來自東部的四個州——聶伯彼得羅夫斯克、札波羅結、頓內次克和盧甘斯克。這些地區擁有豐富的鐵礦和煤礦，是烏克蘭最主要的出口商品鋼材的產地。

頓內次克集團的領導人里納特・阿赫梅托夫（Rinat Akhmetov）是新一代「鋼鐵大亨」群體之一。他在九〇年代初取得了一家名為Lux的公司的領導權，而在當局眼中，這家公司興起於犯罪活動，並與犯罪組織仍有關係。聶伯彼得羅夫斯克地區的大部分冶金工業資產則被兩名本地商人瓜分：一為與庫奇馬總統家庭聯姻的維克多・平楚克（Viktor Pinchuk），一為烏克蘭首家大型私有銀行的創立者伊戈爾・科洛莫伊斯基（Igor Kolomoisky），其他人同樣參與到這場後蘇聯時代的烏克蘭私有化盛宴當中。儘管私有化進程有著腐敗甚至往往是犯罪的色彩，但這場烏克蘭經濟的「寡頭化」正好與經濟衰退的結束同時發生。千禧年伊始，烏克蘭也進入了快速的經濟復甦，而不論是好是壞，寡頭們都成為這個新的成功故事中的重要角色。

烏克蘭工業私有化的大部分進程，發生於列昂尼德・庫奇馬總統（一九九四年至二〇〇四年在任）的任期中。庫奇馬本人就曾是「紅色主管」中的一員，他主持這場最終讓寡頭們受益的私有化進程，並也從寡頭們那裡得到經濟和政治支援。一九九九年，庫奇馬將自己包裝成唯一能擊敗共產黨人的總統候選人，贏得了他的第二個任期——此時共產黨人正利用經濟衰退和困境來謀求重新崛起，並試圖對民族民主主義派別進行分化。庫奇馬的主要「右翼」對手、人民重建運動領袖維亞切斯拉夫・喬爾諾維爾（Viacheslav Chornovil）則在離大選僅有數月時死於一場可疑的車禍。在他始於一九九九年的第二個任期中，庫奇馬成為新興寡頭群體的經濟關係和政治關係的最高仲裁者。他還嘗試強化自己的個人權力並讓議會邊緣化，然而沒能取得想要的效果：烏克蘭畢竟不是俄羅斯。

二〇〇〇年秋，反對派領袖、烏克蘭社會黨領導人亞歷山大・莫羅茲（Oleksandr Moroz）公開了庫奇馬的一名隨扈在其辦公室取得的祕密錄音，讓庫奇馬走上了下坡路。這份錄音記錄了庫奇馬與涉及私有化計畫的地方官員之間的交易、他的收賄行為，和他壓制反對派媒體的企圖。錄音中提到了三十一歲的記者格奧爾基・貢加澤（Heorhii Gongadze）——網路報紙《烏克蘭真理報》（*Ukraïns'ka Pravda*）的創辦人。庫奇馬希望將他抓起來送往俄軍與叛軍作戰的車臣地區。二〇〇〇年十一月❶，貢加澤的無頭屍體在基輔附近的一座森林中被發現。法庭一直未能證實庫奇馬參與了這起謀殺，但聽過那份被公開的錄音的人堅信，總統本人曾命令內政部長對這名記者實施威脅和綁架。

這起在烏克蘭被稱為「庫奇馬門」的醜聞成為烏克蘭政局的轉捩點。它終結了總統府中正在出現的威權主義傾向，並暴露出總統政策中的腐敗一面——在其第一個任期，庫奇馬曾因解決黑海艦隊爭端、保住克里米亞、說服俄羅斯承認烏克蘭國界、讓烏克蘭轉向西方，以及實施被拖延已久的私有化等成績而受到讚譽，此時這位總統卻被證明還是一名騙子，甚至可能是殺人犯。包括前民族民主主義者、社會主義者乃至共產黨人在內的反對派，以「烏克蘭不要庫奇馬」為口號，發起了一場政治運動，公民們對這場號召取締政治和經濟腐敗的運動做出了積極回應。此時蘇聯時期的受教育階層已被經濟崩潰消滅殆盡，取而代之的是新生的中產階級。這些人已經厭倦了官員的腐敗、對政治活動的鎮壓和對言論自由的限制。烏克蘭想要改變。

庫奇馬挺過了錄音醜聞的直接打擊，但已無力阻止各種政治運動的興起。領導庫奇馬政府反對者的新生力量不是像蘇聯時期那樣來自政治體制之外，而是來自內部。那些希望終結政府腐敗、改善烏克蘭與西方之間因「庫奇馬門」而受損的關係並啟動加入歐盟計畫的人將維克多・尤先科（Viktor Yushchenko）奉為他們的領袖。尤先科時年四十七歲，相貌英俊，曾擔任政府總理。他來自東北部農業地區，與烏克蘭東部那些政治和經濟集團之間沒有瓜葛。

維克多・尤先科曾在經濟復甦之初主持過經濟工作。在其一九九九年十二月至二〇〇一年五月的短暫總理任期內，尤先科與他的副總理尤利婭・季莫申科（Yulia Tymoshenko）堵住了讓寡頭們得以逃稅的漏洞。他降低了中小企業的稅負，讓烏克蘭經濟中很大一部分走出了陰影，並讓國家財政收入得以增長，這反過來又讓尤先科政府有能力支付拖欠的工資和退休金。在尤先科的監管下，烏克蘭的國內生產毛額停止了下滑，在二〇〇〇年實現了百分之六的強勁增長，而同期的工業產值也增加了百分之十二。在接下來十年中的大部分時間裡，這種增長態勢還將繼續。尤先科在「庫奇馬門」事件期間被解職，隨即成為「我們的烏克蘭」黨（Our Ukraine Party）的領袖。在二〇〇二年的議會選舉中，「我們的烏克蘭」贏得了將近四分之一的民眾選票。

在烏克蘭改革派將希望繫於尤先科的同時，頓內次克州前州長、庫奇馬政府的最後一任總理維克多．亞努科維奇（Viktor Yanukovych）則成為庫奇馬總統寡頭政權的領軍人物，他同時也是俄羅斯總統弗拉基米爾．普丁看中的人選。普丁在二〇〇〇年接替葉爾欽成為俄羅斯總統，急於在基輔找到一名盟友，甚至是一名代理人。二〇〇四年，尤先科和亞努科維奇在烏克蘭獨立後最為激烈的一場總統選舉中正面對決，當年九月初，在選舉中領先的尤先科突患重病，由於診斷結果不明確，尤先科的生命處於危險之中，於是他的助手們將他送往維也納的一家診所。維也納的醫生們得出了一個令人震驚的結論：這位「我們的烏克蘭」候選人的病情系被人下毒所致。這種毒藥十分特別，是一種只有幾個國家生產的戴奧辛，其生產國包括俄羅斯，卻不包括烏克蘭。正確的診斷挽救了尤先科的生命。儘管面容被毒藥破壞，還需要依賴大量服用藥物來減輕劇痛，尤先科仍然能回來參與競選活動，並獲得了更多支持。

❶譯註：原文中作九月，有誤。

二〇〇四年十月底，烏克蘭公民們走向投票所，從二十四名總統候選人中選擇自己的總統。尤先科的得票處於領先，亞努科維奇則緊隨其後。兩人都贏得了近百分之四十的選票，並進入了第二輪投票。那些未能進入第二輪的候選人的支持者們大多都選擇支持尤先科。十一月二十一日，第二輪投票結束後，獨立的出口民調顯示尤先科占據明顯優勢，贏得了百分之五十三的民眾選票，而亞努科維奇的得票率只有百分之四十四。然而，當受政府控制的選舉委員會公布官方計票結果時，大多數烏克蘭選民都瞠目結舌：根據官方結果，亞努科維奇的得票率為百分之四十九點五，超過尤先科的四十六點九。這是舞弊造成的結果，根據從亞努科維奇競選團隊成員之間的電話討論中截獲的資訊，他們對選舉委員會的伺服器動了手腳，篡改了發往基輔的選舉結果資料。

尤先科的支持者們被激怒了，約二十萬基輔人來到瑪伊當（基輔的獨立廣場），對選舉舞弊提出抗議，這成為「橙色革命」的開端——其名得自尤先科競選陣營官方所使用的代表色。在接下來的幾週時間裡，抗議者不斷從烏克蘭其它地區趕來，讓抗議集會的參加人數膨脹到五十萬。電視臺的攝影機將獨立廣場上的抗議畫面傳遍了全世界，讓歐洲的觀眾自己發現了烏克蘭，讓他們第一次不是僅僅將烏克蘭視為一個地圖上的遙遠角落。這些畫面清楚地證明：烏克蘭民眾想要自由和公正。歐洲和整個世界不能袖手旁觀，在選民的支持下，歐洲政治家們介入了烏克蘭危機，在其解決過程中扮演了重要角色。最關鍵的人物是波蘭總統亞歷山大·克瓦希涅夫斯基（Aleksander Kwaśniewski），他說服庫奇馬總統支持憲法法院的決定——官方的選舉結果因舞弊而無效。

二〇〇四年十二月二十六日，烏克蘭人在兩個月內第三次走向投票所選舉他們的新總統。不出預料，尤先科贏得了百分之五十二的選票，超過亞努科維奇的百分之四十四，這個結果也接近第二輪選舉中的獨立出口民調資料。橙色革命如願以償，然而這位總統是否能兌現革命的承諾，打敗裙帶資本主義，將這個國家從腐敗中解放出來，讓它跟歐洲走得更近呢？尤先科相信自己有這個能力，他的烏克蘭變革之路要借助歐盟來實現。

尤先科總統將外交政策置於優先地位，並曾向他的一名幕僚透露說：加入歐盟是值得一生努力的目標。烏克蘭的外交官們竭力將「橙色革命」為烏克蘭在西方帶來的正面形象轉化為資本，打算趕上歐盟擴大化這班列車，這是因為二〇〇四年歐盟吸納了十個新成員國，其中有七個是前蘇聯的衛星國或加盟共和國。然而烏克蘭太遲了，列車已經離站。儘管歐洲議會在二〇〇五年一月投票批准與烏克蘭建立更緊密的聯繫，並將考慮在未來將其吸納為成員，在擴大化問題上擁有決定權的歐盟委員會卻更加謹慎。歐盟委員會沒有對烏克蘭開啟入盟談判，而是向它提供了一份加強合作的方案。

歷史的火車頭沒有將剛剛經歷「橙色革命」的烏克蘭像其一些西面鄰居一樣帶進歐盟，這有幾個原因，而其中一些超出了基輔所能控制的範圍。德國和歐盟其它主要利益攸關者，對已經發生的擴大化將帶來的經濟和政治後果懷有疑慮。雪上加霜的是，他們還對烏克蘭的「歐洲國家」地位提出了質疑。然而，烏克蘭未能加入歐洲民主國家俱樂部的最主要原因來自烏克蘭自身。後「橙色革命」時代的烏克蘭國內矛盾重重，政府的政策雖有重大成功，也有巨大的失敗。

新政府結束了對政治反對派的迫害，並保障公民和媒體的言論自由。在經濟方面，烏克蘭的表現比預期還要好。從二〇〇〇年到二〇〇八年，儘管烏克蘭經濟受到全球衰退的衝擊，其國內生產毛額仍然增長了一倍，達到四千億美元，並超過了一九九〇年（蘇聯的最後一個完整年份）的水準。然而，就生活和經商環境而言，尤先科政府沒能把烏克蘭變成一個更加公平的地方，對猖獗的腐敗現象幾乎沒有作為。除此之外，尤先科陣營在二〇〇四年同意的憲法修改雖然取消了舞弊的大選結果，卻讓這個國家變得更加難於管理。根據亞努科維奇支持者們所要求、並為尤先科所接受的憲法修正案，總理不再由總統任命，而是由議會選舉產生，從此總理成為烏克蘭政治舞臺上的一個獨立角色。無論總統還是總理都沒有足夠的權力來獨自推行改革，而尤先科在與他曾經的革命盟友、此時的總理尤利婭．季莫申科取得共識的問題上也舉步維艱。

在尤先科任期結束的二〇一〇年初，烏克蘭已經彌漫著對他的執政的失望情緒。他與季莫申科之間的對立讓烏克蘭政壇變成了一出無休無止的肥皂劇，也損害了烏克蘭的改革和加入歐盟的事業。總統努力普及一九三二至一九三三年烏克蘭大饑荒的歷史記憶，並大力頌揚與蘇聯政權作鬥爭的烏克蘭反抗軍戰士，希望以此建立一種強大的烏克蘭國家認同，卻未能將這些努力轉化為選舉中的普遍支持，這種歷史記憶的政治實際上讓烏克蘭社會陷入了分裂。尤先科向三〇年代和四〇年代烏克蘭激進民族主義領袖斯捷潘．班德拉追授「烏克蘭英雄」稱號的行為尤其引起爭議。「班德拉事件」不僅在烏克蘭東部和南部，也在基輔和勒維夫的自由派知識階層中引發了強烈的負面反應，並在烏克蘭和它的歐洲友人之間造成了隔閡。當時的觀察員們認為尤先科的確打算將烏克蘭帶入歐洲，然而他心目中的那個歐洲仍滯留在十九世紀和二十世紀之交，而非二十一世紀初。

不光是烏克蘭，整個後蘇聯地區都沒能跟上時代的節奏，它們仍在努力實現從帝國臣民到獨立國家的轉變，而中歐國家早在近一個世紀前就解決了這個問題。很快，烏克蘭就會陷入一場危機。這場危機將讓我們回想起十九世紀的許多問題，會引發外國的干預、戰爭、領土兼併，乃至將世界劃分為不同勢力範圍的想法。它會考驗烏克蘭保持獨立的決心，也會對烏克蘭國家身分認同的基本元素提出挑戰。

27

The Price of Freedom

第二十七章　自由的代價

二〇一四年二月二十日清晨，博赫丹．索爾察尼克（Bohdan Solchanyk）搭乘火車從勒維夫來到基輔。他是一名二十八歲的歷史學家、社會學家和新銳詩人，在勒維夫的烏克蘭天主教大學任教，並正在華沙大學的一名教授指導下寫作一篇關於烏克蘭選舉實務的博士論文。索爾察尼克在二月的這個寒冷冬日踏上了基輔火車站的地面，但他旅行的目的並不是為了學術研究。此時基輔沒有舉行選舉，卻有一場革命正在進行。在二〇〇八年寫下詩歌〈我的革命在何方？〉時，索爾察尼克就夢想著這一天的到來。他在詩中吐露了他這一代人對「橙色革命」在二〇〇四年許下卻從未兌現的承諾的失望情緒。

此時的烏克蘭已經發生了一場新的革命。二〇一三年十一月下旬，數十萬人再次湧上基輔街頭，要求改革，要求終止政府腐敗，以及與歐盟建立更緊密的聯繫，索爾察尼克感到他應該與基輔的抗議者們站在一起。二月二十日是他第四次投身到這場革命當中，也會成為他的最後一次。抵達基輔僅僅幾個小時之後，索爾察尼克和其他數十人喪生於狙擊手槍口之下。索爾察尼克的死亡將讓他成為「神聖百人」（Heavenly Hundred）中的一員——從二〇一四年一月到二月被殺害的抗議者超過了一百人。這場屠殺抹去了二十二年來烏克蘭政治大體上的非暴力色彩，並在烏克蘭歷史上翻開了戲劇性的新一頁。烏克蘭人在蘇聯的末日以和平方式贏得了民主，在一九九一年十二月以選票贏得了獨立，然而此時它們都陷入了不僅需要言語和遊行，還需要武器來保衛的境地。

導致獨立廣場上的抗議者遭到大規模屠殺的諸多事件發端於二〇一〇年二月維克多．亞努科維奇（也就是二〇〇四年獨立廣場抗議行動的主要目標）在總統選舉中獲勝。這名新總統上臺伊始就著手改變政治遊戲規則，他的理想是一種強有力的威權政府，因此他竭力將盡可能多的權力集中到自己和自己的家族成員手中。他強迫議會取消了二〇〇四年修正案，將更多權力賦予總統府，重寫了憲法。隨後，在二〇一一年夏天，他主導了一場審判，將他的主要政治對手、前總理尤利婭·季莫申科投入了監獄——罪名是她與俄羅斯簽署了一份有害烏克蘭經濟的天然氣協議。在將權力集中於己，並讓政治反對派陷入沉默或退縮之後，亞努科維奇與他任命的官員開始專注於讓統治集團變得更加富有。短短時間內，亞努科維奇、他的家族成員和他的黨羽手中就積聚起巨額的財富，將多至七百億美元的資金匯入國外帳戶，也因此威脅到烏克蘭的經濟和金融穩定。到了二〇一三年秋，烏克蘭已經處於債務違約的邊緣。

隨著反對派遭到鎮壓或是收編，烏克蘭社會再度將希望繫於歐洲。在維克多·尤先科總統執政期間，烏克蘭已經與歐盟就簽署一份聯繫國協定（association agreement）展開了談判，協定內容包括創建一個自由經濟區以及放寬對烏克蘭公民的簽證政策。烏克蘭人的希望是協定一旦簽署，就能挽救和加強烏克蘭的民主機制，對反對派的權利提供保護，並將歐洲的商業標準引入烏克蘭，以制約發源於國家權力金字塔最頂端的猖獗腐敗現象。一些寡頭對總統及其黨羽日益增長的權力感到恐懼，希望通過建立透明的政治和經濟規則來保護自己的資產，因此對與歐盟的聯繫國協議表示支持。大型企業也希望能進入歐洲市場，而且它們還擔心一旦烏克蘭加入俄羅斯主導的歐亞關稅同盟，自己就會被俄羅斯競爭者吞噬。

一切已經準備就緒，協議定於二〇一三年十一月二十八日在維爾紐斯舉行的歐盟峰會上簽署。然而，就在峰會召開前一個星期，烏克蘭政府突然改變了方向，提出推遲簽署聯繫國協議。亞努科維奇來到了維爾紐斯，但拒絕簽署任何文件。如果說歐洲領導人們對此感到失望的話，那麼許多烏克蘭人感受到的則是憤怒，政府違背了其一年來許下的承諾，讓烏克蘭加入歐洲的美好願望受到挫折。那些在瑪伊當（烏克蘭的獨立廣場）紮營抗議的男男女女所感受到的正是這種情緒，他們大多是年輕人，在政府宣布拒絕簽署協議後，於十一月二十一日傍晚來到這座廣場。亞努科維奇的幕僚們試圖儘快結束抗議，以免引發一場新的「橙色革命」。十一月三十日夜間，鎮暴警察對在瑪伊當紮營的學生發動了野蠻的攻擊。烏克蘭社會無法容忍這樣的行徑。第二天，超過五十萬基輔人湧入基輔市中心，其中包括被員警毆打的學生們的父母和親友，將瑪伊當及周邊地區變成了一個不受腐敗政府及其員警力量控制的自由王國。

這場運動一開始的訴求只是加入歐洲，如今卻演變為一場「尊嚴革命」（Revolution of Dignity）。它將各種彼此歧異的政治力量聯合起來，從主流政黨中的自由派到激進派，乃至民族主義者都參與其中。二〇一四年一月中旬，在為時數週的和平抗議之後，流血衝突開始爆發。衝突一方是員警和政府雇傭的暴徒，另一方是抗議者。暴力於二月十八日達到高峰，在三天內造成七十七人死亡，其中有九名員警，六十八名抗議者。屠殺在烏克蘭和整個國際社會都引發了巨大震動，招致國際制裁的可能性迫使烏克蘭議員們把對總統報復的恐懼拋在一邊（許多議員擔心制裁同樣會損及自己的利益），通過了禁止政府使用武力的決議。議會站在了亞努科維奇的對立面，鎮暴警察也撤出了基輔市中心，這迫使亞努科維奇於二月二十一日夜間逃離了革命的基輔。瑪伊當上一片沸騰歡慶：暴君已經逃跑，革命已經勝利！烏克蘭議會投票罷免了亞努科維奇，任命了代理總統，並組建了一個由反對派領袖們領導的新臨時政府。

基輔發生的抗議是由外交政策問題引發的大規模群眾動員，這並不尋常，也讓政治觀察員們感到震驚。抗議者們希望與歐洲建立更緊密的聯繫，並反對烏克蘭加入俄羅斯主導的關稅同盟。

俄羅斯主導烏克蘭的想法是獨立廣場上發生的抗議的一個重要因素。俄羅斯總統弗拉基米爾·普丁從二〇〇〇年就開始領導俄羅斯政府，先是作總統，然後當總理，接著再次成為總統，他曾在公開談話中將蘇聯的崩潰定位為二十世紀最大的地緣政治災難。在他於二〇一二年重返總統辦公室之前，普丁曾宣稱重新整合後蘇聯空間是他最主要的任務之一，而與一九九一年時一樣，這個空間缺少了烏克蘭就將是不完整的。普丁在二〇〇四年和二〇一〇年的烏克蘭總統選舉中都支持亞努科維奇。他希望亞努科維奇能加入俄羅斯主導的關稅同盟——那是未來更全面的後蘇聯國家經濟和政治聯盟的基礎。亞努科維奇對俄羅斯做出了妥協，將俄羅斯在塞瓦斯托波爾海軍基地的租期延長了二十五年，但他並不急於加入任何由俄羅斯主導的聯盟。相反，為了抵消俄羅斯不斷增長的影響和野心，亞努科維奇慢慢地倒向與歐盟的聯合，並準備簽署協議，然而他的嘗試沒有成功。

俄羅斯在二〇一三年夏天做出回應，對烏克蘭發動了一場貿易戰爭，並將本國市場向部分烏克蘭商品關閉，俄羅斯在阻止烏克蘭倒向西方的努力中使用了胡蘿蔔加棍子的手段，胡蘿蔔包括承諾向烏克蘭提供一百五十億美元的貸款，以使資金匱乏、腐敗叢生的烏克蘭政府免於迫在眉睫的債務違約。第一筆錢在亞努科維奇拒絕簽署歐盟聯繫國協定之後匯入烏克蘭，然而獨立廣場上的抗議讓克里姆林宮改變了計畫。根據烏克蘭國安部門在後來進行的一次調查，那些在獨立廣場上開槍的狙擊手來自俄羅斯——他們打死了對立雙方的數十名人員，並最終導致了總統亞努科維奇的倒臺。二〇一四年二月初，俄羅斯總統府內討論了這樣一條建議：利用烏克蘭的國內危機吞併克里米亞，然後在烏克蘭東部和南部製造動盪，並最終將這些地區併入俄羅斯。從後來發生的事件來看，這條建議並未遭到塵封。根據普丁本人的說法，二〇一四年二月二十二日夜間，他在一次與其政治幕僚們和軍事指揮官們的會議上親自做出了讓克里米亞「回歸」俄羅斯的決定。

二月二十六日夜，也就是四天之後，一群身著無標識軍裝的人奪取了克里米亞議會的控制權。在他們的保護下，俄羅斯情報機構讓一個親俄黨派的領袖成為克里米亞的新總理——該黨在前一次議會選舉中僅獲得百分之四的選票。隨後俄軍與行動之前至少一週，就從俄羅斯聯邦遣入克里米亞的雇傭兵和哥薩克部隊一道，在當地招募的民兵配合下將烏克蘭軍隊封鎖在他們的基地內。當烏克蘭新政府正忙於控制此前忠於亞努科維奇的員警和安全部隊之際，克里姆林宮加快了全面奪取克里米亞半島的準備工作，倉促組織了一次決定克里米亞命運的公投。克里米亞的新政府切斷了烏克蘭電視頻道的訊號，阻止烏克蘭報紙向訂戶投遞，並對克里米亞脫離烏克蘭進行大肆宣傳。公投的反對者遭到恐嚇或是綁架，其中有許多是少數民族克里米亞韃靼人。

二〇一四年三月中旬，克里米亞公民被要求前往投票所決定是否與俄羅斯重新統一。這場由莫斯科支持的公投的結果讓人想起勃列日涅夫時代的投票——那個時代公布出來的投票率高達百分之九十九，而支持官方候選人的票數差不多也是這個數字。組織者聲稱這一次有百分之九十七的選民支持克里米亞併入俄羅斯。在塞瓦斯托波爾，當地官員上報的親俄選票數量甚至高達註冊選民人數的百分之一百二十三。克里米亞新政府公布的投票率為百分之八十三，但根據俄羅斯總統府下轄的人權委員會的說法，只有不足百分之四十的註冊選民參加了投票。三月一八日，也就是公投之後兩天，普丁號召俄羅斯議員們將克里米亞併入俄羅斯以實現歷史的正義，以部分彌補蘇聯解體為俄羅斯帶來的損失。

基輔的烏克蘭政府並不承認這次公投，卻對之無能為力。由於國家仍處於「尊嚴革命」的政治混亂所造成的分裂之中，烏克蘭政府不願冒戰爭的風險，遂下令其軍隊從半島撤離。俄羅斯聯邦的軍隊訓練有素，裝備精良，曾在車臣長期作戰，並在二〇〇八年執行了俄國對喬治亞的入侵，而烏軍多年來一直資金不足，也沒有戰爭經驗，無法與前者抗衡。此外，基輔還忙於阻止莫斯科在烏克蘭國內其它地區製造的動盪。克里姆林宮要求實現烏克蘭的「聯邦化」，其內容包括每個地區都擁有對中央政府簽署國際協議的否決權。俄羅斯想要的不僅是克里米亞，它還對烏克蘭東部和南部從上到下各個社會階層進行操縱，力圖阻止烏克蘭向歐洲靠攏。

如果烏克蘭拒絕走上俄羅斯設計的「聯邦化」道路，俄羅斯還提供另一個選項：對烏克蘭實行分割，將其東部和南部變成一個新的緩衝國。設想中這個被稱為「新俄羅斯」、由俄羅斯控制的政治體將包括哈爾基夫、盧甘斯克、頓內次克、聶伯羅彼得羅夫斯克、札波羅結、米柯拉伊夫（Mykolaiv）、赫爾松和奧德薩諸州。它將讓俄羅斯獲得通往其新吞併的克里米亞和其控制下的外涅斯特里亞地區（Transnistria，屬莫爾達瓦）的陸上通道。但這看來並不可行：在二〇一四年四月，這個設想中的「新俄羅斯」只有百分之十五的人口支持與俄羅斯統一，而反對者的比例則高達百分之七十。然而烏克蘭東南部並不是一個同質的地區，親俄情緒在東烏克蘭的頓巴斯工業地區相當高：民調顯示有百分之三十的當地居民支持與俄羅斯聯合。聶伯彼得羅夫斯克州的親俄情緒則低得多——俄羅斯支持者只占當地人口的不到百分之七。

俄羅斯情報機構於二〇一四年春天，從頓巴斯開始策動破壞烏克蘭的穩定。頓巴斯是烏克蘭經濟和社會問題最多的地區之一；頓巴斯從前屬於蘇聯、現今屬於烏克蘭的鐵銹地帶，依賴中央的大量補貼才能維持其日薄西山的煤礦產業。該地區的主要中心頓內次克是唯一一座俄羅斯人口占相對多數的烏克蘭大城市——其俄羅斯族人口占比達百分之四十八。許多頓巴斯居民仍對蘇聯意識形態和象徵符號懷有感情，還保留著象徵當地蘇聯身分認同的列寧紀念碑（「尊嚴革命」期間，烏克蘭中部的列寧紀念碑大部分被夷為平地）。正是透過對其掌控的烏克蘭東部選區的動員，以及藉由強調對東部與中部（更不用說西部）之間的語言、文化和歷史差異，亞努科維奇總統的政府才得以上臺並維持權力。亞努科維奇政府聲稱東部占統治地位的俄語正受到來自基輔的威脅，而當地關於偉大衛國戰爭的歷史記憶也同樣如此——據稱它因西烏克蘭那些烏克蘭反抗軍的讚揚者而處於危險之中。語言上的分裂和歷史記憶上的對立，的確在烏克蘭東部和西部之間造成了芥蒂，然而政客們為了贏得選舉，將這一分歧誇大，使之遠遠超出了其實際上的重要性，這種政治上的機會主義為俄羅斯對烏克蘭的干預創造了良好的土壤。

二〇一四年四月，許多準軍事部隊出現在頓巴斯地區。他們大部分由俄羅斯政府訓練和資助，並與克里姆林宮的寡頭們關係密切。到了五月，這些部隊已經控制了當地大部分中心城鎮。被罷免的總統亞努科維奇利用其殘存的政治關係和豐富的財政資源在自己的家鄉製造動盪，這位流亡總統雇用的幫派分子對支持基輔新政府的人發動攻擊，而腐敗的員警則向這些幫派分子提供潛在受害者的名字和住址。以被罷免的亞努科維奇的生意夥伴及烏克蘭最富有的寡頭之一里納特·阿赫梅托夫（Rinat Akhmetov）為首的當地上層也參與進來。他們的目的在於以所謂頓內次克人民共和國和盧甘斯克人民共和國（分別對應頓巴斯工業地區的兩個州）為名，將頓巴斯變成自己的領地，以保護他們不受來自基輔的革命性變革的打擊。然而他們失算了。到了五月底，他們對當地的控制權已經落入俄羅斯民族主義者和當地基層之手，而這些人發起了一場反對寡頭的革命。與基輔的情況一樣，頓內次克人同樣受夠了腐敗，然而不同的是，許多頓巴斯人將希望寄託在俄羅斯而不是歐洲身上。他們想要的不是沒有腐敗的市場經濟，而是一種蘇聯時代的國家計畫經濟和社會保障。如果說基輔獨立廣場上的抗議者們將自己的國家視為歐洲文明的一部分，那麼東部的親俄暴動者則自居為一個更廣大的「俄羅斯世界」的成員，並將他們的鬥爭視為對受到墮落的西方歐洲威脅的東正教價值的保護。

烏克蘭失去了克里米亞，頓巴斯陷入了混亂，而俄國人還在哈爾基夫和奧德薩製造動盪，這讓烏克蘭社會再次動員起來。包括許多曾參與過獨立廣場抗議的人在內，成千上萬烏克蘭人加入了軍隊和新組建的志願部隊，向俄羅斯主導的東部叛軍開戰。由於政府只能為士兵們提供武器，烏克蘭全國各地出現了許多志願者組織。他們四處募捐，購買物資並送往前線。烏克蘭社會負擔起了烏克蘭國家無法履行的責任。根據基輔社會學國際研究所的資料，從二〇一四年一月到三月，烏克蘭成年人口中支持獨立的比例從百分之八十四上升到百分之九十。希望烏克蘭加入俄羅斯的人口比例則從二〇一四年一月的百分之十下降到同年九月的百分之五。即便是在頓巴斯地區，被調查者中大部分人也認為他們的家鄉是烏克蘭國家的一部分，從二〇一四年四月到九月，頓巴斯地區被調查者中支援頓巴斯獨立或加入俄羅斯的「分離主義者」的比例從不足百分之三十上升到超過百分之四十，但從未達到多數。這種狀況讓大部分親歐烏克蘭人懷有保住這些領土的希望，但也表明建立一種共同的國家認同將會多麼困難。

烏克蘭選民們在二〇一四年五月的總統選舉中展示出了他們的政治團結，在第一輪投票中就將彼得羅·波羅申科（Petro Poroshenko）選為總統。四十九歲的波羅申科是烏克蘭最顯赫的商人之一，曾經積極參與獨立廣場上的抗議活動。隨著推翻亞努科維奇造成的正當性危機的結束，烏克蘭終於可以開始應對公開的和潛藏的侵略活動。七月初，烏克蘭軍隊取得了第一次大勝，解放了斯拉維揚斯克（Sloviansk）——這座城市曾被著名的俄國指揮官、前軍事情報機構中校伊戈爾·吉爾金（Igor Girkin，斯特列爾科夫〔Strelkov〕）作為自己的總部所在地。為了阻止烏軍的前進，俄國人鋌而走險，開始向叛軍提供包括防空導彈在內的新裝備。根據烏克蘭和美國官方的說法，在二〇一四年七月十七日擊落載有二百九十八人的馬來西亞航空公司波音七七七航班的正是這種導彈。這次事件中的死難者來自荷蘭、馬來西亞、澳大利亞、印尼、英國和其它許多國家，讓烏克蘭發生的衝突變成了一次真正的全球性事件。

馬來西亞航班的悲劇令西方世界的領導人們都站出來支持烏克蘭，對為入侵負有直接責任的俄羅斯官員和企業實施了經濟制裁。然而制裁來得太晚了，並且也遠遠不夠。八月中旬，當受到俄羅斯支持的分離主義者建立的頓內次克人民共和國和盧甘斯克人民共和國處於潰敗邊緣之際，莫斯科加強了進攻力度，將正規軍與雇傭軍一道派上了戰場。

一千多名烏克蘭軍人和志願兵被節節推進的俄軍包圍在伊洛瓦伊斯克（Ilovaisk）城內，正當他們與俄軍指揮官達成撤出城市的協議，並且開始撤退，俄軍指揮官卻提出新的要求，並開火攻擊撤離的烏克蘭軍，造成烏克蘭方面慘重傷亡。二〇一四年九月初，隨著烏克蘭軍在頓巴斯進攻受阻，俄軍發動攻勢，新當選的烏克蘭總統彼得．波羅申科，在白俄羅斯首都明斯克會晤俄國總統弗拉基米爾．普丁，商議結束敵對行動。德國總理安琪拉．梅克爾（Angela Merkel）和法國總統弗朗索瓦．歐蘭德（François Hollande）也參與了會談。九月五日，衝突各方簽署《明斯克協議》（Minsk Protocol），這份複雜的協議促成了停火，此外幾無所成。

到了二〇一五年一月，雙方再度開戰。俄軍試圖重現前一年的成就，將烏克蘭軍圍困在重要的鐵路交會點德巴爾切夫（Debaltseve），這次烏克蘭軍做好了準備。戰鬥持續到二月，使得德國與法國再度介入。二月十四日，德國、俄國、法國、烏克蘭領袖同意新簽一份協議，稱為《新明斯克協議》（Minsk II）。即使協議的重要條款之一是停火，槍戰卻一直持續到協議簽訂之後，德巴爾切夫戰役則一直持續到二月二十日烏克蘭軍撤出該市為止。協議的其他條款也證明了難以實行。其中包括烏克蘭一方保證在分裂地區舉行選舉，以及俄國一方保證將俄烏邊境地帶的控制權移交給烏克蘭軍方。應當先舉行選舉還是移交的問題，往後數年間仍是爭議焦點。

克里姆林宮讓這兩個自立的共和國免於崩潰，卻沒能實現原先那個建立「新俄羅斯」的計畫——計畫中的「新俄羅斯」是一個東至頓內次克、西至奧德薩、由俄羅斯控制的政治體，將能為俄羅斯提供一條通往克里米亞的陸上通道。此外，俄羅斯也沒能阻止烏克蘭加強與西方的政治經濟聯繫。烏克蘭拒絕放棄任何領土，也拒絕放棄其在政治、經濟和文化上融入西方的目標；俄羅斯則拒絕任由烏克蘭脫離其勢力範圍；而西方雖然關注國際邊界受到的威脅，卻在如何遏制俄國人野心的最佳策略問題上陷入了分歧。這一切讓烏克蘭東部的戰爭變成了一場結局遙遙無期的漫長衝突。

28

A New Dawn

第二十八章　新的開始

烏克蘭國歌的歌詞「烏克蘭尚未滅亡」到頭來成了預言，在與俄國及其代理人的軍事衝突過後，流露出的弦外之音是樂觀的、而非悲觀。二〇一四年五月至二〇一五年一月間，烏克蘭軍在俄國支持的大量敵軍圍攻下，英勇固守頓內次克機場，為這個國家帶來了新的神話（守軍從此以「機器人」〔cyborgs〕之名而眾所周知），也因此得以續命。

在與俄羅斯聯邦的衝突中，烏克蘭展現的堅守不退、捍衛獨立的能力，引領著這個國家走上新的道路。頓巴斯前線的穩定，讓總統彼得羅．波羅申科以及隨後由阿爾謝尼．亞采尼克（Arsenii Yatseniuk）、弗拉基米爾．格羅伊斯曼（Volodymyr Groisman）兩位總理領導的政府，得以提出一套雄心勃勃的綱領，其內容來自廣場抗爭參與者們的期望與要求。國民們要求新政府終結國家金字塔頂層持續滋長的專制傾向，與歐洲聯盟簽訂聯合協定，加快烏克蘭與西方政治及經濟結構整合的速度，以及最後也最重要的，徹底根絕業已從烏克蘭中央政府向外大幅擴散的貪腐。

烏克蘭先前突然放棄與歐盟簽訂聯合協定，由此引發二〇一三年秋天的抗爭；就在抗爭結束，俄國併吞克里米亞過後不久，烏克蘭官員在二〇一四年三月簽署了這份聯合協定。歐盟同意向烏克蘭提供財政及後勤援助，但這份協定遠遠更加重大的後果，則是設立自由貿易區，協助烏克蘭不僅在政治上，也在經濟上重新導向西方。二〇一三至二〇一八年間，烏克蘭對俄出口在貿易量的占比從百分之二十六減少到百分之十二，同時對歐盟出口比例則從百分之二十八增長到百分之四十以上。二〇一七年，免簽證前往歐盟國家旅遊成為現實（由於二〇一三年抗爭的親歐盟意向，這一發展具有重要的象徵意義），其後三年間，烏克蘭人前往歐盟國家旅遊四千九百萬趟。

對專制的反抗，加上這場戰爭凸顯的地方主義與間歇性分離主義等未解問題，促成了地方政府亟需的分權自治與改革。到了二〇一九年中，新的地方政府體系已經涵蓋了超過百分之二十八的人口，它將決策權和財政權從中央重新分配給市政府和地方政府。這些新的權力與責任被分配給了新成立的共同體，烏克蘭文稱為「領土共同體」（hromady）。領土共同體基於自願而組成，大幅降低了地方政府對中央的依賴。從今而後，將由地方群體自行決定辛苦掙得的地方稅如何運用。這種安排在歐盟被當成準則，如今也成了烏克蘭的一項準則。

向歐盟再定位提振了烏克蘭人的士氣，抵抗俄國軍事侵略和混合戰爭，則讓人們更能體會民族文化做為團結之源的重大意義。二〇一七年，外交部倡議成立了烏克蘭學院（Ukranian Institute），這個政府組織負責對外推廣烏克蘭文化與形象。烏克蘭文化基金會（Ukranian Cultural Foundation）和烏克蘭圖書協會（Ukranian Book Institute）的成立，則讓政府開始小額投資（數十年來第一次）推廣烏克蘭文化與出版。由於這些措施及其他措施，烏克蘭電影產業得以復甦，昔日由俄文出版品支配的烏克蘭書店，如今架上也滿是烏克蘭出版社發行的書籍。

民間稱為「列寧倒下」（Leninfall）的拆除列寧紀念物，從二〇一三年末廣場抗爭期間開始，一直持續到二〇一四年，此舉標誌著在象徵上與共產主義的過往決裂。由廣場運動人士弗拉基米爾・維亞特洛維奇（Volodymyr Viatrovych）領軍的國家記憶研究院（Institute of National Memory）等政府機構提案，交由國會通過所謂的「去共產主義化法」（decommunization laws），下令在全國各地清除列寧及其他共黨領袖的紀念物。一九九〇年以前存在於烏克蘭的五千五百座列寧紀念物，約有一千三百座因此被拆除。街道、村莊、城市和整個地區，共產時代的名稱都被剝除了，在地社群則有選擇新名稱的自由。以烏克蘭共黨領袖格列戈里・彼得羅夫斯基（Hryhorii Petrovsky）為名的聶伯彼得羅夫斯克市（Dnipropetrovsk）更名為聶伯（Dnipro）；基洛夫格勒（Kirovohrad）得名於與烏克蘭毫無淵源的蘇聯領導人謝爾蓋・基洛夫，如今以當地土生土長的十九世紀劇作家和演員馬可・克洛佩夫尼茨基（Marko Kropyvnytsky），更名為克洛佩夫尼茨基（Kropyvnytsky）。烏克蘭地圖確實在一夜之間改頭換面。

烏克蘭的宗教領域也發生了歷史性變遷。波羅申科總統發揮了關鍵作用，在二〇一八年十二月讓烏克蘭的兩個獨立正教會合而為一，並促使君士坦丁堡普世牧首承認新教會。此舉不顧莫斯科牧首抗議而達成，掌控了烏克蘭現有大多數正教教區的莫斯科牧首，禁止這些教區加入新教會。自十七世紀以來，東正教的首席牧首第一次承認不受莫斯科管轄的正教教會。這是從第一個烏克蘭正教自主教會於一九二一年成立開始，歷經蘇聯解體前後教會獨立分支恢復，一路延續至今的漫長過程之頂點。

這些變遷未必都能獲得採納而不受爭議。去共產主義化法由於試圖立法規範歷史和提倡民族主義敘事，在國內外都遭受批評。政府在新教會成立過程中的作用受到質疑，俄羅斯語言和文化在烏克蘭的未來也引發關切。這些批評不僅來自舊制度及其政策的支持者，也來自烏克蘭自由派圈子，他們先前支持過廣場抗爭，此時則擔憂民族主義有可能在該國抬頭。雖說戰爭和政治新路線強化了烏克蘭人的國族認同，推廣了烏克蘭語言和文化，卻並未造成顯而易見的民族主義抬頭。民族主義政黨在二〇一四和二〇一九年的國會選舉中，都無法達到百分之五得票率的門檻，因此得不到國會席次——這與烏克蘭的東鄰和西鄰大相逕庭。愛國主義或是公民民族主義，在被戰爭撕裂的烏克蘭仍是主流意識形態。

頓巴斯戰爭讓烏克蘭精英們清楚知道，烏克蘭做為獨立國家的持久存續之所寄，愈來愈不在於布達佩斯備忘錄等國際協定，而在於該國軍隊抵抗進一步侵略的能力。

烏克蘭需要一支訓練精良、隨時備戰的軍隊，因此有必要從徵兵制軍力轉向契約制軍力。另一項急迫任務，則是將二〇一四年挽救了國家危亡的志願兵營復員，或是整編進入正規軍或內政部架構之下。這兩項目標都在二〇一六年達成。徵兵制在那年廢除，加入烏克蘭三軍的官士兵簽下了六萬三千五百份契約。軍力規模從十四萬名男女增加到二十五萬。志願兵營轉變成了紀律嚴明的戰鬥單位，即使某些指揮官及其政商後臺抗拒。

儘管安全支出增加兩倍，烏克蘭仍不足以自行完成這一轉型。軍事改革得到美國和北大西洋公約組織部分成員國支持，美國在衝突的最初四年間，向烏克蘭提供了十六億美元的安全援助。美國和加拿大軍官協助訓練烏克蘭夥伴，也實施了陸上和海上的聯合軍事演習。其目的是協助烏克蘭軍保衛國土，而非收復失土或攻打外國。美國在經歷一段時間爭論後送往烏克蘭的武器種類，正強調了這一目的：那是單兵攜帶的反戰車飛彈——標槍飛彈（Javelins），正是二〇一四至二〇一五年間烏克蘭人所缺少的。

除了國際援助之外，烏克蘭軍隊通常從頭來過的重建過程，也少不了該國經濟的復甦。俄國併吞克里米亞半島，頓內次盆地的大都市落入頓內次克、盧甘斯克「人民共和國」傀儡政權手中，重重打擊了烏克蘭的國家、社會和經濟。併吞克里米亞意味著烏克蘭損失百分之三的領土和百分之五的人口。頓巴斯地區則又損失了百分之七的領土和（難以估算的）大量人口。烏克蘭國內流離失所的人口多達一百七十萬人。戰爭和領土、人民、工業的損失，嚴重損害了該國經濟的其他部分。

烏克蘭的國內生產毛額在二〇一四年縮減了百分之六點六。多達二百萬烏克蘭人在國內找不到高薪職位而出國工作，多數前往歐盟國家。雪上加霜的是，烏克蘭剩餘的經濟運作，仍須依存於奪走該國部分領土的俄國。俄國市場占了烏克蘭出口額的百分之二十六。俄國進口額則接近百分之二十九。進口的大部分是天然氣，用以供應烏克蘭一半以上的使用需求。

戰爭的政治、社會、經濟衝擊，意味著烏克蘭必須為自己長期不景氣的經濟，找出改革與重組之道，尤其是放任貪腐和濫用而惡名遠播的金融部門。烏克蘭領袖們得到動員起來的公民社會支持，得以說服歐盟及其他已開發經濟體的領袖，向烏克蘭提供大筆金援。在危機的最初幾年間，光是歐盟就設法調動了一百四十億歐元援助烏克蘭經濟，包括十億歐元撥款。美國撥款二十二億美元，加拿大提供了七億八千五百萬美元，日本也提供十五億美元貸款。西方各國捐款人和烏克蘭公民社會要求的改革不限於經濟領域，更要處理重創烏克蘭經濟的貪腐問題。仰賴西方國家撥款的政府積極回應。

首要任務是清理烏克蘭的銀行體系，某位論者說過，這個體系裡的銀行，發揮的功能往往是業主的提款機。存戶和投資人存進銀行的錢，會被輸送給銀行業主名下的公司，而後銀行歇業，逼使國家補償存戶的損失。金融體系起不了作用，預算缺口變得普遍存在。烏克蘭國家銀行行長瓦萊里亞・岡塔列娃（Valeria Hontareva）及其團隊支持的一項改革，終結了烏克蘭銀行業歷史上的提款機／洗錢機構階段。銀行業主必須出示資金來源，並為銀行提供資金。多數業主不願將資金歸還銀行，政府不得不將它們關閉。全國一百八十五家銀行，只有八十五家在改革後仍然存在。

二〇一六年，政府將烏克蘭最大銀行私有銀行（PryvatBank）收歸國有，但這家銀行的共同持有者之一，偏偏是二〇一四年發揮重大作用，阻止俄國接管烏克蘭東部及南部地區的寡頭伊戈爾・克羅莫伊斯基（Igor Kolomoisky）。私有銀行的虧損多達五十五億美元。克羅莫伊斯基自行流亡到了瑞士，運用旗下的媒體帝國、政治勢力，乃至他在戰爭前期資助過的民兵部隊，拚盡全力與政府對抗，卻仍落敗。金融部門迫切需要的重組，以及向銀行重新提供資金，花費了該國百分之十二的國內生產毛額，但終於大功告成。少了這一步，烏克蘭總體經濟恢復穩定，乃至該國經濟的復甦及進一步發展，就幾乎不可能實現。

接下來是烏克蘭能源部門的改革，這是一九九〇年代寡頭財富的主要來源，堪稱二〇一四年以前烏克蘭經濟最腐敗的一個部門。商用與家用天然氣的差別定價（天然氣半數由俄國輸出），帶來了不計其數的貪腐機會。按照某些估計，國營的烏克蘭石油天然氣公司（Naftohaz），每年都被偷走多達三十億美元。二〇一四年，該公司的虧損已經相當於烏克蘭國內生產毛額的百分之五點五。該部門藉由終止直接向俄國購買天然氣，改由東歐國家逆向供應天然氣，得以完成改革。提高消費者價格的任務（平均起來，家戶支付的價錢頂多只占實際開銷的百分之十二），對政府而言在政治上幾乎無法接受，但終究在波羅申科任期最後一年——二〇一八年達成。

改革連同戰爭造成的經濟混亂，大大改變了烏克蘭經濟的業主結構。以財富衡量的寡頭勢力大幅減弱了。二〇一三至二〇一八年間，烏克蘭最富有的一百人，其財富從國內生產毛額的百分之五十二下降到百分之二十，最富有的十名烏克蘭人，其財富占比則從百分之二十九下降到百分之十。烏克蘭經濟結構也改變了，而這也是財富重分配背後的一項重要因素。礦業在整體經濟中的占比下降，而礦業正是尋租經濟的一部分、與舊寡頭家族緊密相連，經濟上屬於尋利部門，與傳統寡頭集團不相關的科技與電信份額則大幅增加。

幾項改革專門針對貪腐。實行政府官員強制電子申報所得、成立特別反貪腐調查機構，尤其在延宕多時之後設立反貪腐法院，這些都成了烏克蘭公民社會與西方捐款人共同努力的成果。最有效的反貪腐改革之一——「透明」採購系統（ProZorro，烏克蘭文「透明」的文字遊戲），導致一套堪稱全世界最透明的政府採購系統付諸實用，大幅降低了政府採購圈中的貪腐機會。但隨著時間推移，波羅申科總統在位初年發起的反貪腐改革遭遇到不少問題。司法體系多半保持不變，改革在政府金字塔頂端受到阻撓。

二〇一九年春天，當烏克蘭公民投票選出下一任總統，政治議程的首要問題，是該國有沒有能力繼續靠攏歐盟和改革內政，同時設法自衛，不受俄國侵犯。

時任總統彼得・波羅申科領導下，烏克蘭得以從二〇一四年的瀕臨瓦解穩定下來，隨後也啟動了改革，但他這時卻陷入困境。頓巴斯戰爭持續消耗國家資源，殺害烏克蘭的軍人和平民。即使金融和經濟改革有助於改善局勢，這些改革卻變得令平民百姓痛苦不堪，天然氣、電力及其他公用事業大幅帳價，讓人民瞠目結舌。將近四分之一人口的生活水準達到、甚至低於貧窮門檻，五百五十萬烏克蘭公民有資格領取政府補助。波羅申科總統的隨從們在選戰準備階段陷入貪腐醜聞，而他並未設法說服選民：他的政府已經推行改革，清除了經濟關鍵部門的貪腐問題。

二〇一九年五月，烏克蘭迎來了新總統——擁有法律學位的四十一歲喜劇演員和商人弗拉基米爾・澤倫斯基（Volodymyr Zelensky）。對於在持久戰事和經濟困難中筋疲力竭的人民，澤倫斯基承諾終結戰爭、貧窮與貪腐。如同許多國家受到民粹主義浪潮影響的選民，烏克蘭選舉人也選擇表達抗議，投票給一名政治圈外人。贏得總統選舉的弗拉基米爾・澤倫斯基，締造了不只一項歷史。四十一歲的他成了烏克蘭最年輕的總統。他也是該國第一位猶太人總統。二〇一九年夏天，烏克蘭在一小段時間裡，總統和總理都是猶太人——對於猶太人與烏克蘭人關係歷史悠久且往往悲慘的這個國家，可說相當合適。

談到選舉政治，二〇一九年總統選舉呈現出的延續多過變遷，由此顯示戰爭將烏克蘭轉變成了一個同質性更強的國家。倘若戰前選舉的對立候選人一再將國家幾乎均分為東西兩半，最近這次選舉則揭示了大不相同的地理。二〇一四年的波羅申科和二〇一九年的澤倫斯基，都得到了大半個國家支持。選民此時對澤倫斯基的支持，幾乎就跟二〇一四年支持波羅申科同樣一面倒。這個趨勢在二〇一九年七月仍然持續，最近一次國會議員選舉中，總統的政黨人民公僕黨（Servant of the People）贏得了多數席次，這是一個全新的政黨，名稱來自澤倫斯基扮演烏克蘭總統的那部電視諷刺連續劇。

即使基輔的政權換了班，烏克蘭社會面臨的關鍵挑戰仍然不變：安全、制度改革，以及寡頭持續支配烏克蘭經濟與政治。就任總統的最初數月間，澤倫斯基與烏克蘭的「青年土耳其黨人」（Young Turks）結盟，這是一群雄心勃勃的年輕改革者，由於不滿前任總統發起的改革速度而找上了他。由三十五歲的總理歐列克西．岡察魯克（Oleksiy Honcharuk）領導的政府，為自己設定了持續經濟改革、與貪腐戰鬥的目標。政府所有資產的私有化，看來是同時達成這兩項目標的最快方法。交付拍賣的國營事業名單顯著擴充，自二〇〇一年起實施的中止農地買賣，予以撤銷的法案也在二〇二〇年送交國會通過。

「青年土耳其黨人」任職不到一年，就在二〇二〇年三月被罷黜，因為他們的改革讓寡頭家族不滿，他們的缺乏經驗則導致該國工業生產下跌百分之七。海關部門的反貪腐措施帶來反效果，政府收益驟減，新總統實行反貪腐改革的決心也遭受質疑。反貪腐計畫最直接的挑戰，來自於被收歸國有的私有銀行前業主伊戈爾．克羅莫伊斯基的勢力，澤倫斯基一勝選，他就立刻返回烏克蘭，要求歸還銀行。支持烏克蘭銀行業改革的西方各國政府和機構發出警告。國際貨幣基金持續與烏克蘭合作的條件，正是要求烏克蘭通過法律，讓銀行不可能歸還給那些先前使銀行失去清償能力的業主。

二〇二〇年五月，國會通過法律，禁止法院對國家銀行判定腐敗銀行無清償能力提出質疑。該法被譽為烏克蘭反貪腐力量的一次勝利，它凸顯出政府反貪腐鬥爭的最大問題：政府不能仰賴烏克蘭司法。二〇二〇年十月，烏克蘭憲法法院取消了烏克蘭官員申報資產不實的刑事責任，重擊了先前數年來的反貪腐努力，也導致憲政危機。這場危機凸顯出新的十年開始之際，改革司法體系的需求成了烏克蘭面臨的最大挑戰。烏克蘭要邁向繁榮的依法行事社會，其命運取決於司法改革的成功落實。

未完的頓巴斯戰爭到了二〇二〇年，已經造成雙方超過一萬四千人喪生，它仍是烏克蘭最直接的外交政策問題，緊接在後的則是重新整合頓巴斯和收復克里米亞。不顧基輔的意願，俄國掌握著化解衝突的關鍵，而它持續向烏克蘭施壓，要求按照它的條件解決問題。這些條件包括將經濟飽受摧殘的頓巴斯歸還烏克蘭，同時由俄國對該地區的政治生活維持實質控制，它們將會動搖烏克蘭，並且減慢、甚至完全阻撓烏克蘭的改革計畫與靠攏歐盟運動。這些正是俄國侵略的最初目的。它們未能達成，這場戰爭也無法阻止烏克蘭轉型成為運作良好的市場經濟民主政體。烏克蘭要在改革與歐洲整合的道路上繼續前進，不只需要調動自身資源，還得確保國際社會持續支持。

在當前與俄國的衝突中，確保烏克蘭政治主權的最重要國家莫過於美國。自二〇一四年以來，美國帶頭向烏克蘭國家提供政治、軍事，以及很大程度的經濟支援。但兩國要維持並加強這一結盟，必須克服過去十年間在雙方關係中產生的許多問題。這些問題的共同特徵是貪腐，它在大西洋兩端都挾持著美國與烏克蘭關係的前途。

二〇一六年唐納・川普競選美國總統期間，烏克蘭首次在美國國內政治引起注目。當時，來自烏克蘭的負面資訊，導致川普的競選團隊主席保羅・曼納福特（Paul Manafort）辭職。曼納福特是一名主要在美國活動的政治顧問，多年前與俄國首屈一指的寡頭之一締結多項合約之後，開始為日後當上烏克蘭總統的維克多・亞努科維奇效力。曼納福特在二〇一〇年出力協助亞努科維奇當選總統，但二〇一四年逼使亞努科維奇出國的尊嚴革命卻也協助揭露了前總統所屬政黨支付數百萬美元的多筆祕密付款紀錄，而這些款項從來不曾向烏克蘭或美國稅務機關申報。曼納福特被迫辭去川普競選團隊主席一職，隨後更因他在俄國和烏克蘭的活動遭到起訴，首先被判處監禁四十七個月，隨後再被追加四十三個月刑期。

即使曼納福特醜聞對二〇一六年的川普競選團隊造成損害，白宮仍寄望新一次烏克蘭醜聞可能有助於川普二〇二〇年競選連任，這次涉及的則是民主黨最被看好的候選人約瑟夫・拜登（Joseph Biden）。拜登是歐巴馬政府的副總統，二〇一四至二〇一六年間是歐巴馬政府處理烏克蘭事務的負責人，當時發揮了關鍵作用，說服基輔當局撤換一名被西方各國政府確信有貪腐行徑的總檢察長。二〇一九年上半年，隨著拜登宣告角逐白宮大位，不滿於拜登反貪腐運動的烏克蘭官員發動反擊，指控這位美國前副總統試圖阻撓他們調查一家烏克蘭公司，該公司給了拜登之子杭特・拜登（Hunter Biden）一個董事席位。

川普總統在二〇一九年七月與澤倫斯基總統電話對談時，提及拜登涉入烏克蘭事務問題。澤倫斯基運用這次通話的機會，請求美國出售更多標槍飛彈給烏克蘭軍。川普要求他提供回報。「關於拜登的兒子，有很多事可以談，」川普對烏克蘭總統說：「拜登阻止了對他的起訴，很多人想查明真相。不管你能幫上（美國）司法部長什麼忙，都很好。」烏克蘭總統答應協助：「既然我們在國會贏得了絕對多數，下一任總檢察長百分之百會是我的人。」澤倫斯基宣告。

烏克蘭當局始終沒有發動調查：他們一直拖到了某位告發者公開揭露，投訴川普試圖利用烏克蘭軍援換取政治利益，即使未曾滿足川普的條件，烏克蘭仍然收到了援助物資。對川普總統的第一次彈劾，聚焦於美烏關係的這起特定事件上，也讓美烏關係承受新的考驗。在華府和基輔雙方關鍵人物共同努力之下，這兩國和兩個首都之間的關係撐過了這次動盪。基輔與美國和歐盟的同盟關係仍然至關重要，不僅是烏克蘭做為完全獨立國家而存續所不可或缺，也是恢復與鞏固國際秩序所不可或缺，俄國對烏克蘭的侵略及併吞領土，已經危害了國際秩序。

對於烏克蘭以統一國家之姿存續、其身為國族的獨立地位，乃至其政治體制的民主基礎，俄國的侵略都讓根本問題浮現。同等重要的問題則在於烏克蘭國族建構計畫的本質，包括歷史、族群、語言與文化對於烏克蘭鑄造政治國族的作用。公民來自不同族群、運用多種語言（且往往互換使用）、隸屬於多個教會，且定居於諸多形形色色歷史地區的國家，能否對外承受住軍力更強的帝國主子猛攻，對內又經得起向使用俄語、敬拜特定正教會的所有人口要求效忠？

俄國的侵略試圖依照語言、地域及族群界線分割烏克蘭人。儘管這套戰術在某些地方奏效，大半個烏克蘭社會仍然團結在「由行政、政治條件結合而成的多語言、多文化國族」這個理念上。這一理念源於烏克蘭艱難且往往悲慘的內部分裂之歷史教訓，倚仗的是不同語言、文化與宗教共存千百年的傳統。烏克蘭人以一種確保他們身為政治國族之前途的方式，設法解讀自身多難的歷史。

結語
歷史的意義

在烏克蘭危機中，歷史不止一次成為藉口，也不止一次遭到濫用。它不僅被用來對危機參與者進行宣傳和鼓動，也被用來為對國際法、人權乃至生命權本身的侵犯行為辯護。儘管俄烏衝突的爆發出乎意料，讓許多被波及的人猝不及防，但它卻有著深刻的歷史根源和豐富的歷史指涉。姑且不論對歷史證據的宣傳式利用，至少有三種植根於過去的過程如今正在烏克蘭同時上演：其一是俄羅斯在十七世紀中葉以來莫斯科所取得的帝國範圍內重建政治、經濟和軍事控制的努力；其二是現代民族認同的建構，俄羅斯人和烏克蘭人都涉及其中（後者往往被地區邊界所分割）；其三則是基於歷史和文化斷層的鬥爭，這些斷層使得衝突參與各方將這場衝突想像為東方與西方的競爭，想像為歐洲與俄羅斯世界的競爭。俄烏衝突讓世界想起十八世紀晚期俄國對克里米亞的併吞，以及俄國在南烏克蘭所創建的那個沒有存在多久的帝國省份「新俄羅斯」。讓關於俄羅斯在這一地區的帝國擴張的記憶浮出水面的，不是那些嘗試將當下俄羅斯的行為描述為帝國主義行為的外界觀察者，而是俄羅斯在烏克蘭進行的混合戰背後那些理論家——「新俄羅斯」方案的提出者。他們所尋求的，是以帝國征服，以及俄羅斯在克里米亞韃靼人、諾蓋韃靼人和札波羅結哥薩克人的故鄉所建立的統治為基礎，發展自己的歷史意識形態。在將塞瓦斯托波爾視為俄羅斯光榮之城的修辭中，這種努力表現得尤為明顯：這種修辭是一個植根於一八五三到一八五六年間克里米亞戰爭（那場戰爭對俄羅斯帝國而言乃是一場災難）的歷史神話，它將族群多樣的帝國軍隊在保衛塞瓦斯托波爾時所表現出的英雄主義歸於俄羅斯一族。

頓內次克和盧甘斯克這兩個「人民共和國」的創建以及創立奧德薩共和國和哈爾基夫共和國（這兩座城市也同為設想中的「新俄羅斯」的組成部分）的嘗試同樣有其歷史記憶根源，可以上溯到布爾什維克與德國簽署《布列斯特—立陶夫斯克條約》（一九一八年三月）後旋即嘗試對烏克蘭東部和南部（這些地區在條約中被劃歸烏克蘭）保持控制的行為。當時布爾什維克們在這些地區創建了多個傀儡國家，其中包括克里米亞共和國和頓內次克—克里維伊里赫蘇維埃共和國；這些共和國自稱獨立於莫斯科，因此不在條約限制範圍之內。新的頓內次克共和國的創建者們借用了一九一八年的頓內次克—克里維伊里赫共和國的部分符號——與從前那個共和國一樣，如果沒有莫斯科的資助和支持，他們的這個新「國家」就沒有機會興起或者維持下去。

對俄羅斯帝國歷史和革命歷史的引用，已經成為向俄羅斯入侵烏克蘭提供辯護的史學話語的一部份，然而侵略的歷史動因卻來自更晚近的時期。俄羅斯總統弗拉基米爾．普丁在其關於吞併克里米亞的演說中曾回憶起蘇聯迅速而出人意料的解體過程，這場解體才是烏克蘭危機最為直接的歷史背景。當下的俄羅斯政府一直聲稱烏克蘭是一個人為創造的國家，而烏克蘭的東部領土是布爾什維克贈送給烏克蘭的禮物，而二戰後的克里米亞也是。根據這種歷史敘事，唯一血統純正因而擁有歷史合法性的政治體就是帝國——即早先的俄羅斯帝國和後來的蘇聯。俄羅斯政府努力反擊和打壓任何貶低帝國合法性的歷史傳統和記憶，比如對一九三二至一九三三年間烏克蘭大饑荒，或一九四四年蘇聯遷移克里米亞韃靼人等事件的紀念活動。二〇一四年五月，俄羅斯當局在克里米亞宣布禁止公開紀念克里米亞韃靼人遭遷移七十周年，正是出於這樣的原因。

今天的俄羅斯似乎走上了其部分帝國前身的老路：哪怕在失去帝國很久之後，它們仍對之依戀不捨。蘇聯的崩潰讓俄羅斯精英階層對帝國和超級大國地位的喪失切齒痛心，並將這場崩潰想像為一次由西方的惡意，或由米哈伊爾·戈巴契夫和伯里斯·葉爾欽等愚蠢競逐權力的政客所導致的偶然事件。關於蘇聯終結的這種看法讓他們難以抵擋重寫歷史的誘惑。

俄烏紛爭還讓另一個植根於歷史、並有重要歷史後果的問題進入了人們的視野，那就是現代俄羅斯民族和現代烏克蘭民族尚未完成的民族建構進程。俄羅斯對克里米亞的吞併以及為入侵頓巴斯地區所做的宣傳辯護，是在保護俄裔居民和整個俄語群體的旗幟下進行的。這種將俄語與俄羅斯文化乃至俄羅斯民族性劃等號的觀念，是許多前往頓巴斯的俄羅斯志願者世界觀中的一個重要面向。然而對俄羅斯民族性的這種解讀存在一個問題：儘管俄裔居民的確在克里米亞人口中占據多數，也是部分頓巴斯地區重要的少數族群，但在他們設想中的「新俄羅斯」地區，占人口多數的仍是烏克蘭裔。儘管俄羅斯及分離主義者的宣傳對許多烏克蘭人有某種吸引力，這些烏克蘭人中的大多數仍然拒絕將自己歸於俄羅斯或歸為俄羅斯族——哪怕他們還在繼續使用俄語。這是「新俄羅斯」方案失敗的主要原因之一，而這一方案的始作俑者卻對它的失敗感到十分意外。

將烏克蘭人視為俄羅斯民族之一部分的觀點，可以上溯至近代俄羅斯民族孕育並誕生於「俄羅斯（而非羅斯）萬城之母」基輔的起源神話。一六七四年首次出版的《略要》（那部由尋求莫斯科沙皇庇護的僧侶們編撰的俄羅斯歷史「教科書」）第一次在俄羅斯提出了這一神話，並加以傳播。在帝國時代的大部分時間裡，烏克蘭人都被視為「小俄羅斯人」。這種視角容忍烏克蘭民間文化和口頭方言的存在，卻不允許它成為高級文化或近代文學。一九一七年革命之後，烏克蘭人開始被承認為一個文化意義上（而非政治意義上）的獨特民族，這對「小俄羅斯人」視角形成了挑戰。然而，二〇一四年發生的對烏克蘭的入侵卻基於「俄羅斯世界」理念。對烏克蘭人而言，這與蘇聯時代的做法相比也是一種倒退。對未來「新俄羅斯」民族建構的設想，沒有在更廣泛的俄羅斯民族內部為一個獨立的烏克蘭族群留出空間，這很難說是一種漠視，或是一種因戰爭熱度導致的偏頗。就在吞併克里米亞之前不到一年，弗拉基米爾·普丁本人曾在一次有記錄的談話中聲稱俄羅斯人和烏克蘭人屬於同一個民族。二〇一五年三月十八日，他在紀念吞併克里米亞一周年的演說中又重複了這種看法。

蘇聯解體以降，俄羅斯民族建構道路的重心發生了轉移，轉向這樣一種觀念：創造一個單一而非分散的俄羅斯族，並以俄語及俄羅斯文化為基礎聯合各東斯拉夫民族，烏克蘭則成為這種模式在俄羅斯聯邦以外的第一個試驗場。

這種新的俄羅斯身分認同模式強調俄羅斯民族的不可分割性，與俄語和俄羅斯文化緊密相關，由此對烏克蘭的民族建構事業構成了重大挑戰。從十九世紀其誕生之初，烏克蘭民族建構事業就將烏克蘭語和烏克蘭文化視為自己的核心，但它也從一開始就允許其它語言和其它文化的使用，被許多人視為烏克蘭民族精神之父的塔拉斯·舍甫琴科的俄語作品即可作為這一點的例證。雙語主義和多元文化主義早已成為後蘇聯時代烏克蘭的準則，將來自不同族群和宗教背景的人納入烏克蘭民族的範疇。這對俄烏紛爭的過程產生了直接的影響：與克里姆林宮所期待的不同，俄羅斯的入侵未能激發俄軍直接控制地區（指克里米亞和由俄羅斯雇傭軍及以俄羅斯為靠山的叛軍所控制的頓巴斯部分地區）之外俄羅斯族居民的支持。

根據聲譽卓著的基輔社會學國際研究所提供的資料，俄羅斯族占烏克蘭總人口的百分之十七，而受訪者中僅有百分之五認為自己只是俄羅斯人，其餘則認為自己既是俄羅斯人，也是烏克蘭人。此外，那些僅將自己視為俄羅斯人受訪者，往往也反對俄羅斯對烏克蘭事務的干涉，拒絕將自己與普丁政府的立場捆綁在一起。「烏克蘭是我的祖國。俄語是我的母語。我希望來拯救我的人是普希金，希望普希金而不是普丁來讓我擺脫這悲傷和動盪。」基輔的一名俄羅斯居民在其臉書頁面上寫道。莫斯科和受俄羅斯支持的叛軍大力宣傳那種將俄羅斯民族主義和俄羅斯東正教結合起來的「俄羅斯世界」理念，將之視為獨立廣場抗議者們所提出的親歐選擇之外的一個選項。這反而令一九九一年以來烏克蘭人和猶太人組成的親歐聯盟變得更加牢固。「我早就說過，烏克蘭人與猶太人的聯合是我們的共同未來的保障。」一名獨立廣場運動的積極支持者在自己的臉書頁面上如是說。

歷史讓烏克蘭成為一個統一的國家，卻又因過去的文化邊界和政治邊界所造成的諸多地區分界線而陷入內部分裂。烏克蘭中部稀樹草原和南部大草原之間的分界線，成了北方農業地區與南方富蘊礦藏的草原上各中心城市之間的一條多孔邊界。東西方基督教世界的分界線在十七至十八世紀間抵達聶伯河，隨後又後撤到加利西亞，回到一戰前哈布斯堡帝國和俄羅斯帝國之間的國界。在從前屬於哈布斯堡帝國的地區中，加利西亞有別於曾大部受匈牙利人統治的外喀爾巴阡，和前摩爾達維亞公國省份布科維納。在從前俄羅斯帝國的地盤上，兩次世界大戰之間歸於波蘭的沃里尼亞與二十世紀大部分時間裡都屬於蘇聯的波多里亞不同。此外，曾由波蘭統治的聶伯河右岸地區與曾屬於哥薩克國的左岸地區之間存在差別，而哥薩克人地區與十八、十九世紀間俄羅斯帝國在集權化過程中所殖民的地區也有不同。這些地區上的各種邊界，又共同構成日常生活中更喜歡說烏克蘭語和更喜歡說俄語的人群之間的分界線。

實際上，烏克蘭的地方主義比上文中的描述更為複雜。前哥薩克國占據的傳統哥薩克地區和斯洛博達烏克蘭之間存在差異，而南烏克蘭省份米柯拉伊夫在族群構成、語言使用和投票行為等方面與克里米亞更是迥然不同。然而，儘管存在以上各種差異，烏克蘭各地區彼此之間仍然緊密相聯，這是因為上述諸多邊界儘管在歷史上曾十分清晰，卻幾乎不可能在今天重新建立起來。今天人們看到的是一張由各種語言、文化、經濟和政治交匯地區連成的網絡，它將各個不同地區連綴在一起，讓這個國家保持統一。在現實中很難找到一條將克里米亞同與之相鄰的南烏克蘭各地區分隔開來的清晰文化邊界，而頓巴斯與其它東部地區之間的關係也是如此。這些歷史地區中沒有一個表現出脫離烏克蘭的強烈意願，而這些地區的精英階層也沒能將當地民眾動員起來支持脫離。克里米亞和頓巴斯的確出現了這種動員，但那只是俄羅斯的吞併或干涉帶來的後果。

在「尊嚴革命」發生的同時，烏克蘭出現了一場推倒剩下的列寧紀念碑的運動——短短幾個星期內，就有五百多座列寧紀念碑被摧毀，這是一次與蘇聯時代歷史的象徵性決裂。在頓巴斯的反基輔叛軍中仍有許多人維護從前的蘇聯價值觀，但俄羅斯的雇傭軍和志願軍帶來的卻是另一種大理念。與著名的俄國指揮官伊戈爾·吉爾金一樣，這些人來到頓巴斯是為了保衛「俄羅斯世界」價值不受西方打擊。在這樣的語境下，他們將烏克蘭視為腐朽西方價值（如民主、個人自由、人權，還有尤為不可接受的性少數權利等）與傳統俄羅斯價值之間的戰場。按照這種邏輯，烏克蘭人的頭腦只是被西方的宣傳蒙蔽了，而俄羅斯人有責任為他們帶來光明。

對俄烏衝突的這種理解深深植根於俄羅斯文化和俄羅斯知識傳統當中。儘管我們很難設想一個將俄羅斯對歐洲文化的參與排除在外的近代俄羅斯歷史，但同樣真實的是：許多個世紀以來俄羅斯或者與西方隔絕，或者與中歐和西歐國家發生衝突。哪一套歷史經驗最能夠定義俄羅斯與西方之間愛恨交織的關係呢？俄羅斯知識界中西化派和親斯拉夫派之間的爭論曠日持久，始於十九世紀。這場爭論將兩種觀點對立起來：一種將俄羅斯視為歐洲的一部分；另一種則視俄羅斯為一種負有世界責任的獨特文明。當下，親斯拉夫派和反西方派的繼承者們在這場爭論中占了上風。

對烏克蘭而言，其獨立主張則從來都有一種親西方的色彩，這是烏克蘭歷史經驗的產物：作為一個國家，烏克蘭正位於東西方分界線上。這是東正教與天主教的分界線，是中歐帝國和亞歐大陸帝國的分界線，也是這些帝國的不同政治實踐和社會實踐之間的分界線。這種地處幾大文化空間交界地帶的狀況讓烏克蘭成為一個接觸區，在這裡持不同信念的烏克蘭人可以學會共存。這種狀況也催生了各種地區分界，使之為當下衝突的參與各方所利用。烏克蘭向來以其社會的文化混合性（hybridity）著稱，近來更是因為這種混合性而飽受推崇。然而，在面臨一場「混合戰」（hybrid war）之際，一個民族在保持統一的前提下到底能承受多大程度的混合性？這是當下的俄烏衝突將要回答的一個重要問題。

烏克蘭的親歐革命發生於冷戰結束四分之一個世紀之後，卻借鑒了冷戰時期波蘭、捷克斯洛伐克及該地區其它國家持不同政見者共有的對歐洲西方的想像，在某些時候甚至將這種想像變成了一種新的民族宗教。「尊嚴革命」與這場戰爭在烏克蘭社會中引發了一場地緣政治意義上的重新定位。二〇一四年一月到同年九月，烏克蘭人中對俄羅斯持正面態度的比例從百分之八十下降到不足百分之五十。二〇一四年十一月，民意調查中支持烏克蘭加入歐盟者的比例已達百分之六十四（在二〇一三年十一月，這一比例僅為百分之三十九）。二〇一四年四月，只有三分之一的烏克蘭人希望烏克蘭加入北約，而到了當年十一月，這一比例已超過半數。我們幾乎可以肯定：戰爭的體驗不僅將大多數烏克蘭人團結起來，還讓這個國家在感情上更傾向於西方。

在歷史上，戰爭的衝擊、失敗的恥辱以及國土淪陷的傷痛，都曾被當做增強民族團結和塑造強烈民族認同的工具。十八世紀下半葉波蘭被瓜分，讓這個國家從歐洲地圖上消失，卻成為近代波蘭民族主義形成的開端。十九世紀初拿破崙對德意志的入侵導致了泛日爾曼理念的興起，並促進了近代德國民族主義的發展。點燃法國人、波蘭人、塞爾維亞人和捷克人的民族想像的，正是對戰敗和國土喪失的記憶。被入侵、被羞辱、戰傷累累的烏克蘭似乎正遵循著這樣的普遍模式。

俄羅斯吞併了克里米亞，在頓巴斯發動混合戰，並試圖在烏克蘭其它地區引發動盪。這不僅在烏克蘭，也在整個歐洲造成了一種危險的新局面。這是二戰後第一次有歐洲大國向較弱小的鄰國發動戰爭，並奪取一個主權國家的領土。俄羅斯的入侵不僅破壞了一九九七年的俄烏條約，也違反了一九九四年的《布達佩斯備忘錄》——這份備忘錄向烏克蘭提供安全保證，以換取烏克蘭放棄核武器並作為無核國家加入《核不擴散條約》。俄羅斯對烏克蘭無端發動的侵略挑戰了國際秩序的基石，歐盟和世界上大多數國家尚未準備好如何應對，但這樣的挑戰必須受到反制。無論當下烏克蘭危機將走向何方，烏克蘭的未來、歐洲東西（俄羅斯—歐盟）關係的未來，進而至於整個歐洲的未來都將有賴於它的解決。

致謝

我要感謝吉爾·尼瑞姆為我的手稿找到了一個優秀出版社，感謝拉拉·海默特熱情而勇敢地接受了本書的編輯和出版挑戰，也要感謝她的基本圖書出版社團隊——尤其是羅傑·拉布里，是他們讓本書的出版成為可能。我要感謝米洛斯拉夫·尤爾科維奇為手稿編輯了不同版本，感謝我的妻子奧萊娜對本書的批評和最終的支持，感謝弗洛基米爾·庫里克和羅曼·普羅齊克糾正書中那些不應出現的錯誤，感謝我的研究生梅根·鄧肯·史密斯在我的課程「歐洲的邊疆：一五〇〇年後的烏克蘭」中的出色助教工作——我正是在這一課程中對本書提出的一些觀點進行了檢驗。我要感謝在二〇一四年秋季學期中選修這門課程的哈佛大學研究生和大學生：他們的課堂問題、郵件以及在課程網站上的提問和評論都讓他們對本書有所貢獻。最後，我還要感謝在我漫長的歷史學家和教師生涯中幫助我弄明白本書應該和不應該討論哪些問題的每一個人。本書的任何瑕疵無疑都不是他們的責任。

歷史年表

世界史：約西元前四五〇〇〇年，人類到達歐洲南部。	
約四五〇〇〇至四三〇〇〇BC	狩獵猛獁的尼安德特人在烏克蘭修建他們的居所。
約四二〇〇〇至四〇〇〇〇BC	多瑙河與聶伯河之間地區的人類馴化了馬匹。
約四五〇〇至三〇〇〇BC	掌握了泥塑和彩陶技術的庫庫特尼－特立皮利安新石器文化諸部落在多瑙河與聶伯河之間地區定居。
世界史：約西元前三五〇〇年，蘇美爾人遷移到美索不達米亞。	
一三〇〇至七五〇BC	小說中「蠻王柯南」的故國辛梅里亞王國在烏克蘭南部黑海大草原上建立統治。
七五〇至二五〇BC	斯基泰騎兵將辛梅里亞人趕出這片地區。
七五〇至五〇〇BC	希臘人在黑海北岸建立起貿易殖民地。在希臘人的想像中，諸如亞馬遜女戰士之類的神話人物生活在北方的烏克蘭草原上。

世界史：西元前七五三年，傳說中的羅馬城建立時期。	
五一二BC	波斯的大流士大帝穿過黑海大草原，試圖擊敗斯基泰人的軍隊，沒有成功。
約四八五至四二五BC	希羅多德生活的時代。希羅多德認為斯基泰部落和斯基泰人分屬不同的階層，其中包括斯基泰王族和農業斯基泰人。後者是林草混交的邊疆地區的定居部族。
二五〇BC至二五〇AD	薩爾馬提亞人從斯基泰人手中奪取了這片草原。
一至一〇〇AD	羅馬人在希臘殖民地建立統治。斯特拉波將頓河視為歐洲的東部邊界，將今天的烏克蘭地區劃入歐亞分界線的歐洲一側。
世界史：約西元三〇年，耶穌進入耶路撒冷。	
二五〇至三七五	哥德人擊敗薩爾馬提亞人，在烏克蘭地區建立統治。
三七五至六五〇	遷徙時期：匈人、阿瓦爾人和保加爾人穿過黑海大草原。
約五五一	歷史學家約達尼斯將斯柯拉文人和安特人這兩個斯拉夫人部落的活動地區確定為多瑙河與聶伯河之間。同一世紀早些時候，安特人因攻擊羅馬帝國而見諸史冊。
六五〇至九〇〇	可薩汗國從烏克蘭地區的斯拉夫人部落中收取貢賦。

世界史：西元八〇〇年，查理大帝被加冕為羅馬皇帝。	
八三八	西方文獻中首次提到羅斯維京人。
八六〇	羅斯人首次從黑海北岸進攻君士坦丁堡。
九五〇	拜占庭皇帝君士坦丁七世波菲洛吉尼都斯記述了與羅斯人的貿易以及既被用於貿易也被用於戰爭的聶伯河—黑海通道。
九七一	拜占庭皇帝約翰・齊米斯基斯在多瑙河上會見基輔大公斯維亞托斯拉夫，協商拜占庭與羅斯之間的停戰問題。
九八九	基輔大公弗洛基米爾圍困克里米亞的拜占庭要塞克松尼索斯，迎娶拜占庭皇帝巴西爾二世的妹妹安娜，並宣布其個人和國家都皈依基督教。
一〇三七	基輔大公「智者」雅羅斯拉夫完成聖索菲亞大教堂的建造。這座教堂是羅斯都主教座堂，也是羅斯第一座圖書館所在地。
世界史：西元一〇五四年，基督教會在羅馬與君士坦丁堡之間分裂。	
一〇五四	基輔大公「智者」雅羅斯拉夫去世。他被歷史學家們稱為「歐洲的岳父」，因為他將自己的女兒分別嫁給了許多歐洲王室成員。他的去世標誌著基輔羅斯解體的開端。

一一一三至一一二五	王公弗洛基米爾・莫諾馬赫暫時恢復了基輔羅斯的統一。他推動了中世紀烏克蘭歷史的主要記載來源《古編年史》的寫作。
一一八七至一一八九	一名基輔編年史作者首次使用「烏克蘭」一詞描述東至佩列亞斯拉夫、西至加利西亞的草原邊疆地區。
世界史：西元一二一五年，英格蘭國王約翰頒布《大憲章》。	
一二三八至一二六四	曾被教皇加冕的加利西亞—沃里尼亞王公丹尼洛通過挑撥東方的金帳汗國與西方的波蘭和匈牙利等王國對立，取得對烏克蘭大部分地區的控制權。他是勒維夫城的建立者。
一二四〇	蒙古軍隊攻陷基輔。烏克蘭進入金帳汗國的勢力範圍。
一二四一至一二六一	匈牙利國王奪取外喀爾巴阡地區。
一二九九至一三二五	羅斯都主教將其駐地從被蒙古人摧毀的基輔遷往克利亞濟馬河畔的弗拉基米爾，隨後又遷往莫斯科。加利西亞則成立了一個獨立的都主教區。
一三四〇至一三九二	強盛一時的加利西亞—沃里尼亞公國分裂。加利西亞歸於波蘭，而沃里尼亞和聶伯河地區歸於立陶宛大公。
世界史：西元一三四七年，黑死病肆虐歐洲。	
一三五九	立陶宛和羅斯的軍隊在錫尼沃迪河之戰中挑戰金帳汗國對烏克蘭草原的統治。烏克蘭大部分地區成為立陶宛大公國的一部分。

一三八六	立陶宛大公約蓋拉迎娶波蘭女王雅德維加。這是立陶宛社會上層改宗天主教的開端，也是波蘭王國和立陶宛大公國逐步實現統一的開端。
一四三〇至一四七八	立陶宛大公國的羅斯（烏克蘭及白俄羅斯）精英階層反抗大公國的天主教統治者的歧視政策。
一四九二	烏克蘭哥薩克人首次見於歷史記載。
一五一四	立陶宛大公國和莫斯科大公國爭奪前基輔羅斯地區期間，康斯坦蒂・奧斯特羅斯基王公在奧爾沙之戰中擊敗莫斯科軍隊。
世界史：一五一七，馬丁・路德發表〈九十五條論綱〉。	
一五六九	波蘭王國與立陶宛大公國之間通過盧布林聯合創建波蘭—立陶宛聯邦。通過聯合，波蘭建立起對烏克蘭的統治，而立陶宛則保有白俄羅斯。兩個東斯拉夫人地區之間出現了第一條行政邊界。
一五八一	第一部教會斯拉夫語《聖經》全譯本在奧斯特里赫出版。
一五九〇至一六三八	哥薩克人在哥薩克叛亂時期成為一支強大的軍事力量和一個獨特的社會階層。
一五九六	透過布列斯特聯合，東正教基輔都主教區的一部分歸於羅馬教廷。這使聯合教會（後來的希臘天主教會）從東正教會分裂出來，直至今日。

一六三二至一六四六	基輔都主教彼得・莫希拉創建基輔學院（後來的基輔莫希拉學院），按照天主教宗教改革的原則改革自己的教會，並主持起草了第一部東正教《正教信條》。
一六三九	法國工程師和製圖家紀堯姆・勒瓦瑟・德・博普朗繪製出他的第一份烏克蘭地圖。這份地圖反映了當時烏克蘭草原邊疆地區的墾殖狀況。
世界史：一六四八，《西伐利亞和約》的簽署建立了新的國際秩序。	
一六四八	哥薩克軍官博赫丹・赫梅爾尼茨基發動反抗波蘭—立陶宛聯邦的起義。起義導致波蘭地主被驅逐，猶太人被屠殺，並創造了一個被稱為酋長國的哥薩克國家。
一六五四	哥薩克軍官們承認莫斯科沙皇的宗主權，引發莫斯科與華沙對烏克蘭控制權的漫長爭奪。
一六六七	安德魯索沃停戰協議將烏克蘭沿聶伯河一分為二，分別歸於莫斯科沙皇國和波蘭。這引發了由統領彼得羅・多羅申科率領、反抗兩大強國的哥薩克起義。
一六七二至一六九九	鄂圖曼人統治右岸烏克蘭。

一六七四	基輔洞穴修道院的僧侶們出版了《略要》。這部歷史文獻將基輔置於羅斯君權和羅斯民族的中心位置，呼籲東斯拉夫人在宗教、王朝和民族上統一起來，以應對來自波蘭和鄂圖曼帝國的威脅。
一六八五	基輔都主教區脫離君士坦丁堡牧首的管轄，歸於莫斯科牧首管轄區。
一七〇八	因俄羅斯人對哥薩克權利的侵害，哥薩克統領伊凡・馬澤帕起兵反抗彼得一世，與率軍來襲的瑞典國王卡爾十二世結盟。
一七〇九	俄軍在波爾塔瓦戰役中獲勝，導致哥薩克統領一職的廢除以及哥薩克國自治權的削減。
世界史：一七二一，《尼斯塔德條約》（*Peace of Nystad*）的簽署讓俄國成為歐洲強國。	
一七二七至一七三四	哥薩克統領一職暫時恢復。丹尼洛・阿波斯托爾擔任統領。
一七四〇年代	猶太拉比以色列・本・埃利澤（更常見的稱謂是巴爾・謝姆・托夫）在波多里亞城鎮梅德日比日聚集學生和追隨者，教授哈西迪教義。
一七六四至一七八〇	作為俄羅斯女皇葉卡捷琳娜二世的中央集權改革的一部分，哥薩克國被廢除。
一七六八	波蘭貴族的巴爾同盟及「海達馬基」（Haidamaky）農民起義在右岸烏克蘭地區引發對聯合教會信徒和猶太人的屠殺。

一七七五	俄國在一七六八年至一七七四年的俄土戰爭中取勝，隨後廢除了聶伯河下游的札波羅結札波羅結哥薩克軍。
一七八三	俄國吞併克里米亞。
世界史：一七八九，法國大革命爆發。	
一七七二至一七九五	波蘭被瓜分。加利西亞歸於哈布斯堡帝國，右岸烏克蘭和沃里尼亞歸於俄羅斯帝國。
一七九一	葉卡捷琳娜二世創建猶太人「定居範圍」，禁止從前居住在波蘭和立陶宛的猶太人遷入俄國腹地。烏克蘭成為「定居範圍」的一部分。
一七九二	俄羅斯帝國再次贏得對鄂圖曼人的戰爭，鞏固了對烏克蘭南部的控制。
一七九八	波爾塔瓦貴族伊凡．科特利亞列夫斯基出版作品《埃內伊達》。這是第一部用近代烏克蘭語創作的詩歌，催生了近代烏克蘭文學。
一八一二	烏克蘭哥薩克人加入俄羅斯帝國軍隊，對拿破崙作戰。
一八一八	第一部烏克蘭語語法著作出版。
一八一九	迅速興起的城市奧德薩成為自由港，吸引來新的商業和新的定居者。
一八三〇	波蘭人的起義導致波蘭地主階層與俄國政府對烏克蘭農民忠誠的爭奪。

一八三四	沙皇尼古拉一世創建基輔大學，從此俄國開始著手將基輔改造為俄羅斯帝國認同的堡壘。
一八四〇	藝術家及詩人塔拉斯・舍甫琴科出版詩集《科布札歌手》。他被許多人視為烏克蘭民族之父。
一八四七	米柯拉・科斯托馬羅夫起草了初生的烏克蘭民族運動的第一份政治宣言《烏克蘭人民的起源之書》。在宣言中他呼籲創建一個以烏克蘭為中心的斯拉夫聯邦。
世界史：一八四八年革命	
一八四八	「民族之春」（Spring of Nations）動搖了哈布斯堡帝國。波蘭和烏克蘭的民族解放運動得以興起。烏克蘭人以魯塞尼亞最高議會為核心團結起來。帝國當局決定解放農奴。
一八五〇年代	加利西亞出現石油開採工業，將德羅霍貝奇地區變成世界上產量最大的油田之一。
一八五四	英國、法國和鄂圖曼帝國聯軍登陸克里米亞，圍困了塞瓦斯托波爾，並在巴拉克拉瓦和塞瓦斯托波爾之間修建了烏克蘭國土上第一條鐵路。俄國在克里米亞戰爭中失敗，失去了其黑海艦隊。

世界史：一八六一，美國內戰爆發。

一八六一	俄羅斯帝國對農奴的解放和亞歷山大二世的開明改革改變了烏克蘭的經濟、社會和文化局面。
一八六三	受到新一輪波蘭起義和「全俄羅斯民族」出現分裂風險的警醒，俄羅斯帝國內政大臣彼得・瓦魯耶夫發布了對烏克蘭語出版物的禁令。
一八七〇	威爾斯實業家約翰・詹姆斯・休斯抵達南烏克蘭，在此建立起冶金工廠。這成為頓內次河工業盆地興起和俄羅斯勞工移民流入烏克蘭的開端。
一八七六	俄國皇帝亞歷山大二世簽署《埃姆斯上諭》，對烏克蘭語的使用實行進一步限制。基輔大學的年輕歷史學教授米哈伊洛・德拉霍瑪諾夫移居瑞士，在那裡為烏克蘭自由主義和社會主義運動奠定了意識形態基礎。
一八九〇年代	對土地的渴求加快了奧屬烏克蘭地區農民向美國和加拿大的移民速度，也導致愈來愈多的俄屬烏克蘭地區農民向北高加索和俄羅斯遠東地區遷移。
一九〇〇	哈爾基夫的律師米柯拉・米可諾夫斯基闡述了烏克蘭政治獨立的理念。加利西亞也出現了類似思潮。
一九〇五	俄羅斯帝國發生的革命終結了對使用烏克蘭語的禁令，並使政黨的創建成為可能。革命浪潮導致俄羅斯民族主義和反猶迫害的興起。蕭洛姆・阿列赫姆離開基輔前往紐約。

世界史：一九一四第一次世界大戰爆發。	
一九一四	一戰的爆發讓烏克蘭成為俄羅斯帝國、奧匈帝國和德國之間的戰場。
一九一七	俄國君主制的崩潰讓烏克蘭國家的創建成為可能。建國的領導群體是烏克蘭革命議會「中央拉達」中的社會主義者。
一九一八至一九二〇	俄屬和奧屬烏克蘭地區的烏克蘭政府宣布獨立，但在與布爾什維克俄國和新成立的波蘭共和國這兩個更強大的鄰國的戰爭中失敗。
一九二〇年代	蘇維埃烏克蘭的民族共產主義時代。
一九二一至一九二三	蘇俄、波蘭、羅馬尼亞和捷克斯洛伐克瓜分了烏克蘭地區。
一九二七至一九二九	布爾什維克當局實施大規模的工業化、集體化和文化革命。這些政策旨在對經濟和社會進行共產主義改造。
世界史：一九二九，「黑色星期五」引發美國大蕭條。	
一九三二至一九三三	由於人為原因導致的饑荒，近四百萬烏克蘭人被餓死。這場饑荒在今天被稱為「霍洛多摩爾」。
一九三四	烏克蘭民族主義者組織成員刺殺了波蘭內政部長布洛尼斯拉夫·皮爾拉基。這成為烏克蘭社會對波蘭統治愈來愈強烈的不滿以及激進民族主義勢力興起的徵兆。

一九三七	史達林主義的大清洗達到頂峰。在大清洗中，數十萬人被處死，上百萬人被送進古拉格系統勞改營。
世界史：一九三九，第二次世界大戰爆發。	
一九三九	《莫洛托夫—里賓特洛甫條約》的簽署導致蘇聯對此前屬於波蘭的沃里尼亞和加利西亞、屬於羅馬尼亞的布科維納的占領。此前屬於捷克斯洛伐克的外喀爾巴阡地區的烏克蘭運動者們宣布了一次短命的獨立，隨後這一地區歸於匈牙利。
一九四一	納粹德國入侵蘇聯，導致烏克蘭被德國和羅馬尼亞占領，並成為大屠殺的主要發生地之一。數百萬不同族群背景的烏克蘭人喪生。
一九四三	蘇聯重歸烏克蘭，重建了共產主義統治，並在西烏克蘭地區開啟了蘇聯安全部隊與烏克蘭民族主義游擊武裝之間的漫長戰爭。
一九四四	克里米亞韃靼人被控與德國人合作，從克里米亞被驅逐到中亞地區。
一九四五	雅爾達會議為新的波蘭-烏克蘭邊界賦予了國際合法性，使勒維夫歸於烏克蘭，並讓烏克蘭得以成為聯合國成員。同年晚些時候，莫斯科迫使布拉格政府同意將外喀爾巴阡地區劃歸蘇維埃烏克蘭。
一九四六	烏克蘭希臘天主教會被廢除。其領袖們被控遵循梵蒂岡的反共政策，並與民族主義者地下組織保持聯繫。

世界史：一九四八，冷戰揭幕。	
一九五三	史達林的去世終結了正在興起的反猶主義運動，也終結了對被控犯有民族主義錯誤的烏克蘭文化人物的迫害。
一九五四	在尼基塔．赫魯雪夫的主導下，克里米亞從俄羅斯被劃歸烏克蘭，以促進這一半島地區的經濟復甦。這是因為克里米亞的復甦有賴於烏克蘭大陸地區提供資源。
一九五六	去史達林化運動開啟。烏克蘭共產黨領導階層成為俄羅斯領導集團統治蘇聯的助力。
一九六四	尼基塔．赫魯雪夫被推翻，終結了當局在意識形態和文化領域的讓步。史達林時代晚期的政治原則得以部分恢復。
一九七〇年代	蘇聯進入停滯時期。其特徵為經濟增長放緩，社會問題增加。
一九七五至一九八一	受到《赫爾辛基決議》鼓舞，烏克蘭的持不同政見者為保衛人權而組織起來。赫爾辛基小組的許多成員被國家安全委員會逮捕並被投入監獄。
一九八五	米哈伊爾．戈巴契夫上臺，啟動旨在改善蘇聯政治和經濟體制的改革。
一九八六	車諾比核事故讓人們開始追問中央政府在這場環境災難中的責任，並導致蘇維埃烏克蘭第一個大眾政黨綠黨的形成。

一九九〇	第一次競爭性的烏克蘭議會選舉產生了一個議會反對派。該議會在同年宣布烏克蘭是蘇聯內部的一個主權國家。
世界史：一九九一，蘇聯解體。	
一九九一	在莫斯科的一次失敗政變之後，烏克蘭十二月一日的獨立公投對蘇聯造成了致命一擊。其它加盟共和國也效仿烏克蘭脫離了蘇聯。
一九九四	在烏克蘭將從蘇聯繼承的核彈頭移交給俄羅斯之後，俄羅斯、美國和英國共同承諾保障烏克蘭的主權和領土完整。
一九九六	新憲法保障民主化自由，在總統府和議會之間實行分權，使議會成為烏克蘭政治舞臺上的重要角色。
一九九七	俄羅斯與烏克蘭簽署邊界協議，承認烏克蘭對克里米亞的主權。烏克蘭則將塞瓦斯托波爾海軍基地租借給俄羅斯。
二〇〇四	對政府腐敗和俄羅斯干涉烏克蘭選舉進程的廣泛抗議引發了民主化的橙色革命。以總統維克多．尤先科為首的持改革立場的親西方政府得以上臺。
二〇〇八至二〇〇九	烏克蘭表達了加入歐盟的意願，申請參加北約成員行動計畫，並成為歐盟東方夥伴關係計畫的成員。

二〇一三	俄羅斯發動對烏克蘭的貿易戰爭，迫使烏克蘭總統維克多·亞努科維奇的政府放棄與歐盟簽署聯繫國協議，在烏克蘭引發了大規模的抗議活動。這些抗議後來被稱為「歐洲獨立廣場運動」（EuroMaidan）和「尊嚴革命」。
二〇一四	基輔街頭的抗議變得暴力化。烏克蘭議會罷免了總統亞努科維奇。俄羅斯則奪取了克里米亞半島、將軍隊和給養送入頓巴斯地區，由此發動對烏克蘭的混合戰。
二〇一五	俄烏衝突造成了冷戰結束以來最嚴重的東西方關係危機。

烏克蘭歷史人物表

一〇五四年前的基輔大公

赫爾吉（奧列格、奧列赫）（？—約九一二在位）
英格瓦（伊赫爾、伊戈爾）（？—約九四五在位）
奧麗哈（奧麗加、赫爾加）（約九四五至九六二在位）
斯維亞托斯拉夫（九六二至九七二在位）
亞羅波爾克（九七二至九八〇在位）
弗洛基米爾大帝（九八〇至一〇一五在位）
「惡棍」斯維亞托波爾克（一〇一五至一〇一九在位）
「智者」雅羅斯拉夫（一〇一九至一〇五四在位）

加利西亞—沃里尼亞公國諸統治者（一一九九至一三四〇）

羅曼大帝（一一九九至一二〇五在位）
哈利奇的丹尼洛（一二〇五至一二六四在位）

列夫（一二六四至一三〇一在位）
尤里一世（一三〇一至一三〇八在位）
安德里和列夫（一三〇八至一三二五在位）
博萊斯瓦夫－尤里二世（一三二五至一三四〇在位）

宗教和文化領袖（一五八〇至一六四八）

伊凡・費多羅夫（約一五二五至一五八三），一五八一年奧斯特里赫版《聖經》的出版者。
康斯坦蒂（瓦西里）・奧斯特羅斯基王公（一五二六至一六〇八），沃里尼亞大貴族，東正教改革的推動者。
伊帕季・珀提（一五四一至一六一三），聯合教會的創立者和都主教。
梅列季・斯莫特里茨基（約一五七七至一六三三），宗教論辯家、第一部教會斯拉夫語語法著作作者。
彼得羅・科那舍維奇—薩海達奇內（約一五八二至一六二二），哥薩克統領、東正教會的支持者。
彼得・莫希拉（一五九六至一六四六），東正教改革家、基輔都主教（一六三二至一六四六在位）。

哥薩克諸統領（一六四八至一七六四）

博赫丹・赫梅爾尼茨基（一六四八至一六五七在位）

伊凡・維霍夫斯基（一六五七至一六五九在位）

尤里・赫梅爾尼茨基（一六五九至一六六三在位）

帕夫洛・捷捷里亞（一六六三至一六六五在位）

伊凡・布柳霍維茨基（一六六三至一六六八在位）

彼得羅・多羅申科（一六六五至一六七六在位）

德米安・姆諾霍赫里什尼（一六六八至一六七二在位）

伊凡・薩莫伊洛維奇（一六七二至一六八七在位）

伊凡・馬澤帕（一六八七至一七〇九在位）

伊凡・斯柯洛帕茲基（一七〇八至一七二一在位）

丹尼洛・阿波斯托爾（一七二七至一七三四在位）

基里洛・羅蘇莫夫斯基（西瑞爾・拉蘇莫夫斯基）（一七五〇至一七六四在位）

藝術和文學人物（一六四八至一七九五）

因諾肯季・吉澤爾（約一六〇〇至一六八三），基輔洞穴修道院掌院（一六五六至一六八三）、《略要》（一六七四）的出版者。

南森・漢諾威（？至一六六三），猶太教法學者、卡巴拉主義者、《絕望的深淵》（一六五三）一書的作者。

薩米洛・維利奇科（一六七〇至一七二八），哥薩克官員和歷史學家。

特奧凡・普羅科波維奇（一六八一至一七三六），基輔學院院長、俄國皇帝彼得一世的顧問。

猶太拉比巴爾・謝姆・托夫（？至一七六〇），猶太教哈西迪派創始人。

赫利霍里・斯科沃洛達（一七二二至一七九四），哲學家、詩人、作曲家。

亞歷山大・別茲博羅德科（一七四七至一七九九），哥薩克軍官、俄羅斯帝國大臣、哥薩克國歷史學家。

民族「啟蒙者」（一七九八至一八四九）

伊凡・科特利亞列夫斯基（一七六九至一八三八），《埃內伊達》（《埃涅阿斯紀》的仿作）作者。

亞歷山大・杜赫諾維奇（一八〇三至一八六五），外喀爾巴阡牧師、詩人和教育家。

塔德烏什・查茨基（一七六五至一八一三），克列梅涅茨學院的創辦者（一八〇五）。

瑪律基安・沙什科維奇（一八一一至一八四三），詩人、年鑒《德涅斯特河的水澤仙女》（一八三七）的出版者之一。

米柯拉・霍霍里（尼古拉・果戈里）（一八〇九至一八五二），小說家、烏克蘭歷史和文化的推動者。

塔拉斯・舍甫琴科（一八一四至一八六一），藝術家、詩人、作家，常被視為烏克蘭民族之父。

雅基夫・霍洛瓦茨基（一八一四至一八八八），歷史學家、民族志學者、年鑒《德涅斯特河的水澤仙女》（一八三七）的出版者之一、親俄運動領袖。

米柯拉・科斯托馬羅夫（一八一七至一八八五），歷史學家、政治運動者、烏克蘭民族運動第一份政治章程的起草者。

官員和實業家（一八〇〇至一九〇〇）

黎塞留公爵阿爾芒·埃馬紐埃爾（一七六六至一八二二），法國保王黨人、奧德薩總督（一八〇三至一八一四），通常被視為奧德薩城的建立者。

尼古拉·列普寧—沃爾孔斯基（一七七八至一八四五），俄國軍事指揮官。他在擔任小俄羅斯總督（一八一六至一八三四）期間推動改善農奴的生存狀況，並反對削減哥薩克人權利。

弗朗茨·施塔迪翁（一八〇六至一八五三），奧地利政治家。他在擔任加利西亞總督（一八四七至一八四八）期間解放了農奴，並促進了烏克蘭人的政治動員。

約翰·詹姆斯·休斯（一八一四至一八八九），威爾斯實業家、尤茲夫卡城（即今頓內次克）的建立者、頓內次河盆地工業地區興起的開創者。

普拉東·謝梅連科（一八二一至一八六三），實業家。他資助出版了塔拉斯·舍甫琴科作品《科布札歌手》的一個版本。

拉紮爾·布羅茨基（一八四八至一九〇四），實業家、慈善家。他資助建立了基輔最大的猶太教會堂。

斯坦尼斯拉夫·斯捷潘諾夫斯基（一八四六至一九〇〇），企業家、政治家、《加利西亞的悲慘狀況》（一八八八）的作者。他在加利西亞引入了蒸汽鑽探法，推動了加利西亞石油工業的發展。

政治和文化運動者（一八四九至一九一七）

米哈伊爾·尤瑟佛維奇（米哈伊洛·尤瑟佛維奇）（一八〇二至一八八九），教育家、烏克蘭愛國者運動的早期支持者。他推動了一八七六年《埃姆斯上諭》的出臺。

米哈伊洛·德拉霍瑪諾夫（一八四一至一八九五），歷史學家、政治運動者、思想家、烏克蘭社會主義運動的開創者。

伊斯梅爾·伽斯普林斯基（伊斯梅爾·伽斯皮拉里）（一八五一至一九一四），教育家、政治運動者、克里米亞韃靼人民族復興的領袖。

伊凡·弗蘭科（一八五六至一九一六），詩人、作家、時評家、加利西亞社會主義運動的開創者之一。

米柯拉·米可諾夫斯基（一八七三至一九二四），律師、政治運動者、烏克蘭獨立理念的早期宣傳者。

作家和藝術家（一八四九至一九一七）

尤里·費德科維奇（一八三四至一八八八），詩人、民俗學研究者，以其關於布科維納生活的故事而著名。

利奧波德·里特爾·馮·紮赫爾—馬索克（一八三六至一八九五），記者、作家。他創作了許多關於加利西亞的浪漫故事。

米柯拉·李森科（一八四二至一九一二），作曲家、烏克蘭國家音樂學院的創始人。

伊利亞·列賓（一八四四至一九三〇），現實主義畫家，以其史詩畫作《札波羅結哥薩克人的回答》知名。

蕭洛姆·阿列赫姆（所羅門·拉比諾維奇）（一八五九至一九一六），傑出的意第緒語作家。其最著名的作品為《賣牛奶的台維》，後被改編為音樂劇《屋頂上的提琴手》。

赫奧爾希・納爾布特（一八八六至一九二〇），平面藝術家、烏克蘭美術學院的創立者之一、一九一八年烏克蘭國徽的設計者。

一九一七至一九二一年烏克蘭革命人物

葉烏亨・彼得魯舍維奇（一八六三至一九四〇），律師、政治運動者、西烏克蘭人民共和國（一九一八至一九一九）領導人。

米哈伊洛・赫魯舍夫斯基（一八六六至一九三四），傑出的歷史學家、烏克蘭革命議會（一九一七至一九一八）「中央拉達」主席。

帕夫洛・斯柯洛帕茲基（一八七三至一九四五），一個顯赫哥薩克家族的後裔、俄羅斯帝國軍人、一九一八年任烏克蘭統領。

西蒙・彼得留拉（一八七九至一九二六），記者、政治運動者、「中央拉達」軍事事務總書記、烏克蘭人民共和國指揮部領導人。

弗洛基米爾・維尼琴科（一八八〇至一九五一），暢銷作家，在一九一七年至一九一九年間人烏克蘭政府領導人。

涅斯托爾・馬赫諾（一八八八至一九三四），無政府主義革命家、烏克蘭南部一支農民武裝的司令（一九一八至一九二一）。

以撒・巴貝爾（一八九四至一九四〇），記者、作家、《紅色騎兵軍》（一九二六）作者。

尤里・科茨烏賓斯基（一八九六至一九三七），烏克蘭作家米哈伊洛・科茨烏賓斯基之子、布爾什維克、一九一八年進入烏克蘭的紅軍部隊的指揮官。

文化復興人物（一九二一至一九三三）

米柯拉・斯克里普尼克（一八七二至一九三三），共產黨官員、烏克蘭化運動的推動者，在大饑荒後自殺。

帕夫洛・狄青那（一八九一至一九六七），從象徵派轉向社會主義現實派的傑出詩人。

亞歷山大・多夫任科（一八九四至一九五六），編劇、導演、蘇聯電影蒙太奇理論的先驅。

濟加・韋爾托夫（大衛・考夫曼）（一八九六至一九五四），紀錄片製作先驅，其最著名的作品——包括《持攝影機的人》（一九二九）在內——攝製於烏克蘭。

第二次世界大戰中的英雄和反派人物（一九三九至一九四五）

安德列・舍普提茨基都主教（羅曼・亞歷山大・瑪利亞・舍普提茨基）（一八六五至一九四四），烏克蘭希臘天主教會領導人（一九〇一至一九四四）、加利西亞社會領袖。

西迪爾・科夫派克（一八八七至一九六七），蘇聯游擊隊指揮官。

米哈伊洛・基爾波諾斯（一八九二至一九四一），紅軍將領、一九四一年基輔保衛戰的指揮官。

埃里希・科赫（一八九六至一九八六），東普魯士納粹黨總管（一九二八至一九四五）、烏克蘭總督（一九四一至一九四三）。

尼古拉・瓦圖京（一九〇一至一九四四），蘇聯將領、紅軍第一烏克蘭方面軍指揮官。

奧托・馮・瓦赫特（一九〇一至一九四九），納粹德國的加利西亞地區總督。

羅曼・舒赫維奇（一九〇七至一九五〇），烏克蘭民族主義者組織領袖之一、烏克蘭反抗軍總指揮（一九四三至一九五〇）。

斯捷潘・班德拉（一九〇九至一九五九），烏克蘭民族主義者組織及其西歐和北美地區分會的領袖。

烏克蘭共產黨領導人（一九三八至一九九〇）

尼基塔・赫魯雪夫（一九三八至一九四九）

拉紮爾・卡岡諾維奇（一九二五—一九二八至一九四七）

列昂尼德・梅爾尼科夫（一九四九至一九五三）

阿列克謝・基里琴科（一九五三至一九五七）

米柯拉・皮德霍尼（一九五七至一九六三）

彼得羅・謝列斯特（一九六三至一九七二）

弗洛基米爾・謝爾比茨基（一九七二至一九八九）

弗洛基米爾・伊瓦什科（一九八九至一九九〇）

烏克蘭異議運動領袖（一九六〇年代至一九八〇年代）

列夫科・盧基揚年科（一九二七至今）律師、政治運動者。他是〈烏克蘭獨立宣言〉的起草者，一生中超過二十五年時間在獄中和國內流放中度過。

格奧爾基・文斯（一九二八至一九九八），浸信會牧師、宗教運動者。他曾兩次被捕並被蘇聯法庭宣判有罪，最終於一九七九年被逐出蘇聯。

維亞切斯拉夫．喬爾諾維爾（一九三七至一九九九），記者、六〇年代烏克蘭異議運動的記錄者，曾被關押在蘇聯監獄和集中營中。

穆斯塔法．傑米列夫（一九四三至今），克里米亞韃靼人民族運動領袖，曾六次被捕，在蘇聯勞改營和國內流放中度過多年。

塞門．格魯茲曼（一九四六至今），精神病學家、人權運動者，曾因披露蘇聯利用精神病學對付政治異議者而被判入獄七年。

烏克蘭總統（一九九一至二〇一五）

列昂尼德．克拉夫丘克（一九九一至一九九四）

列昂尼德．庫奇馬（一九九四至二〇〇五）

維克多．尤先科（二〇〇五至二〇一〇）

維克多．亞努科維奇（二〇一〇至二〇一四）

彼得羅．波羅申科（二〇一四至二〇一九）

弗拉基米爾．澤倫斯基（二〇一九至今）

術語表

中央拉達（Central Rada）——「中央會議」，一九一七－一九一八年間的烏克蘭革命議會

海鷗（chaiky）——哥薩克人使用的長船

指揮部（Directory）——一九一九－一九二〇年間的烏克蘭革命政府

杜馬（Dumas）——烏克蘭民歌

古別爾尼亞（Gubernia）——俄羅斯帝國對省份的稱呼。

海達馬基（Haidamaky）——即「匪幫」，是對一八世紀右岸烏克蘭地區平民起義參加者的稱呼

統領（hetman）——哥薩克指揮官（源自德語中的Hauptmann）

酋長國（Hetmanate）——存在於一六四九年至一七六四年間及一九一八年的哥薩克國家

庫爾巴尼（kurbany）——墓葬堆

庫爾庫勒（Kurkul'，俄語作「庫拉克」（kulak））——一個涵義寬泛的用詞，是蘇維埃政權在二十世紀二〇年代和三〇年代對富裕農民的稱呼。

瑪伊當（Maidan）——意為「廣場」，是對基輔市中心獨立廣場以及二〇〇四年、二〇一三年和二〇一四年發生在那裡的革命事件的簡稱

州（Oblast）——蘇聯時代和後蘇聯時代烏克蘭省份的稱呼。

俄塔曼（otaman）——哥薩克官員

拉斯科爾尼奇（Raskol’niki）——舊信徒（Old Belief）教會的成員

薩姆維達夫（Samvydav）——蘇維埃烏克蘭時期自行出版的異議文學

沃伊沃達（voevoda）——羅斯時代和莫斯科大公國／沙皇國時代的軍事指揮官

雅爾力克（yarlyk）——蒙古可汗向各公國授予的有條件統治許可

札波羅結（Zaporozhians）——一六世紀時在聶伯險灘下游建立自己基地的哥薩克人。

延伸閱讀

導言：關於烏克蘭歷史的綜述

Dmytro Doroshenko, *A Survey of Ukrainian History*, with introduction by O. Gerus, upd. ed. (Winnipeg, 1975); Mykhailo Hrushevsky, *A History of the Ukraine* (New Haven, CT, 1940; Hamden, CT, 1970); idem, *History of Ukraine-Rus'*, vols. 1, 6–10 (Edmonton and Toronto, 1997–2014); Ivan Katchanovski et al., *Historical Dictionary of Ukraine*, 2nd ed. (Lanham, MD, 2013); Paul Kubicek, *The History of Ukraine* (Westport, CT, 2008); Paul Robert Magocsi, *A History of Ukraine*, 2nd ed. (Toronto, 2010); idem, *Ukraine: An Illustrated History* (Toronto, 2007); Anna Reid, *Borderland: A Journey Through the History of Ukraine* (London, 1997); Orest Subtelny, *Ukraine: A History*, 4th ed. (Toronto, 2009); Roman Szporluk, *Ukraine: A Brief History*, 2nd ed. (Detroit, MI, 1982); Andrew Wilson, *The Ukrainians: Unexpected Nation*, 3rd ed. (New Haven, CT, 2009); Serhy Yekelchyk, *Ukraine: Birth of a Modern Nation* (New York, 2007).

卷一：黑海邊疆

Paul M. Barford, *The Early Slavs: Culture and Society in Early Medieval Eastern Europe* (Ithaca, NY, 2001); David Braund, ed., *Scythians and Greeks: Cultural Interactions in Scythia, Athens and the Early Roman Empire* (Exeter, UK, 2005); Martin Dimnik, *Mikhail, Prince of Chernigov and Grand Prince of Kiev, 1224–1246* (Toronto, 1981); idem, *The Dynasty of Chernigov, 1146–1246* (Cambridge, 2003); Simon Franklin and Jonathan Shepard, *The Emergence of Rus', 750–1200* (London, 1996); Edward L. Keenan, *Josef Dobrovský and the Origins of the Igor' Tale* (Cambridge, MA, 2003); Jukka Korpela, *Prince, Saint and Apostle: Prince Vladimir Svjatoslavic of Kiev* (Wiesbaden, 2001); Omeljan Pritsak, *The Origin of Rus'*, vol. 1 (Cambridge, MA, 1981); Christian Raffensperger, *Reimagining Europe: Kievan Rus' in the Medieval World* (Cambridge, MA, 2012);

Renate Rolle, *The World of the Scythians* (London, 1989).

卷二：東方與西方的相遇

Ludmilla Charipova, *Latin Books and the Eastern Orthodox Clerical Elite in Kiev, 1632–1780* (Manchester, UK, 2006); Brian L. Davies, *Warfare, State and Society on the Black Sea Steppe, 1500–1700* (London and New York, 2007); Linda Gordon, *Cossack Rebellions: Social Turmoil in the Sixteenth-Century Ukraine* (Albany, NY, 1983); Borys A. Gudziak, *Crisis and Reform: The Kyivan Metropolitanate, the Patriarch of Constantinople, and the Genesis of the Union of Brest* (Cambridge, MA, 1998); David A. Frick, *Meletij Smotryc'kyj* (Cambridge, MA, 1995); Iaroslav Isaievych, *Voluntary Brotherhood: Confraternities of Laymen in Early Modern Ukraine* (Edmonton and Toronto, 2006); *The Kiev Mohyla Academy*. Special issue of *Harvard Ukrainian Studies*, 8, no. 1–2 (June 1984); Paulina Lewin, *Ukrainian Drama and Theater in the Seventeenth and Eighteenth Centuries* (Edmonton, 2008); Jaroslaw Pelenski, *The Contest for the Legacy of Kievan Rus'* (Boulder, CO, and New York, 1998); Serhii Plokhy, *The Cossacks and Religion in Early Modern Ukraine* (Oxford, 2001); idem, *The Origins of the Slavic Nations: Premodern Identities in Russia, Ukraine and Belarus* (Cambridge, UK, 2006); Ihor Ševčenko, *Ukraine Between East and West: Essays on Cultural History to the Early Eighteenth Century*, 2nd ed. (Edmonton and Toronto, 2009); Frank E. Sysyn, *Between Poland and the Ukraine: The Dilemma of Adam Kysil, 1600–1653* (Cambridge, MA, 1985).

卷三：帝國之間

Daniel Beauvois, *The Noble, the Serf, and the Revizor: The Polish Nobility Between Tsarist Imperialism and the Ukrainian Masses, 1831–1863* (New York, 1992); Serhiy Bilenky, *Romantic Nationalism in Eastern Europe: Russian, Polish, and Ukrainian Political Imaginations* (Stanford, CA, 2012); idem, ed., *Fashioning Modern Ukraine: Selected Writings of Mykola Kostomarov, Volodymyr Antonovych, and Mykhailo Drahomanov* (Edmonton and Toronto, 2014); Martha Bohachevsky-Chomiak, *Feminists Despite Themselves: Women in Ukrainian Community Life, 1894–1939* (Edmonton, 1988); Alan W. Fisher, *The Russian Annexation of the Crimea, 1772–1783*

(Cambridge, UK, 1970); Alison Frank, *Oil Empire: Visions of Prosperity in Austrian Galicia* (Cambridge, MA, 2005); Leonard G. Friesen, *Rural Revolutions in Southern Ukraine: Peasants, Nobles, and Colonists, 1774–1905* (Cambridge, MA, 2008); George G. Grabowicz, *The Poet as Mythmaker: A Study of Symbolic Meaning in Taras Ševčenko* (Cambridge, MA, 1982); Patricia Herlihy, *Odesa: A History, 1794–1914* (Cambridge, MA, 1986); Faith Hillis, *Children of Rus': Right-Bank Ukraine and the Invention of a Russian Nation* (Ithaca, NY, and London, 2013); John-Paul Himka, *Socialism in Galicia: The Emergence of Polish Social Democracy and Ukrainian Radicalism, 1860–1890* (Cambridge, MA, 1983); idem, *Galician Villagers and the Ukrainian National Movement in the Nineteenth Century* (New York, 1988); idem, *Religion and Nationality in Western Ukraine: The Greek Catholic Church and the Ruthenian National Movement in Galicia, 1867–1900* (Montreal and Kingston, ON, 1999); Zenon E. Kohut, *Russian Centralism and Ukrainian Autonomy: Imperial Absorption of the Hetmanate, 1760s–1830s* (Cambridge, MA, 1988); Natan M. Meir, *Kiev, Jewish Metropolis: A History, 1859–1914* (Bloomington, IN, 2010); Alexei Miller, *The Ukrainian Question: Russian Nationalism in the Nineteenth Century* (Budapest and New York, 2003); Serhii Plokhy, *Tsars and Cossacks: A*

Study in Historiography (Cambridge, MA, 2003); idem, *The Cossack Myth: History and Nationhood in the Age of Empires* (Cambridge, 2012); idem, ed., *Poltava 1709: The Battle and the Myth* (Cambridge, MA, 2013); Thomas Prymak, *Mykola Kostomarov: A Biography* (Toronto, 1996); Ivan L. Rudnytsky, *Essays in Modern Ukrainian History* (Edmonton, 1987); David Saunders, *The Ukrainian Impact on Russian Culture, 1750–1850* (Edmonton, 1985); Orest Subtelny, *The Mazepists: Ukrainian Separatism in the Early Eighteenth Century* (Boulder, CO, and New York, 1981); Willard Sunderland, *Taming the Wild Field: Colonization and Empire on the Russian Steppe* (Ithaca, NY, and London, 2004); Stephen Velychenko, *National History as Cultural Process: A Survey of the Interpretations of Ukraine's Past in Polish, Russian, and Ukrainian Historical Writing from the Earliest Times to 1914* (Edmonton, 1992); Larry Wolff, *The Idea of Galicia: History and Fantasy in Habsburg Political Culture* (Stanford, CA, 2010); Charters Wynn, *Workers, Strikes, and Pogroms: The Donbass-Dnepr Bend in Late Imperial Russia, 1870–1905* (Princeton, NJ, 1992); Andriy Zayarnyuk, *Framing the Ukrainian Peasantry in Habsburg Galicia, 1846–1914* (Edmonton, 2013); Sergei I. Zhuk, *Russia's Lost Reformation: Peasants, Millennialism, and Radical Sects in Southern Russia and Ukraine, 1830–1917* (Washington, DC, Baltimore, and London, 2004); Steven J. Zipperstein, *The Jews of Odessa: A Cultural History, 1794–1881* (Stanford, CA, 1985).

卷四：世界大戰

Henry Abramson, *A Prayer for the Government: Ukrainians and Jews in Revolutionary Times, 1917–1920* (Cambridge, MA, 1999); John A. Armstrong, *Ukrainian Nationalism*, 3rd ed. (Englewood, CO, 1990); Karel C. Berkhoff, *Harvest of Despair: Life and Death in Ukraine Under Nazi Rule* (Cambridge, MA, 2004); Bohdan Bociurkiw, *The Ukrainian Greek Catholic Church and the Soviet State, 1939–1950* (Edmonton, 1996); Kate Brown, *A Biography of No Place: From Ethnic Borderland to Soviet Heartland* (Cambridge, MA, and London, 2004); Robert Conquest, *The Harvest of Sorrow: Soviet Collectivization and the Terror-Famine* (New York, 1987); Theodore H. Friedgut, *Yuzovka and Revolution: Life and Work: Politics and Revolution in Russia's Donbass, 1869–1924*, 2 vols. (Princeton, NJ, 1989–1994); Andrea Graziosi, *The Great Soviet Peasant War: Bolsheviks and Peasants, 1917–1933* (Cambridge, MA, 1996); Jan T. Gross, *Revolution from Abroad: The Soviet Conquest of Poland's Western Ukraine and Western Belorussia*, exp. ed. (Princeton, NJ, 2002); Mark von Hagen, *War in a European Borderland: Occupations and Occupation Plans in Galicia and Ukraine, 1914–1918* (Seattle, WA, 2007); Halyna Hryn, ed., *Hunger by Design: The Great Ukrainian Famine and Its Soviet Context* (Cambridge, MA, 2008); Bohdan Klid and Alexander J. Motyl, eds., *The Holodomor Reader: A Sourcebook on the Famine of 1932–1933 in Ukraine* (Edmonton, 2012); Bohdan Krawchenko,

Social Change and National Consciousness in Twentieth-Century Ukraine (London, 1985); Andrii Krawchuk, *Christian Social Ethics in Ukraine: The Legacy of Andrei Sheptytsky* (Edmonton, 1997); Hiroaki Kuromiya, *Freedom and Terror in the Donbas: A Ukrainian-Russian Borderland, 1870s–1990s* (Cambridge, 1998); idem, *Conscience on Trial: The Fate of Fourteen Pacifists in Stalin's Ukraine, 1952–1953* (Toronto, 2012); George Liber, *Alexander Dovzhenko: A Life in Soviet Film* (London, 2002); Wendy Lower, *Nazi Empire-Building and the Holocaust in Ukraine* (Chapel Hill, NC, 2005); James E. Mace, *Communism and the Dilemmas of National Liberation: National Communism in Soviet Ukraine, 1918–1933* (Cambridge, MA, 1983); Paul Robert Magocsi, *The Shaping of a National Identity: Subcarpathian Rus', 1848–1948* (Cambridge, MA, 1978); Terry Martin, *The Affirmative Action Empire: Nations and Nationalism in the Soviet Union, 1923–1939* (Ithaca, NY, and London, 2001); Alexander J. Motyl, *The Turn to the Right: The Ideological Origins and Development of Ukrainian Nationalism, 1919–1929* (Boulder, CO, and New York, 1980); Yohanan Petrovsky-Shtern, *The Anti-Imperial Choice: The Making of the Ukrainian Jew* (New Haven, CT, 2009); idem, *The Golden Age Shtetl:*

A New History of Jewish Life in East Europe (Princeton, NJ, 2014); Serhii Plokhy, *Unmaking Imperial Russia: Mykhailo Hrushevsky and the Writing of Ukrainian History* (Toronto, 2005); idem, *Yalta: The Price of Peace* (New York, 2010); Anna Procyk, *Russian Nationalism and Ukraine: The Nationality Policy of the Volunteer Army During the Civil War* (Edmonton, 1995); Thomas Prymak, *Mykhailo Hrushevsky: The Politics of National Culture* (Toronto, 1987); George Y. Shevelov, *The Ukrainian Language in the First Half of the Twentieth Century, 1900–1941: Its State and Status* (Cambridge, MA, 1989); Timothy Snyder, *The Reconstruction of Nations: Poland, Ukraine, Lithuania, Belarus, 1569–1999* (New Haven, CT, 2003); idem, *Bloodlands: Europe Between Hitler and Stalin* (New York, 2010); Stephen Velychenko, *State Building in Revolutionary Ukraine: A Comparative Study of Governments and Bureaucrats, 1917–1922* (Toronto, 2011); Serhy Yekelchyk, *Stalin's Empire of Memory: Russian-Ukrainian Relations in the Soviet Historical Imagination* (Toronto, 2004); idem, *Stalin's Citizens: Everyday Politics in the Wake of Total War* (New York, 2014).

卷五・獨立之路

Anne Applebaum, *Between East and West: Across the Borderlands of Europe* (New York, 1994); Omer Bartov, *Erased: Vanishing Traces of Jewish Galicia in Present-Day Ukraine* (Princeton, NJ, 2007); Yaroslav Bilinsky, *The Second Soviet Republic: The Ukraine After World War II* (New Brunswick, NJ, 1964); Marta Dyczok, *The Grand Alliance and Ukrainian Refugees* (New York, 2000); idem, *Ukraine: Movement Without Change, Change Without Movement* (New York, 2000); Andrea Graziosi, Lubomyr A. Hajda, and Halyna Hryn, eds., *After the Holodomor: The Enduring Impact of the Great Famine on Ukraine* (Cambridge, MA, 2013); Bohdan Harasymiw, *Post-Communist Ukraine* (Edmonton and Toronto, 2002); Askold Krushelnycky, *An Orange Revolution: A Personal Journey Through Ukrainian History* (London, 2006); Taras Kuzio, *Ukraine: State and Nation Building* (London and New York, 1998); Borys Lewytzkyj, *Politics and Society in Soviet Ukraine, 1953–1980* (Edmonton, 1984); Paul Robert Magocsi, *This Blessed Land: Crimea and the Crimean Tatars* (Toronto, 2014); David Marples, *The Social Impact of the Chernobyl Disaster* (New York, 1988); idem, *Ukraine Under Perestroika* (Edmonton, 1991); idem, *Stalinism in Ukraine in the 1940s* (Edmonton, 1992); idem, *Heroes and Villains: Creating National History in Contemporary Ukraine* (Budapest, 2007); Kostiantyn P. Morozov, *Above and Beyond: From Soviet General to Ukrainian State Builder* (Cambridge, MA, 2001); Alexander J. Motyl, *Dilemmas of Independence: Ukraine After Totalitarianism* (New

York, 1993); Olga Onuch, *Mapping Mass Mobilization: Understanding Revolutionary Moments in Argentina and Ukraine* (New York, 2014); Serhii Plokhy, *The Last Empire: The Final Days of the Soviet Union* (New York, 2014); William J. Risch, *The Ukrainian West: Culture and the Fate of Empire in Soviet Lviv* (Cambridge, MA, 2011); Gwendolyn Sasse, *The Crimea Question: Identity, Transition, and Conflict* (Cambridge, MA, 2014); Roman Szporluk, *Russia, Ukraine, and the Breakup of the Soviet Union* (Stanford, CA, 2000); Catherine Wanner, *Burden of Dreams: History and Identity in Post-Soviet Ukraine* (University Park, PA, 1998); idem, *Communities of the Converted: Ukrainians and Global Evangelism* (Ithaca, NY, and London, 2007); Amir Weiner, *Making Sense of War: The Second World War and the Fate of the Bolshevik Revolution* (Princeton, NJ, 2001); Andrew Wilson, *Ukrainian Nationalism in the 1990s: A Minority Faith* (Cambridge, 1997); idem, *Ukraine's Orange Revolution* (New Haven, CT, and London, 2005); Kataryna Wolczuk, *The Moulding of Ukraine: The Constitutional Politics of State Formation* (Budapest, 2001); Sergei Zhuk, *Rock and Roll in the Rocket City: The West, Identity, and Ideology in Soviet Dniepropetrovsk, 1960–1985* (Washington, DC, Baltimore, and London, 2010).

結語：歷史的意義

John-Paul Himka, "The History Behind the Regional Conflict in Ukraine," *Kritika* 16, no. 1 (2015): 129–136; Volodymyr Kulyk, "Ukrainian Nationalism Since the Outbreak of EuroMaidan," *Ab Imperio*, no. 3 (2014): 94–122; Edward Lucas, *The New Cold War: Putin's Russia and the Threat to the West* (New York, 2014); Alexander J. Motyl, *Imperial Ends: The Decay, Collapse, and Revival of Empires* (New York, 2001); Richard Sakwa, *Frontline Ukraine: Crisis in the Borderlands* (London, 2014); Andrew Wilson, *Ukraine Crisis: What It Means for the West* (New Haven, CT, and London, 2014).

烏克蘭：從帝國邊疆到獨立民族，追尋自我的荊棘之路

2022年9月初版　　定價：新臺幣580元

著　　者　Serhii Plokhy
譯　　者　曾　　毅
　　　　　蔡　耀　緯
特約編輯　謝　達　文
內文排版　林　婕　瀅
封面設計　倪　旻　鋒

出版者　聯經出版事業股份有限公司
地址　新北市汐止區大同路一段369號1樓
叢書主編電話　(02)86925588轉3932
台北聯經書房　台北市新生南路三段94號
電話　(02)23620308
台中辦事處　(04)22312023
台中電子信箱　e-mail：linking2@ms42.hinet.net
郵政劃撥帳戶第0100559-3號
郵撥電話　(02)23620308
印刷者　文聯彩色製版印刷有限公司
總經銷　聯合發行股份有限公司
發行所　新北市新店區寶橋路235巷6弄6號2樓
電話　(02)29178022

副總編輯　陳　逸　華
總編輯　涂　豐　恩
總經理　陳　芝　宇
社長　羅　國　俊
發行人　林　載　爵

行政院新聞局出版事業登記證局版臺業字第0130號

本書如有缺頁，破損，倒裝請寄回台北聯經書房更換。　ISBN 978-957-08-6490-8 (平裝)
聯經網址：www.linkingbooks.com.tw
電子信箱：linking@udngroup.com

國家圖書館出版品預行編目資料

烏克蘭：從帝國邊疆到獨立民族，追尋自我的荊棘之路
/謝爾希・浦洛基(Serhii Plokhy)著；曾毅、蔡耀緯譯．
初版．新北市．聯經．2022.09．512面．17×23公分．
譯自：The Gates of Europe : A History of Ukraine.
ISBN 978-957-08-6490-8（平裝）

1. CST: 烏克蘭史

748.752 111012106